台灣政治、種族、地名沿革

張德水◎著

・1652 年後荷蘭人所築的Provintia城(台南赤嵌樓)

・1629 年西班牙人所築的Sant Domingo城(淡水紅毛城)

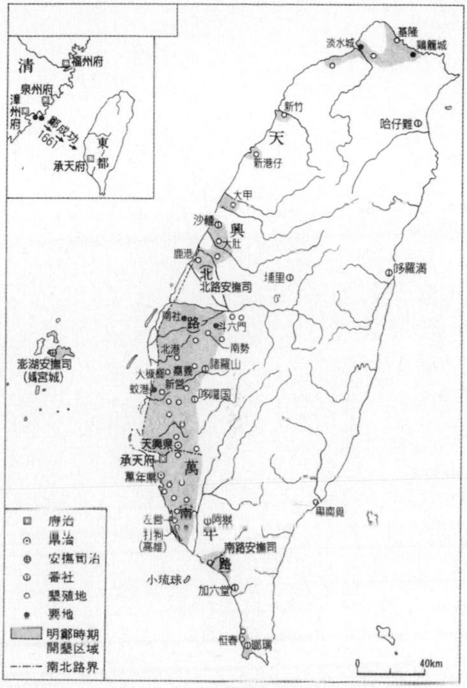

・明鄭時期的台灣
行政區域圖

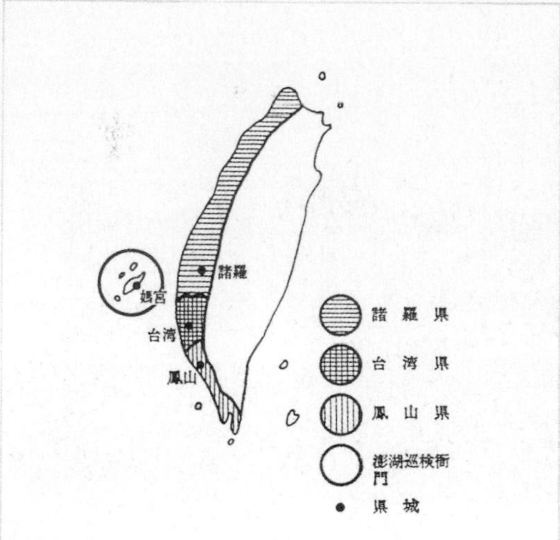

・清初台灣府行政區域圖

・清末台灣行政區域圖

・日據時期的台灣總督府

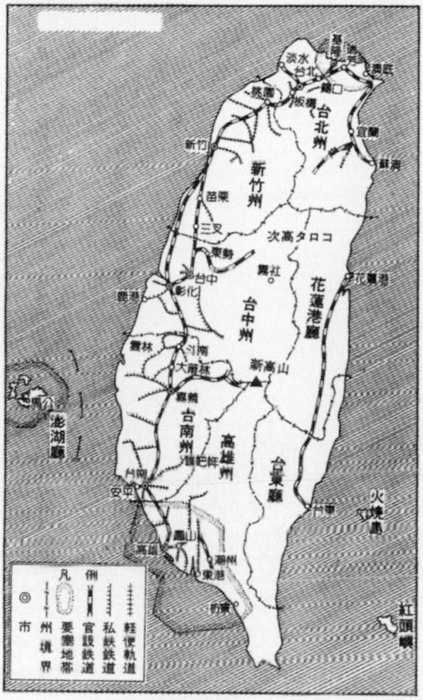

・日據時期台灣全圖

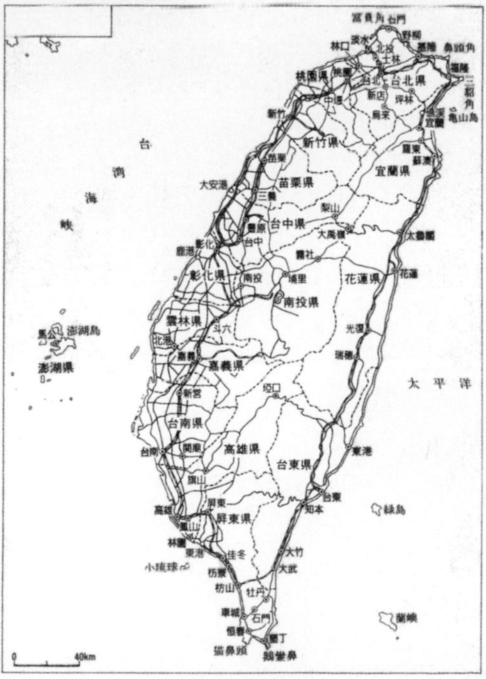

・現在的台灣
行政區域圖

・台東阿眉族馬蘭社的住屋

· 旅行中的
泰雅族人

· 太魯閣的泰雅族美女

・準備去打獵的塞夏族人

・布農族的酋長

・排灣族的頭目

・盛裝的台東排灣族人

・穿丁字褲的雅美人

・蘭嶼雅美人使用的獨木舟

・阿里山曹族

・四社族

・高雄州屏東郡的平埔族人

・福佬人

・客家人

・舊大稻埕市街

・基隆河上的圓山明治橋

・日據時代愛河邊的高雄州廳與高雄州青年會館

・舊高雄火車站

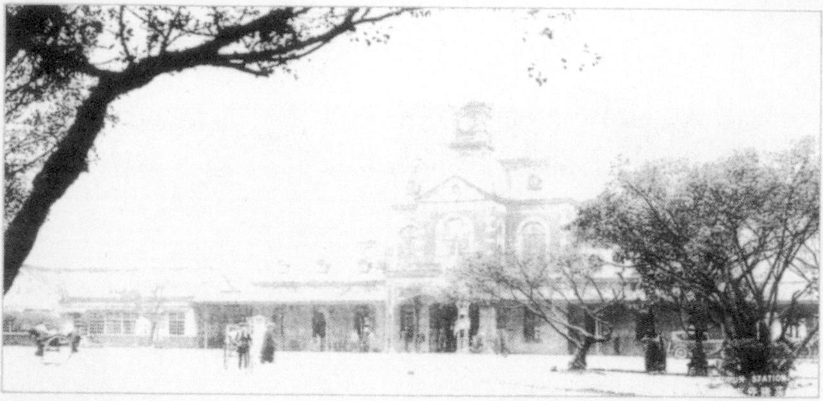

・舊基隆火車站

・日據時代的基隆市街

・日時宜蘭郡役所

・清時的宜蘭市街(原稱噶瑪蘭)

・淡水河岸景色

・日時昭和橋(今光復橋，台北－板橋間)

・日時台北橋(台北－三重間)

・舊新竹火車站

・舊新竹市街

・舊中壢市街

・舊竹南市街

・舊豐原市街

・大甲街與大甲帽

・舊台中火車站

・舊台中公園

・八卦山與山下的彰化市

・舊員林街

・霧社

・舊埔里街

・舊斗六市街

・北港朝天宮

・日據時代的嘉義市街中心

・位在嘉義縣水上鄉的北回歸線標塔

・舊時鹽水港

・舊時曾文溪鐵橋

・赤崁樓

・台南運河

・高雄縣橋頭鄉的泥火山

・舊時旗山市街

・下淡水溪鐵橋

・東港港內桅檣林立

・鵝鑾鼻燈塔

・舊時台東市街全景

・舊花蓮火車站

・舊時橫越花蓮與西部平原之間的八通關道路。東部以玉里爲起點

· 澎湖島的萬歲井

· 澎湖島上的風車

前言

本書爲台灣鄉土誌的初考，共分三章。第一章政治沿革、第二章種族、第三章地名。首先必須詮釋的，台灣自有史以來，皆在「外來政權」的殖民統治下，亦即處在官民分立對峙的特殊政治生態下，因此，古來所云的「史書」概屬「官製」，無法脫離統治者的立場及觀點，甚至會歪曲或揑造史實。本書將拋棄這些官製的「神話」，自人民的觀點，概述在此特殊環境下的政治沿革（第一章），及由此而起的族群形成（第二章），並從錯雜的地名變遷來看地方的拓展情況（第三章）。

蓋語言是表示意識的工具，名正，言才得順，故本書爲能更正確的表示台灣人民的立場、意識，特將一些「官製語」修正如下：

●中國或中華→支那。
●漢族（人）→支那人（註）。
●蕃（番）→高砂族或平埔族。
●本省人→台灣人（包括福佬人、客家人、高砂族）。

- 外省人→國民黨系支那人，或在台支那人。
- 閩南語→台灣語。
- 漢語、外省語→支那語。
- 清時稱異議份子、作亂者爲「匪」，本書將「匪」字刪掉。
- 年號一律用「公元」年號。但戰前的年號用該代年號並括弧附記公元年號，例如康熙二十三年（一六八四年）。
- 引用文不改原文用詞，而以「原文」示之。

一九七〇年以來，台灣的地方全然變貌，但本書因資料有限，只述往事，未論及此一、二十年來的變革始末，有待後日的探討。

【註】

支那一詞的由來：自古以來，常人所說的「中國」並沒有可以包括全體人民、土地、國家的總名詞。春秋戰國時代的晉、齊、魯等國名（並爲地域名），皆爲部分性的。秦帝國及以後的漢、晉、唐、宋、元、明、清，乃至現今的中華人民共和國亦然，雖有國號，也有一定的領土，但畢竟只限於那個時代該國所支配的地域而已，並非包括全地域、全時代的總名稱。蓋「中國」時常發生易姓革命，一國滅亡，另一國興起，新建立的國家當然稱新國號。因而一再更換國號，而無從產生包括全時代的名稱。但自外人（外國）看來，要有一個包括全時代、全地域的總名稱，那就是支那一詞。此詞源自古代天竺（印度），稱「中國」爲Cinastan或

Cina（現今許多學者認爲是轉自秦帝國的「秦」字，但亦有人認爲不是，因爲在秦代以前就有此詞）。不管如何，在四世紀以後，赴印度取佛經的支那僧人將Cina譯做支那、至那、脂那等，將Cinastan譯做震旦、眞丹、振旦、神丹等（譬如唐僧玄奘即三藏法師，對印度戒日王稱自己的國家爲「摩訶至那」——大支那）。此詞與佛教經典一起傳入本國，不但在佛教書籍上，亦在一般情形下普遍地使用之（譬如宋史中出現「支那皇帝」之語）。另一方面，並傳入西洋及日本，而爲希臘語的Cinia，法國語的Chines，義大利語的Cines，英國語的China，德國語的China，日本語的支那等。之後，便成爲國際社會上最普遍的用詞，現今他們不亦在國際社會上自稱China，Chinese（譬如Republic of China、Chinese Taipei）嗎？

現在支那大陸上出版的字典皆載有支那一語，其中最大的字典《漢語大詞典》做如下的解釋：

「支那」，古代印度、希臘、羅馬等地域之人呼中國爲Cina、Thin、Sinae等。有人以爲這些皆爲秦國的「秦」的對音。佛教經籍寫做支那，亦寫做至那、指那等。唐義淨《南海寄歸内法傳》〈師資之道〉：「又西國呼大唐爲支那，單是其名稱，別無意義。」《宋史》〈外國傳六、天竺〉：「太平興國七年，益州之僧光遠來自天竺，奉上其王没徙曩之表。帝命天竺之僧施護譯之。曰：『聞近日，支那國内有大明王，至聖至明，威力自在。云云，申祈支那皇帝之福慧圓滿，壽命延長。』」近代日本亦呼中國爲支那。

其他的支那字典，雖敍述稍簡略、舉例少，但都做同樣的解釋。亦即支那人本身亦認爲支那之詞只是單純的名稱，不含任何差別歧視之意。倒是「中國」或「中華」之詞才是基於「華夷思想」，蔑視異族（稱番仔）、他國（稱番邦）的夜郎自大之詞，故本作者概不用之。

目次

第四節　各地方的地名變遷

政治沿革

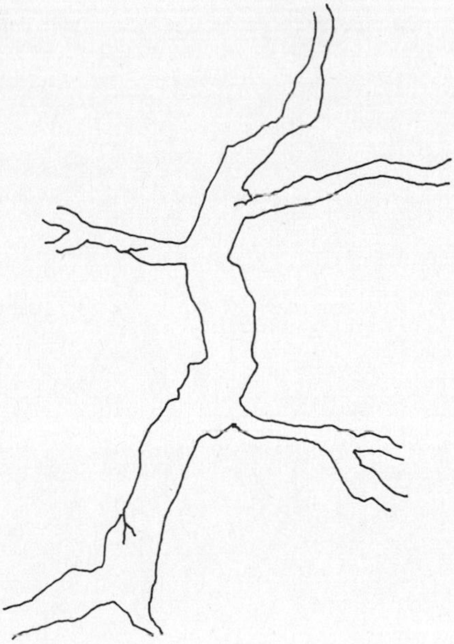

一、原住民高砂族的時代（十七世紀以前幾千年）

台灣在十七世紀初荷蘭人佔據以前的幾千年，可謂是原住民高砂族的時代。他們散居各地，捕捉鳥禽、追逐獸類，漁于水邊或獵于樹蔭，採取山野果穀以度日，如此雖爲草昧，可算泰平無事的樂園。雖然未開發民族時常發生部落間的爭鬥，又由於迷信或爲誇耀蠻勇，各處一再發生馘首的悲劇，既無文字、歷史紀錄，亦未形成統一的國家社會，各部落都僅處在頭目統制下。不過，自元朝末年起就有對岸支那大陸的居民試圖移殖台灣，卻只留下侵略的痕跡，而沒有所謂經營的實績。在日本方面，文祿二年（一五九三年），豐臣秀吉託書原田孫七郎，勸誘「高山國」（當時日本稱台灣爲「高山國」）進貢，當然未得覆信。總而言之，當時台灣除了高砂族佔居各地之外，時而亦有極少數爲貿易而來的支那人及日本人暫時逗留。到了十七世紀西力東漸的時候，高砂族始受到荷蘭人或西班牙人的統治、教化，從此，數千年來在封閉狀態下的台灣，便向外部世界開放。荷蘭佔據台灣時，又從支那大陸帶來移民農奴從事開墾事業，後來由於鄭氏據台，繼而清國領台，移民接踵而來，高砂族則敵不過外來人數衆多的移民勢力，被迫退居山間僻遠的地方。台灣因此由「高砂族的台灣」漸次變成「移民的台灣」，由「狩獵社會」轉變爲「農耕社會」。

二、荷蘭人佔據時代（一六二四～六二年）

一六二一年，荷蘭提督 Cornelis Reijersen 率領十七艘艦船佔領澎湖，築城寨、設砲台於各處，於是與明軍啓開戰端。交戰八個月之後，遂使明國讓步，以如下二條件講和：㈠荷蘭人若放棄澎湖，則可佔領台灣島，明國不加以反對；㈡允許荷蘭人與支那大陸通商貿易。一六二四年（明天啓四年）八月，荷蘭人撤退澎湖，登陸「台江」（今台南附近），完成佔領，而在「東印度會社」管轄下置領事，以掌理台灣島內政務。一六三〇年於「一鯤身」（今安平）築 Zeelandia 城（俗稱「紅毛城」或「赤嵌城」）以防備外侮。一六五二年以後，在今台南築 Provintia 城（俗稱「赤嵌樓」）爲政務之廳。荷蘭人佔領台灣的目的，以做爲其東洋貿易基地爲主，但同時亦開拓台灣內部蠻地，興起生產事業，獎勵栽植甘蔗及耕作米穀。結果農業生產迅速發展，農業收入於一六四八年達二十萬餘 gulden，砂糖生產於一六五八年達一百七十三萬斤。至一六五六年，共開拓土地八千四百零三甲，其中田六千五百十六甲、甘蔗園一千八百三十七甲、其他五十甲。

（中村孝志《台灣における蘭人の農業產と發展》）

另一方面，荷蘭人亦注重原住民高砂族的教化，實施撫化及教化兩項政策。在撫化方面，據台後二年，傳教士便以今台南爲中心著手佈敎，至一六三九年佈教區域已及北方「笨港」（今北港），而受洗禮者有 Sinkan（新港社）一千零四十七人、Baccaluan（目加溜灣社）二百六十一人、Soulan(蕭壠社)二百十五人、Tavokan(大目降社)二百零九人之多。一六四三年，受洗禮者增至五千四百人，而有一千名男女以基督教方式舉行結婚典禮。至於教育，亦由傳教士著手推行，在一六四三年已有六千名學生，大多能精巧地用羅馬字拚音。同年又從高砂族人中選出五十人當教師，以擴充原住民教育設施，而按一定的教科課程表傳授教養。

荷蘭人在教化教育所及的區域中，Sinkan(新港)、Tavokan(大目降)、Baccaluan(目加溜灣)、Soulan(蕭壠)、Mattau(蔴荳)、Tevolan(大武壠)六社，屬以今台南爲中心而分佈於其附近的平埔西拉雅族，Tapuliang(大傑顛)社屬以今鳳山爲中心而分佈於其附近的平埔馬卡道族，Tirosen(諸羅山)社即是今嘉義，Dorko(哆囉嘓)社是今山地高砂族社，Takareiang(大木連)社是移民所云的「上淡水社」，又Takais是分佈於今新竹以南大甲溪以北的平埔道卡斯族(大甲社是其遺迹)。至於Favlung，古來諸說紛紜，或許是以今彰化、鹿港爲中心而分佈於其附近的平埔巴布薩族。

一六四二年起，荷蘭人取代佔據雞籠(今基隆)、滬尾(今淡水)二城的西班牙人，著手經營北部台灣，但其成績不如南部顯著。

荷蘭人的足跡不僅及於南部及北部，亦在中部留下經營的痕跡。譬如紅毛港、紅毛田、紅毛館、紅毛井等地名，就是根據荷蘭人而命名的。又據傳，其勢力範圍遠及於南部的Lon-kiau(瑯嶠，即今恒春)、東部的Pimala(卑南，即今台東)，但似乎沒有實際效果。

按荷蘭人從支那大陸帶來農奴，充當其農場勞工，乃是移民正式入境拓殖台灣的開始，以後隨著移民的增加，台灣就漸漸變成「移民社會」了。

三、西班牙人佔據時代（一六二六～四二年）

一六二六年五月，即荷蘭人佔據台灣南部二年後，已經佔領菲律賓群島的西班牙人，假藉保護呂宋、支那間的貿易之名，由提督 Antonis Correno de Voldes 率領十二艘帆船，自呂宋北端的 Apari 港啓程，航向台灣東海岸，第三日發現東北角，加以命名爲 San Tiago（今三貂角）。再進而於同月十日到達雞籠港口，稱之爲 San-Tisima-Trimidat，並稱支那移民部落爲 Parian，而且在社寮島（今和平島）構築 San Salvodor 城以爲根據地。再於一六二九年七月廻航至今淡水，將之命名爲 Cosidor，並築 Sant Domingo 城爲根據地（日據時代英國領事館即是其舊址），然後置太守於淡水，著手經營。

當時台灣北部除平埔凱達加蘭族棲息之外，還有極少數偶爾來做貿易的支那人及日本人，但西班牙人在台灣的重要措施係對外防備，並不太注重對內、對原住民高砂族的政策。只是爲著內地交通方便安全計，試圖以宗教上的教化來馴化居住於有關地域的原住民高砂族。最先著手撫化的原住民部落是雞籠（今基隆）西方的 Kimari（馬鄰坑）及西北的 Tapari（金包里）、滬尾（今淡水）方面的 Pantao（北投仔）及 Parecuchu（大八里坌或淡水東方的鼻仔頭）。當時爲教化住民，乃派遣天主教教士赴雞籠、滬尾從事傳道。復爲聯繫雞籠、滬尾兩地，開闢海岸道路及台北貫通道路一條，並將沿道原住民收納於其勢力範圍內，最遠及於 Kakinaoan，即三貂社。

在 Kavalan（哈仔難，今宜蘭）方面，由於一六三二年航向呂宋、馬尼拉的柬埔寨船遇颱風，漂流至哈仔難的一港口，五十名船員皆爲高砂泰雅族所殺戮，西班牙人乃認爲有必要置守備於該港，而派兵燒毀高砂族部落七所，並殺死高砂族十二人，而將此海岸一帶命名爲 Santa Katarina，並將其中一港命名爲 San Lorenso（今蘇澳港或加禮宛港）。當時此地由四十七個土著部落構成，盛產黃金、米及魚肉等食物，是往來呂宋、台灣間極爲重要的地方。於是，西班牙人就計劃開拓一條由台北平野橫貫中央山脈而至此地的道路。

西班牙人在台灣北部的統治於一六三四～三五兩年間達到顛峰，當時約有二百人在滬尾，三百人在雞籠，而雞籠港成爲與支那及馬尼拉貿易的中心，曾有二十二隻滿載貨物的西班牙船同時入港的盛況。

西班牙人佔領台灣北部的二大要港，對荷蘭人來說，是對其商權的一大妨礙。因此，荷蘭人便於一六四一年派軍進攻滬尾，卻吃了大敗仗。翌年再由 Henrick Harrousee 率領艦船六隻，兵員六百九十名，北上進迫雞籠、滬尾兩港，因當時西班牙人正計劃由馬尼拉進攻民答那峨，以致駐台兵力寡少，防戰三週，支撐不住，遂於是年九月四日被荷蘭人逐出台灣北部。

四、鄭氏時代(一六六一～八三年)

荷蘭人的經營設施，以一六五〇年爲頂點，以後全然變成退縮政策，當局者汲汲於私利，其歲入雖很多，歲出卻僅約十分之一而已，守備亦是有名無實。而在台移民的勢力日益增大，譬如荷蘭政廳的支那人通事何斌，竟自荷蘭金庫偷取十八萬兩公款逃出台灣，慫恿欲據台復明的鄭成功進軍攻取台灣。於是鄭成功乃決意佔據台灣，於明永曆十五年(一六六一年)三月，親自率領戰船一百餘艘、兵員二萬五千人，由廈門啓程，進入澎湖島媽宮，並順利地進入台江(今台南附近)，數小時後便全軍登陸，迅即攻陷 Provintia(赤嵌樓)，轉而圍攻 Zeelandia 城(赤嵌城)。荷蘭人陷於重圍七個月之久，損兵一千六百人，終於完全放棄台灣，退去爪哇。鄭成功乃於十二月三日，改稱台灣爲「東都」，Zeelandia 城爲「安平鎭」，Provintia 城爲「承天府」，而設天興(北部)、萬年(南部)二縣，又配置守兵於雞籠等要港，並施行屯田制度。翌年鄭成功因病去世，享年三十九歲。當時在廈門的嗣子鄭經，乃來台繼承父志而爲台灣之主，將「東都」改稱「東寧」，改縣爲州，並設安撫司三人，置於南北兩路及澎湖島。康熙十七年(一六七八年)二月，清國決定大舉征台，首先攻取廈門。鄭軍士氣沮喪，鄭經茫然自失、不知所措，於康熙二十年，享年三十五歲時去世，共在位十九年。鄭經死後，其子鄭克塽繼位，但尚幼弱，無能統御文武諸臣。康熙二十二年六月，清國以施琅爲將，率軍二萬佔領澎湖島，鄭氏諸將接報，士氣全然沮喪，加之島內民心動搖甚烈，乃決定舉全島歸服清國。同年七月十九日，鄭克塽及文武諸官皆遵照清國制度薙髮結辮，完成台灣移交，而結束鄭氏三代二十三年的據台，台灣遂歸清國領有。

按鄭氏據台是以「滅清復明」爲名，一旦將荷蘭人逐出島外，便帶領全家與黨徒移居台灣，但其移居，非爲殖民之目的，而屬軍事上的佔領，故其在台灣的統治實採軍政方式，依所云的「屯田自疆」主義進行經營，始終在兵馬倥傯之間，未及整備民政。其據台二十三年間的開拓區域雖爲據點性、斷續性的，卻以今台南爲中心，南及鳳山、瑯嶠（今恒春，屏東附近未被開墾），北及諸羅（今嘉義）、水沙連（今竹山、能高、新高）、半線（今彰化）、竹塹（今新竹），甚至淡水（台北）、雞籠（基隆河一帶），並討伐山地高砂族數次。

五、清國時代（一六八四～一八九五年）

康熙二十三年（一八八三年），清國征服台灣時，因其基業鴻模未堅，內部餘波未靖，故朝內大多認爲領有台灣這個孤懸海島乃不利之舉，提議僅保有澎湖以爲東南屏障而放棄台灣，並仿照明洪武年中將澎湖島民遷徙於福建漳泉之間，使該島空墟之故例，將在台移民悉數徙於本土。只有水師提督施琅獨以爲不可，上疏論陳台灣棄留的利害，此議被採納，翌年台灣被正式編入清國版圖，稱台灣府，隸屬福建省，府下分設台灣、諸羅、鳳山三縣。依《台灣府志》，台灣府的疆域「東抵羅漢門莊內門（今內門鄉），西抵澎湖，南抵沙馬磯（恒春的西南岬），北抵雞籠（今基隆）」，而「台灣縣，東抵羅漢門莊內門，以東山地一帶為化外蕃界，南以接紅毛寮溪之依仁里為鳳山縣界，北以上游新港溪南一帶，下游蔦松溪以南為諸羅縣界。鳳山縣北自台灣縣界起，南至沙馬磯頭。諸羅縣，南自台灣縣界起，北至鷄籠。」此為起初的方輿概略，以中央山脈為分界線，版圖只包括西半部，其東半部一帶則全然被放置於管轄之外。而且僅為表示版圖上大概的區域劃分而已，實際的有效行政權所及範圍，南以下淡水溪（今高屏溪）北岸，北以大甲溪南岸為限，至於東部一帶，譬如羅漢門，實際上呈現「奸宄逋脫之藪」的情況。又澎湖群島古來稱為三十六島，但只管轄大山嶼（本島）、北嶼（白沙島）、西嶼（漁翁島）三島而已，並將之置於台灣縣轄下。台灣府治置於今台南，台灣縣治亦在此。鳳山縣治擇定於今鳳山的西北方興隆里（今高雄市左營區舊城），諸羅縣治擇定於今嘉義的西南方佳里興（今佳里鎮佳里興），但均不建置縣署，竟藉口「土地寥曠，未被開闢，且為毒惡瘴地」，知縣及所屬官員皆僑居台灣府。鳳山縣於康熙四十三年始移駐，諸羅縣則於同年將縣治改設於今嘉義市，至四十五年始移駐。以後經歷康熙六十年「朱一貴之亂」、乾隆五十一年（一七八六年）「林爽文之亂」兩大叛亂事件之後，如左列所示，改變制度數次。

清國時代台灣政治制度的變遷：

㈠康熙二十三年（一六八四年）**：一府三縣**

台灣府　府治今台南市。

台灣縣　縣治今台南市。
鳳山縣　縣治興隆里（今高雄市左營區舊城）。
諸羅縣　縣治佳里興（今台南縣佳里鎮佳里興）。

㈡雍正元年（一七二二年）：**一府四縣二廳**
台灣府　府治照原。
台灣縣　縣治照原。
鳳山縣　縣治照原。
諸羅縣　縣治今嘉義市。
彰化縣　縣治半線（今彰化市）。
淡水廳　廳治竹塹（今新竹市），轄區大甲以北。
澎湖廳　廳治大山嶼文澳，雍正五年新設。

㈢嘉慶十七年（一八一二年）**八月：一府四縣二廳**
台灣府　府治照原。
台灣縣　縣治照原。
鳳山縣　縣治埤仔頭（今鳳山市）。
嘉義縣　原諸羅縣改稱，縣治照原。
彰化縣　縣治照原。

淡水廳　廳治照原。
澎湖廳　廳治照原。

㈣同治十三年（一八七四年）**十二月：一府五縣四廳**

台灣府　府治照原。
台灣縣　縣治照原。
鳳山縣　縣治照原。
嘉義縣　縣治照原。
彰化縣　縣治照原。
恒春縣　縣治猴洞（今恒春鎮）。
淡水廳　廳治照原。
澎湖廳　廳治照原。
噶瑪蘭廳　廳治蛤仔難（今宜蘭市）。
卑南廳　廳治卑南覓（今台東市），高砂族地。

㈤光緒元年（一八七五年）**六月：二府八縣四廳**

台灣府　府治照原，轄下五縣三廳。
台灣縣　縣治照原。
鳳山縣　縣治照原。

嘉義縣　縣治照原。
彰化縣　縣治照原。
恒春縣　縣治照原。
澎湖廳　廳治照原。
卑南廳　廳治照原。
埔里社廳　廳治埔里。
台北府　府治大加納堡（今台北），轄下三縣一廳。
新竹縣　原淡水廳改稱，縣治竹塹（今新竹市）。
淡水縣　新設，縣治同府治。
宜蘭縣　原噶瑪蘭廳改稱，縣治蛤仔難（今宜蘭市）。
基隆廳　新設，廳治雞籠（今基隆市）。

㈥光緒十三年四月：台灣獨立為一省，轄三府十四縣一直隸州，省治台北

台南府　原台灣府改稱，府治照原，轄四縣一廳。
安平縣　原台灣縣改稱，縣治照原。
鳳山縣　縣治照原。
恒春縣　縣治照原。
嘉義縣　縣治照原。

澎湖廳　廳治媽宮灣（今馬公市）。

台灣府　新設，府治彰化縣橋仔圖，轄四縣一廳。

台灣縣　新設，縣治同府治。

彰化縣　縣治照原。

雲林縣　新設，縣治斗六。

苗栗縣　新設，縣治苗栗。

埔里社廳　廳治照原。

台北府　府治同省治，轄三縣一廳。

新竹縣　縣治照原。

淡水縣　縣治照原。

宜蘭縣　縣治照原。

基隆廳　廳治照原。

台東直隸州　原卑南廳。

光緒二十年擬於大嵙崁地方創設「南雅廳」，但未及實現，台灣就已割讓給日本。

關於創設台灣省的由來如下：光緒十年，清法戰爭的餘響波及台灣，法軍封鎖台灣全島。翌年清法簽訂和約後，清國有司覺得不可忽略台灣的經營，清國政府乃根據先前同治十三年（一八七四年）內閣大學士左宗棠奏議將巡撫沈葆楨移駐台灣，並將台灣改設行省所云：「台灣爲南洋門戶，所關至要，自應因時變通，以資控制。」而於光緒十二年改台灣爲一行省，並任命福建巡撫劉銘傳爲台灣巡撫。劉銘傳就任後，決意實行行政機構的大改造，即首先擇定省治於全島中心，可控制南北之彰化縣藍興堡橋仔圖，並劃分全島爲三府一州，中路爲台灣府，南北兩路分別爲台南府（原台灣府改稱）及台北府。光緒十八年，劉銘傳辭職，同時省治亦改定於台北府治之地，即今台北市。

六、日據時代（一八九五～一九四五年）

日清戰爭的結果，明治二十八年（一八九五年）四月十七日於日本下關簽訂馬關和約，其第二條第二項及第三項明文規定將台灣及澎湖群島割讓給日本，日本政府乃設置台灣總督府以爲台灣行政機關的中樞，起初爲軍政組織，翌年改爲民政組織，而地方分治的機關經過如下七次的變遷：

(1)明治二十九年（一八九六年）四月，三縣（台北、台中、台南）一廳（澎湖）。

(2)明治三十年六月，三縣（台北、台中、台南）三廳（鳳山、台東、澎湖）。

(3)明治三十一年六月，三縣（台北、台中、台南）三廳（宜蘭、台東、澎湖）。

(4)明治三十四年五月，三縣（台北、台中、台南）四廳（宜蘭、恒春、台東、澎湖）。

(5)同年十一月，二十廳（台北、基隆、深坑、宜蘭、桃園、新竹、苗栗、台中、彰化、南投、斗六、嘉義、塩水港、台南、蕃薯寮、鳳山、阿猴、恒春、台東、澎湖)。

(6)明治四十二年十月,十二廳,各廳管轄區域如下:

台北廳:大加納堡、擺接堡、興直堡、八里坌堡、芝蘭一堡、芝蘭二堡、芝蘭三堡、金包里堡、石碇堡、基隆堡、三貂堡、文山堡內三十二庄、基隆嶼、彭佳嶼、棉花嶼、花瓶嶼。

宜蘭廳:本城堡、員山堡、溪洲堡、清水溝堡、紅水溝堡、羅東堡、利澤簡堡、茅仔寮堡、二結堡、民壯圍堡、四圍堡、頭圍堡、文山堡內十三庄。

桃園廳:桃澗堡、海山堡、竹北二堡內一街九十三庄。

新竹廳:竹北一堡、竹北二堡內一街三十八庄、竹南一堡、苗栗一堡、苗栗二堡、揀東上堡內二庄。

台中廳:藍興堡、揀東上堡內一街四十六庄、揀東下堡、苗栗三堡、大肚上堡、大肚中堡、大肚下堡、猫羅堡、線東堡、線西堡、馬芝堡、燕霧上堡、燕霧下堡、武東堡內十八庄、武西堡、東螺東堡、東螺西堡、二林上堡、二林下堡、深耕堡。

南投廳:南投堡、武東堡內七庄、北投堡、北港溪堡、五城堡、集集堡、沙連下堡、沙連堡、鯉魚頭堡。

嘉義廳:嘉義西堡、嘉義東堡、大目根堡、打猫東頂堡、打猫東下堡、打猫南堡、打猫西堡、打猫北堡、白沙墩堡、大坵田堡、他里霧堡、斗六堡、溪州堡、西螺堡、布嶼堡、海豐堡、尖山堡、蔦松堡、大槺榔東頂堡、大槺榔東下堡、鹿仔草堡、大坵田西堡、大槺榔西堡、牛稠溪堡、柴頭港堡、白鬚公潭堡、龍蛟潭堡、塩水港堡、太子宮堡、鐵線橋堡、果毅後堡、哆囉嘓東頂堡、哆囉嘓東下堡、哆囉嘓西堡、下茄苳南堡、下茄苳北堡。

台南廳：台南市、效忠里、外武定里、內武定里、安定里東堡、新化里西堡、善化里西堡、蔴荳堡、西港仔堡、蕭壠堡、漚汪堡、學甲堡、佳里興堡、茅港尾東堡、茅港尾西堡、赤山堡、善化里東堡、楠梓仙溪西里、內新化南里、外新化南里、新化東里、新化北里、新化西里、大目降里、廣儲東里、保東里、保西里、長興上里、長興下里、永康上中里、永康下里、仁和里、新昌里、永寧里、文賢里、仁德南里、仁德北里、歸仁南里、歸仁北里、永豐里、外新豐里、內新豐里、崇德西里、依仁里、長治一圖里、長治二圖里、維新里、嘉祥外里、仁壽上里、仁壽下里、觀音上里、觀音中里、觀音內里、觀音下里、半屏里、興隆外里、興隆內里、赤山里、大竹里、鳳山下里、鳳山上里、小竹下里、小竹上里。

阿猴廳：港西中里、港西上里、楠梓仙溪東里、羅漢外門里、羅漢內門里、崇德東里、嘉祥內里、新園里、港西下里、港東上里、港東中里、港東下里、琉球嶼、嘉禾里、善餘里、咸昌里、興文里、仁壽里、德和里、宣化里、永靖里、治平里、泰慶里、長樂里、安定里、至厚里。

台東廳：南鄉、廣鄉、新鄉內四庄三社、奉鄉內一庄二社、火燒島、紅頭嶼、小紅頭嶼。

花蓮港廳：蓮鄉、奉鄉內二十二庄三十五社、新鄉內十社。

澎湖廳：東西灣、嵵裡灣、林投灣、南寮灣、鼎灣灣、瓦硐灣、鎖海灣、赤崁灣、通梁灣、吉貝灣、西嶼灣、網垵灣、水垵灣。

【註】

按清時，台灣以(一)里、堡、鄉、澚，(二)街、庄、鄉、社區分大小地方，大抵依天然地勢疆域而定。里、堡、鄉、澚係包括一個乃至數十個街、庄或鄉、社的名稱，慣例上台南以南至恒春地方稱「里」(鄭時遺制)，台東、花蓮稱「鄉」，澎湖用「澚」字，但其性質大抵相同。其下的「街」指以人家稠密的市街爲中心，而佔該地方首要位置之地而言；「庄」指以「街」爲中心的村邑；「鄉」特別在澎湖代用「庄」；「社」係高砂族部落。又「堡」原出自保甲制度，往昔寫做「保」，「庄」往昔使用「莊」字，屬於「里」、「堡」或在其外獨立存在，後來一概用「庄」字，而包括於里、堡之內。日領後，起初襲用此種名稱，一直到大正九年地方制度改正時。

(7)大正九年(一九二〇年)實施地方制度改正，將地方行政區域重劃爲五州(台北、新竹、台中、台南、高雄)三廳(台東、花蓮港、澎湖)，州下設市、郡，廳下設支廳(昭和十二年，即一九三七年廢止，改置郡)以取代原來的里、堡、鄉、澚。郡下設街、庄、區(只設於台東、花蓮港二廳下人口稀少的地方，但昭和十二年廢止，一律設庄)以取代原來的街、庄、鄉、社，而一街庄由幾個部落構成。高砂族部落稱「社」，不包括在一般行政區域內(即不設街庄)。此時又將原來的地名及用字更改不少，如用字方面：藔→寮、蔴→麻、荳→豆、份→分、仔→子、什→十、佃→田、灣→澳、陂→坡、墩→屯。又三字以上的街庄名稱原則上改用二字，譬如林仔邊→林邊、桃仔園↓桃園、港仔墘↓港墘。五州三廳的區劃如下：

㈠**台北州**：一市（台北、基隆）、**九郡**（七星、淡水、基隆、宜蘭、羅東、蘇澳、文山、海山、新莊）

台北市：大宮町、圓山町、大龍洞町、河合町、宮前町、大橋町、永樂町、太平町、日新町、御成町、三橋町、大正町、北門町、建成町、上奎府町、泉町、港町、蓬萊町、下奎府町、明石町、表町、本町、京町、大和町、榮町、文武町、書院町、乃木町、水道町、富田町、樺山町、幸町、東門町、旭町、福住町、錦町、新榮町、千歲町、兒玉町、古亭町、佐久間町、龍口町、川端町、馬場町、南門町、東園町、西園町、八甲町、老松町、若竹町、新起町、西門町、末廣町、元園町、入船町、有明町、龍山寺町、新富町、堀江町、壽町、築地町、濱町、綠町、柳町（以上市區），大安、下內埔、六張犁、西新庄子、中庄子、中崙、下埤頭、朱厝崙、上埤頭、大直（以上郊區）。

基隆市：高砂町、旭町、觀音町、寶町、西町、明治町、大正町、昭和町、仙洞町、堀川町、瀧川町、福德町、元町、玉田町、雙葉町、天神町、田寮町、東町、壽町、幸町、綠町、曙町、義重町、日新町、入船町、眞砂町、濱町、社寮町（以上市區），大小窟、深澳坑、八斗子、大武崙、內木山、外木山、大竿林、基隆嶼、花瓶嶼、棉花嶼、彭佳嶼（以上郊區）。

七星郡：二街（汐止、士林）、三庄（北投、松山、內湖）。

汐止街：汐止（水返脚街）、保長坑、鄉長厝、十三分、橫科、康誥坑、白匏湖、樟樹灣、北港、社後、叭嗹港、鶺鴒崙、茄荖脚、石碇子、姜子寮。

士林街：士林、林子口、福德洋、石角、湳雅、洲尾、三角埔、下東勢、公館地、永福、雙溪、坪頂、菁礐、草山、七股、社子、溪洲底、和尚洲中洲埔。

北投庄：北投、唭里岸、石牌、嗄嘮別、頂北投、竹子湖。

松山庄：松山（錫口街）、中坡、五分埔、三張犁、興雅、頂東勢、下塔悠、上塔悠、舊里族。

內湖庄：後山坡、東新庄子、南港三重埔、後山、南港大坑、南港舊、山猪窟、四分子、北勢湖、內埔、新里族。

淡水郡：一街（淡水）、三庄（八里、三芝、石門）。

淡水街：淡水、小八里坌子、庄子內、竿蓁林、沙崙子、油車口、大庄埔、北投子、三空泉、樹林口、小坪頂、興福寮、水梘頭、中田寮、頂圭柔山、蕃薯寮、草埔尾、林子（林仔街）、下圭柔山、興化店、灰磘子、大屯、水碓子。

八里庄：大八里坌、小八里坌、長道坑、下罟子。

三芝庄：北新庄子、土地公埔、後厝、錫板、舊小基隆（小基隆舊庄）、新小基隆（小基隆新庄）。

石門庄：頭圍、老梅、石門、下角。

基隆郡：七庄（萬里、金山、七堵、瑞芳、貢寮、雙溪、平溪）。

萬里庄：頂萬里加投、中萬里加投、下萬里加投。

金山庄：下中股、頂中股、頂角、中角。

七堵庄：七堵、草濫、六堵、五堵、友蚋、瑪陵坑、鶯歌石、港口、碇內、暖暖、八堵。

瑞芳庄：鰈魚坑、四脚亭、大坑埔、三爪子、柑子瀨、龍潭堵、深澳、鼻頭、焿子寮、九分、九芎橋、猴硐、南子吝、水南洞、草山。

貢寮庄：貢寮（摃子寮）、大石壁坑、長潭、枋脚、下雙溪、遠望坑、田寮洋、澳底、丹裡、撈洞、社里、鷄母嶺。

雙溪庄：雙溪（頂雙溪）、魚行、武丹坑、石壁坑、三叉坑、丁子蘭坑、大平、烏山、溪尾寮、料角坑、石笋、燦光寮、平林、柑脚、丁子蘭坑。

平溪庄：石底、十分寮。

宜蘭郡：一街（宜蘭）、四庄（礁溪、頭圍、壯圍、員山）。

宜蘭街：宜蘭、壯一、金六結。

礁溪庄：車路頭、武暖、辛子罕、四結、一結、大坡、匏杓崙、塭底、大塭、二結、五股、抵百葉、淇武蘭、茅埔、三十九結、七結、六結、奇立丹、湯圍、礁溪、林尾、十六結、柴圍、番割田、瑪僯、踏踏、白石脚。

頭圍庄：福成、金面、中崙、下埔、二圍、頭圍、拔雅林、新興、龜山、大坑罟、三抱竹、港澳、梗枋、大溪、大里簡。

壯圍庄：廍後、公館、壯二、壯三、壯四、壯五、壯六、壯七、過嶺、三塊厝、十三股、功勞、南興、霧罕、美福、新興、七張、大福、土圍、新發、古亭笨、五間、抵美。

員山庄：外員山、三鬮、深溝、珍子滿力、吧荖鬱、四鬮、大湖、內員山、結頭分、新城、枕頭山、溪洲、洲子。

羅東郡：一街(羅東)、三庄(五結、三星、冬山)。

羅東街：羅東、阿里史、竹林、十六分、十八埒、月眉、打那岸、北成、歪子歪。

五結庄：頂五結、下五結、頂三結、下三結、二結、四結、大埔、鎶橄社、松子脚、四百名、一百甲、中一結、中二結、茅子寮、五十二甲、利澤簡、成興、頂清水、下清水。

三星庄：三星(叭哩沙)、阿里史、大洲、中溪洲、紅柴林、粗坑、尾塹、清水、九芎湖。

冬山庄：冬山(冬瓜山)、阿兼城、鹿埔、順安、打那美、員山、大和、香員宅、廣興、小南澳、武淵、九分、武罕、珍珠里簡、埔城地、奇武荖、三堵。

●不設街庄的高砂族社：

泰雅溪頭族等社。

蘇澳郡：一庄(蘇澳)。

蘇澳庄：隆恩、馬賽、功勞埔、港口、糞箕湖、蘇澳、猴猴、隘丁、新城、西帽、烏岩、東澳、大南澳。

●不設街庄的高砂族社：

泰雅南澳族的古魯等社。

文山郡：四庄（新店、深坑、石碇、坪林）。

新店庄：安坑、大平林、青潭、直潭、平廣、龜山。

深坑庄：萬盛、興福、內湖、深坑子、土庫、升高坑、烏月、萬順寮、阿柔坑、坡內坑。

石碇庄：小格頭、蓬萊寮、烏塗窟、雙溪、楓子林、大溪墘、松柏崎、排寮、新興坑、鹿窟、石碇、玉桂嶺、員潭子坑、崩山、火燒樟、乾溝。

坪林庄：坪林（坪林尾）、灣潭、坑子口、鰎魚堀、水聳淒坑、九芎林、厚德岡坑、大粗坑、鷺鷥岫、楣子寮、大舌湖、柑腳坑、濶瀨、金瓜寮、姑婆寮、四堵。

●不設街庄的高砂族社：

泰雅屈尺族的烏萊或污萊、桶坪、洛仔或桶後、蚋蚋或枋山、林望眼等社。

海山郡：一街（板橋）、四庄（中和、鶯歌、三峽、土城）。

板橋街：板橋、後埔、四汴頭、湳子、番子園、沙崙、溪洲、深丘、埔墘、港子嘴、下深丘、江子翠、新埔、社後。

中和庄：漳和、中坑、四十張、外員山、員山子、永和、龜崙蘭溪洲、潭墘、南勢角、秀朗。

鶯歌庄：橋子頭、二甲九、尖山、大湖、鶯歌（鶯歌石）、南靖厝、樟樹窟、阿南坑、石灰坑、崙子、山子腳、坡內坑、獇子寮、三角埔、圳岸腳、潭底、彭福、三塊厝、石頭溪、桃子脚、溪墘厝。

三峽庄：麥子園、隆恩埔、劉厝埔、公館後、三峽(三角湧街)、八張、礁溪、十三添、厤園、中埔、鳶山、福德坑、大埔、山員潭子、茅埔、成福、横溪、挖子、大寮、竹崙、白鷄、五寮、插角、東眼。

土城庄：柑林埤、員林、清水坑、廷寮坑、埤塘、頂埔、媽祖田、大安寮、沛舍坡。

新莊郡：一街(新莊)、三庄(鷺洲、五股、林口)。

新莊街：西盛、新莊(新庄)、頭前、中港厝、海山頭、營盤、柏子林、埤角、山脚、楓樹脚、大窠坑、頂田心子、義學、崎子脚、貴子坑、下坡角、十八分坑、頂坡角。

鷺洲庄：二重埔、三重埔、和尙洲溪墘、和尙洲中路、和尙洲南港子、和尙洲水湳、和尙洲樓子厝。

五股庄：觀音坑、洲子、成子寮、五股坑、石土地公、水碓、更寮、新塭。

林口庄：南勢埔、菁埔、大南灣、小南灣、瑞樹坑、大平嶺。

⑵新竹州：一市(新竹)、八郡(新竹、中壢、桃園、大溪、竹東、竹南、苗栗、大湖)

新竹市：田町、北門町、新富町、宮前町、錦町、旭町、西門町、榮町、東門町、南門町、住吉町、花園町、黑金門、新興町(以上市區)，客雅、水田、崙子、苦苓脚、樹林頭、湳雅、東勢、赤土崎、埔頂、柴梳山、金山面、吉羊崙、沙崙、溪埔子(以上郊區)。

新竹郡：七庄（舊港、紅毛、湖口、新埔、關西、六家香山）。

舊港庄：番子坡、豆子埔、新社、馬麟厝、溝貝、麻園、舊港、白地粉、溪洲、新庄子、槺榔、十塊寮、油車港、人眉、貓兒錠。

紅毛庄：福興、青埔子、後湖、崁頂、中崙、新庄子、紅毛（紅毛港）、員山、坑子口。

湖口庄：崩坡下、北窩、長岡嶺、湖口（大湖口）、糞箕窩、羊喜窩、上北勢、下北勢、和興、德盛、波羅汶、番子湖、鳳山崎、坪頂埔。

新埔庄：南打鐵坑（打鐵坑）、內立、石頭坑、犁頭山、五分埔、四座屋、樟樹林、旱坑子、田新、枋寮、新埔、大平窩、北打鐵坑（打鐵坑）、汶水坑、鹿鳴坑、照門、大坪、大茅埔。

關西庄：水坑、茅子埔、坪林、上横坑、下横坑、下南片、石岡子、大旱坑、老焿寮、燥坑、上南片、拱子溝、牛欄河、三屯、十寮、湳湖、湖肚、十六張、老社寮、石門、新城、苧子園、關西（咸菜硼街）、店子岡、馬武督。

六家庄：鹿場、六家（六張犁）、芒頭埔、十興、隘口、安溪寮、犁頭山下、三崁店、東海窩、二十張犁、九甲埔、斗崙。

香山庄：青草湖、牛埔、香山坑、茄苳湖、香山、海山罟、塩水港、南隘、楊寮、虎子山、浸水。

●不設街庄的高砂族社：

泰雅族的馬武督社。

中壢郡：一街（中壢）、四庄（平鎮、楊梅、新屋、觀音）。

中壢街：後寮、石頭、中壢埔頂、內壢、水尾、青埔、興南、三座屋、芝芭里、洽溪子、大崙、過嶺。

平鎮庄：社子、東勢、南勢、山子頂、平鎮（安平鎮）、北勢、宋屋、雙連坡。

楊梅庄：草湳坡、矮坪子、頭重溪、大金山下、二重溪、老坑、楊梅（楊梅壢）、水尾、大平山下、秀水窩、水流東、崩坡、上四湖、三湖、頭湖、伯公岡、下陰影窩、員笨、上陰影窩、上田心子、高山頂。

新屋庄：犁頭洲、九斗、上青埔、北勢、石磊子、新屋、東勢、埔頂、社子、番婆坟、十五間、大坡、後庄、蚵殼港、笨子港、榛榔、下田心子、崁頭厝、大牛欄、石牌嶺。

觀音庄：茄苳坑、大潭、觀音（石觀音）、三座屋、坑尾、坡寮、白沙屯、樹林子、新坡、下大堀、下青埔、草漯、塔子脚、崙坪、上大堀、苦練脚。

桃園郡：一街（桃園）、四庄（蘆竹、大園、龜山、八塊）。

桃園街：桃園、大樹林、小檜溪、大檜溪、水汴頭、埔子、中路、崁子脚。

蘆竹庄：新興、福興、中興、新庄子、大竹圍、蘆竹（蘆竹厝）、南崁下、南崁廟口、南崁內厝、坑子口、坑子外、坑子。

大園庄：竹圍、許厝港、田心子、照鏡、横山、五塊厝、雙溪口、大牛稠、大園（大坵園）、內海墘、圳股頭、沙崙、埔心。

龜山庄：新路坑、山頂、兎子坑、舊路坑、楓樹坑、坪頂山尾、坪頂大湖、坪頂菜公堂、坪頂苦苓林、南崁頂、塔寮坑、牛角坡、坪頂下湖。

八塊庄：八塊（八塊厝）、霄裡、下庄子、大湳、小大湳、茄苳溪。

大溪郡：一街（大溪）一庄（龍潭）。

大溪街：新溪洲、舊溪洲、內柵、田心子、大溪（大嵙崁街）、月眉、石屯、烏塗窟、三層、缺子、中庄、埔頂、員樹林、南興、番子寮（蕃仔寮）。

龍潭庄：黃泥塘、烏樹林、八張犁、竹窩子、四方林、龍潭（龍潭陂）、九座寮、泉水空、淮子埔、三坑子、十一分、大坪、打鐵坑、三角林、銅鑼圈、三洽水。

●不設街庄的高砂族社：

泰雅大嵙崁族的竹頭角、奎輝或雞氣、角板山、原大豹社、合脗、汚萊或烏來、宜亨、蚋蜂等社。

泰雅合歡族的蘇老、卓高山、加勞、婆老、排衙散、宜亨等社。

竹東郡：一街（竹東）、五庄（芎林、横山、北埔、娥眉、寶山）。

竹東街：上坪、燥樹排、員崠子、下公館、上公館、鷄油林、竹東（樹杞林街）、荳子埔、三重埔、二重埔、麻園肚、頭重埔、下員山、柯子湖。

芎林庄：鹿寮坑、山猪湖、王爺坑、倒別牛、石壁潭、芎林（九芎林）、中坑、水坑、上山、崁下、柯子林、下山。

橫山庄：橫山、頭分林、田寮坑、大山背、油羅、濫子、大平地、八十分、十八寮、南河、沙坑、大肚。

北埔庄：北埔、南埔、小分林、大湖、水磜子、南坑、大坪。

娥眉庄：娥眉（月眉）、中興、石井、富興、赤柯坪、石硬子、藤坪、十二寮。

寶山庄：寶山（草山）、雙溪、新城、寶斗仁、鷄油凸、大壢。

●不設街庄的高砂族社：

賽夏族的十八兒、大隘等社。

泰雅上坪前山或加那排族的十八兒、西熬、馬以哇來等社。

竹南郡：六庄（竹南、頭分、三灣、南庄、造橋、後龍）。

竹南庄：竹南（三角店）、中港、公館子、海口、崎頂、營盤邊、大埔、口公館、塩館前。

頭分庄：頭分、田寮、蟠桃、興隆、斗換坪、珊珠湖、尖山下、濫坑、東興、蘆竹湳。

三灣庄：三灣、北埔、崁頂寮、銅鑼圈、內灣、下林坪、大河底、永和山、大坪林。

造橋庄：造橋、赤崎子、大桃坪、牛欄湖、淡文湖、潭內。

南庄：員林、大南埔、四灣、田尾、南庄、北獅里興。

後龍庄：後龍（後壠）、大山脚、外埔、水尾子、苦苓脚、二張犁、新港、公司寮、烏眉、崎頂、過港、灣瓦、頭湖、後壠底、十班坑。

●不設庄的高砂族社：

賽夏族的大東河、橫屏背、鹿場等社。

苗栗郡：一街（苗栗）、七庄（頭屋、公館、銅鑼、三叉、苑裡、通霄、四湖）。

苗栗街：苗栗、芒埔、維祥、嘉盛、西山、社寮岡、田寮、南勢坑。

頭屋庄：頭屋（崁頭屋）、二岡坪、枋寮坑、仁隆、外獅潭、老田寮。

公館庄：公館、麻薺寮、中小義、福基、大坑、出磺坑、石圍墻、五穀岡、鶴子岡、尖山、南河、北河。

銅鑼庄：銅鑼（銅鑼灣）、三座厝、樟樹林、九湖、竹圍、芎蕉灣、中心埔、七十分、老鷄隆、新鷄隆。

三叉庄：三叉（三叉河）、雙草湖、魚藤坪、鯉魚潭、拐子湖、雙連潭。

苑裡庄：苑裡、瓦磘、房裡、猫盂、社苓、山柑、山脚、石頭坑、南勢林、田寮、苑裡坑、舊社、大埔、芎蕉坑。

通霄庄：通霄、通霄灣、梅樹脚、南勢、北勢、圳頭、福興、土城、南和、五里牌、大坪頂、內湖、北勢窩、烏眉坑、楓樹窩、番社、白沙屯、新埔、內湖島。

四湖庄：高埔、鴨母坑、二湖、三湖、四湖、五湖。

大湖郡：三庄（大湖、獅潭、卓蘭）。

大湖庄：大湖、南湖、馬那邦。

獅潭庄：獅潭、八角林、桂竹林。

卓蘭庄：卓蘭（罩蘭）、大坪林。

●不設街庄的高砂族社：

泰雅汶水族的八卦力、沙核暗、打必曆等社。

泰雅大湖族的冒巴多安等社。

泰雅北勢族的蘆翁、蘇魯等社。

㈢台中州：一市（台中、彰化）、十一郡（大屯、豐原、東勢、大甲、彰化、員林、北斗、南投、新高、能高、竹山）

台中市：橘町、綠川町、榮町、大正町、寶町、錦町、新富町、初音町、若松町、末廣町、旭町、村上町、柳町、利國町、幸町、明治町、千歲町、壽町、老松町、敷島町、木下町、有明町、曙町、花園町、楠町、櫻町、高砂町、干城町、新高町、梅枝町、川端町（以上市區），頂橋子頭、公館、東勢子、旱溪、下橋子頭、樹子脚、番婆、半平厝、後壠子（以上郊區）。

彰化市：彰化、南郭（南門口）、大埔、西門口、西勢子、莿桐脚、大竹（大竹園）、番社口、渡船頭、阿夷、牛稠子、快官、田中央。

大屯郡：七庄（大里、霧峰、大平、北屯、西屯、南屯、烏日）。

大里庄：大里（大里杙街）、詹厝園、番子寮、塗城、草湖、大突寮、涼傘樹、內新。

霧峰庄：霧峰（阿罩霧）、柳樹湳、吳厝、萬斗六、丁台。

大平庄：大平（太平）、三汴、番子路、車籠埔、頭汴坑。

北屯庄：二分埔、舊社、軍功寮、廍子、水景頭、北屯（三十張犁）、邱厝子、賴厝廍、乾溝子、四張犁、水汴頭、三分埔、水湳、後庄子、上七張犁、陳平、大坑。

西屯庄：西屯（西大墩街）、上牛埔子、八張犁、林厝、水堀頭、潮洋、惠來厝、下石碑、上石碑、港尾子、下七張犁、馬龍潭、何厝。

南屯庄：南屯（犁頭店街）、土庫、田心、溝子墘、三塊厝、永定厝、新庄子、劉厝、山子腳、鎮平、麻糍埔、水碓、番社腳、麻園頭、知高、同安厝、下牛埔子、下楓樹腳。

烏日庄：烏日、勝胥、九張犁、五張犁、阿密哩、頭前厝、蘆竹湳、溪心垻、喀哩、同安厝。

豐原郡：一街（豐原）、四庄（內埔、神岡、大雅、潭子）。

豐原街：豐原（葫蘆墩街）、大湳、圳寮、鎌子坑口、下南坑、上南坑、翁子、烏牛欄、朴子口、社皮、車路墘。

內埔庄：屯子腳、中和、舊社、四塊厝、月眉、后里、圳寮、牛稠坑、七塊厝、中社、公館、新店。

神岡庄：神岡（神崗）、新庄子、山皮、圳堵、北庄、社口、大社、三角子、下溪洲。

大雅庄：大雅（垻雅街）、四塊厝、上楓樹腳、上員林、埔子墘、六張犁、十三寮、上橫山、下橫山、下員林、花眉、西員寶、馬岡厝、大田心。

潭子庄：大埔厝、潭子（潭仔墘）、瓦磘子、頭家厝、甘蔗崙、東員寶、茄荖角、聚興、校栗林。

東勢郡：一街（東勢）、二庄（石岡、新社）。

東勢街：東勢（東勢角）、新伯公、大茅埔、石圍墻、校栗埔、石壁坑。

石岡庄：仙塘坪、土牛、社寮角、石岡（石崗仔）。

新社庄：新社、烏銃頭、永居湖、水底寮、大南、七分、馬力埔。

●不設街庄的高砂族社：

泰雅北勢族的武榮、老屋峨二社。

泰雅南勢族的稍來、白毛、阿冷、久良栖等社。

泰雅族的司加耶武社。

大甲郡：三街（清水、梧棲、大甲）、五庄（外埔、大安、沙鹿、龍井、大肚）。

清水街：清水（牛罵頭街）、社口、大楝榔、秀水、四塊厝、高美、三塊厝、田寮、吳厝、楊厝寮、大突寮。

梧棲街：梧棲（梧棲港街）、鴨母寮、大庄、南簡。

大甲街：大甲、番子寮、庄尾、橫圳、社尾、營盤口、山腳、外水尾、頂店、日南、日南社、五里牌、九張犁、銅安厝、船頭埔、頂後厝子、西勢、雙寮、新庄子、六塊厝、後厝子。

外埔庄：六分、馬鳴埔、鐵砧山脚、大甲東、內水尾、磁磘、土城、廍子。

大安庄：中庄、南庄、南埔、東勢尾、福興、三塊厝、龜殻、溪洲、牛埔、三十甲、頂大安、田心子、下大安、北汕、海墘厝、下脚踏、頂脚踏、松子脚。

沙鹿庄：沙鹿（沙轆）、南勢坑、北勢坑、竹林、公館、西勢寮、鹿寮。

龍井庄：龍井（茄投）、福頭崙、塗葛堀、龍目井、山脚、三塊厝、新庄子。

大肚庄：大肚、社脚、王田、汴子頭、井子頭。

彰化郡：一街（鹿港）、六庄（和美、線西、福興、秀水、花壇、芬園）。

鹿港街：鹿港、頂番婆、草港中、草港尾、南勢、海埔厝、顏厝、廖厝、溝墘、頂厝、打鐵厝。

和美庄：和美（和美線）、大霞田、番雅溝、七張犁、頭前寮、月眉、塗厝厝、嘉犁、新庄子、中寮、柑子井。

線西庄：線西（下見口）、頂犁、下犁、十五張犁、新港、埤子墘、溪底、泉州厝。

福興庄：番社、橋頭、外埔、外中、三汴頭、大崙、菜園角、福興、洪堀寮、鎮平、管嶼厝。

秀水庄：埔姜崙、馬興、馬鳴山、安東、曾厝厝、下崙、秀水、陝西。

花壇庄：花壇（茄苳脚）、口庄、白沙坑、橋子頭、三家春。

芬園庄：芬園、社口、舊社、縣庄、下茄荖、同安寮。

員林郡：一街（員林）、八庄（大村、埔塩、溪湖、坡心、永靖、社頭、田中、二水）。

員林街：員林、三條圳、三塊厝、東山、南平、柴頭井、番子崙、湖水坑、萬年、大饒、田中央。

大村庄：大村（大庄）、茄苳林、加錫、大崙、擺塘、過溝、蓮花池、埤子頭、黃厝。

埔塩庄：埔塩、瓦磘、牛埔厝、三省、南勢埔、崙子脚、南港、廍子、石牌脚、浸水。

溪湖庄：溪湖、頂寮、西勢厝、汴頭、大突、田中央、三塊厝、四塊厝、崙子脚、阿媽厝。

坡心庄：坡心（大埔心）、埤霞、梧鳳、舊館、羅厝、大溝尾、太平、瓦磘厝。

永靖庄：永靖（關帝廟）、湳港西、湳港舊、陳厝厝、崙子、五汴頭、同安宅、竹子脚、獨鰲。

社頭庄：社頭、枋橋頭、湳雅、石頭公、許厝寮、舊社、崙雅、湳底、張厝。

田中庄：田中（田中央）、內灣、普興、卓乃潭、大平、大紅毛社、外三塊厝、大新、內三塊厝。

二水庄：二水（二八水）、大丘園、鼻子頭、過圳、十五。

北斗郡：一街（北斗）、七庄（田尾、埤頭、二林、沙山、大城、竹塘、溪州）。

北斗街：西北斗（北斗街）、東北斗（北斗庄）、北勢寮。

田尾庄：溪子頂、饒平厝、田尾、海豐崙、打簾、曾厝崙、鎮平、小紅毛社。

埤頭庄：番子埔、新庄子、斗六甲、路口厝、小埔心、連交厝、埤頭、崙子、三塊厝、大湖厝、牛稠子、周厝崙。

二林庄：二林、中西、火燒厝、竹園子、外蘆竹塘、犁頭厝、後厝、山寮、萬合、舊趙甲、大排沙、萬興、挖子、塗子崙、硝礭、丈八斗。

沙山庄：沙山（番挖）、頂廍子、新街、後寮、埤脚、溝子墘、路上厝、王功、漢寶園、草湖。

大城庄：大城（大城厝）、魚寮、頂山脚、下山脚、下牛埔、公館、西港、山寮、外五間寮、尤厝、潭墘、下海墘厝、頂海墘厝、三塊厝。

竹塘庄：竹塘（內蘆竹塘）、五庄子、樹子脚、田頭、番子寮、下溪墘、鹿寮、面前厝、內新厝、九塊厝。

溪州庄：圳寮、西畔、下霸、下水埔、過溪子、溪洲、舊眉、溪墘厝、三條圳、潮洋厝、水尾。

南投郡：一街（南投）、三庄（草屯、中寮、名間）。

南投街：南投、牛運堀、三塊厝、茄荖脚、包尾、東施厝坪（施厝坪）、半山、林子、小半山、草尾嶺、軍功寮、營盤口、內轆、西施厝坪（施厝坪）。

草屯庄：草屯（草鞋墩）、山脚、匏子寮、月眉厝、北投埔、林子頭、牛屎崎、新庄、頂茄荖、番子田、石頭埔、南埔、平頂、雙冬、北勢湳。

中寮庄：八杞仙、後寮、鄉親寮、中寮、二重溪、分水寮、龍眼林。

名間庄：番子寮、下新厝、田子、新街、大庄、名間（湳子）、濁水、炭寮、皮子寮、赤水、弓鞋、松柏坑、頂新厝、廍下。

新高郡：二庄（集集、魚池）。

集集庄：集集、林尾、柴頭橋、社子、隘寮、拔社埔。

魚池庄：魚池、司馬按、大林、長寮、木屐嘮、加道坑、鹿蒿、新城、山楂脚、運華池、茅埔、猫嘮、水社、頭社、銃櫃、大雁。

●不設街庄的高砂族社：

布農卡社族的勿勿、卡社等社。

布農丹族的丹大社、簡吩等社。

布農巒族的人倫、異馬福、巒大社等社。

布農郡族的郡大社、東埔等社。

曹鹿株族的鹿株大社、和社、楠仔脚萬等社。

能高郡：一街（埔里）、一庄（國姓）。

埔里街：埔里（埔里社街）、大肚城、枇杷城、珠子山、挑米坑、生蕃空、烏牛欄、房里、水尾、牛相觸、牛眠山、福興、史港坑、小埔社、大湳、水頭。

國姓庄：國姓(內國姓)、龜子頭、柑子林、墘溝、水長流、北港溪、北山坑。

●不設街庄的高砂族社：

泰雅白狗族。

泰雅卓犖族。

泰雅韜佗族。

泰雅霧社族。

泰雅萬大族、萬大社。

泰雅眉肉蚋族。

布農卓社族。

布農干卓萬族。

竹山郡：二庄(竹山、鹿谷)。

竹山庄：竹山(林杞埔街)、竹圍子、下崁、香員脚、江西林、猪頭棕、大坑、埔心子、大鞍、社寮、後埔子、笋子林、勞水坑、桶頭、山坪頂、福興、田子、鯉魚尾。

鹿谷庄：鹿谷(羗仔寮)、小半大、內樹皮、車輄寮、大小堀、番子寮、大丘園、坪子頂、初鄉、牛轀轆、龜子頭。

㈣台南州：二市（台南、嘉義）、十郡（新豐、新化、曾文、北門、新營、嘉義、斗六、虎尾、北港、東石）

台南市：旭町、壽町、竹園町、北門町、東門町、清水町、高砂町、開山町、綠町、幸町、錦町、白金町、末廣町、南門町、大宮町、泉町、西門町、濱町、大正町、花園町、本町、明治町、台町、老松町、寶町、福住町、永樂町、入船町、港町、田町、新町（以上市區），三分子、後甲、竹篙厝、桶盤淺、塩埕、安平、上鯤鯓、鄭子寮（以上郊區）。

嘉義市：新高町、山下町、宮前町、東門町、朝日町、檜町、北門町、元町、南門町、堀川町、玉川町、榮町、西門町、新富町、黑金町、末廣町、白川町（以上市區），山子頂、蘆厝、紅毛埤、台斗坑、後湖、埤子頭、北社尾、竹圍子、車店、下路頭、竹子脚、大溪厝、柴頭港、港子坪、劉厝。

新豐郡：七庄（永寧、仁德、歸仁、關廟、龍崎、永康、安順）。

永寧庄：牛稠子、十三甲、鞍子、車路墘、三甲子、大甲、灣裡。

仁德庄：虎尾寮、一甲、太子廟、仁德（塗庫）、新田（新佃）、崁脚、田厝、上崙子、港墘、中洲、二橋。

歸仁庄：歸仁南、歸仁北、崙子頂、沙崙、大苓、林子邊、刣猪厝、大潭、八甲、媽祖廟。

關廟庄：關廟（關帝廟街）、新埔、五甲、深坑子、龜洞、布袋尾、埤子頭、下湖。

龍崎庄：番社、中坑子、龍船、崎頂。

永康庄：網寮、永康（埔姜頭）、蜈蜞潭、蔦松、三崁店、塩行、六甲頂、大灣、西勢、王田、車行。

安順庄：和順寮、安順（安順寮）、溪心寮、媽祖宮、海尾寮、公親寮、學甲寮。

新化郡：一街（新化）、八庄（新市、安定、善化、山上、玉井、楠西、南化、左鎮）。

新化街：新化（大目降街）、那拔林、礁坑子、大坑尾、知母義、竹子脚、洋子、唪口、北勢、崙子頂、頂山脚。

新市庄：新市、新店、社內、番子寮、三舍、道爺、看西、橋頭、大洲、港子墘、大營。

安定庄：胡厝寮、蘇厝、安定（直加弄）、港子尾、港口、六塊厝、管寮、海寮、新吉。

善化庄：善化（灣裡街）、曾文、六分寮、東勢寮、北子店、茄拔、小新營、坐駕。

山上庄：大社、北勢洲、山上（山仔頂）、牛稠埔、潭頂。

玉井庄：玉井（噍吧哖）、鹿陶、竹圍、沙子田、三埔、芒子芒、九層林、口霄里。

楠西庄：密枝、楠西（茄拔）、灣丘、鹿陶洋、龜丹、芏萊宅。

南化庄：南化（南庄）、中坑、菁埔寮、西阿里關（阿里關）、西大邱園（大邱園）、竹頭崎、北寮。

左鎮庄：石子崎、茶寮、左鎮、內庄子、山豹、岡子林、草山。

曾文郡：一街（麻豆）、四庄（下營、六甲、官田、大內）。

麻豆街：麻豆（蔴荳）、北勢寮、大山腳、埤頭、寮子廍、溝子墘、磚子井、安業、謝厝寮、麻豆口（蔴荳口）、海埔、港子尾。

下營庄：茅港尾、麻豆寮、十六甲、下營、大屯寮。

六甲庄：六甲、七甲、二甲、水漆林、中社、港子頭、龜子港、林鳳營、菁埔、王爺宮、水流東、九重橋、大丘園、南勢坑。

官田庄：官田、中脇、烏山頭、角秀、二鎮、拔子林、笨潭、三結義、番子田、雙溪子、社子、三塊厝、番子渡頭、南廍、西庄。

大內庄：大內（內社）、頭社、嗚頭、蒙正、二重溪。

北門郡：一街（佳里）、五庄（西港、七股、將軍、北門、學甲）。

佳里街：佳里（蕭壠）、番子寮、下營、溪州、佳里興、子良廟、新宅、塭子內。

西港庄：西港（西港子）、中州、南海埔、大塭寮、劉厝、下宅子、後營、檨子林、八分。

七股庄：後港、城子內、篤加、頂山子、下山子寮、七股（七股寮）、大寮、三股子、樹子腳、竹子港、七十二分、十分塭、青草崙、土城子。

將軍庄：漚汪、苓子寮、巷口、將軍、角帶圍、山子腳、口寮。

北門庄：北門（北門嶼）、柯寮、渡子頭、溪底寮。

學甲庄：學甲、宅子港、學甲寮、中洲、溪洲子寮。

新營郡：二街（塩水、新營）、四庄（柳營、後壁、白河、番社）。

塩水街：塩水（塩水港街）、土庫、北竹子脚、溪洲寮、岸內、下中、舊營、番子厝、田寮、飯店、孫厝寮、南竹子脚、天保厝、坔頭港。

新營街：新營、茄苳脚、太子宮、舊廍、下角帶圍、許丑、埤寮、王公廟、後鎮、土庫、卯舍、鐵線橋、秀才、姑爺。

柳營庄：柳營（查畝營）、火燒店、八老爺、路東、五軍營、太康、果毅後、新厝、大脚腿、小脚腿、山子脚。

後壁庄：本協、烏樹林、安溪寮、菁寮、崩埤、長短樹、竹圍後、新港東、下茄苳、上茄苳、土溝、白沙屯。

白河庄：六重溪、關子嶺、白水溪、海豐厝、大排竹、竹子門、埤子頭、白河（店仔口街）、頂秀祐、下秀祐、客庄內、馬稠後、詔安厝、蓮潭、糞箕湖、崁子頭。

番社庄：番社、許秀才、田尾、頂窩、吉貝要、大客、番子嶺、二重溪、前大埔、牛肉崎、下南勢、崎子頭。

嘉義郡：十庄（水上、民雄、新巷、溪口、大林、小梅、竹崎、番路、中埔、大埔）。

水上庄：湖子內、崎子頭、水上（水堀頭街）、十一指厝、南靖、外溪洲、柳子林、大堀尾、下塗溝、大崙、巷口、祁溪、下寮、番子寮、牛稠埔、三角埔。

民雄庄：民雄（打猫街）、東勢湖、番子、竹子脚、雙援、菁埔、牛斗山、江厝店、田中央、牛稠溪、鴨母坔、崙子頂、好收、頂寮、新庄子、頭橋、大崎脚、松子脚、陳厝寮、林子尾、葉子寮、北勢子、大丘園、塗樓。

新巷庄：西庄、海豐子、新巷(新港街)、後庄、埤頭、舊南港、板頭厝、大潭、後底湖、古民、埤子頭、崙子、大崙、番婆、大客、潭子墘、溪北、月眉潭、菜公厝、中洋子、三間厝。

溪口庄：溪口(雙溪口)、頂坪、上崙、崙尾、本廳、厝子、三疊溪、柳子溝、柴林脚、游厝。

大林庄：潭底、中林、頂員林、大埔美、林子前、中坑、大林(大莆林街)、甘蔗崙、大湖、下埤頭、排子路、三角、內林、橋子頭、溝背、林頭、北勢、湖子。

小梅庄：小梅(梅子坑)、過山、雙溪、大草埔、大半天寮、九芎坑、圳頭、大坪、龍眼林、生毛樹、科子林。

竹崎庄：竹崎(竹頭崎)、瓦厝埔、覆鼎金、緞厝寮、鹿麻產、灣橋、內埔子、樟樹林、金獅寮、山子門、番子潭、沙坑(沙坑子)、獅子頭、羌子科、糞箕湖。

番路庄：內甕、轆子脚、番路(番仔路)、大湖、公田、下坑、草山。

中埔庄：樹頭埔、枋樹脚、塩館、灣潭子、石頭厝、柚子宅、白芒埔、竹頭崎、中埔、下六、社口、頂六、龍山脚、深坑、頂埔、石硦、三層崎、凍子脚、中崙。

大埔庄：大埔(後大埔)。

●不設街庄的高砂族社：

曹族阿里山族的達邦、竹腳、頂笨子、樟樹、殺送、落鳳、砂米箕、知母勝、流勝、全仔、流流柴等社。

斗六郡：一街（斗六）、四庄（古坑、斗南、大埤、莿桐）。

斗六街：斗六、海豐崙、大北勢、保長廍、大潭、九老爺、大崙、溝子埧、林子頭、內林、林內、九芎林、石榴班、咬狗、菜公、竹圍子、烏塗子。

古坑庄：水碓、高厝林子頭、溪邊厝、新庄、棋盤厝、大湖底、崁頭厝、苦苓腳、崁腳、樟湖、草嶺、麻園、古坑（庵古坑）。

斗南庄：斗南（他里霧）、舊社、林子、石龜溪、南勢、阿丹、溫厝角、新庄、田頭、五間厝、大東、小東。

大埤庄：大埤（大埤頭）、埔羌崙、田子林、蘆竹巷、舊庄、茄苳腳、埤頭。

莿桐庄：樹子腳、湖子內、麻園、大埔尾、新庄子、番子、莿桐（莿桐巷）。

虎尾郡：二街（西螺、虎尾）、四庄（二崙、崙背、海口、土庫）。

西螺街：西螺、茄苳、新宅、三塊厝、埤頭埧、頂湳、社口、埔心、下湳、吳厝、新社。

虎尾街：竹圍了、虎尾（五間厝）、平和厝、埒內、廉使、蕃薯、大屯子、牛埔子、北溪厝、三合、湳子、過溪子、惠來厝。

二崙庄：二崙（二崙子）、惠來厝、大義崙、八角亭、番社、油車、大庄、田尾、三塊厝、新庄子、永定厝、港后。

崙背庄：崙背、五塊厝、舊庄、草湖、猫兒干、興化厝、大有、阿勸、羅厝、崩溝寮、麥寮、沙崙後、橋頭、雷厝、施厝寮、許厝寮。

海口庄：崙子頂、普令厝、山寮、十張犁、牛厝、丘厝、溪頂、海口(海口厝)、五條港、新興、蚊港、五塊寮、火燒牛稠、東勢厝、牛埔頭、程海厝、路利潭、下許厝寮、番子寮、月眉、同安厝。

土庫庄：土庫、過港、新興、糞箕湖、埤脚、石廟子、大荖、埔姜崙、馬鳴山、龍巖、潮洋厝、馬公厝崙內、新庄子。

北港郡：一街(北港)、四庄(元長、四湖、口湖、水林)。

北港街：北港、新街、後溝子、草湖、溝皀、番子溝(蕃仔溝)、好收、樹子脚、扶朝家。

元長庄：客子厝、下寮、頂寮、內寮、鹿寮、子茂、元長、龍岩厝、合和、山子內、後湖、五塊寮、潭內。

四湖庄：蔡厝、下寮、鹿場、羊稠厝、四湖、溪底、溪尾、三條崙、內湖、萡子寮、飛沙、林厝寮。

口湖庄：口湖、下崙、外埔、新港、蚵寮、牛尿港、下湖口、水井、椬梧、謝厝寮。

水林庄：水林(水燦林)、土間厝、春牛埔、車巷口、牛挑灣、高興、尖山、食水堀、大溝、頂鳥松、扫子埔、蕃薯寮、後寮、溪墘厝。

東石郡：一街（朴子）、六庄（六脚、東石、布袋、鹿草、太保、義竹）。

朴子街：朴子（樸仔脚）、下竹圍、大槺榔、雙溪口、小林榔、應菜埔、崁前、崁後、鴨母寮、吳竹子脚、新庄、龜子港。

六脚庄：更寮、林內、潭墘、竹子脚、後崩山、六脚（六脚佃）、下雙溪、灣內、蒜頭、大塗師、三姓寮、港尾寮、雙涵、溪墘厝、六斗尾、蘇厝寮、崙子。

東石庄：副瀨、港墘厝、頂東石、頂厝子、塭港、山寮、三塊厝、屯子頭、海埔、型厝寮、栗子崙、塭子、中洲、後埔、掌潭、湖底、港墘、洲子、圍子內、下蔦松、雙連潭、走賊宅、鰲鼓、蚶子寮、溪子下、頂揖子寮、下揖子寮。

布袋庄：布袋（布袋嘴）、內田、考試潭、前東港、新塭、崩山、菜舖廍、樹林頭、貴舍、過溝、溪墘。

鹿草庄：鹿草（鹿仔草）、山子脚、下半天、中寮、海豐、後寮、麻豆店（蔴荳店）、後堀、施厝寮、三角子、竹子脚、頂潭、龜佛山、後庄子、馬稠後、埔心、梅子厝。

太保庄：太保、東勢寮、新埤、田尾、溪南、後潭、茄苳脚、崙子頂、頂港子墘、水虞厝、過溝、埤麻脚、管事厝、白鴿厝。

義竹庄：東後寮、新庄、龍蛟潭、安溪寮、埤子頭、頭竹圍、牛稠底、義竹、角帶圍、新店、北港子、後鎮、過路子、芋子寮、西後寮、五間厝、南勢竹、牛挑灣、溪洲。

㈤高雄州：二市（高雄、屏東）、七郡（岡山、鳳山、旗山、屏東、潮州、東港、恒春）

高雄市：哨船町、湊町、新濱町、山下町、田町、壽町、堀江町、入船町、塩埕町、榮町、北野町、旗後町、平和町、綠町（以上市區），中洲、大港、三塊厝、林德官、大港埔、前金、苓雅寮、過田子、戲獅甲、前鎮、內惟（以上郊區）。

屏東市：屏東（阿猴）、頭前溪、崇蘭、海豐、歸來、公館、大湖。

岡山郡：一街（岡山）七庄、（楠梓、燕巢、阿蓮、路竹、湖內、彌陀、左營）。

岡山街：岡山（阿公店街）、前峰、後協、白米、街尾崙、台上、後紅、大寮、挖子、五甲尾、前峰子、灣子內、本洲。

楠梓庄：楠梓（楠梓坑街）、土庫、中崎、中路林、鳳山厝、後勁、林子頭、橋子頭、仕隆、九甲圍、頂塩田、五里林、白樹子。

燕巢庄：千秋寮、深水、湖子內、援巢中、竹子脚、援巢右、瓊子林、吊鷄林、滾水、滾水坪、角宿、面前埔。

阿蓮庄：中路、石案潭、阿蓮（阿嗹）、崙子頂、岡山營、九鬮、土庫。

路竹庄：營後、一甲、新園、下坑、下社、大社、路竹（半路竹）、鴨母寮、北嶺墘、三爺埤、後鄉。

湖內庄：大湖、湖內、竹滬、海埔、圍子林、頂茄萣、崎漏。

彌陀庄：烏樹林、竹子港、舊港口、塭埕、海尾、彌陀（彌陀港）、港口崙、石螺潭、梓官、漯底、大舍甲、茄苳坑、赤崁、蚵子寮。

左營庄：菜公、左營、廍後、竹子脚、埤子頭、桃子園、前峰尾、覆鼎金、援中港、下塩田、右沖。

鳳山郡：一街（鳳山）、六庄（小港、林園、大寮、大樹、仁武、烏松）。

鳳山街：鳳山、竹子脚、新庄子、道爺廍、七老爺、新甲、五塊厝、五甲、籬子內、灣子頭、過埤子、赤山、牛潮埔。

小港庄：草衙、佛公、小港（港仔墘）、二苓、大人宮、店子後、塩水港、中林子、鳳鼻頭、大林蒲、紅毛港、中大厝、空地子、莿葱脚、中廍、大坪頂、二橋。

林園庄：汕尾、中芸、港子埔、王公廟、潭頭、林子邊、溪洲。

大寮庄：磚子磘、翁公園、山子頂、拷潭、大寮、赤崁。

大樹庄：溪埔、姑婆寮、檨子脚、大樹（大樹脚）、小坪頂、九曲堂、無水寮。

仁武庄：牛食坑、蜈蜞潭、大社、保舍甲、三奶壇、林子邊、前埔厝、烏材林、蛇子形、考潭、灣子內、赤山子、新庄、仁武、後庄子、竹子門、五塊厝、八卦寮、大灣。

烏松庄：灣子內、本館、山子脚、烏松（烏松脚）、夢裡、崎子脚、十九灣、田草埔、大脚腿、坔埔。

旗山郡：一街（旗山）、五庄（美濃、杉林、甲仙、內門、田寮）。

旗山街：旗山(蕃薯寮街)、北勢、圓潭子、溪州、硓𥑮坑、旗尾、手巾寮。

美濃庄：美濃(瀰濃)、中坛、金爪寮、吉祥、龍肚、竹頭角。

杉林庄：杉林(山杉林)、茄苳湖、十張犁、新庄、月眉。

甲仙庄：東阿里關(阿里關)、東大邱園(大邱園)。

內門庄：觀音亭、中埔、䓫帛寮、東勢埔、木柵、內埔、萊子坑、溝坪。

田寮庄：田寮、南安老、水蛙潭、牛稠埔、狗氳氤、打鹿埔、古亭坑。

●不設街庄的高砂族地：

下三社族的芒仔、墩仔、萬斗籠等社。

曹族四社族的排剪、塔蠟袷、雁爾、美壠等社。

曹族簡仔霧族的三石際社。

屏東郡：六庄(長興、塩埔、高樹、六龜、里港、九塊)。

長興庄：長興、麟洛、德協、番子寮(蕃仔寮)。

塩埔庄：塩埔、新圍、彭厝、大路關。

高樹庄：高樹(高樹下)、舊寮、阿秡泉、東振新、加蚋埔、田子、埔羌崙。

六龜庄：六龜(六龜里)、新威、土壠灣、荖濃、新開。

里港庄：里港(阿里港街)、搭樓、三張廍、瀰力肚、土庫、武洛、中崙。

九塊庄：九塊(九塊厝)、下冷水坑、三塊厝、後庄、東寧。

●不設街庄的高砂族地：

排灣傀儡族的口社、一栗仔、山猪毛等社。

排灣傀儡族的紅目仔、大社、三磨溪、擺園等社。

潮州郡：一街（潮州）、六庄（萬巒、內埔、竹田、新埤、枋寮、枋山）。

潮州街：潮州、崙子頂、五魁寮、八老爺、檨子脚、四林。

萬巒庄：萬巒、四溝水、五溝水、佳佐、赤山、新厝。

內埔庄：內埔、中心崙、老東勢、犁頭鏢、隘寮、新東勢、新北勢、老北勢、老埤、番子厝。

竹田庄：竹田（頓物）、二崙、南勢、西勢、溝子墘、鳳山厝。

新埤庄：新埤（新埤頭）、建功、打鐵、南岸、餉潭、糞箕湖。

枋寮庄：枋寮、內寮、新開、水底寮、番子崙、北旗尾、大庄、大响營。

枋山庄：枋山、莿桐脚、南勢湖、平埔、加祿堂、楓港。

●不設街庄的高砂族社：

排灣族的頭社、北葉等社。

排灣族的內社等社。

排灣族的萃芒、南平、丁的、大茅茅、割肉、媽嘮喇等社。

排灣恒春上族的竹坑、中心崙、塔加寮、內獅頭、外獅頭、霧里乙、旁武雁、內文、中文、根也然、阿乳芒、草山、大甘也密等社。

排灣恒春下族的牡丹路、家新路、射武力、巴士墨、草埔後、快仔等社。

東港郡：一街（東港）、五庄（新園、萬丹、林邊、佳冬、琉球）。

東港街：東港、新街、內關帝、大潭新、南屛、下廍、三西和。

新園庄：新園、五房洲、烏龍、仙公廟、田洋子、瓦磘子、崁頂、力社、洲子、過溪子。

萬丹庄：萬丹、頂林子、濫庄、下蚶、保長厝、新庄子、後庄子、興化廍、甘棠門、社皮。

林邊庄：林邊（林仔邊）、田墘厝、硇子口、竹子脚、濫頭、牛埔、巷子內、溪洲、車路墘、七埤厝。

佳冬庄：佳冬（佳苳脚）、葫爐尾、塭子、羌園、大武丁、武丁潭、昌隆、石光見、下埔頭。

琉球庄：琉球嶼。

恒春郡：三庄（恒春、車城、滿州）。

恒春庄：恒春、山脚、鼻子頭、網紗、虎頭山、猫子坑、龍泉水、槺榔林、大樹房、水泉、大平頂、鵝鑾鼻。

車城庄：車城、新街、田中央、海口、保力、射寮、四重溪。

滿州庄：滿州（蚊蟀）、射麻裡、猪勝東、港口、响林、九個厝、九棚。

●不設街庄的高砂族社：

阿眉族的老佛、八瑤灣、巴龜兒等社。

恒春下族的頂加芝來、外加芝來、四林格、牡丹、中社、女仍、高士佛、八瑤、竹社等社。

瑯嶠十八社。

㈥台東廳：三郡（台東、關山、新港）

台東郡：一街（台東）、四庄（卑南、太麻里、大武、火燒島）。

台東街：台東、馬蘭、旭（旭村）、上原（利基利吉）、富原（富原村）、石山（猴子山）、加路蘭。

卑南庄：卑南、利家（呂家）、日奈敷（檳榔樹格）、初鹿（北絲鬮）、知本、美和（美和村）。

太麻里庄：太麻里、香蘭（猴子蘭）、西太麻里（鴨子蘭）、森川（文里格）、北太麻里（羅打結）、南太麻里（大武窟）、多多良（打腊打蘭）、金崙（虷子崙）、瀧（察腊密）、大溪（大得吉）。

大武庄：大武（巴塱衛）、大竹（大竹高）、加奈美（甘那壁）、加津林（鴿子籠）、彩泉（獅子獅）、大鳥（大鳥萬）、初屯（拔了洞）。

火燒島庄：中寮、南寮、公館。

●不設街庄的高砂族社：

排灣族的大南、斗里斗里、那保那保、阿塱衛等社。

紅頭嶼雅美族。

關山郡：三庄（關山、池上、鹿野）。

關山庄：關山（里壠）、月野（月野村）、日出。

池上庄：池上（池上村）、新開園、萬安。

鹿野庄：鹿野（鹿野庄）、大原（大原村）、雷公火。

●不設街庄的高砂族社：

布農族的大里渡等社。

新港郡：三庄（新港、長濱、都蘭）。

新港庄：新港（麻荖漏）、小湊（成廣澳）、大濱（沙汝灣）、都歷、小馬（小馬武窟）、塩濱（加只來）。

長濱庄：長濱（加走灣）、寧埔（石寧埔）、城山（彭子存）、中濱（大掃別）、三間屋、眞柄（馬稼海）、樟原（姑子律）。

都蘭庄：都蘭（都鑾）、八里（八里芒）、佳里（加里猛狎）、大馬（大馬武窟）、高原（嗄嘮吧灣）。

㈦花蓮港廳：三郡（花蓮、鳳林、玉里）

花蓮郡：一街（花蓮港）、三庄（吉野、壽、研海）。

花蓮港街：花蓮港、米崙、豐川（十六股）、宮下（軍威）、佐倉（歸化）。

吉野庄：吉野（吉野村）、田浦（荳蘭）、南埔（薄薄）、舟津（里漏）。

壽庄：壽（壽村）、賀田（賀田村）、月眉、豐田（豐田村）、水璉（水璉尾）。

研海庄：新城、北埔、平野（平野村）、加禮（加禮宛）。

●不設街庄的高砂族社（泰雅族）：

霓卓蘭族。

太魯閣族的古魯等社。

韜賽族四社。

鳳林郡：三庄（鳳林、瑞穗、新社）。

鳳林庄：林田（林田庄）、鳳林、山崎（六階鼻）、萬里橋（萬里橋村）、上大和（馬太鞍）、富田（太巴塱）。

瑞穗庄：大和（大和村）、白川（拔子）、瑞穗（瑞穗村）、鶴岡（烏雅立）、奇美（奇密）、舞鶴。

新社庄：磯崎（加路蘭）、新社、豐濱（貓公）、戸敷（姑律）、石梯、大港口、靜浦（納納）。

●不設街庄的高砂族社：

阿眉族的奇密、巫老僧、週武洞、烏漏、太吐壓、謝得武、馬打林、猛打蘭、掃叭、加納納等社。

玉里郡：二庄（玉里、富里）。

玉里庄：三笠（三笠村）、末廣（末廣村）、春日（織羅）、觀音山、落合（下勝灣）、玉里（璞石閣）、長良（長良村）。

富里庄：大里（大庄）、竹田（頭人埔）、富里（公埔）、堺（堵港埔）。

●不設街庄的高砂族社（布農族）：

異馬福、轆轆、那母岸、大社、打訓、大崙坑等社。

(八)澎湖廳：一街（馬公）、四庄（湖西、白沙、西嶼、望安）

馬公街：馬公（媽宮街）、火燒坪、後窟潭、西衛、文澳、紅木埕、小案山、大案山、東衛、宅腳嶼、風櫃尾、嵵裡、井子按、鷄母塢、猪母水、鎖管港、鐵線尾、石泉、菜園、前寮、虎井、桶盤、雙頭掛、烏崁。

湖西庄：隘門、林投、大武、大城北、良文港、尖山、西溪、南寮、菓葉、北寮、湖西、湖東、白猿坑、青螺、紅羅罩、港底、東石、港子尾、中寮、鼎灣、潭邊、西寮、沙港、土地公前。

白沙庄：中屯、城前、港尾、瓦硐、後寮、通梁、大倉、岐頭、鎮海、港子、小赤崁、吉貝、大赤崁、鳥嶼。

西嶼庄：小池角、大池角、二崁、竹篙灣、橫礁、合界頭、緝馬灣、內垵、外垵。

望安庄：將軍澳、西吉嶼、嶼坪、東吉嶼、望安（網垵鄉）、大嶼、花宅、水垵、花嶼。

七、第二次世界大戰後

一九四五年八月十五日，日本戰敗，接受波茨坦宣言，向盟國投降。十二月二十五日，當時爲盟國一分子的國民黨政權，受盟軍總司令官麥帥的委託命令進駐台灣，接受在台日軍的投降。依照國際法，國民黨政權的佔據台灣應爲「敵地保障佔領」，於簽訂和約後結束而撤退，但國民黨政權竟在投降典禮完畢後，即日擅自宣稱台灣已爲其領土，而違法寄生於台灣至今，蓋依國際法，領土的割讓移轉應以當事國間的條約協定爲之，否則爲侵略行爲。

一九四九年七月二十日，蔣介石亡命台灣，十二月七日，國民黨政權中央政府遷移台灣。以後國共兩政權便隔著台灣海峽互爭「支那代表權」，且俱故意以「支那代表權問題」(支那問題)頂替「台灣主權歸屬問題」(台灣問題)，稱「支那是一國、台灣是支那不可分割的一部分」。

一九五一年九月八日，盟國(因支那代表權未定，國共兩政權除外)與日本簽訂「舊金山和約」，規定日本放棄台灣，但對台灣的主權歸屬無任何規定(以留待後日由聯合國大會決定)，但至今台灣主權歸屬仍懸而未決。

一九七一年十月二十五日，支那共產黨政權加入聯合國，取得支那代表權，國民黨政權則在國際法上事實消滅。現今在國際關係上，支那共產黨政權幾乎已獲得普遍的承認，成爲代表全支那唯一正當的政府，但其「台灣是支那的一部分」之主張，並未獲得國際上普遍的承認，但國民黨的陰魂不散，李登輝還在說夢話，說什麼「一個『中國』，是在台灣的『中華民國』」。

國民黨亡命政權佔據台灣後，起初大抵沿襲原日本台灣總督府的行政體制，僅將州、廳改稱縣，州下的市提升為與縣同格的省轄市，州、廳下的郡改稱區，郡下的街、庄分別改稱鎮、鄉，並增設鄉於高砂族社。市分區，區下設里，鄉、鎮下及部落亦設村、里。一九五〇年實施縣市長民選前，重劃地方行政區域，設十六縣（台北、宜蘭、桃園、新竹、苗栗、台中、彰化、南投、雲林、嘉義、台南、高雄、屏東、花蓮、台東、澎湖）、七省轄市（基隆、台北、新竹、台中、嘉義、台南、高雄），後來又將台北、高雄二市提升為與省同格的院轄市，亦即現在（一九九五年）台灣的行政區劃為二院轄市一省，省下分設五省轄市十六縣，詳細如下：

台北市分十二區（信義、大安、中山、中正、大同、萬華、文山、松山、南港、內湖、士林、北投），其中戰後新併入的有文山區（原台北州文山郡深坑庄的一部分）、松山區（原七星郡松山庄）、南港區（原七星郡內湖庄的一部分）、內湖區（同上）、士林區（原七星郡士林街）、北投區（原七星郡北投庄）。

高雄市分十一區（塩埕、鼓山、三民、新興、前金、苓雅、前鎮、旗津、小港、左營、楠梓），其中戰後新併入的有小港區（原高雄州鳳山郡小港庄）、左營區（原岡山郡左營庄）、楠梓區（原岡山郡楠梓庄）。

台灣省分設五市（基隆、新竹、台中、嘉義、台南）、十六縣（台北、宜蘭、桃園、新竹、苗栗、台中、彰化、南投、雲林、嘉義、台南、高雄、屏東、台東、花蓮、澎湖）。

基隆市分七區（中正、仁安、中山、安樂、信義、七堵、暖暖），其中七堵、暖暖二區原屬台北州基隆郡七堵庄。

新竹市分東、北、香山三區，其中香山區原屬新竹州新竹郡香山庄。

台中市分八區（中、東、南、西、北、西屯、南屯、北屯），其中西屯、南屯、北屯三區原屬台中州大屯郡西屯、南屯、北屯三庄。

嘉義市分東、西二區。

台南市分七區（東、南、西、北、中、安平、安南），其中安南區原屬台南州新豐郡永寧、安順二庄。

台北縣由原台北州基隆、七星、淡水、文山、海山、新莊六郡合成（但部分被併入台北市），轄七市（板橋、永和、中和、新店、新莊、三重、土城）、六鎮（樹林、鶯歌、三峽、淡水、汐止、瑞芳）、十六鄉（蘆洲、五股、林口、泰山、八里、三芝、石門、平溪、雙溪、貢寮、金山、萬里、深坑、石碇、坪林、烏來）。

宜蘭縣由原台北州宜蘭、羅東、蘇澳三郡合成，轄一市（宜蘭）、三鎮（頭城、羅東、蘇澳）、八鄉（礁溪、壯圍、員山、冬山、五結、三星、大同、南澳）。

桃園縣由原新竹州桃園、中壢、大溪三郡合成，轄三市（桃園、中壢、平鎮）、二鎮（大溪、楊梅）、八鄉（蘆竹、大園、龜山、八德、龍潭、新屋、觀音、復興）。

新竹縣由原新竹州新竹、竹東二郡合成，轄一市（竹北）、三鎮（關西、新埔、竹東）、九鄉（湖口、橫山、新豐、芎林、寶山、北埔、峨眉、尖石、五峰）。

苗栗縣由原新竹州苗栗、竹南、大湖三郡合成，轄一市（苗栗）、六鎮（苑裡、通霄、竹南、頭份、後龍、卓蘭）、十一鄉（公館、銅鑼、頭屋、三義、西湖、三灣、南庄、造橋、獅潭、大湖、泰安）。

台中縣由原台中州豐原、東勢、大甲、大屯四郡合成，轄一市（豐原）、五鎮（東勢、大甲、清水、沙鹿、梧棲）、十五鄉（霧峰、大里、大平、烏日、石岡、新社、潭子、大雅、神岡、后里、外埔、大安、龍井、大肚、和平）。

彰化縣由原台中州彰化市及彰化、員林、北斗三郡合成，轄一市（彰化）、七鎮（鹿港、和美、員林、溪湖、田中、北斗、二林）、十八鄉（線西、伸港、福興、秀水、花壇、芬園、大村、埔鹽、埔心、永靖、社頭、二水、田尾、埤頭、芳苑、大城、竹塘、溪洲）。

南投縣由原台中州南投、新高、能高、竹山四郡合成，轄一市（南投）、四鎮（草屯、集集、埔里、竹山）、八鄉（名間、中寮、魚池、水里、國姓、鹿谷、信義、仁愛）。

雲林縣由原台南州斗六、虎尾、北港三郡合成，轄一市（斗六）、五鎮（斗南、虎尾、西螺、土庫、北港）、十四鄉（古坑、大埤、莿桐、林內、二崙、崙背、麥寮、東勢、褒忠、台西、元長、四湖、口湖、水林）。

嘉義縣由原台南州嘉義、東石二郡合成，轄二市（太保、朴子）、二鎮（布袋、大林）、十四鄉（民雄、溪口、新港、水上、中埔、竹崎、梅山、番路、大埔、六腳、東石、義竹、鹿草、阿里山）。

台南縣由原台南州新營、曾文、北門、新化、新豐五郡合成，轄二市（新營、永康）、七鎮（鹽水、白河、麻豆、佳里、學甲、新化、善化）、二十二鄉（柳營、後壁、東山、下營、六甲、官田、大內、將軍、西港、七股、北門、新市、安定、山上、玉井、楠西、南化、左鎮、仁德、歸仁、關廟、龍崎）。

高雄縣由原高雄州鳳山、岡山、旗山三郡合成，轄一市（鳳山）、三鎮（岡山、旗山、美濃）、二十三鄉（林園、大寮、大樹、仁武、大社、鳥松、橋頭、燕巢、阿蓮、路竹、湖內、茄萣、永安、彌陀、梓官、田寮、內門、甲仙、杉林、六龜、茂林、桃源、三民）。

屏東縣由原高雄州屏東市及屏東、潮州、東港、恒春四郡合成，轄一市（屏東）、三鎮（潮州、東港、恒春）、二十九鄉（長治、麟洛、九如、里港、塩埔、高樹、萬巒、內埔、竹田、新埤、枋寮、枋山、萬丹、新園、崁頂、林邊、南州、佳冬、琉球、車城、滿州、三地、霧台、瑪加、泰武、來義、春日、獅子、牡丹）。

花蓮縣係原花蓮港廳，轄一市（花蓮）、二鎮（鳳林、玉里）、十鄉（新城、吉安、壽豐、光復、豐濱、瑞穗、富里、秀林、萬榮、卓溪）。

台東縣係原台東廳，轄一市（台東）、二鎮（成功、關山）、十三鄉（卑南、大武、太麻里、綠島、東河、長濱、池上、鹿野、延平、海端、達仁、金峯、蘭嶼）。

澎湖縣係原澎湖廳，轄一市（馬公）、五鄉（湖西、白沙、西嶼、望安、七美）。

惟各縣轄下鄉鎮及鄉鎮內部落（即村里）的名稱，大多仍保留戰前日據時代的名稱，對於改名者，將在本文中隨時加以註明，但市區內的區里名，大多是行政上隨便命名以充數者，既無歷史淵源亦無地緣關係，不加以說明。至於高砂族居住地區（即社），日據時代不在一般行政區域內，不設街庄，戰後才新設鄉，但鄉下部落（社）名的由來，大多不甚明瞭，故本書只列舉社名，不加以詳細說明。

種族

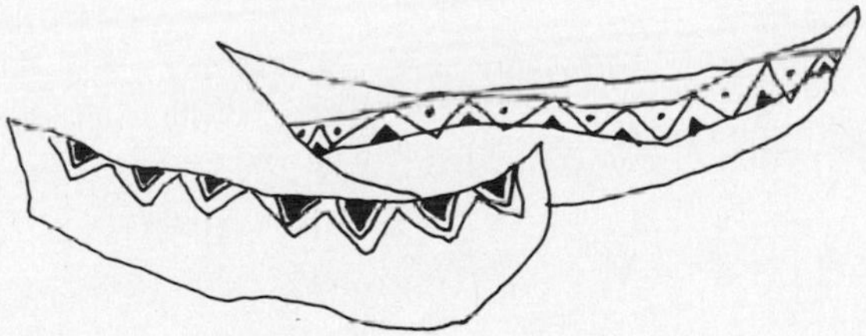

根據第一章所述的政治沿革，台灣人民的結構（即族群）亦極爲複雜。但現在設籍於台灣的住民，大致分爲高砂族、福佬人及客家人、支那人三種族群，本書分別稱之爲「原住系台灣人」、「移民系台灣人」、「國民黨系支那人」。

一、原住系台灣人─高砂族、平埔族

清時，將服從政府命令而多少同化的高砂族稱「熟番」或「平埔番」（居住平地的番仔之意），將全然不服從政令者稱「生番」。生番、熟番之外，還有「化番」，其開化程度介於生番與熟番之間，但人數甚少，只有日月潭的「水社化番」及苗栗縣的「南庄化番」，日據時代只有一千五、六百人而已。這個分類並非種族上的分別，而是統治上、文化上的分別。日本領台初期，亦稱「生番」或「番人」，至大正十二年（一九二三年）才創造「高砂族」的名詞。「高砂」意指「台灣」，故「高砂族」即是「台灣族」之意，對於作爲台灣原住民的他們，乃是最適當的稱呼。戰後，國民黨當局將之改稱「高山族」，但他們原來居住平地，是後來才被外來闖入者趕上山岳地帶，故「高山族」的名稱不相稱，況且「高山」還含有「落後」、「未開化」之意。

荷蘭時代，高砂族的人口推算約爲四、五十萬人，其中在荷蘭人支配區域內的人口，一六四七年爲六萬二千八百四十九人，但至一六五六年竟減少一半而爲三萬二千二百二十一人，此期間的變遷情形如表一，之後經過鄭氏及清國的統治二百數十年，至日據時代其人口的增加如表二、表三。

(表一)荷蘭時代荷蘭人支配區域內的高砂族社戶口表

	部落數	戶數	人口數
1647年	246	13,619	62,849
1648年	251	13,955	63,861
1650年	315	15,249	68,657
1654年	271	14,262	49,324
1655年	223	11,029	39,222
1656年	162	8,294	32,221

資料來源：中村孝志《台灣史概要》

(表二)

1900(年)	113,163(人)
1910	122,106
1920	130,310
1930	140,553
1940	158,321
1942	162,031

(表三)

泰雅族	39,065	24.1
塞夏族	1,864	1.2
布農族	17,519	10.8
曹　族	2,363	1.5
排灣族	44,627	27.9
阿眉族	54,991	33.9
雅美族	1,602	1.0
總　計	162,031(人)	100(%)

資料來源：台灣提督人口統計

在同一期間，移民系台灣人的人口增加相當驚人，即從十萬人（荷蘭時代）成長至二百五十萬人（清末），至一九四三年更高達六百一十二萬人。由此可知，移民系台灣人輝煌的拓殖史，從反面說來，是高砂族凄慘的衰亡史。

台灣的先住民高砂族，在種族上屬「南方古蒙古人種（Paleo-Mongoloid）」的「原馬來人系（Proto-Malay）」，語言上屬「馬來波利尼西亞語族（Malayo-polynesian）」，文化特質上屬「印度尼西亞文化羣」，因此可說他們係由東南亞北上而移往台灣者，其移住時期大約在公元前三年之前。（宮本延人《台灣先史時代概說》）

高砂族皆屬同一「種族」，但又可分爲若干「部族」。日據時代，台灣總督府以七分法將之分爲泰雅族（Tayal、日語譯タイヤル）、賽夏族（Saisiyat，サイセット）、布農族（Bunun，ブヌン）、曹族（Tsou，ツオウ）、排灣族（Paiwan、パイワン）、阿眉族（Ami，アミ）、雅美族（Yami，ヤミ）七部族。其中，將古來分散居住平原的高砂族稱「平埔族」。以下爲論述的方便起見，分別以「山地高砂族」（或簡稱「高砂族」）及「平埔族」敍述之。

根據日據時代昭和十年（一九三五年）的調查，當時高砂族的分佈情形如下：

(1)泰雅族居住於台北、新竹兩州及台中州東勢、能高兩郡的山地，人口二萬二千八百九十一人。

(2) Sediq（紗績）屬泰雅族的一支，居住於台中州霧社附近至花蓮港廳花蓮郡研海庄（今新城鄉）的山地，人口一萬二千七百四十八人。

(3)賽夏族居位於新竹州南庄(今苗栗縣南庄鄉)附近的平地及山地，人口一千四百八十二人，係平埔道卡斯族的分派，清國政府稱「南庄化番」。

(4)布農族居住於台東廳關山郡、花蓮港廳玉里郡、台中州新高郡(少數)及能高郡、台南州嘉義郡(極少數)、高雄州旗山郡等的山地，人口一萬七千七百五十七人。

(5)曹族居住於新高山彙(今玉山)以西一帶，即台中州新高郡、台南州嘉義郡、高雄州旗山郡等的山地，人口二千一百六十八人，清時稱「阿里山番」。

(6)排灣族居住於台東廳大武地方及高雄州潮州、恆春二郡的山地，人口二萬五千二百十八人。

(7)傀儡族屬排灣族的一支，居住於台東郡的山地及高雄州旗山、潮州、屏東三郡的山地，人口一萬三千一百六十一人。「傀儡」係移民所命名者，他們原來自稱爲「居住於坡地之人」。

(8)卑南族屬排灣族的一支，原稱 Puyuna，居住於台東平原的山腳地帶，少數移居於關山郡，又一部分南進恆春地方，建立豬朥束、射麻里、龍鑾、貓仔四社，支配附近的排灣族，人口五千零八十一人。

(9)阿眉族居住於台東至花蓮港間的平地，極少數散布於花蓮港北方的新城附近及台東南部的大武地方至恆春附近的海岸地帶，人口四萬八千二百三十七人。

(10)雅美族居住於紅頭嶼(今蘭嶼)，人口一千六百九十五人。

所云的「平埔族」，往昔佔據台灣平原各地，其人口在移民渡來前大約有二十萬人之多，接觸到移民以後，遭受其軟硬兼施、奸猾的欺騙詐取而被掠奪其土地。根據日據時代昭和十年（一九三五年）末的戶口統計，人口只剩下五萬八千五百十三人，而大部分四散流離在移民部落內苟延殘喘。他們已經全然爲移民所同化而喪失其固有的語言習俗，經常說台灣語、穿台灣服，一點也不留高砂族本來的面目。

日據時代所知的平埔族部族，有馬卡道族（Makattao）、四社族、西拉雅族（Siraiya）、和安雅族（Hoanya）、巴布薩族（Foavosa）、Arikun、巴瀑拉族（Vupuran）、水沙連族、巴則海族（Pazzehe）、道卡斯族（Taokas）、凱達加蘭族（Ketagalan）、噶瑪蘭族（Kavalan）等十餘種族。以下就主要部族的原址及其部分遷居地概述之：

⑴馬卡道族，原佔據鳳山地方至下淡水溪（今高屏溪）流域平地，後來大部分遷居阿猴（今屏東）平原山腳地帶的萬巒鄉、內埔鄉老埤、枋寮鄉水底寮或恆春地方及台東地方。遷往台東地方者，居住於東台灣縱谷平原，北自玉里鎮觀音山起，南至富里鄉公埔、新開園地方，及海岸地方的長濱鄉彭子存、大掃別、加走灣、城子埔等地，而形成集團部落。由阿猴地方南下入瑯嶠（今恆春）平原者，於光緒元年（一八七五年）恆春築城時遷居山腳庄（今恆春鎮內），後來又遷居車城鄉四重溪、五重溪附近。至光緒十七、八年許，戶數達一百戶，但是年七月發生大洪水，房屋田園流失，乃遷居台東公埔平原。

⑵四社族，據傳在約三百年前就佔據台南縣烏山山脈的西麓一帶沃野，建立大目降、芒仔芒、茄拔、宵裡四社，但被受到移民壓迫的西拉雅族驅逐於荖濃溪上游山地，後來分散形

成二十九個部落，與移民雜居。此四社的故址及遷居地如下：

大目降社原佔據今台南縣大內鄉頭社附近，但受到西拉雅族大武壠社的侵略，而遷往溪東、阿里關、羌黃埔、甲仙埔、四社寮五地。

茄拔社原佔據今善化鎮茄拔附近一帶，被西拉雅族目加溜灣社侵佔，而遷往頂公館、蜈蜞潭、紅毛山、匏子寮、大邱園、八張犁、芎蕉腳七地。

霄裡社原佔據今玉井鄉口霄里及噍吧哖(玉井)附近一帶，被西拉雅族噍吧哖社侵佔，而遷往茄茇湖、泉漈、山杉林、木杉林角、木櫸寮五地。

芒仔芒社原佔據今玉井鄉芒仔芒附近一帶，被移民侵佔，而遷往响竹、頂茄濃、下茄濃、大苦苓、紅水坑、枋寮、水冬瓜、獅頭額、六龜里、舊庄、狗寮、二坡十二地。

(3)西拉雅族係荷蘭人所云的Sideia，往昔佔據台南地方平原，曾受過荷蘭人的敎化而著名。此族受到移民的壓迫而遷往旗山地方及台東地方，但日據時代仍有許多人居住今台南縣東山鄉吉貝要及左鎮鄉岡子林。此族原來分成九社，各社的故址及遷居地如下：

赤嵌社原居台南附近。鄭時，一部分遷往新市附近，改稱「新港社」，又一部分遷往卓猴。後來新港社大部分的田園被移民騙取，乃遷往大目降(今新化)、關帝廟(今關廟)及其附近，再往旗山地方的狗氳氤、古亭坑、水蛙潭、南安老、打鹿埔、舊木柵等地建立部落。前往卓猴的大部分又因受到移民的壓迫，往來芋匏(今山上鄉大社)、木崗(今新化鎮內)及其附近，遂定居大湖街附近海邊名「Pēta」之地，但仍被移民驅逐，遷往今旗山鎮溪州附近，再遷居口隘、尾庄、大埔、溝坪等地。

大目降社的故址在人目降（今新化鎮）附近。

卓猴社的故址在今新化鎮礁坑拔馬，經由芋匏、木崗轉往旗山地方，其一部分更遷往遙遠的台東。

噍吧哖社的故址是今新化鎮那拔林，後來遷往噍吧哖（今玉井鄉）。

目加溜灣社的故址是今安定鄉直加弄。

芋匏社的故址是今山上鄉大社。

大武壠社的故址是灣裡（今善化鎮）附近。

蔴荳社的故址是今麻豆鎮。

蕭壠社（又名「漚汪社」）的故址是蕭壠（今佳里鎮）與漚汪（今將軍鄉）間的番子寮。

(4)和安雅族係佔據斗六、打貓（今民雄）、他里霧（今斗南）、諸羅（今嘉義）、番社（今台南縣東山鄉）地方的平埔族，除其一社由南路遷入埔里地方之外，沒有他遷。

按道光二十年（一八四〇年）許，彰化地方的 Arikun、巴則海、巴瀑拉、巴布薩、道卡斯五族約三十二社，由北路進入埔里地方，形成集團部落，遂成爲平埔的新遷居地。

(5)巴布薩族係荷蘭人所云的 Favorlang，佔據濁水溪以北、大肚溪以南平原的西螺、社頭、員林、彰化地方，其一部分遷居埔里地方。

(6) Arikun 族係佔據彰化至南投地方的種族，被移民奪去故土後，於道光二十年許由北路進入埔里地方。後來居住十一分、水頭、鹽土、中心子、枇杷城、白葉坑、牛洞、九欉等的平埔族，就是他們的子孫。

(7)巴瀑拉族係佔據大肚溪以北平原至今清水鎮以南海岸地方，即大肚、龍目井、沙鹿地方的種族，其一部分遷移於埔里地方。

(8)水沙連族係佔據日月潭附近至今魚池鄉、埔里鎮地方的種族，在社子、水社、頭社者係於乾隆四十五年(一七七二年)由今嘉義縣大埔鄉遷來的曹族，淸時稱「水社化番」，在貓囒、審鹿者係布農族，在福骨、哆咯啷者像是泰雅族。他們的一部分變爲平埔族而與移民雜居，一部分被移民驅逐而混入山地。水沙連族的族社如下：

社仔社原佔據今集集鎮社子，被移民驅逐而併入田頭社。

田頭社(頭社)原居今魚池鄉頭社一帶地方，由於移民建庄而縮小其區域。

水裏社(水社)原居日月潭內珠仔山及湖西，其地後來全然變成移民部落，乃遷往湖南建立石印社。其中少數分居於水社東北方的竹湖，至光緒十四年(一八八八年)，遷入大茅埔而與移民雜居。日據時代，由於台灣電力會社的日月潭水力發電工程，水社沒入水中，其族人則於昭和九年(一九三四年)遷居原社址的南東湖畔的卜吉。

貓囒社原居今魚池鄉貓囒，其大部分併入水裏社，小部分進入小茅埔而與移民雜居。

審鹿社(或沈鹿社)原居今魚池鄉，其多數併入水裏社，少數於光緒八年進入魚池鄉北方的興新，而與移民雜居。

福骨(或剝骨)社，原居日月潭的東方卜吉附近，被移民驅逐而混入泰雅族社內。

哆咯啷社原居日月潭的東岸，與福骨社相鄰，被移民驅逐而逃入山地。

(9)巴則海族原佔據以今豐原附近爲中心，北至大甲溪岸，東至東勢角(今東勢)附近，南至潭仔墘(今潭子)一帶，西以大肚山橫岡爲界的地方。但受到移民的壓迫侵略，除爲此族宗社的岸裡大社以外，大部分遷往埔里地方，一部分遷往大安溪流域的鯉魚潭(今苗栗縣三義鄉)附近，或同縣南庄鄉，更有遙遠的進入宜蘭地方者。據傳，由於受到移民的壓迫侵略，嘉慶九年(一八〇四年)巴則海族的岸裡、阿里史，巴布薩族的阿束、東螺，Arikun族的北投，道卡斯族的大甲、呑霄及馬賽等諸社千餘人，經苗栗內山、斗換坪(今頭份鎮內)、大東河而由鳳山崎溪的上游越山，露營二日而山叭哩沙喃(今宜蘭縣三星鄉)原野，而抵宜蘭地方。

巴則海族所佔據的地方，至康熙中葉仍爲化外的高砂族地。康熙三十六年(一六九七年)通過西海岸的郁永河在《裨海紀遊》中云：「抵今清水附近的平埔巴瀑拉族社時，欲前往踏查大肚山，但族人云：『野番常伏林中射鹿，見人矢鏃立至，愼勿往』」。

巴則海族原分四群，形成小部落，其區分如下：

①岸裏社在大甲溪岸內，故名。巴則海族中只岸裏社的一部落保存舊址，而由岸東、岸西、岸南、西勢尾、麻裡蘭、翁仔六小社集合形成集團部落，稱「岸裏大社」，日據時代略去「岸裏」二字，改稱「大社庄」。

岸東社在今神岡鄉大社。

岸西社在岸東社的西鄰。

岸南社在岸東、岸西二社的南鄰。

葫蘆墩社在今豐原市，此社與蔴薯、社寮角二社一起遷往埔里社窪地。

西勢尾社在今豐原市社皮，俗稱「西勢」之地。此社亦遷往埔里地方。

蔴裡蘭社在今豐原市社皮、西勢尾社的南方。

翁仔社在今豐原市翁子。

岐仔社係今神岡鄉下溪州，俗稱「內埔」舊社。乾隆末年因大甲溪水災而遷徙今豐原市四方圳寮，後來遷至同市東方俗稱「岐仔腳」之地，改稱岐仔社。嘉慶年間被移民驅逐而渡過大甲、大安二溪，進入今苗栗縣罩蘭峽谷，道光四年（一八二四年）後又受到移民侵略，遷往罩蘭溪北岸河丘上的壢西坪，但此地泰雅族的出沒頻繁，故只逗留二年，全族再遷回舊地岐子腳的一角落居住一年，又不被移民所容，乃渡大安溪溯上而抵鯉魚潭窪地定居。此地的南東北三面皆為山岡所圍繞，只有西方一邊為開放的天然城廓，被移民稱「番仔城」。

蔴薯社係今台中縣后里鄉舊社，康熙末年受到移民侵略，其大半渡過大安溪北進，在溪岸形成頂社、中社、下社三部落，後來於道光五年遷往埔里社窪地。

②樸仔籬社群諸社的故址及遷居地如下：

社寮角社的故址在今台中縣石岡鄉社寮角，與蔴薯社、葫蘆墩社一起遷往埔里社窪地。

大湳社的故址是今豐原市大湳，於咸豐八年（一八五一年）遷往埔里社窪地。

水底寮社的故址是今台中縣新社鄉水底寮，於咸豐八年遷往埔里社窪地。

山頂社的故址是今新社鄉馬力埔山地，於咸豐八年遷往埔里社窪地。

大馬僯社的故址是今東勢鎮新伯公番社，於道光三年(一八二三年)遷往埔里社窪地。

③阿里史社的故址是今台中縣潭子鄉潭子。據《噶瑪蘭廳志》，嘉慶九年(一八〇四年)岸裏社及阿里史社與其他北部平埔族六社共計千餘人結隊，越山進入蛤仔難(今宜蘭)。羅東鎮及三星鄉之阿里史的地名，係在此社遷來時依其故址的地名而命名的。此社的其餘族人，於道光三年(一八二三年)遷往埔里社窪地。

④烏牛欄社的故址是今豐原市烏牛欄，道光三年遷入埔里社窪地，今埔里鎮內烏牛欄的地名是依其故址名稱而起者。

⑽道卡斯族原佔據新竹及苗栗地方至今台中縣大甲鎮地方，據傳其一部分進入南庄地方，變為塞夏族，又一部分遷往宜蘭地方，一部分遷居埔里社地方，但遷往宜蘭地方者，後來大多數再返原址。

⑾凱達加蘭族原佔據今台北縣貢寮鄉澳底附近的新社至基隆市社寮島、金山鄉、淡水鎮附近、台北平原及桃園地方，但日據時代其人口已經驟減。據云宜蘭的平埔族中的哆囉里遠及里腦二社，是此族的同族。

⑿噶瑪蘭族係佔據宜蘭平原的種族，嘉慶十年(一八一〇年)清國政府將哈仔難(噶瑪蘭)高砂族地編入版圖時，據云有平埔族社三十六社，當然包括少數的凱達加蘭族社在內。後來受

到移民的壓迫及山地高砂族的威脅，其大部分散居於同管內各地，一部分遷往奇萊(花蓮港)地方。

按道光年代中葉，此族被移民奪去故土，乃求活路於奇萊地方，一派由蘇澳經山路而入奇萊，一派乘竹筏或刳舟而登陸鯉魚港(半崙山下海岸)，建設一部落。此地以加禮宛社爲主，故名「加禮宛」。隨著遷居奇萊地方的人數增加，武暖社的一部分便大舉而來與加禮宛社合併，成立加禮宛、竹仔林、武暖、七結仔、談子秉、瑤歌六社，而由加禮宛社統轄之。後來移動於各地，即北自新城，南自今花蓮縣南部海岸地方的加路蘭、新社、石梯等起，南下至今台東縣的姑子律、水母丁、城子埔、加走灣南部，形成部落。：

總而言之，昔日平埔族全面的佔據台灣平地，到處有其部落，而現在很多地名，不是譯自平埔族的社名，就是與之有關聯者，譬如番社、新社、舊社、社里、社口、社子、社後、頭社、中社、社尾、社內、番社口、番子寮、番子厝、番子嶺、北社尾、番子路、番子埔等地名。茲再將見於清時《台灣府志》及各縣廳志的平埔族部落列舉於下。(但因其移動甚大，很難弄清楚，不無遺漏或錯誤之處，故只供參考而已)

平埔族部落(社)名	種族	現在地名
台灣縣		
新港、赤嵌	Siraiya	台南縣新市鄉社內
卓猴	Siraiya	台南縣新化鎮𦰡拔林拔馬
大傑顛	Makattao	高雄縣路竹鄉下社及大社
鳳山縣		
阿猴	Makattao	屏東市
武洛，又名大澤機	Makattao	屏東縣里港鄉武洛
搭樓	Makattao	屏東縣里港鄉搭樓
上淡水，又名大木連	Makattao	屏東縣萬丹鄉社皮上社皮
下淡水，又名麻里麻崙	Makattao	屏東縣萬丹鄉下社皮
力力	Makattao	屏東縣新園鄉力社
加藤，又名奢連	Makattao	屏東縣林邊鄉車路墘
放索，又名阿加	Makattao	屏東縣林邊鄉田墘厝放索
恆春縣		
瑯嶠、瑯嶠、郎嬌	Makattao	恆春鎮恆春
龍鑾	Paiwan，Puyuma	恆春鎮恆春
貓仔	Puyuma	恆春鎮貓子坑

射麻裡、射麻利、紹貓釐	Puyuma	屏東縣滿州鄉射麻里
豬朥束、地藍松	Puyuma	屏東縣滿州鄉豬朥束
蚊率、蚊率山頂	Paiwan	屏東縣滿州鄉滿州
龜仔角、龜朥律	Paiwan	恆春鎮鵝鑾鼻龜仔角
萬里得、貓里毒	Ami	滿州鄉萬里得
港口	Ami	滿州鄉港口
諸羅縣		
目加溜灣、嘉溜灣	Siraiya	台南縣安定鄉直加弄
茄拔	Siraiya	台南縣善化鎮加拔
大目降、大穆降	Siraiya	台南縣新化鎮新化
噍吧哖	Siraiya	台南鄉玉井鄉玉井
霄裡	Tsou、四社族	台南鄉玉井鄉霄里
芒仔芒	Tsou、四社族	台南縣玉井鄉芒仔芒
芋匏	Siraiya	台南縣山上鄉大社
麻豆、蔴荳	Siraiya	台南縣麻豆鎮鎮麻豆
大武隴頭	Siraiya	台南縣大內鄉頭社
二社、大武隴二社	Siraiya	台南縣官田鄉社子
蕭壠，又名漚汪	Siraiya	台南縣佳里鎮番子寮
哆囉嘓、哆囉咯、倒咯嘓	Lloa	台南縣東山鄉番社

諸羅山	Lloa	嘉義市
打貓	Lloa	嘉義縣民雄鄉民雄
他里霧	Lloa	雲林縣斗南鎮舊社
斗六門，又名柴裏	Lloa	雲林縣斗六鎮斗六
彰化縣		
西螺	Lloa	雲林縣西螺鎮西螺
貓兒干、麻芝干	Lloa	雲林縣崙背鄉貓兒干
南社、貓兒干南社	Lloa	雲林縣崙背鄉
東螺	Poanosa	彰化縣埤頭鄉番子埔
二林	Poanosa	彰化縣二林鎮二林
眉裏	Poanosa	彰化縣溪州鄉舊眉
半線	Poanosa	彰化市
柴仔坑	Poanosa	彰化市大竹阿夷，土名柴仔坑
阿東、啞東	Poanosa	彰化市大竹番社口
馬芝遴	Poanosa	彰化縣鹿港鎮
貓霧捒、麻霧捒	Poanosa	台中市南屯區南屯附近
大武郡	Arikun	彰化縣社頭鄉舊社
大突	Arikun	彰化縣溪湖鎮大突
貓羅	Arikun	彰化縣芬園鄉舊社

南投	Arikun	南投縣南投市
北投	Arikun	南投縣草屯鎮北投埔
萬斗六	Arikun	台中縣霧峯鄉萬斗六
大肚	Vupuran	台中縣大肚鄉大肚
水裏	Vupuran	台中縣龍井鄉龍目井水裡社
牛罵，又名感恩	Vupuran	台中縣清水鎮清水附近
沙轆，又名遷善或迴馬	Vupuran	台中縣沙鹿鎮沙鹿
社仔	水沙連族、Tsou	南投縣集集鎮社子
頭社、田頭社	水沙連族、Tsou	南投縣魚池鄉頭社
水社、水裏	水沙連族、Tsou	南投縣魚池鄉水社
貓蘭	水沙連族、Bunun	南投縣魚池鄉貓蘭
審鹿	水沙連族、Bunun	南投縣魚池鄉魚池地方
福骨	水沙連族、Tayal	原在日月潭東方卜吉附近，被移民驅逐入山地
哆咯啷	水沙連族、Tayal	原在日月潭東方福骨社旁，被移民驅逐入山地
埔里、埔裏、埔裡、埔社	諸族遷居地	南投縣埔里鎮枇杷城等地
眉裏、眉裡、眉社		南投縣埔里鎮埔里附近
岸裏九社	Pazzehe	
岸東	Pazzehe	台中縣神岡鄉大社
岸西	Pazzehe	岸東社東方傍邊

岸南	Pazzehe	岸東、岸西二社南方傍邊
葫蘆墩	Pazzehe	台中縣豐原市豐原
西勢尾	Pazzehe	台中縣豐原市社皮西勢
蔴裡蘭、貓裡蘭	Pazzehe	台中西勢南方傍邊
翁仔	Pazzehe	台中縣豐原市翁子
岐仔	Pazzehe	台中縣神岡鄉下溪州內埔舊社
蔴薯、蔴薯舊社	Pazzehe	台中縣后里鄉舊社
樸仔離五社		
社寮角	Pazzehe	台中縣石岡鄉社寮角
大湳	Pazzehe	台中縣豐原市大湳
水底寮	Pazzehe	台中縣新社鄉水底寮
山頂	Pazzehe	台中縣新社鄉馬力埔山頂
大馬僯	Pazzehe	台中縣東勢鎮新伯山番社
阿里史	Pazzehe	台中鄉潭子鄉潭子
烏牛欄	Pazzehe	台中縣豐原市烏牛欄
淡水縣		
大甲西社，又名崩山或德人	Taokas	台中縣大甲鎮番子寮附近
大甲東社	Taokas	台中縣外埔鄉大甲東附近
日南	Taokas	台中縣大甲鎮日南社

日北	Taokas	日南社北方傍邊
雙寮	Taokas	台中縣大甲鎮雙寮
房裏	Taokas	苗栗縣苑裡鎮房裡
貓盂，又名興隆	Taokas	苗栗縣苑裡鎮貓盂
苑裏、宛里	Taokas	苗栗縣苑裡鎮苑裡
吞霄、吐霄	Taokas	苗栗縣通霄鎮通霄附近
貓裏	Taokas	苗栗縣苗栗市苗栗
加志閣	Taokas	苗栗縣苗栗市嘉盛附近
後壠、後隴	Taokas	苗栗縣後龍鎮後龍
新港、新港仔	Taokas	苗栗縣苗栗市新港
中港	Taokas	苗栗縣竹南鎮中港
竹塹	Taokas	新竹市
眩眩	Taokas	新竹市樹林頭附近
霄裏	Ketagalan	桃園縣八德鄉霄裡
南崁、南嵌	Ketagalan	桃園縣蘆竹鄉南崁廟口番子厝
坑子	Ketagalan	桃園縣蘆竹鄉坑子頂社
龜崙	Ketagalan	桃園縣龜山鄉楓樹坑新路坑
南港	Ketagalan	台北縣蘆洲鄉和尙州南港子
武勝灣、武溜灣	Ketagalan	台北縣新莊市

擺接、擺折	Ketagalan	台北縣板橋市社後附近
秀朗、繡朗，又名乞仔	Ketagalan	台北縣中和市秀朗
雷裏、雷裡、雷里	Ketagalan	台北市東園附近，舊名加蚋仔庄
沙蔴廚、紗帽廚	Ketagalan	台北市萬華（艋舺）
里末	Ketagalan	萬華附近
了阿八里、龍匣口	Ketagalan	台北市龍口附近
圭母卒、奇武卒、奎府聚	Ketagalan	台北市奎府
大浪泵、巴浪泵	Ketagalan	台北市大龍峒
搭搭悠、荅荅攸	Ketagalan	台北市松山塔塔悠
里族	Ketagalan	台北市松山舊里族
錫口、貓裏即吼、麻里折口、麻里錫口	Ketagalan	台北市松山
房仔嶼、峰仔峙、峰仔嶼	Ketagalan	台北縣汐止鎮鄉保長坑
毛少翁、麻少翁	Ketagalan	台北市士林三角埔
唭里岸	Ketagalan	台北市北投唭里岸
內北投、內北頭	Ketagalan	台北市北投附近
嗄嘮別	Ketagalan	台北市北投嗄嘮別
坌社	Ketagalan	台北縣淡水鎮小八里坌子
雞柔山、雞洲山	Ketagalan	台北縣淡水鎮圭柔山
外北投、外北頭	Ketagalan	台北縣淡水鎮北投子

圭北屯，又名大屯、大洞山	Ketagalan	台北縣淡水鎮大屯
八里坌	Ketagalan	台北縣八里鄉八里坌
小雞籠	Ketagalan	台北縣三芝鄉小基隆
瑪陵坑	Ketagalan	基隆市七堵區瑪陵坑
大雞籠、龜霧	Ketagalan	基隆市社寮島
金包裹、金包里	Ketagalan	台北縣金山鄉下中股社寮
三貂、山朝	Ketagalan	台北縣貢寮鄉田寮洋新社
噶瑪蘭廳		
棋立丹、幾立穆丹	Kavalan	宜蘭縣礁溪鄉奇立丹
抵把葉、抵馬悅、都邑嫣	Kavalan	宜蘭縣礁溪鄉抵百葉
奇武暖、奇五律、幾穆蠻	Kavalan	宜蘭縣礁溪鄉武暖
新仔罕、新那罕、辛仔罕、丁仔難、辛也罕、新仔羅罕	Kavalan	宜蘭縣礁溪鄉辛子罕
踏踏、達普達普	Kavalan	宜蘭縣礁溪鄉踏踏
馬麟、馬佯、貓乳	Kavalan	宜蘭縣礁溪鄉瑪僯
奇蘭武蘭、慢魯蘭	Kavalan	宜蘭縣礁溪鄉茅埔奇武蘭或淇武蘭
打馬煙、達瑪嫣	Kavalan	宜蘭縣頭城鎮三抱竹打馬烟
哆囉里遠、哆囉美仔遠、哆囉妙婉	Kavalan	宜蘭縣壯圍鄉大福附近
奇立板、幾立板、奇立援	Kavalan	宜蘭縣壯圍鄉廍後奇立板

蕨里目罕、瑪嚕穆罕、貓里霧罕	Kavalan	宜蘭縣壯圍鄉貓里霧罕
新仔羅罕、新那嚕罕、礁仔壠罕、礁礁人岸	Kavalan	宜蘭縣壯圍鄉功勞羅罕
抵美福、都美鶴	Kavalan	宜蘭縣壯圍鄉美福
抵美抵美、抵密密、芝峇	Kavalan	宜蘭縣壯圍鄉抵美
珍仔滿力、屏仔貓仔、實那瑪立	Kavalan	宜蘭縣員山鄉珍子滿力
擺離、擺里、擺立、擺厘		宜蘭縣員山鄉珍子滿力擺厘
吧咾吻、巴老鬱、巴撈屋	Kavalan	宜蘭縣員山鄉吧老鬱
抵美簡、都美簡、都美幹、八知美簡、把抵女簡	Kavalan	不明
蕨支鎮路、瑪辛洛、瑪立丁路、蕨薯珍落、貓里藤角、麻里陳轆	Kavalan	合併於珍子滿力
哆囉岸、打那軒、打那岸	Kavalan	宜蘭縣羅東鎮打那岸
歪仔歪、外阿外	Kavalan	宜蘭縣羅東鎮歪子歪
掃笏、沙豁沙豁	Kavalan	宜蘭縣五結鄉頂五結掃笏社
沙羅辛仔宛、丁仔難、巴嚕新那完、方浪石灣	Kavalan	宜蘭縣五結鄉頂五結羅辛子宛
加禮遠、嗄里阿完、佳笠宛、爻里完	Kavalan	宜蘭縣五結鄉頂五結加禮宛
奇澤簡、其澤簡、里德幹	Kavalan	宜蘭縣五結鄉利澤簡
流流、撈撈	Kavalan	宜蘭縣五結鄉頂清水流流

打朗巷、達魯安、打那岸、打那軒	Kavalan	宜蘭縣五結鄉鐤橄社
奇武老、幾穆撈、奇毛字毛	Kavalan	宜蘭縣冬山鄉奇武老
里荖、女老、里腦	Kavalan	宜蘭縣冬山鄉補地里腦
珍珠美簡、珍汝女簡、丁嚕哩簡、珍珠里簡	Kavalan	宜蘭縣冬山鄉珍珠里簡
武罕、勿罕勿罕、穆罕穆罕	Kavalan	宜蘭縣冬山鄉武罕
打納美、達拉糜、打那美、	Kavalan	宜蘭縣冬山鄉打那美
馬荖武煙、毛荖甫淵、瑪拉胡嫣、貓對武	Kavalan	宜蘭縣冬山鄉武淵
南搭吝、毛搭吝、瑪魯烟	Kavalan	不明
留留仔莊、留留	Kavalan	不明
猴猴田寮、高高	Kavalan	宜蘭縣蘇澳鎮猴猴
馬賽、瑪賽	Kavalan	宜蘭縣蘇澳鎮馬賽
阿里史	Kavalan	宜蘭縣羅東鎮及三星鄉阿里史

註：宜蘭地方的平埔族社名，很多隨著時代的變遷，使用各種不同的音譯字。

二、移民系台灣人—福佬人及客家人

移民系台灣人，指的是在第二次世界大戰結束以前就定居台灣，而日時具有日本國籍的（當時稱「本島人」）支那大陸移民及其子孫。

台灣移民始於十七世紀初荷蘭人佔據台灣時代，一六六一年荷蘭人撤退時，人口估計約十萬人，一六八三年鄭氏降清時約二十萬人，一七九五年乾隆末期約一百三十萬人，一八九三年割讓給日本前二年約二百五十餘萬人，一八九五年割讓給日本以後，就不再有來自支那大陸的移民。

按一六六一年清廷聞鄭氏黨徒佔據台灣，爲了孤立鄭黨，立即施行「畫界遷民」。翌年更發佈「海禁令」云：「閩粵地方嚴禁出海，遷徙海島建家種地者，不論官民，俱以通賊論處斬。」一六八四年清軍一佔領台灣，立即公佈「台灣編查流寓則例」，嚴禁渡台、移民，並在島上施行「封山禁墾」，壓制已在台移民社會的擴展。但在動亂頻起、社會不安、經濟崩潰、生活破產、人口過剩的支那社會的背景下，向海外求生、偷渡來台的移民未曾中斷。及至一八七五年（光緒元年）始改採獎勵移民的政策，頒佈「招墾章程二十條」，蓋因十九世紀中葉以後，歐美的侵略鋒芒逐漸迫近南支那一帶，故必須加強台灣的防衛，以爲「南洋的樞要」、「七省的藩籬」。但當時台灣的人口已增至二百餘萬人之多，西部平原幾乎已開拓完盡。

日本領台後，依「下關條約」第五條，以一八九五年五月八日為限，任令台灣居民選擇國籍，結果除約四千五百人選擇保留清國籍之外，殆乎全部台灣人民拋棄清國籍，而選擇日本國籍，亦即此時台灣人民已完全斷絕與支那的關係。以後偶爾有自支那大陸來台謀生者，但皆為「支那人」（外國人）的身分，與具有日本國籍的台灣人有別。

移民系台灣人，在種族上可分為福佬人及客家人。

福佬人來自支那大陸福建省的泉州、汀州、龍岩、福州、興化、永春等地，其中廈門附近的泉州及漳州兩地的出身者特多，一般以近似廈門語的福佬語為母語。關於福佬人的血統，一般認為是南下的中原人與南支那土著屬於「古蒙古人種」的獠、猺、苗、越、濮等部族通婚混血而成者，但另有一說云：福佬人的血統屬「百越民族」，而非由中原南下的所謂「漢族」，在外表身材上，矮小的福佬人與魁偉的中北支那人，一看便可識別。

客家人來自廣東省的潮州、嘉應州、惠州等地。他們的祖先大都由大陸西北地方、蘭州一帶南下，某些期間流浪於廣東、福建、江西三省的邊境三角地帶，後來定居廣東省的嘉惠、海豐、陸豐、梅縣等地。客家人較之福佬人晚來台灣，且清領初期，視廣東為海賊的巢窟，禁止客家人來台，故他們來台人數較少，居住地又都在環境較為不利的中央山脈與西部平原所夾的中間地帶。

台灣的人口動態，在日本領台以前，概不出臆測推估之外，日本領台後始有較正確的數字，蓋台灣總督府在一九〇五年辦理臨時戶口調查，以後就每五年辦理一次國勢調查，而根據調查的結果及日常戶籍登記的資料，每年發表人口動態（參照表四、表五）。又一九二六年移民系台灣人的原籍別結構如表六。

（表四）日時台灣人口數

	總計	本島人[1]	內地人[2]	外國人[3]
1905	3,123,302	3,055,461	59,618	8,223
1920	3,757,838	3,566,381	166,621	24,836
1930	4,679,066	4,400,076	232,299	46,691
1940	6,077,488	5,682,233	348,962	46,190
1943	6,585,841	6,134,408	399,456	51,978

註(1)台灣人　(2)日本人包括朝鮮人　(3)大多數是支那人

（表六）

	人數（千人）	%
福佬人	3,116	83.1
泉州	1,681	
漳州	1,320	
其他	115	
客家人	586	15.6
潮州	135	
嘉應州	297	
其他	154	
其他省籍	49	1.3
總　計	3,751	100.0

（表五）本島人的籍別（1943年）

	人數（人）	%
總　計	6,134,408	100.0
福建籍[1]	4,996,981	81.5
廣東籍[2]	913,099	14.9
其他省籍	248	—
平 埔 族	62,119	1.0
高 砂 族	161,961	2.6

註(1)福佬人　(2)客家人

從表四可推估，一八九五年日本佔領台灣時的台灣人口大約爲二百五十萬人，一九四五年戰爭結束時大約爲六百三十萬人，其中在台日本人(包括朝鮮人)約四十萬人，支那人約五萬人。

三、國民黨系支那人

國民黨系支那人，指戰後支那大陸變色前後，隨國民黨逃亡來台之支那軍民及其在台子孫，其人數未曾公佈，只含糊的說大約一百五十萬至二百萬人。根據當時駐台美援機構 Foreign Operation Administration(簡稱 FOA)的實地調查報告(Urban and Industrial Taiwan, 1954)，截至一九五二年底，已辦理戶籍登記的支那人(官稱「外省人」)的人口爲六十四萬九千八百三十人，包括未登記者可推估大約爲七十萬人。至於軍隊，據稱爲五十萬大軍，不無誇大之嫌，但若確實是這個數目，則逃亡來台的支那軍民大約爲一百二十萬人，約佔當時台灣總人口八百萬人(台灣人六百餘萬，支那人一百二十萬)的一五%。又六十五萬人的設籍文民(civilian)中，約三分之二(四十三萬人)居住於台北、高雄、基隆、新竹、台中、嘉義、台南、彰化八市。在職業上，大都屬公教人員、公營事業職員、國民黨工、職業軍人等消費人口。

根據原台灣大學教授陳紹馨的估計，一九五六年九月的台灣人口構成，福佬人佔七四・五%，客家人一三・三%，高砂族二・四%，支那人九・九%。

【附記】昭和十一年（一九三六年）各州郡街庄人口

地名	人口
台北州	一、〇七〇、〇九六
台北市	二九二、二四〇
基隆市	八九、六九〇
七星郡	一〇〇、一五三
汐止街	一九、二八四
士林街	二六、一九四
北投庄	一七、一六四
松山庄	一七、九八〇
內湖庄	一九、五三一
淡水郡	五一、五八三
淡水街	二六、二七〇
八里庄	六、八六四
三芝庄	一〇、六五七
石門庄	七、七九二
基隆郡	一一八、一一七
萬里庄	九、八〇一
金山庄	一〇、三六七
七堵庄	一五、九七一
瑞芳庄	四五、四九〇
貢寮庄	一三、一一八
雙溪庄	一四、四一五
平溪庄	八、九五四
宜蘭郡	一〇〇、九一八
宜蘭街	二六、四〇九
礁溪庄	一九、二四七
頭圍庄	一八、二八八
壯圍庄	一七、四八五
員山庄	一九、四八九
羅東郡	七五、一四三
羅東街	一八、〇九九
五結庄	一八、六四九
三星庄	一五、四七三
冬山庄	一八、五三六
高砂族地	四、三八六
蘇澳郡	二〇、六九二
蘇澳庄	一六、七六一
高砂族地	三、九三一
文山郡	六〇、一五二
新店庄	二一、二四四
深坑庄	一八、二二三
石碇庄	一〇、〇四八
坪林庄	七、八八〇
高砂族地	二、七五七
海山郡	九八、四四五
板橋街	二一、〇四三
中和庄	一五、六二〇
鶯歌庄	二五、七三七
三峽庄	二三、九三〇
土城庄	一二、一一五
新莊郡	六二、八六四
新莊街	一八、八八九
鷺洲庄	二七、一二八
五股庄	八、五八三
林口庄	八、二六四

新竹州	七四七、八三四
新竹市	五五、〇一五
新竹郡	一一五、七〇三
舊港庄	一六、三二七
紅毛庄	一一、六六九
湖口庄	一五、一二六
新埔庄	二三、八四九
關西庄	二三、四二七
六家庄	七、三九八
香山庄	一六、二二〇
高砂族地	一、六八七
中壢郡	一〇八、二八七
中壢街	二八、四一六
平鎮庄	一三、〇八七
楊梅庄	二六、五〇四
新屋庄	二一、七三二
觀音庄	一八、五四七
桃園郡	八九、三〇八
桃園街	二六、八八九
蘆竹庄	一六、七八五
大園庄	一九、三三〇
龜山庄	一五、六六五
八塊庄	一〇、六三九
大溪郡	五六、三四六
大溪街	二九、八三七
龍潭庄	一八、八二六
高砂族地	七、六八三
竹東郡	七四、一〇一
竹東街	一七、九三七
芎林庄	一〇、九八二
橫山庄	一一、六六九
北埔庄	九、四六二
峨眉庄	六、六六六
寶山庄	一〇、〇九五
高砂族地	七、二九〇
竹南郡	九二、一七〇
竹南庄	一八、七〇〇
頭分庄	二〇、八六九
三灣庄	七、四三四
南庄	一〇、七七三
造橋庄	八、〇五七
後龍庄	二五、五三九
高砂族地	七九八
苗栗郡	一二六、二二六
苗栗街	二二、三〇一
頭屋庄	七、四一六
公館庄	一九、三〇五
銅鑼庄	一三、一三五
三叉庄	七、四五五
苑裡庄	二五、二三四
通霄庄	二三、八七四
四湖庄	八、五〇六
大湖郡	三〇、六七八
大湖庄	一二、三六三
獅潭庄	五、六四五
卓蘭庄	七、八九七
高砂族地	四、七七三

台中州	一、二一八、七五四
台中市	七四、八二九
彰化市	五四、三〇四
大屯郡	一〇一、一九一
大里庄	一一、四四四
霧峯庄	一七、六一九
大平庄	一〇、三一〇
北屯庄	二〇、六一六
西屯庄	一五、六四一
南屯庄	一二、四八七
烏日庄	一三、〇七四
豐原郡	九二、六二一
豐原街	三三、七一二
內埔庄	一八、三六二
神岡庄	一七、二一九
大雅庄	一二、三六七
潭子庄	一一、九六二
東勢郡	四三、八四二
東勢街	二三、九四七
石岡庄	八、〇六六
新社庄	八、九八三
高砂族地	三、八四六
大甲郡	一四八、二四五
清水街	三四、五二七
梧棲街	一三、四八八
大甲街	二七、八一五
外埔庄	一〇、二〇五
大安庄	一〇、九八〇
沙鹿庄	二一、六八九
龍井庄	一六、四二五
大肚庄	一三、一一六
彰化郡	一五一、八二四
鹿港街	四一、四七〇
和美庄	二七、七四五
線西庄	一七、七二八
福興庄	一八、六二二
秀水庄	一四、五〇八
花壇庄	一六、二四七
芬園庄	一五、二三四
員林郡	一八〇、九七五
員林街	三五、五一一
大村庄	一五、六九八
埔鹽庄	一七、〇九三
溪湖庄	二二、三一七
坡心庄	一七、一九六
永靖庄	二〇、八五四
社頭庄	一九、五五二
田中庄	一九、九七八
二水庄	一二、七七六
北斗郡	一四二、一三五
北斗街	一四、三〇〇
田尾庄	一六、九五八
埤頭庄	一八、三七〇
二林庄	二六、一八七
沙山庄	二二、四九三
大城庄	一四、二〇〇
竹塘庄	一一、七五七

溪州庄	一八、八七〇
南投郡	九四、四七六
南投街	二九、二七七
草屯庄	三〇、八七五
中寮庄	一二、七五五
名間庄	二一、五六九
新高郡	三八、三三二
集集社	一六、八九〇
魚池庄	一二、一四九
高砂族地	九、二九三
能高郡	五一、四三五
埔里街	三〇、六〇二
國姓庄	一一、二七六
高砂族地	九、五五七
竹山郡	四二、五三三
竹山庄	二七、五七一
鹿谷庄	一四、九六三
台南州	一、三八五、二一〇
台南市	一一六、四五一
嘉義市	七七、〇九三
新豐郡	一〇一、九六九
永寧庄	一四、二三八
仁德庄	一〇、九〇八
歸仁庄	一六、三九八
關廟庄	一四、一〇三
龍崎庄	五、四七〇
永康庄	一六、一一二
安順庄	二四、七四〇
新化郡	九二、九八一
新化街	一五、六四五
新市庄	七、一五九
安定庄	一九、四九〇
善化庄	一七、六二四
山上庄	七、三六三
玉井庄	八、二一〇
楠西庄	四、一五九
南化庄	六、一七一
左鎮庄	七、一六〇
曾文郡	七七、五二七
麻豆街	三一、四八八
下營庄	一六、六五五
六甲庄	一〇、九九八
官田庄	九、五八三
大內庄	八、八〇四
北門郡	一三〇、二五二
佳里街	二六、三五五
西港庄	一三、九五〇
七股庄	二四、四一九
將軍庄	二三、六七八
北門庄	一七、七〇一
學甲庄	二五、一四九
新營郡	一一五、七七三
新營街	二一、三〇五
鹽水街	二三、五二二
柳營庄	一二、七二〇
後壁庄	一九、九七九
白河庄	二三、八三七

番社庄	一六、四一〇
嘉義郡	一五九、八九九
水上庄	一八、九三一
民雄庄	二二、〇四八
新巷庄	二〇、六五六
溪口庄	一二、七〇三
大林庄	一八、七三五
小梅庄	一四、八二〇
竹崎庄	二〇、九一九
番路庄	七、二九五
中埔庄	一六、八八八
大埔庄	一、九五二
高砂族地	四、七五八
斗六郡	一〇八、四八三
斗六街	三八、〇八八
古坑庄	二〇、三〇五
斗南庄	二一、六三〇
大埤庄	一四、二一九
莿桐庄	一四、二四一
虎尾郡	一四五、七三四
虎尾街	二六、五四〇
西螺街	二七、六六〇
二崙庄	一七、七九三
崙背庄	二四、五二二
海口庄	二五、二二二
土庫庄	二三、九九七
北港郡	一〇七、二五一
北港街	二七、九四二
元長庄	一九、一四九
四湖庄	一八、一二〇
口湖庄	一八、六〇五
水林庄	二三、四三五
東石郡	一五一、九九六
朴子街	二三、八二五
六腳庄	二七、二五六
東石庄	二三、九一九
布袋庄	二五、〇九二
鹿草庄	一四、四八五
太保庄	一二、二六二
義竹庄	二五、一五七
高雄州	七七〇、六八七
高雄市	九四、〇一七
屏東市	四六、三九八
岡山郡	一四八、四〇一
岡山街	一五、二八五
楠梓庄	一八、六〇六
燕巢庄	七、五五九
田寮庄	一〇、六一四
阿蓮庄	八、八二六
路竹庄	一四、三四一
湖內庄	二八、五〇五
彌陀庄	二六、七二〇
左營庄	一七、九四五
鳳山郡	一〇六、〇八六
鳳山街	一九、八三七
小港庄	一七、二一〇
林園庄	一六、八六二

大寮庄	一八、〇〇七
大樹庄	一六、七五九
仁武庄	一〇、六〇七
鳥松庄	六、八〇三
旗山郡	八〇、八二五
旗山街	二二、九九九
美濃庄	二四、八七八
六龜庄	六、二五一
杉林庄	七、〇六四
甲仙庄	二、八二五
內門庄	一一、〇四一
高砂族地	五、七六七
屏東郡	六七、七七四
長興庄	一六、〇二七
鹽埔庄	一三、一二八
高樹庄	一二、六九二
里港庄	一一、二四九
九塊庄	七、七四九
高砂族地	六、九二九
潮州郡	一〇三、四八〇
潮州街	一四、〇一五
萬巒庄	一四、九一三
內埔庄	二二、九五六
竹田庄	九、七七八
新埤庄	七、〇九三
枋寮庄	一二、一三〇
枋山庄	三、二九〇
高砂族地	一九、三〇五
東港郡	九二、六九四
東港街	一八、二五九
新園庄	二〇、九四九
萬丹庄	二〇、〇六一
林邊庄	一五、五九〇
佳冬庄	一二、六一九
琉球庄	五、二一六
恆春郡	三一、〇一二
恆春庄	一五、一二八
車城庄	七、六三〇
滿州庄	五、六七二
高砂族地	二、五八二
台東廳	七三、六三七
台東郡	三八、六五七
台東街	一五、五七六
卑南庄	八、〇九四
太麻里庄	二、九七五
大武庄	一、九八五
火燒島庄	二、二七四
高砂族地	七、七五三
關山郡	一六、五四六
關山庄	四、二五八
池上庄	三、九五五
鹿野庄	三、四一一
高砂族地	四、九二二
新港郡	一八、四三四
新港社	七、八五八
長濱庄	五、八四四
都蘭庄	四、七三二

花蓮港廳	一一七、〇三二
花蓮郡	五四、一九一
花蓮港街	二二、七二七
吉野庄	八、五〇六
壽庄	九、三五〇
研海庄	四、〇九二
高砂族地	九、五〇五
鳳林郡	三五、七七五
鳳林庄	一九、〇五五
瑞穗庄	一一、一四九
新社庄	三、〇〇三
高砂族地	二、五六八
玉里郡	二七、〇六六
玉里庄	一四、四三一
富里庄	九、三〇八
高砂族地	三、三二七
澎湖廳	六八、六一三
馬公支廳	五六、六九七
馬公街	二四、七二三
湖西庄	一二、七五四
白沙庄	一〇、〇五三
西嶼庄	九、一六七
望安支廳	一一、九一六
望安庄	一一、九一六
總計	五、四五一、八六三

地名

第一節　地理概說

台灣，由台灣本島與附屬島嶼以及澎湖群島構成，位居支那海的中間，西方隔台灣海峽靠近南部支那大陸，以澎湖群島爲其中間連鎖，東北與日本琉球列島斷斷續續的連亙，東臨太平洋，南隔巴士海峽與菲律賓群島相對。其位置自北緯二十一度四十五分至二十五度三十七分，東經一百十九度十八分至一百二十二度六分，北迴歸線貫通其中央。本島東西寬約四十里，南北長約一百里，海岸線長約二百九十里，面積二千三百十八平方里餘，包括澎湖群島（總數六十四）及其他附屬島嶼（總數十二），共計海岸線長約三百九十八里，面積二千三百三十二平方里（註：一里合約三．九公里）。

本島的形勢南北長、東西狹，在中央稍偏東約三分之二的位置，有縱貫南北的山脈，以此爲本島的脊樑，貫穿全島分爲東西兩部，東半部成急激的傾斜，西半部緩慢的傾斜，爲平坦廣闊的丘陵平原。而本島大半爲山地，平地少，其主要的平原，係自彰化至嘉義、經台南而亙鳳山的西海岸平原，下淡水溪（今高屏溪）谷野次之，台北平原又次之，宜蘭平原、台東的卑南奇萊及縱谷平原等更次之。丘陵介於山地與平原之間，尤以新竹、苗栗、台中等地爲顯著。這些平原丘陵皆位於洪積層及沖積層之上，多仰賴其縱貫河流的灌溉，而爲其土地的發展。總之，台灣文明的發展、政治經濟中心的重要都市，首先形成於平原之中，其次是丘陵地區，其他山地地帶屬最後開發或將來可開拓的資源。

因大山脈縱貫於狹長的本島中央，故無甚廣大的河流流域，且多急激，上游概成峽流，水底深刻岩層，兩岸的傾斜極急，其中不少形成數百尺的懸崖或數十丈的瀑布。而水流受制於深峽底，一旦脫出山圍，則滔滔的洪流四分五裂、漫衍四周，於中游形成河磧，於下游形成沙洲。一至下雨，因為急傾斜，故常見暴漲，破壞河岸，淹沒田園。而河口概開於東西，甚少在南北。稍大的河流，西部有淡水河、竹塹溪、中港溪、後壠溪、房裡溪及大安溪、大甲溪、大肚溪、濁水溪、西螺溪、新虎尾溪、北港溪、牛稠溪、八掌溪、急水溪、曾文溪、二層行溪、下淡水溪、東港溪等，東部有濁水溪、冷水溪、花蓮溪、秀姑巒溪、卑南溪等。

西部海岸概為淺渚，泥沙堆積；東部海岸近山趾接海，附近一帶為沙岸，往往有懸崖峭壁之所。而全島沿岸甚少曲折彎入，故海岸線的延長亦不大，缺少可容大船巨船的港灣。

台灣的氣候，以其位置屬亞熱帶，酷暑長、不知嚴冬，每日最高氣溫早在四月已升至華氏九十度以上，遲在九月仍達同度，在酷暑之際，連日升至九十度以上。至冬季，氣候頗溫和，在中部以北偶爾結霜，但很稀罕，非在高山的山頂，見不得降雪。因氣候溫暖，故樹葉常帶綠，花卉不時開，且米穀一歲再稔。《台灣府志》云：「大約暑多于寒，鐘鼎之家，狐貉無所用之，細民無衣無褐，亦可卒歲，花卉則不時常開，木葉則歷年未落，瓜蒲蔬茹之類，雖窮冬，亦華秀。」

第一節　地名的變遷——命名的原則

台灣古來以其複雜的居民、頻仍的政治變革，並隨著地方開拓的進展，乃發生多樣的地名變遷。簡言之，首先有用土著高砂族固有語言的高砂族名，其次在荷蘭人及西班牙人佔據時代，以其語言予以特殊的西洋名，至鄭氏及清國領台時，移用漢字的名稱（分用北京語言的支那名及用台灣語音的台灣名），日本領台後，又有一些日式的日本名。現今皆用漢字名（在高砂族社會內仍有用其固有的高砂族名者），但其中全然失去原義者亦不少，故很難認清其起源究竟是原來的漢字名或是轉自他語。以下就其起因及轉訛的原則舉例示之。

一、固有的漢字名（台灣名或支那名）的起因

㈠基於天然的位置及地形而命名者：

1. 依其所在山地丘陵及山谷的位置、地形而命名者：山頂、山腳、北山、後山、坪頂、崁頂、下崁、崁腳、崎頂、崎腳、沙崙、下崙、中崙、二崙、大崙、深坑等。

2. 依埔地的位置、地形而命名者：平埔、大埔、內埔、外埔、埔心、後埔、東勢、南勢、西勢、北勢、東勢角、老東勢等。

3. 依森林的位置、地形而命名者：樹林、林口、林仔邊、四方林、竹林、竹仔腳、大坪林、坪林尾、員林、頂員林、三角林等。

4. 依溪谷、河海、湖沼的位置、地形而命名者：溪州、洲仔、溪尾、溪南、溪北、溪東、溝頭、陂頭、圳頭、潭墘、港墘、港仔嘴、港口、港東、港西、海口、海尾、海墘、海埔、中洲、灣潭、青潭、直潭、塗潭、草潭、獅潭、鯉魚潭、頂潭、下潭、水尾、深澳、澳底、湖頭、湖口、滴仔、南灣、東港、西港、湖內、深水、滾水、新埤、南岸、大塭、新塭、舊塭、塭仔內、塭仔、塭港、塭底等。

墘＝岸、邊、畔。洲＝浮洲、中洲。又依《台灣府志》卷五〈小餉〉的解釋，海埔是「沿海新長之地」，溪埔是「沿溪新長之地」，潭是「平埔開窩，積水甚深，魚蝦多蓄其中」者，塭是「浸水的低窪地」。

㈡形容天然的特殊地形而命名者：

1. 與山有關者：鳳山、崩山、石門、半屏山、龜山、旗尾山、鼓山、尖山、平頂山、赤山、觀音山、玉山、雪山、插天山等。

2. 與河川有關者：淡水溪、二層行溪、四溝水、五溝水、雙溪、濁水溪、鹽水溪、苦溪、三叉河等。

3.與島嶼有關者：龜山嶼、雞心嶼、花瓶嶼、香爐嶼、筆錠嶼、方錠嶼、馬鞍嶼等。

㈢因有特殊天然物而命名者：

1.與植物有關者：茄苳、茄苳林、茄苳腳、茄苳湖、茄苳溪、茄苳仔、鳥松、鳥松腳、柯仔林、柯仔寮、柯子坑、柯仔湖、赤柯子、赤柯寮、赤柯山、楓仔林、楓林、楓仔瀨、楓樹湖、楓樹腳、楓樹坑、楓樹橋、楓樹窩、九芎林、九芎橋、九芎湖、九芎坑、苦苓腳、楛柃腳、苦練腳、苦苓林、苦苓坪、莿桐、莿桐腳、竿蓁林、竿蓁坑、竿蓁湖、籐坪、籐湖、籐寮坑、月桃寮、薑榔寮、芎蕉坪、芎蕉腳、芎蕉灣、芎蕉坑、龍眼林、拔子埔、拔子林、檨子林、檨子爺、芊菜宅、柚子宅、柑園、柑子林、校栗林、校栗坪、雞油林、雞油凸、榛榔、榛榔林、大榛榔、小榛榔、蘆竹、蘆竹腳、蘆竹湳、蘆竹濫、金瓜寮、樟樹林、樟樹坪、楠梓坑、桃子園、樹杞林、桂竹林、蔴園、檳榔宅等。

2.與動物有關者：水蛙潭、鯉魚潭、雞母寮、鴨母寮、鹿寮、鹿場、羌仔寮、羌園、山豬堀、刣豬厝、刣牛寮、鹿滿山、鳥嶼、鯤魚潭、蚵埕、蚵殼港、蚵寮。

3.與礦物有關者：鹽埕、鹽田、磺山。

㈣依河山位置及建造物而命名者：

1.與河山名勝古蹟的位置有關者：枕頭山莊、觀音山莊、濁水莊、石光見、曾文莊、鯉魚潭莊、東港街、旗後街、石門莊、仙洞莊、鶯哥石莊、龍目井莊。

2.與建造物有關者：枋寮、圳寮、田寮、廍子、油車口、瓦窰、蚵寮、犁頭店、番薯市、番薯寮、公館等。

3. 與防備(高砂族)建造物有關者：土城、土牛、土牛口、石牌、石圍、頭圍、二圍、民壯圍、木柵、柴城、石城、銃櫃、隘寮、五堵、六堵、七堵、八堵、二堵等。

土牛＝劃界的土堆，其形如臥牛。石牌＝立於交界的石頭，以防遏移民與高砂族的互相侵犯。圍＝圍墻。隘＝為防備高砂族而設的特殊機關。堵＝土墻，一丈稱板，五板稱堵。

4. 與寺廟有關者：媽宮、將軍嶼、媽祖廟、關帝廟、內關帝、太子宮、仙公廟。

(五)依歷史沿革或傳說而命名者：

1. 荷蘭人建置城樓的所在地：紅毛城鄉(澎湖島紅木埕的原名)、紅毛城街、紅毛埤、紅毛井、紅毛田、紅毛館、紅毛港等。

2. 王田：今大肚鄉及永康市的王田。《諸羅縣雜識》引《赤嵌筆談》賦餉云：「自紅夷(荷蘭人)至台，就中土遺民(支那移民)耕田輸租，以十畝地受種名為一甲，分別上中下則徵粟，其陂塘堤圳修築費，耕牛農具皆紅夷資給，名王田。」當時，「王」是對夷酋的敬稱，譬如《台灣府志》等稱荷蘭太守 Cozett 為「歸一王」。

3. 鄭時屯營所在地：查畝營、果毅後、林鳳營、五軍營、二鎮、營後、領旂、右先鋒、右營、左鎮、國公府、中協、角宿、右武營、下營、營頂、中軍營、舊營、後鎮、將軍營、新營、小新營、大營、後營(以上在台南以北)，右沖、後勁、北鎮旂、后協、左營、援剿中、援剿右、角宿、前鎮、仁武、前鋒仔、營前、營後、三鎮、參軍、前鋒、前鋒尾(以上在台南以南)。

4. 與鄭時營盤或營盤田有關者：營盤腳、營盤邊、營盤口、營盤前、營盤坑等。

營盤係屯地或兵營，營盤田即是屯兵的開墾地。

5. 附有「國姓」之字者：國姓井、國姓埔等。

按鄭成功曾隨父鄭芝龍進謁明王隆武帝，受賜國姓朱，改乳名(日本名)「福松」爲「成功」，因而被稱爲「國姓爺」。

6. 取開拓人之姓而命名者：蘇澳、林杞埔、宋屋、劉厝埔、朱厝崙、許厝港、賴厝廍(廍＝糖廍、製糖所)、何厝、黃厝、顏厝、廖厝、蘇厝、陳厝寮、曾厝崙、胡厝寮、江厝店、謝厝寮、林厝寮、施厝寮等。

7. 依傳說而起的地名：烏鬼埔、烏鬼井、烏鬼橋(烏鬼＝荷蘭人的黑人奴隸)、靈潭陂(據傳佃人祈雨而有效驗之處)。

8. 其他：三姓寮(今在六脚鄉內，係由黃、陳、吳三姓建立者，故名)、阿公店(今岡山，阿公＝老翁開店之地)、八老爺(八個老人之意)、王爺埤(王姓老翁的埤埕)等。

(六)依拓殖建置當初的情況而命名者：

1. 依拓殖當時的土地面積或鬮取而命名者：

●甲：一甲、二甲……五十二甲等。《諸羅縣雜識》云：「自紅毛至台，十畝之地名爲一甲。」

●張犁：三張犁、五張犁……三十張犁等。以五甲爲一張犁的份額。

●鬮：以鬮取之數定土地的位次者：三鬮、四鬮（在員山鄉）、二鬮、五鬮（在三峽鎮）、九鬮（在阿蓮鄉）。

●結：一結、二結……十六結、三十九結（以上在宜蘭縣）。「結」是向政府的申請書（切結書），其代表者稱結首，而以結首分段之數或次序定地名。

2. 與新舊有關的地名：新街、新莊、新園、新佃、新興、新港、新城、新營、新厝、舊街、舊莊、老街、舊寮、舊園、舊城、舊營等。

3. 與高砂族社有關者：番社、番仔社、番社口、社口、番路、番子路、番社腳、社腳、番仔田、番仔園、番仔埔、番仔坡、番仔溝、番仔坑、番仔潭、番仔湖、番仔崙、番仔寮、番仔公館、番仔寮、番仔厝、番仔渡、番婆、府番、新社、舊社、大社、中社、外社、頂社、頭社、下社、水社、東社、西社、南社、社尾、社後、社頭、社皮、社子、社內、社寮、社苓、番割田、斗換坪等。

社＝高砂族部落。番割＝對高砂族的通事兼交易仲介者。斗換＝與高砂族的物品交換。

4. 與拓殖當初的移民戶數有關者：三塊厝、四塊厝、五塊厝、三間厝、五間厝、三塊寮、五塊寮、十塊寮、六塊寮、七塊厝、八塊厝、九塊厝、九個厝等。

5. 依其他情形命名者：

●埕＝庭：曠埕、中埕、後埕、前埕、公埕、禾埕、鹽埕、蠔埕、蚵埕、大稻埕、車埕、柴埕、鹽埕埔等。

●罟＝地拉網，又稱「牽烏罟」或「牽罟」：下罟仔（在八里鄉）、海山罟（在新竹市香山）、罟仔寮（在基隆市）。

●鹿場＝獵鹿的場所。鹿寮＝爲獵鹿的寮仔。

●港：車橋港、灣港、埤仔頭港、木柵港、牛屎港等。依《台灣府志》，凡「海水支流之處」皆稱港。

●埤、陂、坡：埤寮、埤仔頭、埤仔尾、埤仔腳、埤後、陂心、中坡、新坡尾、後山坡、新埤內、大埤、大埤頭、天送埤、新埤、下坡、雙連坡、埤厝、青草坡、紅泥坡、坡堵、埤頭埧等。

《台灣府志》云：「台地凡水所到處，不論圓池方沼，概名之曰埤，埤即陂之音訛也。」又云：「陂一作埤。」復偶用「坡」字。

●圳：圳寮、圳頭、三條圳、橫圳、深圳、過圳、圳古後、圳仔頭、圳岸腳、圳岸、圳股頭、圳堵等。

《台灣府志》云：「凡曰圳在水源所出處，屈曲引導，或十里或二、三十里，灌溉田甲，此水田之利也。」又云：「田畔之水溝謂之圳。」

●湳＝濫，河水汎濫而浸之處：湳仔、湳雅、水湳、湳湖、大湳、蘆竹湳、草湳、湳墘等。

●堰，台灣少用此字。土質者稱「塞」，木質者稱「閘」，還有稱水注、水柵、水堵、水欄、水汴、水截，水漕、水捲、堵塞、陡門、戽門等。

●汴＝堰門、水門：三汴、三汴頭、四汴頭、五汴頭、水汴頭、汴仔頭、頭汴坑等。

●份（分），設腦灶之地，十灶爲一份：頭份、五分、六分、七分、八分、九分、三分埔、五分埔、五分寮、六分寮、八分寮、十分寮等。但有一說，云「份」是開拓地的股份。

●股＝股份數：一股坡、三股子、四股、五股、六股、七股、八股、十股、十股寮、十一股、十三股、十六股等。

●竹圍＝竹籬笆：竹圍、竹圍子、大竹圍、頭竹圍、竹圍後等。

(七)拓殖建置當初選擇雅字爲地名者：

●恆春：光緒初年新設一縣於瑯嶠高砂族地域時，因其氣候「**恆**如**春**」，故名。

●彰化：雍正初年設一縣於半線的高砂族地時，取「顯**彰**皇**化**」之義而命名。

●八卦山：據傳淸嘉慶年間，彰化縣知縣胡應魁建太極亭於縣署後面時，取《易》之「太極生兩儀，四象生**八卦**」之義而命名。

●里：鄭氏一據台著手經營，便將所開拓的地方劃分稱「某某里」，如維新、嘉祥、新豐、仁德、文賢、仁和、永寧、長興、永康、永豐、新化、永定、善化等里是也。至淸光緒初年新設恆春縣時，亦將之劃分爲宣化、仁壽、至厚、德和、興文、善餘、永靖、泰慶、咸昌、安定、長樂、治平等里。

(八)移民將原籍地名稱移用，或寓某種意義而命名者：

1. 移用原籍地的地名者：潮州、東石港、泉州厝、同安厝、同安宅、同安寮、福州厝、漳州寮、詔安厝、南靖、興化店、興化坑、興化廍、興化厝、海豐、海豐坡、海豐崙、海豐仔、潮州寮、惠來厝、鎮平、鎮平厝、長樂街等。

2. 平埔族遷居新地址後，仍沿用原址社名者：宜蘭地方的阿里史，埔里地方的房裡、日南、日北、雙寮、大肚等地名，都是台中縣附近的同名平埔族社遷來而命名的。

3. 移用原籍地的名勝古蹟而命名者：芝山岩、鼓山等。

4. 福興＝福建移民（福佬人）興業之地。廣興＝廣東移民（客家人）興業之地。

(九)因歷史性的事件而改名者：

1. 嘉義原稱「諸羅」，乾隆末年發生「林爽文之亂」時，居民守義奉公，故清國皇帝乃取「**嘉**之**義**」之意，欽定改名為「嘉義」。

2. 新竹的舊港原稱「竹塹港」，後來另開一新港，但嘉慶年間復將原港址開浚，因而稱「舊港」。

3. 迴馬社，係平埔巴瀑拉族社，原稱「沙轆社」。康熙六十一年（一七二三年）巡視台灣的御史黃叔璥的《番俗六考》云：「余北巡至沙轆（中略）聞將社名喚作迴馬社，以余與吳侍御北巡至此迴也。」

二、轉訛的漢字名（台灣名或支那名）

在移民之前，台灣各地就有地名，大多是高砂族名，亦有少數的西洋名。移民來後，便加以翻譯成漢字名。漢字名有由清國政府用官話（北京語）音譯而成的支那名，亦有由移民用台灣語譯成的台灣名。孫元衡的《赤嵌集》云：「台地諸山，皆從番語譯出。」其實不僅山名，一般地名亦多譯自高砂族名。

㈠譯自高砂族名或西洋名的漢字名：

其翻譯仔細觀察之，可有如下幾種：

1. 用同音漢字翻譯高砂族名者：台灣（今安平）、半線（今彰化）、諸羅（今嘉義）、瑯嶠（今恆春）、貓裏（今苗栗）、竹塹（今新竹）、羅東、艋舺（今萬華）、八芝蘭（今士林）等地，大武壠山、貓霧拺山、樸仔離溪、叭哩沙喃溪等山河名。

2. 特別表示用漢字台灣口語音譯者（附有口字旁）：哆囉嘓（今新營附近的高砂族社）、噍吧哖（今玉井）、哆咯啷（原日月潭東岸的高砂族社）、叭哩沙喃（今宜蘭縣三星鄉）、嘎嘮別（今台北市北投）、哆囉𡅏（今花蓮縣新城鄉）等。

3. 將高砂族語改變或簡化而用近音翻譯者：

●阿眉族語的社名→璞石閣（今玉里）。

●排灣族語的社名→牡丹。

●高砂族語→龜文。

●平埔族語→蛤仔難(今宜蘭)。

●平埔族語→雞籠(今基隆)。

4. 譯自西洋名者：

●西班牙名Santiago→三貂角。按一六二六年西班牙人佔據台灣北部時抵東北角，取聖徒之名，稱Santiago。

●荷蘭名De Hoek Van Camatiao→富貴角。

以上的漢字名，表面上看起來好像是原來的漢字名，致許多被後人牽強附會的，從漢字義上解釋其起源，但其實所用的漢字只表示音，而不表示字上的任何意義。譬如「台灣」係譯自平埔西拉雅族語Taycan，但《台灣縣志》〈地志〉卻從字義解釋其由來云：「荷蘭，設市於此，築磚城，制若崇**台**，海濱沙環水曲曰**灣**，又泊舟處，概謂之**灣**，此台灣所由名也。」

㈡用近音雅字改寫原來名稱者：

●雞籠→基隆。光緒年間設通判廳於此地時，用近音雅字兼具「**基**地昌**隆**」之義改寫。

●艋舺的番薯市→歡慈市。

㈢由於有意或無意的語音轉訛，而改用別字者：

●澎湖的紅毛城→紅木埕。荷蘭人築城砦於此地，故名赤毛城，後來自然的轉訛為紅木埕。

●柴城→車城。此地曾設木柵以防備高砂族，故名柴城，後來自然的轉訛為車城。

●蛤仔難→噶瑪蘭。原寫蛤仔難，光緒年間新設一縣時，官方強制改寫為噶瑪蘭。

㈣用原名中的一字改稱者：

●噶瑪**蘭**→宜**蘭**。

●**竹**塹→新**竹**。

●**埔**里社→大**埔**城。

㈤原名合併簡化或加添新字而成者：

●**桃**仔園（今桃園）＋**澗**仔壢（今中壢）→桃澗堡。

●凱達加蘭族社**圭**柔山社＋**北**投社＋大**屯**社→圭北屯社。

●道卡斯族社**貓**里社＋加志**閣**社→貓閣社。

●凱達加蘭族社**雷**里社＋秀**朗**社→雷朗社。

●諸羅山→諸羅（縣名）。

●卑南覔→卑南（廳名）。

●貓里錫口→錫口（今台北市松山）。

●八芝蘭→八芝蘭林（今台北市士林）。平埔族的地名パチラン→八芝蘭（台灣語音），再加「林」字以表示林野。

●阿猴→阿猴林（今屏東市），同前。

㈥同一高砂族名，用數種漢字表示者（台北及宜蘭地方特別多）。

●埔里、埔裏、埔裡。

●大姑陷、大科陷、大嵙崁。

●蛤仔難、蛤仔蘭、葛雅蘭、葛雅藍、噶瑪蘭。

三、西洋名

●Formosa＝台灣島（葡萄牙人的命名）。

●Kimagazon＝淡水河（西班牙人的命名）。

●Kasidor＝淡水（西班牙人的命名）。

●Agin Court＝彭佳嶼（英國人的命名）。

●Ape Hill＝高雄市的壽山（荷蘭人的命名）。

●Saracen's Head＝高雄港南岸旗後半島（英國人的命名）。

●Lambay＝小琉球嶼（今琉球鄉，荷蘭人的命名）。

四、日本名

日據時代起初仍舊使用清時的名稱，至大正九年(一九二〇年)地方制度改正時，全面更正地名。這些地名，除純日式的名稱戰後被廢止外，大多至今仍普遍的被採用。

1. 用字的修改：藔↓寮、蔴↓麻、荳↓豆、份↓分、仔↓子、什↓十、佃↓田、湾↓澳、墩↓屯、蕃↓番等。

2. 以二字爲原則簡化地名：摃仔寮↓貢寮、頂雙溪↓雙溪、冬瓜山↓冬山、坪林尾↓坪林、鶯歌石↓鶯歌、紅毛港↓紅毛、大湖口↓大湖、石觀音↓觀音、蘆竹厝↓蘆竹、大坵園↓大園、龍潭陂↓龍潭、九芎林↓芎林、崁頭屋↓頭屋、銅鑼灣↓銅鑼、三叉河↓三叉、大竹園↓大竹、大里杙↓大里、潭仔墘↓潭子、石崗仔↓石岡、梧棲港街↓梧棲、和美線↓和美、二八水↓二水、大城厝↓大城、內蘆竹塘↓竹塘、草鞋墩↓草屯、埔里社街↓埔里、關帝廟街↓關廟、西港仔↓西港、北門嶼↓北門、鹽水港街↓鹽水、竹頭崎↓竹崎、庵古坑↓古坑、大埤頭↓大埤、莿桐巷↓莿桐、二崙仔↓二崙、水燦林↓水林、樸仔腳↓朴子、布袋嘴↓布袋、鹿仔草↓鹿草、彌陀港↓彌陀、山杉林↓杉林、阿里港街↓里港、六龜里↓六龜、新埤頭↓新埤、林仔邊↓林邊、茄苳腳↓佳冬等。

3. 改用同義異字者：新庄↓新莊、太平↓大平、神崗↓神岡、石崗↓石岡、沙轆↓沙鹿、後壠→後龍、瀰濃→美濃等。

4. 用日本語近音改稱者：噍吧哖→玉井（日本語讀做タマイ）。打貓→民雄（タミヲ）。打狗→高雄（タカヲ）。艋舺→萬華（マンカ）。

5. 取漢字名中的一字，改爲日式地名者：梅仔坑（今梅山鄉）→小梅。竹頭崎→竹崎。水堀頭→水上。山仔頂→山上。

6. 純日式地名，大多是在日據時代新開發的地方，尤其是台灣東部：吉野村、賀田村、豐田村、平野村、大和村、三笠村、長良村（以上在今花蓮縣），旭村、富原村、美和村（以上在今台東縣）等。又市區內的町名，許多是日式名稱。

第三節 台灣島的總名稱

一、支那名

首先須留意二點：㈠許多地名表面上看起來好像是支那人所起的名稱，其實是譯自高砂族語。㈡所謂「古代名稱」大多是大中華沙文主義者穿鑿附會的說法，既無科學上的論證，現在亦無人相信。以下約略敘述之以解謎。

㈠禹貢揚州——島夷

乾隆二十九年（一七六四年）續修的《台灣府志》〈星野〉云：「台灣，禹貢揚州之城。」分巡台灣道莊年則於重修《台灣府志》之序敷衍說：「禹貢云淮海惟揚州，台地實洪荒渺昧芒芴烱煜在其中。」到了二十世紀，連橫還在其著書《台灣通史》（一九二〇年出版）卷一〈開闢記〉云：「澎湖之有居人尤遠在秦漢之際。」而在《尚書》〈禹貢篇〉找出資料說，書中所謂「島夷」就是「台灣」的古代名稱。按《尚書》〈禹貢〉云：「淮海惟揚州，厥貢島夷卉服，厥包橘柚云云。」單以這些資料即斷言「島夷」就是「台灣」的古代名稱，不無穿鑿附會之嫌。而且連橫的論述顯有二點錯誤，一、他將台灣與澎湖看成一體，其實台灣與澎湖古來就是個別的存在，清國佔據台灣，將台灣編入版圖後，始將澎湖置於台灣縣管轄下。二、澎湖的移民始於北宋末至南宋初之間，至元代才設行政官署「巡檢司」，但當時台灣南部被稱爲「毗舍耶」(即高砂排灣族)的兇猛原始族所佔據，外人不敢擅入，故移民的移殖台灣，須待荷蘭人用武力壓制原住民後才開始。關於「毗舍耶」，南宋趙汝適的《諸蕃志》卷上毗舍耶條云：「毗舍耶，語言不通，商販不及，袒裸盱睢，殆畜類也。泉有海島曰澎湖，隸晉江，與其國邇，煙火相望，時至寇掠，襲之不測，多罹生噉之害，居民苦之。」即明白的區別台灣與澎湖。

(二)東鯷

《漢書》〈地理志〉云：「江南卑濕，丈夫多夭，會稽海外有東鯷人，分爲二十餘國，以歲時來獻見。」同書又就日本的位置云：「樂浪(今朝鮮)海中有倭人，分爲百餘。」如此相提並論，故有人認爲「東鯷」若非指沖繩，便指台灣，但如此推斷，嫌失之過急。況且所云「東鯷人，分爲二十餘國，以歲時來獻見」一節，觀諸台灣的原始時代，甚難發現可資證實的跡象。現今學者的通說認爲，往古支那大陸的居民來到揚子江下游，望見海洋，看見洋上的島嶼，一概稱爲「東鯷」，並非特指某一島嶼。

(三)夷洲

宋李昉等撰的《太平御覽》引沈瑩(三國時代吳國丹陽太守)所寫《臨海水土志》〈夷洲記事〉

云：「夷洲在臨海東南，去郡二千里，土地無霜，草木不死，四面是山，衆山夷所居。山頂有越王射的正白，乃是石也。此夷各號爲王，分劃土地人民，各自別異。人皆髡頭穿耳，女人不穿耳。作室居，種荆爲蕃鄣，土地饒沃，既生五穀，又多魚肉。舅姑子婦男女臥息共一大牀，交會時各不相避云云。」據此就有人說，亶洲是瓊州島（今海南島），夷洲是台灣島，但仔細考察之，此說不無疑問。一、夷洲與亶洲同樣，古來就是屬於無法確定所指何處之傳說上的地名，譬如《三國志》〈吳志孫權傳〉云：「夷洲亶洲在海中，長老傳言，秦始皇帝遣方士徐福童男童女數千人入海，求蓬萊及仙藥，止此不還。」二、所述「山頂有越王射的正白，乃是石也」一節，在今日的台灣也無法尋得可靠的痕跡。復據〈孫權傳〉，東吳幾次出兵討伐夷洲，如此說來，夷洲就更無可能指台灣。按〈吳志孫權傳〉云：「吳國黃龍二年（西元二三〇年）春正月，遣將軍衛溫諸葛直，以甲士萬人浮海，求夷洲及亶洲。亶洲在海中，所在絕遠卒不得至。但得夷洲數千人而還。」

按古來支那人都稱周圍異族爲「夷」，而「夷洲」即是「夷」所居住的「洲」（大洋中的島嶼），不一定特指某一島嶼。就當時的情況推察之，所云的「夷人」，與其說是台灣島上的原住民高砂族，寧可說是分佈於福建及南支各島嶼上的南方系原始種族獠、越濮、傜、苗等諸族。

㈣流求

從三國時代經南北朝至隋代的三百五十年間，未曾出現過有關台灣的文獻資料，及至隋代，《隋書》〈東夷列傳〉中記載有關流求國的記事云：

流求國居海中，當建安郡東，水行五日而至。（中略）大業元年（西元六〇七年），海師何蠻奏，每春秋二時天晴風靜時，東望依希似有煙霧氣，亦不知幾千里。三年煬帝令羽騎尉朱寬入海求訪異俗。爲何蠻言，遂俱蠻往，因而到流求國。言不相通，掠一人返。明年，帝復令寬慰撫之。流求不從，寬取其布甲還。時倭國使（日本遣隋使小野妹子）來朝，見之曰，此夷耶久國人所用。帝遣武賁郎將陳稜朝請大夫張鎭州，率兵自義安浮海擊之，至高華嶼（澎湖西南的人嶼，西北的花嶼或華嶼，近之），又東行二日至鼊鼊嶼（係澎湖東北的奎壁嶼，《澎湖廳志云》：「奎壁山在大山嶼奎壁澳北寮社後，原名鼊鼊，以形得名也。」），又一日便至流求。初稜將南方諸國人從軍。有崑崙人（即馬來人，《舊唐書》〈南蠻傳〉云：林邑以南，皆舉髮黑身，通號爲崑崙。）頗解其語。遣人慰諭之，流求不從，官軍拒逆之。稜擊走之，進至其都，頻戰皆敗，焚其宮室，虜其男女數千人，載軍實還，由邇遂絕。」

又就其習俗的梗概云：

「男女皆以白紵繩纏髮，從項後繞至額。其男子用鳥羽爲冠，裝以珠貝，飾以赤毛，形製不同。婦女以羅紋白布爲帽，其形方正，織鬪鏤（樹名）皮並雜色紵及雜毛以爲衣，製裁不一，綴毛垂螺爲飾，雜色相間，下垂小貝，其聲如珮，綴鐺施釧，懸珠於頭。織藤爲笠，飾以毛羽。有刀鞘弓箭劍鈹之屬，其處少鐵，刃皆薄小，多以骨角輔助之。編紵爲甲，或用熊豹皮。王乘木獸，令左右轝之，導從不過數十人。小王乘機，鏤爲獸形。國人好相攻擊，人皆驍健善走，雖死而耐創。諸洞各爲部隊，不相救助。兩陣相當，勇者三五人，出前跳噪，交言相罵，因相擊射，如其不勝時一軍皆走，遣人致謝，即共和解，收取鬬死者，共聚食之。乃以髑髏將向王所，王則賜之以冠，使爲隊帥。無賦斂，有事均稅。用刑亦無常准，皆臨事科決。犯罪鳥了帥（《隋書》云：「以一村之理事者而善戰者充之。」）斷，不伏請上王，王共臣下議定之。獄無枷鎖，唯用繩縛。決死刑，以鐵錐大如筋，長尺餘，鑽項殺之，輕罪用杖。俗無文字，望月虧盈，以紀時節，候草木榮枯，以爲年歲。其人深目長鼻頗類胡。亦有小慧，無君臣上下之節拜伏之禮，父子同牀寢。男子拔去髭鬚，身上有毛處皆除去。婦人以墨黥手，爲蟲蛇紋。嫁娶以酒肴珠貝爲聘，或男女相悅便相匹偶。婦女產乳，子必食之，產後以火自炙，使出汗，五日便平復。以木槽中暴海水爲鹽，木汁爲酢，釀米麴爲酒，其味甚薄。食皆用手，偶得異味，先進尊者。凡有宴會，執酒者必待呼名而後飲，上王酒者亦呼王名，銜盃共飲，頗同突厥。歌呼蹋蹄，一人唱衆皆和，音頗哀怨，扶女子上膊，搖手舞。其死者之氣將絕，舉至庭前，親賓哭泣相弔，浴其屍，以帛纏之，裹以葦草，襯土而殯，上不起墳，子爲父者，數月不食肉。其南境風俗少異，人有死者，邑里共集，食之。有熊羆豹狼，尤多豬雞，無牛羊驢馬，厥田良沃也。先以火燒，而引水灌，持一以石爲刃，插長尺餘澗數寸者，墾之。土宜稻、梁、禾、黍、麻、赤豆、胡豆、黑豆等，木有楓、栝、樟、松、楩、楠、杉、梓、竹、籐、菓藥，同江表，風土氣候相類嶺南。俗事山海神，祭以酒肴，鬬戰殺人時，便將所殺人祭其神。或依茂樹起小屋，或懸髑髏樹上，以箭射之，或累石繫幡，以爲神主。

王居所壁下多聚髑髏，以稱佳人間，門戶上必安獸頭骨角。」

《流求列傳》所云的「流求」，究竟指何處呢？上述的習俗有些頗似往昔台灣土著高砂族的習俗，且《台灣府志》序云：「台灣，琉球故壤也。」但若認爲流求是台灣的古代名稱，則尙有不少問題待解決。譬如日時台北帝國大學總長幣原坦博士云：「該傳一方面記載著具有頗高文化的種族，即不僅有巍然的王城，洞還有小王，村有鳥了帥，如此統治者與被統者之間截然有所區別，而王乘木獸，令左右舁之，小王也乘身分相副的乘坐物，犯罪鳥了帥斷之，不伏請上王，王共臣下議定之等，現今台灣的任何高砂種族都不得有的情況，另一方面卻亦記載著很原始野蠻的習俗，譬如懸髑髏於樹上，以箭射之，王之居所壁下多聚髑髏，以稱佳人間等，在沖繩絕對沒有的野蠻習俗。如此，將互相矛盾的習俗雜亂的記述在一起，亦即一方面含有許多沖繩土俗，另一方面卻亦有台灣土著高砂族的習俗，這個矛盾未解決之前，就不能斷定流求是指沖繩或指台灣。」按從當時曖昧的地理知識看來，或許是泛指自台灣至沖繩一帶，在支那大陸東方海上的一連串島嶼吧！

至於「琉球」的名稱由來，《世法錄》云：「地界萬濤蜿蜒，若虬浮水中，因名流虬，後轉謂琉球云。」但未曾有過使用「流虬」之字的明證，想必只是拘泥於漢字義的牽強附會的解釋。日本學者一般認爲「流求」轉日「瑯嶠」，「瑯嶠」譯自高砂排灣族語。這麼說來，流求所指的或許是台灣南部瑯嶠(今恆春)地方。

不論如何，流求這一詞，宋代稱流求(宋史)，元代稱瑠求(元史)或琉球(《諸番志》、《文獻通考》），一直傳用下來。至清康熙二十五年（一六八六年）陸應陽著《廣輿記》〈琉球傳〉云：「國王有三，中山王、山南王、山北王，漢魏以來不通中華。隋大業時，遣羽騎朱寬，訪求異俗，始至其國，言語不通，掠一人以還。歷唐宋元未朝貢。至明洪武初，三王皆遣使朝貢，後止。中山王來朝，而許王子及陪臣子來遊大學，蓋山南山北二王相併。」這個琉球，顯然指今沖繩。又在明洪武年間，中山王受明册封以後，琉球則爲沖繩的專用名稱，而台灣被稱爲「小琉球」。台灣不比沖繩小，何以沖繩稱大琉球，台灣稱小琉球呢？一個合理的解釋是，所指的不是台灣全島，而是島上一小地域。實際上，今屏東縣東港鎮南方海上的一小島嶼名「小琉球」（今琉球鄉），即是其遺迹吧！

㈤雞籠山（雞籠）

《明史》〈外國傳〉卷三三二記載著雞籠山，但其所記述的內容卻關聯著整個台灣的事蹟。按雞籠山的名稱原來只是台灣北部的地名，譯自佔居台灣北部地方之平埔凱達加蘭族所自稱的族名 Kietangarang，簡稱 Kieran，寫做「雞籠」，再添上具有海島之意的「山」字。這個人族名稱後來轉變爲聳立於極北一角的一個山名，自古航行支那海來台的日本船，都以此山爲指南，遂慣用以此山名「雞籠山」或「雞籠」稱呼台灣島。《台灣府志》云：「大雞籠山，一望巍然，日本洋船以爲指南。」又《淡水廳志》云：「大雞籠山，極寒有雪，矗立巍然，日本人以此爲指南。」如此，雞籠山或雞籠則變爲台灣島的總名稱。及至「台灣」的新名稱出現以後，雞籠山或雞籠才不再爲台灣的總名稱，而回復本來的北部一地名。雞籠即是今基隆，而大雞籠山是後來的基隆山，俚俗則依其所在的位置，稱「焿仔寮山」。

(六)北港

乾隆四年(一七三九年)出版的《明史》〈外國傳〉云：「雞籠山在澎湖嶼東北，故名北港。」北港亦如雞籠山，古來被支那人慣用做台灣北部的名稱。北港的台灣語音讀做 Paklkang，譯自原佔據台灣北部地方的平埔凱達加蘭族語 Paken(北方之意)。此名稱最初只指台灣北部，但後來漸變爲台灣島的總名稱，譬如一六二九年駐台荷蘭領事的報告文云：「Formosa 島，稱 Po'ken。」又一七七一年 Benyowsky 的航海日記云：「Formosa 島，通常叫做 Pacca-Ilimba。」Po'ken 與 Pacca 都是 Paken 轉訛。關於「北港」的位置，《讀史方輿紀要》云：「澎湖爲漳泉門戶，而北港即澎湖之唇齒，失北港則唇亡齒寒，不特澎湖可慮，即漳泉亦可憂也。」北港在澎湖東南，亦謂之台灣。」如此說來，北港就不是台灣北部的雞籠山了。前述幣原博士則依據《讀史方輿紀要》所云的「北港在澎湖東南」，認爲應該是今安平。他說：「下淡水溪(今高屏溪)與東港溪滙合的河口稱『東港』，而《鳳山舊誌》註云：『打鼓港(今高雄)即西港』，故安平可稱爲『北港』，而且往昔西洋人所親近的 Formosa，應是荷蘭人築城以爲基地的今安平。」

無論如何，北港確實曾爲台灣島的總名稱，後來「台灣」的名稱出現後，就不用此名稱了。

(七)東番

除雞籠山及北港之外，還有東番的名稱見於支那文獻。此詞原爲支那人用以指土著居民的名稱，意云東方海外的「番仔」(野蠻人)。康熙三十四年(一六九五年)徐懷祖的《台灣隨筆》云：

「明季莆田周嬰著遠遊篇，載東番記一篇。」這是東番的名稱最先見於支那文件者。又明萬曆十四年（一五八六年）進士何喬遠的《閩書》云：「東番夷，不知所自始，居澎湖外洋島中，起魍港、加老灣、打鼓嶼、小淡水、雙溪口、加里林、沙巴林、大幫坑，皆其居也，斷絕千餘里，種類甚蕃。」《明史》卻將東番當做地名記述云：「雞籠山在澎湖東北，名北港，又名東番。」《台灣府志》舊誌亦準此記述。按雞籠山及北港均譯自高砂族語，只有東番是支那人創作的名稱，但並無被普通用做地名的實證。

(八)東都、東寧

《台灣府志》的〈封域建置〉云：「鄭成功取台地據之，總名東都，子經改東都爲東寧。」又《台灣縣志》云：「僞鄭惡台灣之名（台灣語音，台灣＝埋完），改稱。」鄭氏滅亡後，此名即被廢止，而回復台灣的名稱。

(九)台灣（大員、大灣）

「台灣」是最後且已固定的支那名（不用說，亦譯自高砂族語），但關於其起源有以下諸說：

(1)康熙二十三年（一六八四年）諸羅縣知縣季戲光的《蓉洲文稿》云：「明萬曆間，海寇顏思齊踞有其地，始稱台灣。」

(2)康熙三十四年徐懷祖的《台灣隨筆》云：「台灣，於古無考，惟明季莆田周嬰著遠遊篇，載東番記一篇，稱台灣爲台員，蓋南音也。」

(3)乾隆五年（一七四〇年）巡視台灣御史張湄的《瀛壖百詠》的自序中云：「至明季，莆田周嬰遠遊篇，載東番記一篇，稱其地爲台員，蓋閩音之譌也。台灣之名入中土，實自茲始。」此又被引用於《台灣府志》藝文中。

(4)乾隆四年出版的《明史》云：「至萬曆末，紅毛番，泊舟于此，因事耕鑿，設闤闠，稱台灣。」

(5)《台灣縣志》〈地志建置〉云：「萬曆末年，荷蘭據台灣，築城一鯤身上，曰台灣城，台灣之名，於是始。」而根據此事實，解釋此名的原義云：「荷蘭，設市于此，築磚城，制若崇台，海濱沙環水曲曰灣，又泊舟處，概謂之灣，此台灣所由名也。」

按周嬰係明宣德正德年間之人，其著書所記載者，可說是支那文獻中最古的名稱，而「員」字的福建語音讀做 oan，故「台員」即同「台灣」，是毫無疑問的。又這個名稱的開始，可說是在宣德年間。因此，(1)所云萬曆年間始由顏思齊稱台灣，並非事實，其實在之前已有此名稱，(4)(5)所云的荷蘭人築城時始給予這個名稱，亦非事實，蓋荷蘭人佔據台灣始於一六二四年，即明萬曆以後的天啓四年。至於《台灣縣志》有關台灣的原義解釋，係拘泥於字義的牽強附會之說。台灣的名稱，毫無疑問地，譯自平埔族語。

按明末，支那人出入此島的主要地點是今安平地方，移民則如《台灣府志》〈封域〉所云：「一鯤身雖在海中，泉甘勝他處，居民多。」集中居住於一鯤身島(今安平)上，因爲內港西岸地方(今台南市附近)爲平埔西拉雅族所佔據，不敢擅入。西拉雅族稱移民爲 Taian 或 Tayoan(這與其他高砂族，譬如南部馬卜道族所云的 Pairan，排灣族所云的 Airan、Pairan、Pairangan，東部阿眉族所云的 Pairan 等，皆屬同一系統之語，係壞人、侵略者之意)。這個人族稱詞被移民訛稱爲 Taioan，且由人族稱詞移用於地名，而以近音字稱當時移民聚居地的一鯤身島爲「台灣」或「台員」，而將對岸平埔族的佔居地稱「赤崁」(或寫「赤嵌」，譯自西拉雅族的一部落名 Tsiakam)。荷蘭人佔據此地後，築 Zeelandia 城於一鯤身島上，Provintia 城於今台南，但移民則以其地名稱 Zeelandia 城爲「台灣城」，Provintia 城爲「赤崁樓」。荷蘭人亦慣用這種名稱，稱 Zeelandia 城的所在地爲 Taiwan、Taioan、Tayouan、Taoan、Tayovan 等，稱西拉雅族地(今台南地方)爲 Chac-cam、Saccam、Scakam、Sakam、Sacam、Saccam、Zaccam 等，見諸於他們所寫的文件上。

後來移民以租借的方式，由一鯤身島進入對岸陸地平埔族界，因而原來只限於一鯤身島一地的地名「台灣」，亦隨著移民佔據地域的擴張而擴大其適用範圍。至明末，如崇禎年間給事中何楷的上疏所云：「台灣在澎湖島外，水路距漳泉約二夜，其地廣衍，可比一大縣。」台灣一詞已變爲台灣島的總名稱。但如上所述，明永曆十六年(一六六二年)鄭成功一佔據此島，便改稱「東都」，鄭經又改稱「東寧」，及至清國領台後，一則爲破壞鄭氏的體制，再則爲復活舊制而回復原名，正式名「台灣」。

㈩東瀛

清領時，文學士子中有人聯想到古語「沔彼流水趨東瀛」，時而稱台灣爲東瀛。更有云：「澎湖或謂之西瀛，台灣別號東瀛，以澎湖在台西，故稱西瀛。」(《澎湖廳志》〈封域志〉)但這只是文藝上的雅名，未曾被看做普通的地名。

二、日本名—高砂

日本文祿二年（一五九三年），豐臣秀吉遣原田嘉右衛門致書台灣，勸諭入貢，其文書上所寫的「高山國」，係當時日本稱台灣爲「タカサグン」的音譯字。有馬家代代「墨付寫」（幕府令書，按德川幕府曾令有馬藩出兵征討台灣）的慶長十四年（一六〇九年）部分所稱的「たかさぐん國」，顯然亦指「高山國」，即台灣。金地院所掌管的「異國渡海御朱印帳」（幕府准許渡洋赴外國的許可書底冊）的元和元年（一六一五年）部分，亦有「高砂國」的記載。「高砂國」讀做「タカサゴ」，係「タカサグン」的一種轉訛。以後タカサグン轉訛タカサゴ，使用各種的音譯字，譬如元祿八年（一六九五年）《華夷通商考》所寫的「塔伽沙谷」、寶永享保年間外國通信事略所寫的「塔伽沙古」、正德三年（一七一三年）和漢三才會所寫的「塔曷沙古」等是也。在日本荷蘭商館的管事 Richard Cocks 的日記，元和元年（一六一五年）十月三十日云：「近支那的島，叫做 Taccasanga。」翌年五月五日更明白云：「日本所云的タカサゴ島，即是我們所云的 Ilha Formosa」。又東印度會社致荷蘭本國的報告書云：「タカサゴ在北緯二十三度。」從上述可知，自元和初年（一六一五年代），「タカサゴ」（高砂）的名稱盛行於日本。

前述幣原博士說：「タカサゴ的名稱，譯自高砂族社タアカオ（打狗社、打鼓社），而打鼓山

的地名亦源自タアカオ社的存在。當時打鼓族佔據台灣西南岸一帶，擁有很大的勢力，故日本人起初以此名稱呼台灣西南岸一帶，後來擴大爲台灣全島的名稱。較諸打鼓族，安平的台灣族原實微不足道，故只要打鼓族擁有勢力之時，『台灣』就不能爲台灣全島的代名詞。後來荷蘭人在『台灣』築城，致使『台灣』之名傳播於全世界，而取代『打鼓』成爲台灣全島的總名稱。」

日據時代以「高砂島」爲台灣的別號，並稱原住民爲「高砂族」。

三、西洋名Formosa（美麗島）

十五世紀中葉，西洋人始在支那海向南航行，通過台灣海峽。一五九〇年，南航台灣西海岸之葡萄牙船，船員自海上遠望台灣島影，看見其高峻聳立中天的風景，秀麗而點綴著鬱蒼森林的山姿美容，稱讚的說「Ilha Formosa」（美麗島），荷蘭籍的船長則將台灣當做 Formosa，記入海圖內。起初以此做爲基隆一角落的名稱，後來才廣泛地變爲台灣島的總名稱。一六〇〇年代荷蘭人佔據台灣南部時，亦襲用此 Formosa 的名稱。同一年代西班牙人佔據台灣北部時，將之西班牙語化，稱 Hermosa。現今西洋人仍慣用 Formosa 稱呼台灣，而許多台灣人更喜愛稱台灣爲「美麗島」。

第四節　各地方的地名變遷

各地名稱的由來，參照第二節所述的原則便大致得知，故不再贅述，以下只列舉較重要且特殊者，略釋之。從地名的沿革，可以觀察移民開闢新天地的情況，這是本書的主要目標之一。

一、台北市

台北市分十二區（信義、大安、中山、中正、大同、萬華、文山、松山、南港、內湖、士林、北投），其中文山區日時屬台北州文山郡深坑庄的一部分，松山區屬台北州七星郡松山庄，南港、內湖二區屬台北州七星郡內湖庄，士林區屬台北州七星郡士林街，北投區屬台北州七星郡北投庄。

台北　台北的名稱正式始於光緒元年（一八七五年）新設「台北府」、建置「台北城」時，因此地在台灣北部，故名。起初以城內、艋舺(今萬華)、大稻埕三地合稱爲台北三街，至日據時代大正九年(一九二〇年)台灣地方制度改正時(以下簡稱「日時制度改正時」)，併合附近部落，第二次世界大戰結束後(以下簡稱「戰後」)更大事擴張，將日時台北州文山、七星二郡的部分街庄併入，而成立今大台北市。

按此地位於台北窪地的中心，往昔屬「大加蚋堡」三板橋及圭府聚(今大稻埕)二庄。乾隆二十四年(一七五九年)北路淡水營郡司自八里坌移來艋舺，乾隆三十二年巡檢亦自八里坌移駐新庄(今新莊)，如此文武政治機關均移來台北盆地的中心，加之當時淡水河流域稱「內港」(對淡水港而言)，巨舟大船擁擠而至新庄碼頭，使新庄呈現與八里坌(淡水港)並稱爲台北集中區的盛況。嘉慶十四年(一八〇九年)縣丞由新庄遷來艋舺，後來又規定淡水同知半年駐竹塹(今新竹)，半年駐艋舺，遂使北路的統治中樞移置於台北盆地。咸豐年間，台灣道夏獻綸擬議設一直隸州於此地，及至光緒元年分設台北府，府治擇定於此地，而建置台北城，光緒十八年更成爲台灣省治之地。光緒二十一年台灣割讓給日本後，日本政府便設置台灣總督府於台北，戰後國民黨政權亡命台灣，其中央政府亦設在台北。亦即自光緒十八年(一八九二年)以後，台北取代台南而成爲台灣的首府至今。

台北城 光緒元年新設台北府，四年知府陳星聚擬定築城的計畫，向官紳士民募義捐，五年一月興工，八年三月完成。城、壘砌石築方形，東畔西畔各四百十二丈，南畔三百四十二丈，北畔三百四十丈，周圍一千五百六丈，城外開濠溝，立五門樓及窩舖四座，並修築城門的道路。其通大稻埕者曰北門，即「承恩」；通景尾者曰大南門，即「麗正」；通艋舺八甲街者曰小南門，即「重熙」；通艋舺新起街者曰西門，即「寶成」；自三板橋通錫口(今松山)者曰東門，即「照正」；北東二門外添外郭，郭門題曰「巖疆鎖鑰」。城壁完成時，擬定城內市區的設計，其次制定市街宅地之制。

當時城內之地皆爲水田，僅有田寮竹園介於其中。光緒四年，艋舺人洪祥雲、李清琳等，先由地主吳源昌供出府後街以築造店屋，這是城內店屋的嚆矢。後大稻埕人張夢星、王慶壽等前來府前街地方，各處之人亦接踵而來，先後從事起築，才漸形成街衢。同年建考棚，五年起府廳，並築造文武廟。此時，只形成府後街、府前街而已，至六年，起西門街，繼而起北門街。但居住城內者，概爲與官衙有關聯者而已。光緒十三年，台灣成爲一行省，十八年以台北爲省治以後，始使城內肆舖繁榮起來。日本領台後，亦將台灣總督府置於台北城內，同時並計劃市區改正，首先著手城內外下水道路的改修，以後逐漸進行步武、撤毀城壁、展開城外的市街建設，且改造舊有的建物，使其規模完全改變。

大加蚋堡(或寫做大佳臘堡)係台北窪地的中央以東，基隆、新店二溪流域之間一帶，即今台北市的大部分。康熙末年，移民墾首陳賴章自平埔族贌得此地而開墾，依康熙四十八年(一七〇九年)七月諸羅縣知縣宋永清所發墾照標示，其區域爲「東至雷厘、秀朗二社(後來合稱雷朗社)，西至八里坌、干脰(今關渡)，南至興直山腳，北至大浪泵(今大龍峒)溝」。

大加蚋之名譯自曾佔據台北盆地的平埔凱達加蘭族的地名。前述幣原博士云，Ke-tagal

-an的tagal是馬尼拉tagalog的簡稱，意指「平地浸水處」，即沼地，Ketagalan則意味著「居住平地之人」。

龍口 在日時制度改正前稱「龍匣口」。龍匣口之名，轉自往昔佔據此地附近的平埔凱達加蘭族一支族的社名「了阿八里」。

古亭 昔時屬高砂族地界，據傳村民建一小亭，亭內置一大鼓，遇高砂族來襲時擊鼓示警，故名「鼓亭村」，後來訛稱「古亭村」。

萬華 原稱「艋舺」，或寫蟒葛、蚊甲、莽甲、文甲等。日時制度改正時，用同音日本語改寫「萬華」(讀做マンカ)。此地名源自居住此地方的平埔凱達加蘭族語(獨木舟之意)。噶瑪蘭通判姚瑩的《台北道里記》云：「暖暖地，在兩山中，俯臨深溪，有艋舺小舟，土人山中伐木，作薪炭枋料，載往艋舺(地名)。」亦即往昔平埔族用獨木舟做交通工具，而此地附近有其停泊所，地名因之而得。艋舺渡頭街之名，見於乾隆二十九年出版的《台灣府志》(續修)，而爲其渡頭的媽祖宮，創建於乾隆十一年，在水仙宮口街的水仙宮(祀夏王禹)亦在此時由郊商公建而成。當時沿岸河身深而帆檣林立，可算爲台灣三大港口之一，而有「一府(台灣府的台江)、二鹿(彰化的鹿港)、三艋舺(即艋舺)」之稱。嘉慶年間以後，由於新庄(今新莊)沿岸淤淺，船舶乃集中此地。嘉慶十三、四年許，市街漸增建(俗稱舊街、水仙宮口街等成立於此時)，道光元年出版的噶瑪蘭通判姚瑩的《台北道里記》，就其情形云：「艋舺，民居鋪戶約四五千家，外即八里坌口，商船聚集，闤闠最盛，淡水倉在焉，同知歲中半居此，蓋民富而事繁也。」道光二十年，台灣道致同人的台灣十七口設防狀中云：「艋舺，爲淡水最大村鎭，巨商富戶，皆萃於此。」然而同治末年以後，由於上游流出的土沙累積，沿岸的河底漸趨淤淺，不再便於船舶的停泊，商勢乃漸衰微，移往更下游沿岸的大稻埕。

艋舺歡慈市街　艋舺地方原爲沙蔴廚或紗帽廚社的所在地，雍正初年許，移民始在此地搭蓋數戶茅屋，販賣蕃薯，名「蕃薯巾」，後來市街發展，乃用近音雅字改稱「歡慈市街」。

里末社　屬平埔凱達加蘭族的部落，其原址在艋舺附近。

雷裡(雷裏)　係凱達加蘭族的部落，原址在艋舺南方的加蚋仔庄(今東園)附近，此庄似乎與大加納有關聯。雷裡社受到加蚋仔庄的移民侵略，乃與距新店溪南方四公里處的穵仔社(移民所云的秀朗社)合併，移民則將雷裡、秀朗二社合稱雷朗社。

龍山寺　在艋舺街，爲泉州安海的分派，創建於乾隆三年，是台北市街中最古老的寺廟。嘉慶二十年地震時，僅存佛座，其餘悉遭破壞，後來重建。

祖師廟　在艋舺街，爲泉州安溪清水巖的分派，建立於乾隆年間。

大稻埕　係舊台北市三市街之一，在淡水河東岸，與台北城的東門街巷相連。此地原爲平埔族奇武卒社的所在地(城隍廟前街留存其遺址)，奇武卒庄之名，見於乾隆二十九年出版的《台灣府志》(續修)，後來以近音雅字改稱圭府聚庄。移民移殖此地之初，開拓水田，中設一大埕(埕＝庭)以曝稻穀，出人稱之爲大稻埕。咸豐三年八月，台北發生漳泉分類械鬥，時艋舺街外的八甲街，爲商業殷盛的小市場，其地泉籍同安縣人聯合漳人，攻擊艋舺的泉籍安溪、晉江、南安、惠安四縣人，欲將之驅逐。安、晉、南、惠四縣人合力反擊，遂燬八甲街。同安縣人敗散而避於大稻埕，十月於此地新建一部落，稱大稻埕街（於是八甲街全然衰頹），當時不過是小小的巷街而已。咸豐六年及九年，新庄（今新莊）發生漳泉分類械鬥，泉人避難者多遷來此地，咸豐末年漸見市街的新建（俗稱中街、南街、中北街、杜厝街等成立於此時，並建城隍廟）。在同治年間，隨著北部茶業的發展，此地做爲其再製及輸出的市場而呈盛況，且自同治末年以後，艋舺沿岸的河底淤淺，船舶的碇泊移來此地（俗稱六館街，成立於此時），初居留艋舺的外國人，亦多轉來此地，尤其光緒十三年，巡撫劉銘傳擇定此地爲商業上的中心地，大事興工，計劃擴開市街，勸誘富豪林維源創設建築公司（名建昌公司），首先築堤防於淡水河岸，並增建新市街（俗稱建昌街、千秋街成立於此時）。於是外國人的洋行皆集於大稻埕，市街大爲發展。

奎府　在日時制度改正前稱「奎府聚」，轉自平埔族社名圭母卒。按原居住大稻埕附近的平埔族圭母卒社遷來此地（故名），但在咸豐九、十年（一八六〇、一八六一年）漳泉分類械鬥時，其大部分避難於劍潭山東方的大直，一部分遷往城隍廟前街。

大龍峒　附近曾是凱達加蘭族的部落大浪泵社，此社後來與圭母卒社合併，移民乃將兩者合稱「圭泵社」。

康熙末年許，移民的開拓已及此地接界，但至雍正末年仍是樹木繁茂的森林。乾隆初年福佬移民贌得此地，加以開墾，至嘉慶七年（一八〇二年）始形成街肆，而以近音雅字改寫「大浪泵」爲「大隆同」，同治年間更併用「大龍洞」之字，見於《淡水廳志》。街內保安宮（祀保生大帝）創建於嘉慶十年。《淡水廳志》云：「龍洞山，即大隆同，平地突起，如龍北臨大溪，溪底石磴與劍潭山後石壁相接，有洞側身入，以火燭之，僅通人行約數百步。」有人據此解釋地名的起因，實是拘泥於漢字義的牽強附會，蓋此地名，不用說，譯自平埔族的社名大浪泵。

圓山　係在古大加蚋堡山仔腳庄基隆河畔的一丘陵，依其形狀名「圓山仔」，因其靠近大龍洞，又名「龍洞山」。昔日土豪陳維英建別墅於此地，名「太古巢」，其境內廣濶，樹木鬱茂，奇岩起伏其間，遠望亦佳。丘陵附近屬石器時代的遺跡，數處露出貝塚。日本領台後改爲公園，並設台北市立動物園。

劍潭　在古芝蘭一堡大直庄，即基隆河沿大直山麓迂流之處。此處河水成深潭，故稱劍潭，而大直山乃又名「劍潭山」。潭岸劍潭山麓有一寺廟名「劍潭寺」，創建於乾隆初年。《淡水廳志》云：「劍潭，深數十丈，澄澈可鑑，潮長則南畔東流而北畔西，退則南畔西流而北畔東。」關於劍潭之名的起源，雍正十年（一七三二年）台廈分巡道伊士良的《台灣志略》云：「劍潭，有樹名茄苳，高聳障天，大可數抱，峙於潭岸。相傳荷蘭人插劍於樹，生皮合，劍在其內，因以爲名。」此傳說由潭岸古樹轉移到水底，即俚俗口碑云：「鄭時，逐迫荷蘭人至此地，荷蘭人乃投劍潭中而走，因以名。」《淡水廳志》又根據此說更加以潤飾云：「每黑夜或風雨時，輒有紅光燭天，相傳底有荷蘭古劍，故氣上騰也。」於是乃有淡北八景之一「劍潭夜光」之稱。按此地方早爲西班牙人所據，西班牙人的足跡曾及此地，但未曾有荷蘭人抵此的證述，故史實上鄭軍與荷蘭人交戰於此地一節，不足採信。事實上，有一名爲八卦潭者連接於劍潭，故當初或許只單純的用劍及八卦的雅號加以命名的吧！

劍潭寺　相傳係鄭時開屯此地的部族奉祀觀音菩薩之所。乾隆二十九年出版的《台灣府志》(續修)云：「觀音寺，在八芝蘭劍潭。」《淡水廳志》：「劍潭寺，乾隆三十八年，吳廷誥等捐建(重修)，寺有碑記述，僧華榮至此，有紅蛇當路，以筊卜之，得建塔地，大士復示夢，有八舟自滬(滬尾)之籠(雞籠)可募金，果驗，寺遂成，道光二十四年泉郊紳商重修。」碑記係道光二十五年重修後所勒，云：「僧華榮者，奉大士之靈遊此，露宿古樹下。時未有村社，卓錫茅刹其中云云。」

山仔脚　係在劍潭山西麓的村庄，又以近音雅字寫做山也佳。此地有一名乳井的古蹟，《淡水廳志》云：「乳井，在劍潭山也佳莊，四圍巨石，有泉竅鑿之深，僅數尺，水色如乳，甘可瀹茗。」後來在一民屋的後庭，而歸荒壞。

松山　原稱錫口街，日時制度改正時改稱松山，屬七星郡松山庄，戰後併入大台北市。此地在大加蚋堡，原爲平埔凱達加蘭族麻里錫口社的所在地，開拓此堡的福佬移民進入此地，驅逐平埔族人，建立一部落，名貓里錫口街，此名見於乾隆二十九年出版的《台灣府志》(續修)，可知當時已形成市街。街內媽祖宮創建於乾隆三十年代。《裨海紀遊》所云的麻里哲口，《台海使槎錄》及《番俗六考》所云的麻里即吼亦指此地，均爲近音譯字。又嘉慶二十年經過此地的台灣知府楊廷理之道中詩註云：「由艋舺錫口，至蛤仔難。」可知此時已簡稱錫口。此地靠近台北城市街，往昔沿著基隆溪而形成一小市場。錫口街附近的五分埔庄有永春陂，後山陂庄有名爲後山陂之池水，俱爲富山水的勝景。

至於麻里錫口社被移民驅逐後，僅留二戶於離原址東北八公里處的樟樹灣僻境之處，其餘社人皆遷往今汐止鎮番子寮。

塔悠　譯自凱達加蘭族搭搭攸社的社名，其原址在基隆河南岸下塔悠附近，後來遷往上塔悠及基隆河北岸內湖庄（今台北市內湖區）北勢湖。「搭搭攸」係一種女子頭飾，《台灣府志》〈蕃俗章〉云：「用白獅犬毛作線如帶，寬一寸餘，嫁娶時載之，蕃最重之云云。」此地是其產地，故名。

里族　譯自凱達加蘭族的社名，此社原址在基隆河南岸舊里族附近，後來遷往今內湖新里族。

南港　原屬大加蚋堡，稱南港仔庄，見於乾隆二十九年出版的《台灣府志》（續修），至日時制度改正時簡稱南港，屬七星郡內湖庄。此地係在古大加蚋堡中，次於錫口街開拓者，而當往返文山堡地方的要路，附近盛產煤炭。有一說云，基隆原稱北港，故此地稱南港，但其實此南港係對今汐止鎮隔河之山間的北港而言，相對於基隆的北港，係今蘆洲鄉和尚洲南港子。

士林　古屬芝蘭一堡，日時成立一庄，稱士林庄，隸屬七星郡，戰後才併入大台北市。

康熙末年，在芝蘭二堡、唭哩岸的漳泉移民進來，自平埔族毛少翁社贌得此地，開墾荒埔，名八芝蘭林。此地名譯自平埔族稱此地方北部山地溫泉之語，即八芝蘭，加上表示林野的林字。雍正二年(一七二四年)九月，環圍竹籬，建設十餘間的小草店，名店仔街。雍正五年十月，業戶吳廷誥、曹朝招、賴玉蒼等首倡增建店屋，因在八芝蘭林市場，故改稱八芝蘭林街。乾隆六年(一七四一年)十月吳廷誥、曹朝招、李應連、黃振文、張國瑞等捐資創立神農宮於街界後，地名簡稱八芝林。乾隆十七年，淡水同知立石牌(於石牌庄)以劃定移民與高砂族的地界，但毫無實效，移民仍繼續侵佔高砂族地，開墾芝蘭一堡各地，八芝蘭林街則爲其中心市場，而自乾隆末年許，稱芝蘭街。咸豐元年，勃發漳泉人分類械鬥，街肆悉被泉人焚燬。咸豐九年十月，重新在南方基隆河岸的船仔頭庄建立一市街，名「芝蘭新街」，舊市街則稱「舊街」(後來的「福德洋庄」)，當時又稱「士林街」。後來原住街民於舊街的故址建設肆店，但大半於同治六年的地震時崩潰，以後便衰頹而失舊觀。

芝蘭堡　係台北盆地的淡水河下游流域一帶，原來如同治九年出版的《淡水廳志》所云：「芝蘭堡，東北接噶瑪蘭(宜蘭)界，西北臨海。」包括三貂、基隆、金包里三堡，光緒元年才劃定區域，十四年再分立一、二、三堡。芝蘭堡的名稱起自早爲主地的芝蘭街之名。移民於此地方最先建立的部落，是鄭時鄭氏一族所定居的大直庄劍潭(屬一堡)。淸領後，康熙末年福佬人林永躍、王錫棋率移民渡台，與先住平埔族講和，以屬嗄勝別庄的關渡及唭里岸庄(以上二堡)爲基地，大事擴展墾拓。《淡水廳志》云：「淡水開墾，自奇里岸始。」而於雍正二年形成芝蘭街的街肆(屬一堡)，與此同時，滬尾(三堡)地方亦出現移民。移民概爲福佬人，其中一堡地方漳人多，二堡、三堡地方泉人多，係因咸豐元年及九年發生漳泉分類械鬥的結果。

毛少翁社　其舊址在今士林區社子，乾隆十一年(一七四六年)發生大地震而陷沒，乃遷往三角埔。《裨海紀遊》云：「麻少翁等三社，緣溪(淡水河)而居，甲戌(康熙三十三年)四月地動不止，番人怖恐，相率徙去，俄陷爲巨浸。」

芝山巖　在古芝蘭一堡湳雅(今蘭雅)庄，係孤立於平原的一丘陵(《淡水廳志》云「獨峙」)，俗稱「圓山仔」，頂上有「惠濟宮」，祀漳州土神「開漳聖王」，係由芝蘭街士紳吳慶三等首倡捐建於乾隆五十三年。按此地居民皆屬漳籍，故取漳州名蹟「芝山」之名，而名「芝山巖」。石磴數十級，略中有小石門，門頂題曰「芝山岩」，磴道右側的自然石刻有「洞天福地」四大字。惠濟宮旁有文昌祠，係道光二十年同街士紳潘定民所建。丘上寺觀稍東方，立有「學務官僚遭難碑」(今不知去向)。按日本領台後，台灣總督府爲教育普及計，開學堂於此處，而派學務部員從事日本語教育。明治二十八年(一八九六年)匪徒蜂起，六名部員皆遭難。靖平後，有志大偉其功，捐建一碑，表面題「學務官僚遭難碑」七大字，背面勒其事略，文曰：「台灣全島，歸我版圖，革故鼎新，聲教爲先，止五位揖取道明等六人，帶學務，派八芝蘭士林街，專從其事，會土匪蜂起，道明等死之，時明治二十九年一月一日也。」

丘東半腹，有一洞窟，洞內蝙蝠群聚，故名蝙蝠洞。

陽明山　戰前稱草山，《台灣府志》云：「以多茅草，故名。」

蘭雅　古稱湳仔，日時用近音雅字改稱湳雅，戰後又改稱蘭雅。

北投　古屬芝蘭二堡，日時成立一庄，名北投庄，屬七星郡，戰後才併入大台北市。

此地原是平埔族北投社內社的所在地，北投之名譯自平埔族語。北投社分內外二社，內社在北投附近，外社在今淡水鎮北投子。「北投」係女巫之意，難道女巫曾居此地，故名乎？

北投及附近草山（今陽明山）、竹仔湖一帶是硫磺產地，早在西班牙人佔據時代就有紀錄云：「由北投社生產硫磺，支那人到此地，與土人做交易。」康熙二十三年台灣府學教授林謙光的《台灣紀略》云：「磺產於上淡水，土人取之易塩米菸布。」又《淡水廳志》云：「淡北大屯山邊，出磺之土，謂之竹筍云云。」康熙三十六年，郁永河探查此地，設鑊於今士林街附近，從事製煉。著書《裨海紀遊》就此事云：「當時先與土著平埔族訂約，給與燒酒、糖丸飲食，又以布交換平埔族的硫土，大約以布七尺易土一筐，如此可得二百七、八十斤云云。」

北投又有溫泉，一爲泉池，日人稱「鐵の湯」，是單純泉，無臭透明，浴飲均可。一爲泉流，日人稱「瀧の湯」，是氧化塩類，透明無色，味酸烈。往昔徒委諸叢棘之間，無人看顧，及至日領後，始開爲遊浴之所，備浴室，設旅社，以後一變而爲殷賑之境。

石牌　石牌的地名起自乾隆十七年（一七五二年），淡水同知曾日瑛立石牌以劃定移民與高砂族的地界，云：「奉憲分府曾批斷，東南勢田園歸蕃管業界。」但未曾奏效，移民仍不斷的侵略高砂族地。日時石牌的部落在鐵路「唭里岸站」那邊，石牌公學校（今石牌國小）這邊是唭里岸。

唭里岸　昔日淡水河（西班牙人所云的 Kimazon）擴展至此地而成一大湖水，或許地形相似，西班牙人乃將菲律賓群島中的 Bahia-Irigan（北西灣）的地名移用於此地，這個 Irigan 再加上平埔凱達加蘭族用以表示地名的接頭詞 Ki，而成 Kirigan(唭里岸)。唭里岸是在北部最早開拓之地，《淡水廳志》云：「鄭時淡水開墾，始自奇里岸。」

嗄嘮別　譯自凱達加蘭族小八里坌社的社名。此社係荷蘭人所云的 Parecachu，原址在今八里鄉挖仔尾附近，後來被荷蘭人追逐，潛伏滬尾(今淡水)東方八公里許的關渡山麓「嗄嘮別」，此事件見於《裨海紀遊》。

關渡　自淡水河口溯上四公里，大屯及觀音二山的支脈岐出，挨近而成峽門，以此分淡水河的中、下游之處，稱「關渡」，又名「關渡門」。此名譯自平埔族的地名，郁永河的《裨海紀遊》寫做「甘答門」，黃叔璥的《台海使槎錄》寫做「肩脰門」或「干豆門」，《諸羅縣志》及《台灣府志》寫做「關渡門」。《裨海紀遊》云：「入甘答門，忽廣漶為大湖，渺無涯涘，行十里許，高山四繞，周廣百餘里，中為平原云云。」關渡的村落即在河的北岸，乃是芝蘭堡中移民最先(即早在康熙中葉)移殖之地。

公館及景美　往昔俱屬文山堡，日時屬文山郡深坑庄萬盛。公館係乾隆初年泉州移民設立公館之地，故名。景美初稱梘尾，後以同音改稱景尾，戰後又改稱景美。

文山堡　原稱拳山堡，堡名起自堡內同名的山丘，日時改稱文山堡。

此堡位於大加納堡的東南方，其拓殖亦由大加納堡進入者，昔日橫於大加蚋堡南界的蟇頭山以南之地為蓊鬱的森林，康熙末年僅在森林的南端建立林口庄而已。雍正七年，客家移民墾首廖簡岳由淡水港溯新店溪來此地拓殖，與平埔族的秀朗社衝突，被殺害百餘人，後講和，漸次拓地築圳爲水田，景美街東的霧裡薛圳是其所開設者。乾隆元年（一七三六年）泉州府安溪福佬移民群，由大加蚋堡進入此地方，恃衆與客家移民爭地，遂將之驅逐而擁有其墾地，以後便大事開墾，而於新店溪畔爲墾戶建立公館，形成公館街。就在此時，郭錫引新店溪的溪流，建設一埤圳（即瑠公圳），並跨景尾溪架設一大水梘，梘頭、梘尾的地名因之而起。於是大坪林庄的大半已拓成，而乾隆中葉以後，林姓一族更進抵新店溪的北岸。同時，東方的三張犁地方亦開拓就緒，乾隆四十六年，與稱「君孝仔」的秀朗社人相約，以吳伯洪、張冶金、高鍾潭、高培吉、陳光照、高鍾等爲墾戶，開拓萬順寮庄，並在此設民隘防禦高砂泰雅族，繼而高姓一族自秀朗社人贌得土地，開拓深坑仔庄。至嘉慶初年，一方面梘尾形成一街肆，名梘尾街（後改稱景尾街），另一方面成立深坑街，至道光年間建立新店街於新店溪岸，由新店經灣潭地方而連繫坪林尾，又由深坑經楓仔林而連繫石碇，至咸豐年間，屈尺地方亦拓成。原來屈尺以南屬高砂泰雅族所佔據之地，拓殖尚未及，但光緒十一年九月討伐此方面的高砂族地，而使高砂族歸附後，開墾的地域乃及雙溪口，屈尺地方便漸漸發展，同時由討伐軍開修，自新店經坪林尾而抵宜蘭的頭圍之新路。

文山堡地方早就以茶樹的栽培聞名，《淡水廳志》云：「淡北石碇拳山二堡，居民多以植茶爲業，道光年間，各商運茶，往福州售賣。」

木柵　日時屬文山郡深坑庄內湖。此地往昔構築木柵以防備高砂族，故名。

【附記】

淡水內港：《台灣府志》云：「關渡門內有大灣，分爲二港，西南至擺接社（今板橋市）止，東北至蜂紫峙（今汐止鎮）止。番民往來俱用蟒甲（獨木舟）。港內可泊大舟數百，內地商船間亦到此。」這即是《淡水廳志》所云的淡水內港。而大料崁、新店二溪支游稱南港，基隆溪支游稱北港。尤其南港沿岸水深，便於舟船碇泊。新莊及艋舺二街乃因而發展。然而自嘉慶年間許，新莊沿岸河底淤淺，缺舟楫之便，其地的商勢漸趨衰微，遂全歸於艋舺，故嘉慶十四年，縣丞由新莊移往艋舺。而咸豐十年，艋舺做爲淡水港的一部分，設置外國人的居留地，但同治末年以後，艋舺沿岸的河底亦漸趨淤淺，不便船舶往來，其商勢便全然離開而移往更下游的大稻埕，大稻埕則於光緒十三年設置外國人居留地。

二、高雄市

分十一區(塩埕、鼓山、三民、新興、前金、苓雅、前鎮、旗津、小港、左營、楠梓)，其中小港區日時屬高雄州鳳山郡小港庄，左營區屬同州岡山郡左營庄，楠梓區屬同州岡山郡楠梓庄。

高雄　原稱「打狗」，日時制度改正時以近音日語雅字改稱「高雄」(日語讀做「タカヲ」)。此地原為平埔馬卡道族打狗社的所在地，荷蘭時代荷蘭人訛稱 Tamcaia，支那人則譯成漢字名，譬如康熙三十六年(一六九七年)郁永河的《裨海紀遊》寫作「打狗仔港」，康熙六十一年黃叔璥的《台海使槎錄》寫做「打狗港」，乾隆三十九年(一七六四年)出版的《台灣府志》(續修)寫做「打鼓港」，又相對今屏東縣的東港而稱「西港」，還有其他名稱，譬如《鳳山縣採訪册》寫做「硫磺港」或「龍水港」，但打狗為古來最普遍使用的名稱。

打狗港　台灣西海岸的南部一帶，殆無彎曲，長汀白沙連在其間，打狗山(即西洋人所云的 Ape-Hill)矗立於水際，遠望之如海島，古來為航海者的最好指南，並形成打狗港的最好障壁，包擁港的北岸一帶。港口的南角有旗後山(即西洋人所云的 Saracen-Head)，為天然的防波堤，內面的一大鹹湖與海平行，湖口以內直接形成打狗港，但港內中界有淺灘，使其寬度縮小。港口開向北西，打狗山及旗後山的兩角南北相對峙，形成天然的門戶，但岩礁自港口延伸至外不規則地散佈，故不得容納大船，只適於支那型舟及小輪船的出入，亦即千噸以上的船必須停泊於港口外一浬多的海面上。港內雖不廣闊，但底質爲黑細沙，碇泊安全。就其散佈於港口外的岩礁，《台灣府志》云：「隔海參差，遠近浮沉，而列於打鼓山左右者，西有石佛嶼，石佛之北有石塔嶼，石佛之南有涼傘礁，舟人經此，必鳴金焚紙錢。」又《鳳山縣採訪册》云：「石塔嶼，即蛇山餘脈特立海中，距蛇山數十武，高二十餘丈，可造其巔；石佛嶼，即打鼓山背，豎立海中，如石佛狀，漁人嘗坐其上；涼傘嶼，即猴跳石，當西港中，舟犯之立碎；下有雞心礁，別在海底，潮退則見。」

此港跨越大竹里及興隆內里，古來以爲鳳山地方(楠梓坑以南下淡水溪的西方一帶)諸市街之對汕頭、廈門、泉州及日本的橫濱、神戶、長崎的貿易品集散吞吐口而聞名，尤以南部特產砂糖爲其大宗的輸出品。

此港的沿岸地方原爲平埔馬卡道族打狗社的所在地。此社於明嘉靖四十二年受海寇林道乾屠殺暴掠，而退避於阿猴林(今屏東)以後，即自明末以後，就有支那人往來移殖此地方。清領後雍正九年，此港開爲島內貿易港，乾隆二十九年出版的《台灣府志》就當時的情形云：「打鼓港，無大商船停泊，惟台屬小商船往來貿易。」蓋因此時北方有安平港台江，且鳳山尚未爲縣治，此港未充分發展之故。然而台江的壅塞及鳳山地方的開發，促使此港的殷賑，尤其咸豐十年(一八六〇年)簽訂「天津條約」的結果，同治二年(一八六三年)開放此港爲安平港的附設港以後，其交通範圍遽然擴大，歐美商船停泊者漸多，《鳳山縣採訪册》就光緒年代的情形云：「西港，華洋雜處，商賈雲集。」此港雖不如安平港的埋沒之甚，但亦有多少有之，且難免有港內外的沙堆變遷。日本領台後，修築南部一良港為其當務之急，而除此港之外沒有合適的港口，因此於明治三十七年(一九〇四年)六月至四十年四月實施浚渫及塡拓工程，更立定自四十一年起的六年築港事業計畫，以便得同時繫留十隻二、三千噸的輪船於港內。

昔日打狗港的市街分南北二區，隔著內港相對峙，其最近處水上約一百十公尺，北為哨船頭街，南為旗後街。其他，哨船頭街的東北有塩埕埔庄(為舊打狗火車站的所在地)，旗後街的西方，隔著鹹湖有苓雅寮庄(當時往鳳山街的要道)。日時曾計劃建設人口百萬的大都市，以為日本的南進基地。戰後將原高雄州的岡山郡楠梓、左營二庄及鳳山郡小港庄併入，而成今大高雄市。

打狗社 係昔日佔據今高雄港沿岸地方的平埔馬卡道族社，明嘉靖四十二年海寇林道乾受討伐，由台江(台南海岸)逃脫至此地艤船時，恣意屠殺此社人，倖存者乃遠避於「阿猴林社」(今屏東)。《台灣府志》引《陳少厓外記》云：「明都督俞大猷，討海寇林道乾，道乾戰敗，艤舟打鼓山下，恐復來攻，掠山下土番殺之，取其血和灰以固舟，乃航于海，餘番走阿猴林社。」

壽山 古支那名為打鼓山、打狗山、埋金山、麒麟山等，荷蘭名 Ape Hill(猴子山)，日本名壽山。打狗或打鼓譯自上述平埔族的社名，同時亦為港名及地名。埋金山之名源自關於海寇林道乾的傳說，《台灣府志》引《陳少厓外記》云：「相傳，道乾有妹，埋金山上，有奇花異果，入山樵採者，摘而啖之，甘美殊甚，若懷之以歸，則迷失道，雖識其處，再往則失之。」荷蘭人以此山中棲息著猴子，故名 Ape Hill，此名見於一七二六年荷蘭傳教士的著書所附地圖上。日時大正十二年（一九二三年），台灣總督府為紀念皇太子（後來的昭和天皇）駕臨台灣宿泊於此山上，而改稱「壽山」。

此山海拔一千一百六十七尺，聳立於高雄港口北角，古來為航海者最好的指南，《日本水路誌》云：「打狗山，磽确崎嶇，自海峭立，北望之如斷頭圓錐形，又遠望之如島，晴天時從三十五浬外得見，雖他陸沒於煙霧，尚易識別。」

山麓有元興寺，祀觀音菩薩，由僧經元募建於乾隆八年，光緒十七年失火而燒毀。《鳳山縣採訪冊》記此山的勝景云：「打鼓山，適當港門之右，與旗後山對峙，山麓一巖，有泉出石罅，夏秋雨潤，泉湧如噴雪翻花，潺湲遠聞，冬春稍細（土人云，此泉甚奇，雨則呑入，旱則吐出），下注汙池，灌田數十甲，汲以煮茗，清甘異常，極旱不竭，居民名為龍巖泉（亦名龍眼泉），今補入為八景之一（八景中有龍巖洌泉即此），其上里許為仙洞（按舊志云，打鼓山石洞，須秉燭而下，中一石柱潔丈許，寬四五尺，內有石乳，淙淨可供把玩，或即謂鐘乳石云，又一新洞，相距三里許，其內亦有石乳，下垂與舊洞大同而小異）。」打狗山的餘脈北延者，名為蛇山，以其蜓孃狀而有此名稱。又傳說原山中出產一種香木，黃叔璥的《赤嵌筆談》云：「南路打鼓山，有香木，色類沈香，味較檀尤烈，不名何香，土人亦不知貴，傳說昔年有蘇州客商，能辨之，載數十擔去，後有官某，作為香杖，今所存者，零星碎木，有為扇器者。」

塩埕埔　清領初稱瀬南，因是一大塩田埔地，故名。此地古來以白鷺聚集海埔、展翼飄蕩於朝暾的壯觀，而有「塩埕曉鷺」之稱，為打狗八景之一。後來隨著港灣改建及海埔塡拓工程的進展，昔日僅有數戶焚塩民家，今已變成殷賑的市區。

哨船頭街　又稱打狗港，在打狗港的北岸，屬興隆內里(即硫磺港，又名龍水港之地)。康熙末年以後，移民適宜的塡拓海埔，建築房屋而形成漁戶，乃是此街的起源。雍正十一年設置打鼓汛，分駐安平水師右營把總一員於此地，哨船頭的地名由此而起。當時其大部分爲海埔，同治二年打狗開港之後，依外國商人的共同設計，開鑿山地而塡拓，形成街肆。後來海關及外國領事館、外國人居留地等，皆設在此地。

旗後街(今旗津)　或寫岐後，在打狗港南岸，原屬大竹里，鄭時即明末永曆二十七年、清康熙十二年(一六七三年)許，徐姓福佬漁民漂流到此地，搭蓋一小草寮，以此爲濫觴，接著洪、王、蔡、李、白、潘六姓亦遷來，以後移居者增加至二十多家，康熙三十年，上述各姓的頭人協議創建媽祖宮，並約定建房屋於一定的區域內者，須繳納定額的香油料給媽祖宮。以後人煙更加稠密，已發展爲打狗港的主腦地，商業極爲殷賑。此地與哨船頭街俱爲台灣南部重要產物砂糖的中心市場。

旗後街爲昔日的港市，故稱旗後港，其成鹹湖的內灣，稱丹鳳澇，又名朱雀池，俗稱內海仔。《鳳山縣採訪册》云：「丹鳳澇，在西港內，帆檣往來，欸乃聲不絕於耳，爲縣治八景之一，八景中有丹渡晴帆，即此。」

旗後半島　在打狗港口南角，數百年前似乎爲一小嶼，一八四八年英國軍艦 Saracen 號爲測量台灣島沿岸而抵打狗時，艦長將此半島命名爲 Saracen's-Head，移民則稱爲「旗後頭」。

苓雅寮　又寫「能雅寮」。昔日爲前鎮港的一部分，起初由許姓移民開拓，而形成一市場。《鳳山縣採訪册》云：「能雅寮街，逐日爲市。」

前鎮　《台灣府志》云：「打鼓港，港口有巨石，劈分水門，成南北二支，南入爲前鎮港，又入爲鳳山港，北入爲硫磺港。」前鎮港即前鎮庄，在鹹湖的西岸，爲鄭時設鎮營之地，故名。此庄昔日只是一小村落，但當往鳳山街的要路，而爲其前港主要的繫船市場。

又所云的鳳山港即鹹水港，在鹹湖東岸的塩水港庄，硫磺港即在打狗山麓的哨船頭街。《鳳山縣採訪册》云：「西港，源受丹鳳澳西行，由港門（旗後、打鼓二山左右對峙，故曰港門）通外海（浪平可泊輪船）出入，內爲通商口岸。」

小港　原稱「港仔墘」，日時制度改正時改稱「小港」，而屬高雄州鳳山郡小港庄，戰後才併入大高雄市。此地古來稱爲「鳳山港」或「塩水港」，《台灣府志》則記做打狗港的南支，蓋因當打狗港東南端水陸交通的要衝，故經常大小船舶輻輳，而爲鳳山的前港，後來港灣雍塞，乃爲前鎮港所取代，而其附近的大港埔則繁榮起來。

左營　係鄭時宣毅左營的所在地，故名。日時屬高雄州岡山郡左營庄，戰後才併入大高雄市。

舊城　原稱「興隆莊埤仔頭」，鄭時初置萬年縣，後改縣爲州。清領後，起初擇定爲鳳山縣治，於康熙四十三年（一七〇四年）設縣署，六十一年築城。當時城內稱「興隆莊」，城北門外稱「埤仔頭街」。乾隆五十一年(一七八六年)「林爽文之亂」時，縣城一再為南路林黨首莊大田所蹂躪，同年亂平後，乃以此地不得地利，而將縣城遷往竹橋莊坡頭街(今鳳山)，此地則稱「舊城」。日時埤仔頭屬左營庄。

蓮池潭 又名「蓮花潭」或「蓮陂潭」，在左營埤仔頭舊城。康熙四十四年，鳳山知縣宋永清濬修此池，以為舊鳳山縣文廟泮池。《台灣府志》云：「蓮池潭，每逢荷花盛開，香聞數里，昔人目為八景之一，泮水荷香，是也。」道光二十二年(一八四二年)，知縣曹瑾命士紳鄭蘭等引潭水開新圳，以利灌溉。

龜山 係埤仔頭舊城內的一丘陵，《鳳山縣採訪册》云：「龜山，在興隆舊城內，形如龜，蟠踞城內，繁陰密蔭，中多喬木，居民環聚，其下有天后宮觀音亭諸勝，可供遠眺。」又云：「觀音寺後有石磴，屈曲數層，通天后宮，陟其嶺，烟海晴波，平沙落雁，皆在目前，可供遠眺。」

楠梓 原稱「楠仔坑街」，蓋因昔日此地南邊有一坑流，兩岸楠梓樹(俗稱「楠仔」)繁茂，故名。「楠仔坑街」之名見於乾隆二十九年出版的《台灣府志》(續修)，後來改稱「楠梓坑街」，至日時制度改正時簡稱「楠梓」，而屬高雄州岡山郡楠梓庄，戰後才併入大高雄市。

草衙 清康熙中葉，泉州移民前來從事伐木，建草店，乃是此街的濫觴，康熙末年做為鳳山縣治興隆莊的要衝，而趨繁榮。

後勁 係鄭時後勁鎮的所在地，由郭姓屯辦開拓，故名。日時此地屬高雄州岡山郡楠梓庄。

半屏山《鳳山縣採訪册》云：「半屏山，平地起突，形如列嶂，如畫屏，故名，又如展旂，故亦名旂山。山腰有竅洞，闊丈許，深不見底，相傳其下通海云。」此地方鄭時為其開屯區，設鎮營於北部後勁及右冲二庄，由郭姓啓開拓殖的端緒。清領後起初稱「半屏山莊」，道光年間改稱「半屏里」。康熙年間拓成南部的五塊厝及大灣，雍正年間由泉人施士安招徠移民，開墾此二庄間的荒埔，墾坤、築屋。

三、台灣省

分設五市(基隆、新竹、台中、嘉義、台南)、十六縣(台北、宜蘭、桃園、新竹、苗栗、台中、彰化、南投、雲林、嘉義、台南、高雄、屏東、花蓮、台東、澎湖)。

基隆市

分七區(中正、仁安、中山、安樂、信義、七堵、暖暖),其中七堵、暖暖二區日時屬台北州基隆郡七堵庄。

基隆 原稱「雞籠」,源自佔據台北地方的平埔族自稱語 Ketagalan 的簡化 Kēlam 之近音譯字,由人稱轉為地名,更用於港名、島名、山名、河名。後來光緒元年(一八七五年)設置台北分防通判於此地時,選擇其近音雅字並寓「**基**地昌**隆**」之意,改稱基隆。

在此之前,明天啓六年(一六二六年)西班牙人初據基隆港時,加以名為 Santisima Trinidad,並將已在港岸的移民部落名為 Parian,先住的平埔族則稱移民部落為 Vasai,但移民卻反過來以 Vasai 的近音譯字馬賽或馬鍊,為此地方平埔族社的社名,其轉音馬鋕的地名,現仍存於基隆市西方大竿林庄附近(屬今台北縣萬里鄉)。其次,荷蘭人佔據此地,後又由鄭氏置守城，但僅聚集於港頭而已。至清領後，移民的移殖漸多，主要係以淡水港口的八里坌爲基地而移來者，其路程，是取陸路，沿西北海岸前進，經金包里地方而入此地，另一是取海路，繞西北而入基隆港。康熙末年，台灣總兵幕僚藍鼎元在其《平台紀略》中就當時的情形云：「前此，台灣止府知百餘里，鳳山諸羅皆毒惡瘴地，令其邑者，尚不敢至，今則南盡瑯嶠，北窮淡水雞籠，以上千五百里，人民趨若鶩矣。」如此，雍正初年由漳州人開啓創建基隆街之緒，以後陸續開拓附近各地。當時此地稱大雞籠，淡水港口的北方一帶海岸則稱小雞籠，而其地的平埔族部落稱大雞籠社、小雞籠社，移民部落則稱大雞籠街、小雞籠庄。又此地平埔族社（大雞籠社）在移民建置基隆市街時，被驅逐於東方的田寮港及社寮島（今和平島）。

基隆港　富貴角及鼻頭角之間稱基隆灣，基隆港則在其中央。港口開於北北西，灣入南西方。東西南三面殆爲峰巒所圍繞，逐漸連於高山脈。距港口的東北二浬半有基隆嶼，自然的成爲入港的指南。自基隆嶼至港口方面約一浬半之間，暗礁突出，與港口的中山仔嶼相對峙。港內以萬人堆鼻（又名羅漢石，即西洋人所云的 Image Point）爲港口的西南角，在其南方半浬的仙洞鼻（西洋人所云的 Crag-Peak）爲內角，萬人堆鼻及仙洞鼻之間，稍呈灣形之所，稱火號澳，海濱有稍傾斜的平地，但附近一帶散布著岩石。又繞西濱，在仙洞鼻之南有牛稠港。此間一千多公尺的海岸，爲山腳岩石的急傾斜，僅通一條路而已。東方桶盤嶼與西方萬人堆鼻相對峙而形成港口，與此隔一小水路有社寮嶼。由此經八尺門的水路而連大沙灣，山腳的岩石斜走海中，八尺門的水路可通小型輪船及支那式帆船。基隆街在東至南方的灣底，灣內南方有一小島，稱學公嶼。此港的灣入約一里，以仙洞鼻為界，二分為內港及外港，數千噸以上的船舶概碇泊於外港，三千噸以下的航行沿海輪船及支那型船碇泊於內港。海底的地質在外港為沙地，內港概為泥土，便於留錨。

關於此港的歷史變遷如上所述，明天啓六年（一六二六年）為西班牙人的基地，且日本人經常往來，支那人亦在一角落建置部落。其次，崇禎十五年（一六四二年）荷蘭人驅逐西班牙人，代之著手經營，明末鄭時設置守城於社寮嶼。而當時的碇泊地似在外港的社寮、桶盤二嶼附近的地點，乾隆二十九年出版的《台灣府志》（續修）云：「雞籠港，三面皆山，獨北面辪海，港口又有雞籠（社寮嶼）、桶盤二嶼，包裹周密，可泊商船。」又云：「大雞籠嶼（雞籠嶼的別稱）城與社（所云的「城」係西班牙荷蘭時代的城址而由鄭氏修築者，「社」則是平埔族社，支那人所云的大雞籠社）皆在西，又有福州街舊址，偽鄭與日本交易處。」然而清領初，殆放置於治外的狀態，雍正十一年始設淡把總於淡水營，以兼轄大雞籠港及金包里塘。道光二十年啓端的鴉片戰爭之餘影及於台灣，二十二年英艦砲擊此港口，就當時雞籠設防的情形，台灣道姚瑩的〈致台灣十七口設防狀〉中云：「大雞籠在淡水極北，轉東之境，三面峰巒環列，中開大灣。東北一面向海，口門極寬深。灣長七八里，外寬五六里，內寬里許，灣內水深二丈餘，可泊大商船數百號。昔紅毛建城於此，久毀，嗣設礮台於東口門大沙灣，孤懸難守，海寇亂，礮數搶失，遂廢至今未建。而口門寬深，彼必窺伺。今相度形勢，於境內正對口門二沙灣，更向內二里許三沙灣，築礮墩各八座，使戰船四隻商船二隻在灣內泊守。敵若登岸，山峻水深，以扼險憑高可擊之，不足慮。」如此，英艦遂不得侵入雞籠。以後就更重視此港的防備，同治九年出版的《淡水廳志》云：「雞籠港離深水外洋十餘里，口門愈出愈闊，以丈難計，深三丈，兩邊沙線隱沿水底，宜防。三面皆山，獨北面爲海。可泊大小船隻，出入不必候潮，爲北洋第一扼要。」上述的設防狀中，又就此港云：「無出土產，故無大行商。」咸豐十年(一八六〇年)簽訂天津條約的結果，同治二年(一八六三年)此港做爲淡水港的附設港而開放，同治九年開始煤炭的採掘，因而更增內外船舶的輻輳，光緒元年於是設台北分防通判。光緒十年清法戰爭時，法軍進而佔領本港，以爲在台基地，防守的清軍則退去南界的獅球嶺。明治二十八年(一八九五年)日本領台之際，清軍於此地抗拒，日本陸軍則由澳底灣登陸，越三貂嶺進攻，海軍由港外砲擊，遂於六月三日佔領雞籠，暫設總督府於此。日本領台後，鑑於基隆港爲台灣唯一的良港，其至日本本國的航程最短，且在經濟上、軍事上爲最需要的設施，乃自明治三十二年起至四十五年大興築港工程，遂使港內地形全然改變。

基隆市街　一面迫近丘陵，一面瀕海，而包括南方灣底的區域稱大基隆，東方沿港灣的區域稱小基隆(這是基隆市街的小區分，不同於上述的大雞籠、小雞籠之區別)。雍正初年，由八里坌遷來的漳州移民，在大基隆的區域建一小街肆，名崁仔頂街，乃是基隆建街的嚆矢，至乾隆年間，又建新店街、暗街仔等。嘉慶年間併入噶瑪蘭(宜蘭)的版圖，同時爲其往來的要路，而稍致殷賑，因此，土地告狹隘，乃塡砌海埔，建設茅店漁寮，嘉慶二十三年淡水同知所發告諭中云：「大雞籠海坡嶺腳，及頭二重橋、大沙灣、內外球、仙洞、火號一帶海島，因大小船隻遭風停泊，在彼商民貿易，無所棲止，逐漸挑石於海坡，塡砌築蓋茅屋營生，及搭寮廠捕魚。」而同時建慶安宮(祀媽祖)，並定以該海埔的地基租充當該宮的香燈齋糧諸費。然而當時仍未充分發展爲港市。道光二十年台灣道姚瑩的〈致台灣十七口設防狀〉中云：「大雞籠在淡水極北轉東之境，灣內水深二丈有奇，可泊大商船數百號。岸上居民舖戶七百餘家，民居後爲一望平田約千畝。惟三面叢山峻嶺無出土產，故無大行商。」同治二年，基隆做爲淡水的附設港而開港，在此前後，街肆的增建漸多，尤其光緒元年爲台北分防通判置廳之地，因而顯著的發展，小基隆區域亦街肆櫛比。日本領台後，大事築港爲船舶交通的咽喉，同時整理不規則的海岸形狀，塡拓土地約三萬多坪，使市街的規模大爲擴展。

仙洞 在古基隆堡仙洞庄(仙洞鼻的兩側)，又名仙人洞，在其斷巖高峙處有洞窟。洞中更有三小洞，中央的小洞屈曲達數百步，係海潮侵蝕而罅隙者，洞外題曰仙洞，內壁加劖鑿，刻有許多清國大官、文士親貽的文字，其中譬如下列的紀念文字，爲光緒四年清軍征剿台東加禮宛族社的參考資料，其文曰：「光緒戊寅(四年)重九前五日，隨吳春帆中丞剿加禮宛等社兇番，三日平之，浙東潘慶辰、胡培滋、汪喬年、粵東陳代盛、楚南周德至、浙西嚴樹棠、皖北林之泉、山左趙中雋、江右劉邦憲、傅德柯、李麟瑞、福州施魯濱，同遊基隆仙洞，勒此以誌鴻爪。」

社寮島(今和平島) 橫亙在基隆港的外口，古稱「大雞籠嶼」，西洋人所云的 Palm 島是也。社寮之名始見於光緒五年出版的尹寵周的《台灣地輿圖說》，意云「有高砂族的社寮之島」，蓋平埔凱達加蘭族大鷄籠社或龜霧社的原址在基隆港口及社寮島，故名。後來此社的一部分遷居田寮港。此社佔據此島很長久，乾隆六年初修的《台灣府志》云：「其地以在大海中，欲至其地，必先舉烽火，社蕃駛艋舺(獨木舟)以渡。」

一六二六年西班牙人佔據基隆後，稱此島為 San-Salvador 或 Palm Island，而在島上建築 San-Salvador 城(俗稱紅毛城、雞籠城或雞籠磩城)，並建天主教會堂，名 Todos Los Samtos。後來取代西班牙人經營台灣北部的荷蘭人，稱社寮島為't Eyland Kelang，並大加修築堡壘。《台灣府志》云：「雞籠城，在大雞籠島上，西南兩門，荷蘭時築。」黃叔璥的《赤嵌筆談》云：「雞籠城，貯鐵礮，明崇禎三年(一六三〇年)鑄。」又《淡水廳志》云：「雞籠砲城，在港北入口之地，荷蘭時築，俗呼紅毛城。」荷蘭人走後，明永曆三十四年(一六八〇年)鄭經毀之，翌年北路總督何祐再加以修復，以防清軍。《淡水廳志》云：「僞鄭毀雞籠城，恐我師(清軍)進紮，(康熙)二十二年二月僞將何祐，驅兵負土，仍舊址築之，並於大山別老營以為犄角。」

社寮島上有一岩洞，名「番仔洞」，洞內參差交錯刻有近約千餘的大小西洋文字，其中有些在文字旁刻有如一六六四、一六六六、一六六七等阿拉伯數字，乃是荷蘭人進駐基隆期間的西曆年號。

桶盤嶼　係西洋人所云的 Bush 島，是社寮島西側的低矮岩島，因其形狀如桶盤，故名。

基隆嶼　又名「基隆杙」或「基隆尖」，是基隆港口東北二浬半處的一個無人島。黃叔璥的《台海使槎錄》云：「雞籠港口，遠望為小雞籠嶼，蕃不之居，惟於此採捕。」可知往昔稱社寮島爲「大雞籠嶼」，稱此島爲「小雞籠嶼」。此島爲基隆港的指南，故名「雞籠嶼」(後來改稱「基隆嶼」)，海圖上記有此名，但「大雞籠嶼」之名卻失傳。雞籠之名如上述，源自平埔族的自稱，但郁永河的《裨海紀遊》卻云：「有小山，圓銳，去水面十里，孤懸海中，以雞籠名者，肖其形也。」乃是拘泥於漢字義之解釋。又《台灣府志》及《淡水廳志》記載著「雞心嶼」之名，才是因其形似雞心而名者。

彭佳嶼 又名「草萊嶼」，係西洋人所云的 Agin Court 島。彭佳嶼之名源自台灣古老的傳說云：「此嶼幽邃不泥俗塵，可以靜養神氣，如古昔老**彭**祖住居**佳**景之壽山。」草萊嶼之名，起自遍山皆**草**芥，如入無人之境，亦彷彿仙家之蓬**萊**。至於 Agin Court 之名，係一八六六年最先發現此島的英國軍艦 Serpent 號的艦長 Brock 少校，取自一四一四年英王 Henry 五世與法國交戰時，攻佔的法國 Pas de calais 地方一村落之名稱。

此島自咸豐三年(一八五三年)起，就有爲避漳泉分類械鬥之難而自基隆遷來的張、朱、鍾三姓泉籍移民二十餘戶，在西岸形成小部落，從事耕農兼捕魚，並放牧山羊。至光緒十年(一八八四年)清法戰爭時，基隆港遭受法國軍艦砲擊，島上居民感受威嚇，乃舉家避難基隆，以後不再回來，因而變成無人島。及至日本領台後，始在此島上建立一座燈塔。

棉花嶼 又名「鳥嶼」，係西洋人所云的 Crag 島。此島在夏秋季有一大群海鳥渡來，其一齊飛揚之狀宛若棉花舞風，故名「棉花嶼」，又名「鳥嶼」。《淡水廳志》云：「海鳥育卵於此，南風刮時，土人駕小舟，往拾，日得數斗。」而 Crag 島係「巉岩島」之義，蓋因島中崛起高巉岩，故名。

花瓶嶼 係西洋人所云的Pinnacle島。此島由孤立、尖形的岩石形成，其狀恰似花瓶，故名「花瓶嶼」，而Pinnacle島係「尖閣島」之義，亦起自同一意義。

上述的彭佳、棉花、花瓶三嶼，皆橫亙在基隆港外東北方海洋中，形成鼎足狀，而Agin Count、Crag、Pinnacle之名，均在一八六六年六月英國軍艦Serpent號迴航支那海的途中，投錨於棉花嶼附近水深九尋之處，測定此三島的位置形勢時，由艦長Brack少校命名的，其名皆記載於翌年刊行的英國海軍海圖上。

基隆山 原稱「雞籠山」，後來隨著雞籠改稱基隆而改稱基隆山。此山因是雞籠（基隆）地方的主山，故名。《淡水廳志》所云的「雞籠山，以肖形名」，乃是拘泥於字義牽強附會的解釋。此山古來爲由東北方進入台灣的船舶的指南，黃叔璥的《台海使槎錄》云：「由日本琉球往來船舶，率以雞籠山爲指南。」《淡水廳志》云：「大雞籠山，極寒有雪，矗立巍然，日本人以此爲指南。」

七堵 昔日設堵（意即土墻，一丈云「板」，五板爲「堵」）以防備高砂族，故名。區內六堵、五堵皆是。此地日時屬台北州基隆郡七堵庄，戰後始併入基隆市（以下同）。

瑪陵坑 係西班牙人所云的Kimari，即キマリ社的所在地。瑪陵之名譯自キマリ社的社名。

暖暖 古屬石碇堡，是山間的街肆，爲泰雅族社的所在地。乾隆年間，由基隆進入此地的福佬移民將高砂族驅逐入內山，著手開拓，並建立一村落名「暖暖庄」，譯自泰雅族社名。道光元年(一八二一年)出版的噶瑪蘭通判姚瑩的《台北道里記》云：「暖暖地，在兩山之中，俯臨深溪，有艋舺小舟，土人山中伐木，作薪炭枋料，載往艋舺(今萬華)，舖民六七家，皆編籬葺草，甚湫隘，每歲鎮道北巡及欽使所經，皆宿於此。」可知當時是寂寥的小村落，後來隨著基隆港的發展，以及開始在基隆溪流中採取砂金，此地便形成一市場。此地又是煤炭產地。

【附記】

基隆煤坑：台灣的產煤地北部最多，中、南部甚少，而北部地方中，以基隆煤坑較著名，且古來採掘最盛。其煤層極有連續性，起自北海岸的八斗子，經田寮港、石硬港、叭嗹港等，西端連內湖，止於台北盆地，延長約十餘里，煤層概為四五寸乃至四尺。

基隆地方採煤已久，始自康熙末年。但在乾隆年間，以恐傷龍脈為由加以禁止。《淡水廳志》云：「雞籠山，向有仙洞，實煤窰也，土人鑿售內地，為壅田用，開挖甚，恐傷龍脈，乾隆年間已立碑示禁，淹沒失考。」但之後仍有犯禁私掘者。道光十五年，淡水同知婁雲乃據紳民的稟請，發令嚴禁，二十七年同知曹謹復重示禁令。然而一則煤炭的需求日多，再則私掘盛行，勢不可遏，故同治九年正月，台灣道黎兆棠承閩浙總督英桂之旨，特派委員查勘實地，結果以「海港東邊諸地方之處，皆屬旁山而無礙正脈，去民居遠，於田園廬墓，亦無妨碍」為由，曉諭山主紳戶，商定章程，始做為官業而採掘之。光緒元年更聘英人技師裝置洋式機械於八斗子，大事採掘。光緒十年清法戰爭時，該煤坑及諸機械等悉被破壞，而中止其業。至十三年，台灣巡撫劉銘傳創設煤炭局，以張鴻卿爲督辦，投巨資復興煤坑，並新備機械，聘用外國技師，從事採掘，致其生產達日出百噸。但因當事者處理不得宜，收支不償，故劉乃獨斷委由一廣東人商會包辦，而惹起物議，後再復官辦。

台北縣

由日時台北州基隆、七星、淡水、文山、海山、新莊六郡構成(但一部分併入大台北市)，轄下分七市(板橋、永和、中和、新店、新莊、三重、土城)六鎮(樹林、鶯歌、三峽、淡水、汐止、瑞芳)十六鄉(蘆洲、五股、林口、泰山、八里、三芝、石門、平溪、雙溪、貢寮、金山、萬里、深坑、石碇、坪林、烏來)。

(1)板橋市

板橋　原稱「枋橋街」，日時制度改正時簡稱「板橋」。按乾隆年間，今板橋市外西邊俗稱「崁仔脚」，建有二、三間草店，而架板於小溪上以便行人往來，時人乃將此地名「枋橋」(枋＝板)。道光二十六年(一八四六年)以後，漳州移民日益增多，而在崁仔脚附近建築十餘間磚屋，並照慣例名爲「枋橋新興街」，這就是枋橋街的前身。咸豐三年(一八五三年)八月，台北勃發漳泉分類械鬥，新庄(今新莊市)的林本源家一族避難於大料崁(今大溪鎮)，亂平息後遷來枋橋街，附近的漳籍移民亦跟著聚集而來，咸豐四年成立福德街(舊名小直街)及大東街，翌年築堡圍，以後肆市便愈益增加。

擺接堡　係台北盆地南部的新店溪、大料崁溪二溪流域間一帶，擺接之名譯自原佔據此地域的平埔族擺接社的社名。雍正年間，大加納堡的墾首林成祖贌得此地，著手開墾。乾隆年間，僅在今板橋市外崁仔脚建有二、三間草店，與新庄(今新莊)開始交通而已。乾隆十一年出版的《台灣府志》(續修)所云的擺接庄，乃是當時此地方的總名稱。而其東方一帶爲蒼鬱的森林，移民則採木而進入俗稱枋寮庄建枋寮墾地，庄名因之而起。乾隆中葉以後，潘開鳳更由此地方前進，開拓安坑庄一帶(文山堡)之地。及嘉慶以後，雖然到處形成村庄，但尚未有街肆，道光二十六年後始形成枋橋街。

社後　在板橋附近，原爲平埔凱達加蘭族擺接社的所在地，故名。

枋寮　在台北往板橋之新店溪的渡頭附近，係移民曾設板寮之地，故名。

江子翠　原屬平埔族武勝灣社的遷居地，依其地形，名港仔嘴，而移民的部落則用其近音雅字稱江子翠。

(2)中和市

中和　地名係取自**中**坑、漳**和**二部落的各一字而命名者。日時稱中和庄，屬台北州海山郡。

秀朗　附近是平埔凱達加蘭族秀朗社的原址，其一小部分在秀朗部落內及南方的挖子。移民將秀朗及雷裡二社合稱「雷朗社」。

(3)永和市

永和　日時只是中和庄內的一部落，戰後大陸變色，國民黨系支那人大批流入此地，後來又做爲台北市的衛星都市，而迅速發展起來。

(4)新店市

新店　古屬大坪林街，道光年間始建街於新店溪岸，至日時成立一庄稱新店庄，屬台北州文山郡。此地在屈尺高砂泰雅族地的入口，曾開設一新店，故名。

灣潭、直潭　日時俱屬新店庄，前者依潭的水勢彎曲而名，後者依潭形直而名。

屈尺　日時亦屬新店庄，因其溪水如曲尺成直角屈曲狀，故名。按道光年間新店建街後，由新店經灣潭地方而連繫坪林尾，由深坑經楓仔林而連繫石碇。及至咸豐年間，屈尺地方才開拓起來。

石壁潭寺　按墓頭山的一端，西起而臨新店溪之處的頂上，稱寶藏岩，山麓的溪水成潭之處稱石壁潭，石壁潭寺則在山頂，故名。《淡水廳志》云：「康熙時人郭治亨，捨其山園，與康公合建，事在乾隆間，年月失攷，後治亨之子佛求，即捨身爲寺僧，父子墓均在寺旁。其女九歲，死於地震，鬼輒夜哭，祀之乃止。壁有游大川香田碑記，乾隆五十六年立，門拱獅象山，蒼翠可掬，叢樹集鳥，以千百計，有水通舟楫。」

(5)新莊市

新莊　原稱「新庄街」，日時制度改正時改稱「新莊」。此地昔日是平埔凱達加蘭族武勝灣社的所在地（今市內仍留有「社內」的地名），早在康熙末年，移民的足跡已及此地，雍正十年（一七二三年），許新設一村莊，名「新庄」。此地正當進入海山地方（鶯歌及三峽）的要路，故又名「海山口」。當時沿岸河港船舶輻輳，此地乃做爲台北地方的商業中心而繁榮，稱「中港街」。及至嘉慶末年，河港趨於淤淺，不便船運，其地位便爲下游的艋舺所取代。同治末年，河港又移往更下游的大稻埕街。

武勝灣社　原址在海山口（今新莊）東北的舊社，後來爲避水災，而遷居艋舺西北方的港子嘴舊社及新社二部落（屬今板橋市）。

營盤　係鄭時屯兵之地，故名。按起初由武營徵收平埔族或移民的埔地，以設兵營防備高砂族，後來高砂族退入內山，乃撤廢守營的兵勇，將埔地出租給移民，而以其收入充當兵營費用，這就是所云的「營盤田」。

柏子林　柏子即野漆樹，此部落建立於柏子林內，故名。

(6)三重市

三重　原稱「三重埔」，日時屬新莊郡鷺洲庄（今蘆洲鄉），地名係第三段埔地之意。二重埔即是第二段的埔地。

(7)土城市

土城 係日時的土城庄員林，昔日爲築土圍設隘以防備高砂族之地，故名。

(8)樹林鎭

樹林 昔日屬海山堡彭福庄，日時屬海山郡鶯歌庄。乾隆初年許，此地至三峽一帶因大嵙崁溪氾濫而成一大潭，潭岸樹木繁茂，而爲高砂泰雅族出沒之境，樹林的地名因之而起。乾隆三十年(一七五五年)至四十年許，潭水漸趨乾涸，遂成陸地，北方潭底(地名亦因此潭而起)的福佬移民墾戶張必榮、吳夢花等，乃伐採樹木，建立「樹林庄」，繼而開拓鶯歌及三峽地方。

山佳 原稱「山子脚」，因在龜崙山東麓，故名。

西山 原稱尖山，《台灣府志》云：「尖山，孤峰秀兀，勢若玉筍，故名。」尖山在此部落內，地名因之而起。

(9)鶯歌鎭

鶯歌 原稱「鶯歌石」，因是在鶯哥山麓的一村庄，故名，日時制度改正時簡稱「鶯歌」。鶯哥山恰當進入三角湧(今三峽)地方的要路，隔著大嵙崁溪與鳶山相對峙，鶯哥山在西方，鳶山在東方。鶯哥山的山腹有一巨岩，其狀似鶯哥鳥收翼，故名「鶯哥石」，而此山則名「鶯哥山」，後來就以「鶯歌石」爲此地的地名。《淡水廳志》〈古蹟攷〉云：「鶯哥山，在三角湧，相傳吐霧成瘴，僞鄭進軍迷路，礮斷其頭。」又云：「鳶山，即飛鳶山，在三角湧，僞鄭亦礮擊其尖，斷痕宛然。」

⑽三峽鎭

三峽　在大嵙崁溪及三角湧溪二溪滙合之處，地形成三角狀，且溪流於滙合地點起三角波，故名「三角湧」，日時制度改正時改稱「三峽」。此地方原與鶯哥石附近地方合稱「海山莊」，乾隆末年建立一庄，依其地形名「三角躅」，嘉慶初年（一七九六年）始形成街肆，改稱「三角湧」。同治三年（一八六四年），英國人 Jhon Dot 前來此地及文山堡，獎勵栽植茶樹，並採購樟腦，因而頓時商勢振興。此地又以製造米粉著名。

隆恩埔　係昔日償賜武營（＝兵營）以慰勞士兵的埔地，故名。而資供守備營糧餉的大租，則稱「隆恩大租」。

【附記】

海山堡：係桃澗堡（今桃園、中壢地方）的南方，接近沿大嵙崁溪流域的高山族地一帶，昔日移民由台北盆地溯大嵙崁溪進行開拓，乃是此地拓殖的開始。而鶯歌及鳶山二地雖留有鄭時的遺跡，但在乾隆以前全屬未闢之地，《淡水廳志》云：「海山，舊爲人跡不到，後內地之人，耕作其中，而內港之路通矣。」乾隆初年，泉州移民由和尙洲（今蘆洲鄉）地方進來開拓潭底庄，更進而建橋仔頭、中庄、缺仔庄等。當時，在今樹林鎭至三峽鎭一帶，大嵙崁溪氾濫而爲一大潭，潭岸樹木繁茂，爲高砂泰雅族出沒之境。乾隆二十年代末至四十年代初，潭水漸乾涸而成陸地，在潭底的福佬移民張必榮、吳夢花乃採伐樹木而開樹林庄，再由鶯哥石庄越大嵙崁溪，開拓三角湧（今三峽）地方。當時鶯哥石及三角湧一帶總稱海山莊，後來成爲此堡名。乾隆末年，澎福、礦溪、三角躅（今三峽鎭）、公館後諸庄成立，佔據此方面的高砂族則一部分沿大嵙崁溪而退去福德坑附近，一部分沿礦溪而退去小暗坑，及嘉慶初年，三角湧形成一街肆。乾隆末年，大嵙崁地方尙屬高砂族的佔據地，五十三年許，福佬移民謝秀川招募墾戶，由桃園中壢地方進來開拓而建立大嵙崁街肆（今大溪鎭）的基礎，繼而形成頭寮、尾寮等小庄。嘉慶七、八年許，陳集成則編成民壯、設隘驅逐高砂族，進而開拓田心仔庄至三層庄，內柵庄即是當時的隘界。道光二十年許，由大嵙崁東進的移民驅逐烏塗窟附近的高砂族於內山，由三角湧西進的移民驅逐福德坑附近的高砂族於內山，同時翁姓及另外二名移民以招墾方式驅逐小暗坑附近的高砂族於內山。同治六年，潘永清自彰化遷來，開拓枕頭山下的阿姆坪，九年黃新興開拓鳥嘴山下的水流東，而興起製腦及栽茶事業，大嵙崁的繁盛實於此際啓開其端緒。光緒六年，高砂族四出，被害者不勝枚舉，人民潰散，市況衰頹，十二年，巡撫劉銘傳乃致力於經營高砂族地，設撫墾制度，置其總局於大嵙崁街，任台灣富豪林維源爲總局總辦，且仿勇營之制而組織番勇，駐紮於高砂族地。又以此地爲中心，設北路隘勇五營，置中營於甘指坪，前營於外奎輝，左營於五指山，右營於三角湧，後營於水流東。而同時招募墾戶，獎勵開拓田園。當時阿姆坪地方由林、李、江三姓，水流東地方由黃姓承墾，墾丁人數約一萬，墾成土地面積據稱阿姆坪約八甲，水流東約四十甲。但日後當局有司的私弊及撫番措施的失宜，惹起高砂族的背叛，至十五年，民兵被害日益加甚，遂出討伐之舉，但在動亂之間，已墾之高砂族界的田園再歸荒蕪。二十年，擬新設南雅廳爲台北府的分府，以管轄南至五指山方面的高砂族界一帶區域，廳治擇定於大嵙崁街湳仔（廳名南雅，係湳仔的近音雅字），但未及實現，台灣就被割讓給日本了。

⑾淡水鎮

淡水　原稱「滬尾街」，屬古芝蘭三堡，在淡水河口稍上游北岸。康熙六十一年（一七二二年）巡視台灣御史黃叔璥的《台海使槎錄》寫做「虎尾」，乾隆二十九年（一七六四年）出版的《台灣府志》（續修）寫做「滬尾」，均譯自平埔族指稱此一帶海岸的名詞。道光二十年（一八四〇年）分巡台灣兵備道姚瑩的《致台灣十七口設防狀》中云：「滬尾即八里坌口，府志所云淡水港是也。兩岸南北相對皆山，中間大港，寬七、八里，口門水深一丈七、八尺，港內深一丈二、三尺或八、九尺，滬尾在北岸，八里坌在南岸，港西爲海口，昔時港南水深，商船依八里坌出入停泊，近時淤淺，口內近山有沙一線，商船不便，皆依北岸之滬尾出入停泊。」又云：「循港口北岸東行二里許，居民之街，約二、三百家，即滬尾街也。」街內媽祖宮創建於嘉慶元年（一七九六年），成街亦在此時。咸豐十年（一八六〇年），依國際條約開港的結果，滬尾街內設置外國人居留地，致稍爲殷賑，但古來不甚振興，蓋因此港的貿易殆乎由台北的大稻埕及艋舺的商人包辦，進出口貨物亦不經由此市街之故。

淡水港就是西班牙人所云的 Casidor，西班牙人在此地建造 Santo Domingo 城（俗稱紅毛城或淡水礮城），並建天主教會堂，稱 Nuestra Sennoa dee Rosario。《台灣府志》云：「淡水砲台在淡水港口，荷蘭（西班牙之誤）時築。」《淡水廳志》亦云：「礮城，在滬尾街，荷蘭（西班牙之誤）時建，山頂建樓，週以雉堞，僞鄭時重修，後圮，雍正二年同知王汧重修，設東西大門二，南北小門，今爲英領事官解。」

據西班牙人的記載，在淡水港附近有個平埔族社，即《裨海紀遊》所云的八里坌社。後來自淡水港南岸遷往今台北市北投區嗄嘮別，遺址在淡水鎮庄仔內。

圭柔山　圭柔山附近係平埔凱達加蘭族圭柔山社、雞柔山社的故址。後來圭柔山、北投、大屯三社合併而成立圭北屯社。黃叔璥的《台海使槎錄》云：「圭柔山麓，爲圭柔社，由山西下數里，有紅毛小城，高三丈，圍二十餘丈，今（康熙末年許）圮。」又《台灣府志》云：「雞籠砲台，在雞柔山社南扈尾莊界，與淡水港口砲台(Santo Domingo 城)對峙，荷蘭（西班牙之誤）時築，以防海口。」按圭柔社所在地一帶地方，昔時稱「小雞籠」，故稱「雞籠砲台」（不過，漏掉「小」字）。荷蘭人傳教士所製地圖上記載的 Medoldarea 即近此地，而清時在其遺址築圭柔砲壘。

大屯　在大屯山西麓，而大屯之名譯自平埔凱達加蘭族大屯社的社名，大屯社的原址在大屯番社前一帶。大屯山或寫做「大遯山」，郁永河的《裨海紀遊》寫做「大洞山」，昔時稱「奇獨龜崙山」，爲航行台灣北部的船舶之指南。《台灣府志》云：「大遯山，在小雞籠，蜿蜒而南，矗起屹立於淡水港東北，即奇獨龜崙山也。勢趨內山，烟霏霧藹，峰巒不可枚舉，諸山起祖於此。」

七星山（七星墩山） 崛起於大屯山的東位，其北方有竹仔山，乃是金包里地方的主山，山麓是紗帽山。《台灣府志》云：「七星山，七峰錯落，圓秀如星，故名。」大屯山的頂上有火口湖，七星、竹仔二山的山腹亦有廣大的鍋狀火口的痕跡，且計有十數處噴氣孔，紗帽山則屬一側火山，這些總稱爲「大屯火山彙」。

觀音山 舊名「新直山」，因是八里坌地方的主山，故又名「八里坌山」。此山在淡水河南岸，隔河與大屯山相對峙，屬火山質，山中有「八里坌潭」，山麓有一洞稱「寒石洞」。此山有十八小山峰（十八羅漢）環繞中央主峰（觀音山），遠望如觀音佛祖趺坐般，故名。《台灣府志》云：「觀音山，起伏盤曲，中一峰屹立，如菩薩端坐，衆小峰拱峙於側，分支環抱，不可名狀。」不過台灣島上到處有稱「觀音山」者。

淡水河 係昔日西班牙人所云的Kimazon，又相對於台灣南部的下淡水溪（今高屏溪），稱上淡水溪。此河有三大水源，俱自中部山地流出，聚集附近大小諸流而爲基隆、新店、大嵙崁三溪，再於台北盆地中滙合形成一大河。而其一支源係發自東北方的山地而西流的基隆河，其上游出自三貂嶺，流過基隆地方，故名。另一支源係發自南方的山地而北西流的新店溪，其上游至新店而變大，故名（此溪於台北盆地的南邊，合景美溪）。又一支源係發自南方的山地而東北流的大嵙崁溪，其上游至大嵙崁而變大，故名。其出山之處有石門的隘峽，兩山相迫近如屏障，高約五百尺，幅僅一百八十尺，水流入此處則呈奔濤狂瀾的奇觀（於三角湧附近合三角湧溪）。《淡水廳志》云：「淡水內港之二大溪，一曰南溪，一曰北溪。」即新店、大嵙崁二溪稱南溪，基隆一溪稱北溪，三溪滙合爲淡水河，向西北的方向流下，注入淡水港口。而在台北盆地西北界，大屯、觀音二支脈迫近而爲隘峽，由此分中游及下游的區域稱關渡門。直至康熙末年許，其河幅廣闊而成大湖的形狀，中游以下緩徐流過台北盆地，加上潮汐的影響，自河口及於上方七、八里處，有舟運之便，五、六十噸的船隻得上溯至所云的「淡水內港」之台北地方的新莊、艋舺、大稻埕等，淺底小舟則得上溯支游數里，即基隆河至瑞芳附近，新店溪至新店，大料崁溪至大溪。後來由於從上游流下的土沙堆積而成沙洲，遂變成像陸地般，以致古芝蘭一堡的溪洲底庄(今屬台北市士林區)被夾在二岐河流的中間。

⑿汐止鎭

汐止 古稱「蜂仔峙庄」，後來改稱「水返脚街」，及至日時制度改正時簡稱「汐止」。此地在基隆河南岸，是右石碇堡中最先開拓之地，原爲平埔族蜂仔峙社的所在地，移民乃譯成「蜂仔峙庄」，此庄名見於乾隆二十九年出版的《台灣府志》(續修)，而於乾隆三十年許始形成街肆。至於水返脚之名的由來，道光元年(一八二一年)噶瑪蘭通判姚瑩的《台北道里記》云：「水返脚小村市，水返脚者，台境北路至此而盡，山海折轉而東出台灣山後，故名。」但《淡水廳志》云：「水返脚，謂潮漲至此也。」蓋淡水河滿潮時逆漲及此地附近，退潮時再返海。後說較合實情，日本人乃採用後說，而以同義的日本語簡稱「汐止」(讀做シホトメ)。

蜂仔峙社(蜂仔嶼社)的原址，在今汐止鎭北邊的基隆河岸，但在水返脚街建街時，退去基隆河對岸的山僻。

⒀瑞芳鎮

瑞芳 原是一小村落，名「柑子瀨」，但因此地正當基隆至宜蘭的要路，陳登及賴世二人乃共同出資開一簳仔店，名「瑞芳店」，後來此地發展而成街時，乃以此店號爲地名。此地方早就聞名產金，即瑞芳、金瓜石、牡丹坑三金礦鼎立，而稱「基隆三金山」。康熙二十三年（一六八四年）諸羅知縣季麒光的《台灣雜記》云：「金山，在雞籠山三朝（三貂）溪後山，土產金，有大如拳者，有長如尺者，有圓扁如石子者，蕃人拾金，在手則雷鳴於上，棄之則止，小者亦間有取出，山下水中沙金碎如屑，其水甚冷，蕃人從高望之，見有金，捧沙疾行，稍遲寒凍欲死矣。」（清政府似乎是以這種迷信來禁止私採金礦）光緒十七年（一八九一年），基隆通判黎景嵩發布私採禁令，翌年設金砂抽釐局於瑞芳，分局於流域間的主要地方四脚亭、暖暖街、五堵等，以徵釐金准許採金。當時獲准採金者約達三千人以上。至日時明治二十八年（一八九五年）九月，亦沿襲舊制設砂金署於瑞芳。

⒁蘆洲鄉

蘆洲 又名「和尙洲」，日時用同音改稱「鷺洲」，戰後又回復舊名「蘆洲」。

原來此地屬淡水河沙洲，蘆葦叢生，故名「蘆洲」，又名「河上洲」，後來訛稱「和尙洲」。

按雍正十年(一七三二年)許，八里坌的移民招佃，經由觀音山脚移殖新庄(今新莊)地方，此地則做爲其中路(今仍存有「中路」的地名)而開拓，而依河水環拱的地形，稱「河上洲」，當時墾成的地方，皆依其地形而名水湳、溪墘、中洲埔等。據傳乾隆年間，竹塹(今新竹)城隍廟僧梅福請官獲准，將此地業產撥充關渡媽祖宮的油香料，每年前來寄居水湳，徵收租穀。因此里人便將此地名「和尙厝」與「河上洲」彼此混同(和尚厝與河上洲的音相近似)，遂產生「和尙洲」的地名，但此傳說是否事實，不無疑問。

樓子厝 在舊河頭，故存有土名「舊港嘴」。嘉慶二十年(一八一五年)許建立一庄時，因此地在水邊，居民都蓋樓屋以防浸水，故名。

⑮五股鄉

五股 地名源自「五股坑」，意云「五股東合資開拓的峽谷地」。

水碓 是利用水力的臼，此地曾設有水碓，故名。

⑯林口鄉

林口 地名源自樹林口(樹林的入口)。昔日橫亙於大加蚋堡南界的蕃頭山以南，係蓊鬱的森林，康熙末年始在森林的北端建立林口庄。

⒄泰山鄉

泰山　日時屬新莊郡新莊街(今新莊市)，戰後始分出成立一鄉。

義學　曾設有「義學」(不收學費的學塾)，故名。

⒅八里鄉

八里　在近淡水河口的南岸，古稱八里坌，屬八里坌堡。日時分大、小八里坌，屬淡水郡八里庄。此地原爲平埔族八里坌社的所在地，土名挖仔尾。昔日沿岸水深而爲船舶碇繫所，故早在康熙末年，移民的足跡便及此地。雍正二年(一七二四年)建立一村庄，雍正十年許做爲淡水港的主地而極殷賑，乾隆初年形成有城堡的市街，《台灣府志》所云的「八里坌街」是也。《淡水廳志》云：「八里坌城堡，在觀音山西，周圍約里許，乾隆初年紳民捐建也。」街內媽祖宮創建於乾隆二十五年。但後來沿岸漸趨淤淺，淡水港的主地移往北岸的滬尾(今淡水)，其結果，在同治九年(一八七〇年)以前，就如《淡水廳志》所云：「今堡圮，僅存形迹。」即變成寂寥的村落。

八里坌的地名，毫無疑問譯自平埔族的社名，但《淡水廳志》卻拘泥於漢字義，牽強附會云：「八里坌山，山凡八面，故名。」

八里坌堡　是以今八里鄉(古八里坌街)爲中心之附近一帶的總名稱。此地方係在台灣北部最先印下移民足跡之處，康熙末年初由福佬、客家兩族移民共同開發，後來於道光十四年(一八三四年)及二十年發生兩族分類械鬥，結果此堡及興直堡的客家移民乃遷往桃澗堡的中壢地方。

望海亭 《台灣府志》云：「望海亭，在北淡水營盤後山之畔，都司王三元所葺，海市萬伏，悉屬望中。」按舊淡水營的位置，在後來建八里坌城堡之地，望海亭在其後方山畔，今已廢圮，未留任何遺跡。

(19) 三芝鄉

小基隆 古稱「小雞籠」，係相對於大雞籠(今基隆市)的稱呼，蓋因在基隆的平埔凱達加蘭族社稱大雞籠社，而在此地附近的同族稱小雞籠社之故。小雞籠社的故址在富貴角的打賓海濱，後來一部分留在故址，一部分遷往今石門鄉老梅。

(20) 石門鄉

石門 海蝕石門，故名。日時，海蝕石門被指定做天然紀念物。

富貴角 台灣島的北端稱「富貴角」，又名「打賓」，乃是原平埔族小雞籠社的所在地，而打賓之名譯自小雞籠社的一部落名，富貴角則譯自荷蘭人所命名的'De Hoek Van Camatiao 的 Holk(岬角、海角之意)。按一七二六年荷蘭傳教士所著《新舊印度誌》的〈台灣記事〉內，記載著此名稱。

(21)平溪鄉

十分寮　係原腦灶之地，故名。腦灶十灶為一分。

(22)雙溪鄉

雙溪　原稱「頂雙溪街」，蓋因此地是在三貂嶺與草嶺間的谷地，而沿著頂雙溪的流域，故名，至日時制度改正時，簡稱「雙溪」。又雙溪係滙合粗坑溪及坪林溪的支流而成，故名，而其上游稱頂雙溪，下游稱下雙溪。

乾隆末年，漳州移民連喬及吳爾二人前來此地開墾，嘉慶初年始形成一街肆，而在宜蘭地方開拓後，便做為基隆、宜蘭間的中路而發展，以後則以牡丹坑金山維持其繁盛。

(23)貢寮鄉

貢寮　原稱「槓仔寮」，日時制度改正時簡稱「貢寮」。按此地昔時山猪出沒頻繁，平埔凱達加蘭族就在此地設坑穽（平埔族語稱「槓仔」）捕捉之，後來移民音譯做槓仔，而以槓仔寮為地名。

澳底　在澳底灣岸，一八九五年日本派軍接收台灣時由此地登陸，師團長北白川宮能久親王就在此海岸砂濱露營，此地建有其紀念碑，曰「北白川宮征討紀念碑」。

草嶺 又名「嶐嶐嶺」，與三貂嶺相連於台灣東北方的群峰中相對峙而當基隆抵宜蘭的要路，《噶瑪蘭廳志》云：「嶐嶐嶺，以高得名，石磴如梯，烟雨籠樹，爲從前山入蘭孔道。」日時於此處開鑿一條號稱台灣島第一的隧道，長二千公尺餘。

三貂角 三貂之名原來譯自西班牙語Santiago，明末流寓者沈光文的《平台灣紀》所云的「三朝」、黃叔璥的《台海使槎錄》及《台灣府志》所云的「山朝」，亦皆譯自Santiago。按一六二六年五月，西班牙人D. Antonio Carēnio de Valdēs所指揮的遠征隊發現台灣的東北角，加以名爲Santiago。三貂這個原只指一岬角的名稱，後來轉爲冠於山河名及平埔族社名之詞。

此地原是平埔凱達加蘭族キヴノアン社，即西班牙人所云的Kakinaoan社的所在地，乾隆中葉初來此地的移民，將佔據今舊社、遠望坑、福隆、南子吝四部落的平埔族社稱爲「三貂四社」。

三貂嶺 係與草嶺相對峙的山嶺，乾隆二十九年出版的《台灣府志》(續修)云：「山朝山，自雞籠山分岐，雙峰遙峙，高不可極，山南爲蛤仔難(今宜蘭)三十六社，生蕃所居，人跡罕到。」又《噶瑪蘭廳志》云：「三貂大山，以地得名，山路崎嶇，谿澗叢雜，雖行旅維艱，而實入蘭之孔道。」其嶺路初開於乾隆中葉，最初路徑是由基隆沿海岸而東行，自深澳出三貂嶺，甚爲迂遠，故平埔族白蘭另開一條由暖暖街直入山，經十分寮、楓仔瀨而達頂雙溪地方的嶺路。嘉慶十二年(一八〇七年)，台灣知府楊廷理更將從前的嶺路移於東方，開修經四腳亭、蛇仔形而達頂雙溪，且越草嶺的路徑。楊廷理的道中詩註云：「自艋舺錫口至蛤仔難，中經蛇仔形、三貂、嶐嶐三大嶺，過谿三十六里，危險異常，生番出沒，人多畏之。」當時實際上通行三貂嶺路者似乎甚少。姚瑩的《台北道里記》就三貂嶺的實況云：「盤石曲磴而上，凡八里，至其巔，嶺路初開，窄徑懸磴甚險，肩輿不能進，草樹蒙翳，仰不見日色，下臨深澗，不見水流，惟聞聲淙淙，終日如雷，古樹在鳥，上人所不能名，猿鹿之所遊也。」更就草嶺以東的情形云：「下嶺(三貂)牡丹坑，有民壯寮守險，於此護行旅，以防生蕃也，頂雙溪下雙溪，過渡爲遠望坑民壯寮，迤北轉東草嶺，下嶺至大里簡民壯寮，則山後矣，自此以下，皆東面海，爲蘭北境，沿海南行，蕃薯寮、大溪、硬枋皆有隘，設丁，防護生蕃。」

(24)金山鄉

金山　原稱金包里，又寫金包裏或金包裡，日時簡稱金山，隸屬基隆郡金山庄。金包里的名稱譯自平埔凱達加蘭族社名，即西班牙人所云的 Tapari 社的社名，亦即 Tapari 加上凱達加蘭族的地名接頭詞 Ki，而爲 Kitapari，再轉訛爲 Kinpari 之譯語。此社原址在金山附近的社寮及沙崙。

鄭時一將領曾開屯此地，今國姓埔即是其故址。昔日自淡水港沿西北海岸經此地往來基隆地方，故在雍正末年，泉州移民就建立金包里的街肆，客家移民亦遷來居住山地，雍正十一年，淡水營添設把總，兼轄大雞籠港及金包里塘。乾隆末年發生福、客分類械鬥，客家人遂退走而歸屬福佬人之佔有地。同治六年發生大地震，《淡水廳志》云：「十一月二十三日雞籠頭金包裏沿海，山傾地裂，海水暴漲，屋宇傾壞，溺數百人。」

以金包里爲中位的灣港，即馬鎖半島與富貴角的中間，稱「金包里灣」，又名「馬鎖灣」，概水淺，不適船舶出入。

死磺子坪 昔日此地，尤其竹仔山東北側的大磺嘴，由硫質噴氣孔噴出硫磺，致人畜窒息而死，故名。康熙中葉就知此地方出產硫磺，三十六年於北投的磺山掘製，郁永河的《蕃境補遺》云：「金包里，是淡水小社，亦產硫。」

㈳萬里鄉

萬里 原稱「瑪鍊」，譯自平埔凱達加蘭族語。按一六二六年西班牙人佔據基隆港時，將港岸的移民部落稱爲Parian，先住民平埔凱達加蘭族則稱爲「瑪鍊」(侵略者之意)。後來移民將之譯做「馬賽」或「瑪鍊」，而慣用做此地方的平埔族社的社名之一。

㈴深坑鄉

深坑 在新店溪的支流景尾溪的上游南岸，乾隆四十六年(一七八一年)拓成深坑仔庄，嘉慶初年(一七九六年)建立街肆，做爲文山堡地方產茶的集散市場而發展，日時初期明治三十四年（一九〇一年）爲深坑廳的廳治。

㉗石碇鄉

石碇　道光八年（一八二八年），福佬移民林先傳招募墾戶，由水返腳（今汐止鎮）進入此地開墾。繼之，許犁由此地進入四份子附近開拓，從此石碇便成爲此地方的中心地，尤其做爲茶的特產地，而形成街肆。此地到處有岩石，呈現碇置狀，故名。又因位置在北部僻陬，古來民情守舊、迷信特多，《淡水廳志》云：「信鬼尚巫，蠻貊之習猶存，類皆乘間取利，信之者牢不可破，最盛者莫如石碇堡。」

㉘坪林鄉

坪林　原稱「坪林尾」，因在坪林（傾斜的樹林）尾部，故名。日時制度改正時簡稱「坪林」。

㉙烏來鄉（係戰後新設立的高砂族鄉）

屈尺族　係佔據新店溪支流南勢溪兩岸的泰雅族。昔時移民以其勇猛的頭目之名稱此族爲「馬來番」，日時因此族佔據屈尺地方，故名「屈尺族」。此族主要有烏萊或汚萊、桶坪、洛仔、蚋哮、林望眼等社。

阿玉山　「阿玉」，高砂族語原是萱草之意，此山山頂萱草密生，故名。

宜蘭縣

由日時台北州宜蘭、羅東、蘇澳三郡構成，轄下分一市(宜蘭)、三鎮(頭城、羅東、蘇澳)、八鄉(礁溪、壯圍、員山、冬山、五結、三星、大同、南澳)

(1)宜蘭市

宜蘭 原稱蛤仔難或噶瑪蘭，譯自佔據宜蘭平原的平埔噶瑪蘭(Kavalan)族的名稱，後來由種族名稱轉爲地名。前述幣原博士云：「Ka-val-an的val是平野，Ka-val-an即是居住平野的人之意。」一六三二年，西班牙人傳教士Hahint Esquival的《東部台灣地名表》中所記的Kibanuran是也。郁永河的《裨海紀遊》將之寫做葛雅蘭，《蕃境補遺》寫做葛雅藍。嘉慶年間的將軍賽沖河，在其奏疏中寫做蛤仔蘭，《鄭天亭集》寫做蛤仔欄，嘉慶年間前來此地的蕭竹的詩中寫做甲子蘭，《噶瑪蘭廳志》記載著總兵武隆阿奏請將蛤仔蘭改稱噶瑪蘭。閩浙總督方維甸在其奏請將噶瑪蘭收入版圖狀中云：「地名噶瑪蘭係蕃語，閩音不正，訛而爲蛤仔難。」其實台灣語音的蛤仔難，較近原音Kavalan。

按宜蘭地方原皆屬平埔族地，康熙六十一年巡視台灣御史黃叔璥的《番俗雜記》云：「由雞籠山後，山朝社、蛤仔難、直加宣(台東)、卑南覓(同上)，民人耕種樵採所不及，往來者鮮矣。」

乾隆六年出版的《台灣府志》(初修)云：「山朝(即三貂)山南，爲蛤仔難三十六社，生蕃所居，人跡罕到。」雍正二年出版的《諸羅縣志》云：「蛤仔難以南，有猴猴社云云，多生蕃，漢人不敢入各社，夏秋划蟒甲(獨木舟)載鹿脯通草水藤諸物，順流出近社，與漢人互市，漢人亦用蟒甲，載貨物以入灘，流迅流，船多覆溺破碎，雖利可倍蓰，必通事熟於地理，乃敢孤注一擲。」即當時雖在海岸有些交易，但尚無移民敢闖入內地拓殖。乾隆三十三年，林漢生率衆進入，企圖開墾，但被殺。以後也有人試圖進入，但皆未成功。乾隆五十三年，漳州人吳沙與通事許天送、朱合、洪掌共謀，大事招募漳泉粵三籍流民，並偕同鄉勇二百餘人，善平埔族語者二十三人，於嘉慶元年九月十六日進抵蛤仔難北部烏石港，築土圍爲基地，而漸次開拓各地。至嘉慶十五年(一八一〇年)，拓殖殆乎成就，此地始被編入版圖，設置噶瑪蘭廳，委辦開廳事宜的台灣知府楊廷理，則擇地於全疆中部的五圍(今宜蘭市)建城。平地的拓殖已就緒，但山地仍爲慓悍的高砂泰雅族所佔據，高砂族的出草加害極甚，乃於道光年間設置噶瑪蘭地方的二關二十餘隘(詳看附記)，以防備高砂族。光緒元年(一八七五年)改廳爲縣，並將噶瑪蘭改稱宜蘭，以爲縣名。

(2)頭城鎮

西班牙人曾將蛤仔難海岸一帶名爲 Santa Catalina。

頭圍堡 在宜蘭平原的北部，爲宜蘭地方先闢之區。嘉慶元年頭圍先拓成，嘉慶二年二圍成立，當時遷居的泉州移民不及百名，乃與在頭圍的漳州移民分地，開墾菜園地。嘉慶十五年許，頭圍做爲此堡的主地，稱「頭圍抵美簡莊」，譯自平埔族トウヴイカン社的社名，乃是頭圍街的前身。

頭城　原稱頭圍，在宜蘭平原北方，其西北兩方被山岳擁抱，東方臨大洋，冷水溪的支流則自南流至此地的海岸入海，而開烏石港。此港相對於濁水溪口的東港，又名西港。嘉慶元年（一七九六年），上述的漳州移民吳沙計劃開拓蛤仔難平埔族地，而築土圍於此處以爲基地，因是此地方的頭一個土圍，故名頭城，後來在建置噶瑪蘭廳城時，爲忌避冒用「城」字，而改稱頭圍，戰後又回復原名頭城。

此地正當宜蘭的咽喉，且昔日海水深，砂堤防海波，船舶得安全碇泊，乃爲百貨經過之所，但後來砂堤連北而塞港口，除非滿潮，否則連淺底的支那型船亦不能出入，加之光緒十九年許，因洪水而致淡水溪流分歧，注入東港，影響頭圍宜蘭間的舟路，從前經由此地出入的貨物爲東港所吸收，此地商勢便不如舊時興盛。

眞武廟　在頭城鎮內，祀北極眞武七宿，創建於嘉慶初年。《噶瑪蘭廳志》云：「北方元武七宿其象龜蛇，而廳之形勢，北有龜嶼，在海中，爲天關，南有沙汕一道，蜿蜒海口，爲地軸，故堪輿家以爲龜蛇把口之象，土人因建廟以鎮之。」

打馬煙　在鎮內三抱竹（今三寶竹），譯自曾在此地的噶瑪蘭族的社名，又寫做達媽嫣、巴抵馬悅、八知買譯等，原係製鹽之意，此社自南方沿海濱遷來此地，以此鎮新興的大樹所在地為中心，建立南北二社，但不堪高砂泰雅族的騷擾，再涉溪而抵海濱沙崙之地，一直從事製鹽業。但一部分與武暖、新子罕等社一起遷往番仔寮、大溪、梗枋、白石腳等地。

龜山島　又名龜嶼，在距頭城海岸東方約五海里之處，其周圍九公里，乃是西洋人所云的Steep島，日本所云的キセル(煙管)島。此島由二個火山質丘阜形成，呈圓錐狀，西丘大、東丘小，兩丘接連屹立於海中，遠望之如海龜浮游般，故名。

此島久為無人島，只有宜蘭濱海漁民時而泛小舟至附近捕魚而已。道光初年(一八二〇年)，頭城鎮大坑罟的漳州移民以為此島有利於漁業，且內部適於耕墾，乃糾合同志十三人遷來，以後移民接踵而至，據道光二十五年六月前來此島的英國軍艦記事云：「人口大約一百五十人。」乾隆末年許發生火山大爆裂，《噶瑪蘭廳志》云：「相傳乾隆末年，有多羅遠社(今壯圍鄉大福附近)老番，忽見龜山開裂，知漢人將至。」清時此島駐紮汛兵二十四名。

此島古來有宜蘭的海中天關之稱，《噶瑪蘭廳志》云：「岸臨無際，孤嶼聳起，與玉山遙遙作對，其縈波甓甓，近復與沙汕蜿蜒，大然作廳治門戶，形勢家所謂龜蛇把口是也。其龍從蘇澳穿海而來，一路石礁，高者如拳，小者如卵，隱隱躍躍，如起如伏，山週二十餘里，高二百餘丈，朝旭初升，變幻萬狀，蘭陽八景所謂龜山朝日者，此其第一，將雨則噓霧咽雷，聲如震鼓，中匯一潭，清澄徹水，春夏間時有漁人結網焉。」

(3)羅東鎮

羅東　又寫做老懂，譯自此地平埔族語，原係猴子之意。蓋此地路旁有一大石，形似猴子般，故名。又實際上，此族古址有一老榕樹，據傳昔時棲息著猴子。嘉慶十四年（一八〇九年），漳州移民將先住平埔族驅逐，而形成一部落。此地正當北方宜蘭與南方蘇澳間的中路，西方是叭哩沙原野，東方以東港爲香吐海口，故成爲貨物的集散地，其繁榮的景況堪與宜蘭相比。

阿里史　阿里史的地名有二處，一在今羅東鎮，另一在今三星鄉。按嘉慶九年（一八〇四年），今豐原市附近的平埔族岸裡社，爲避免移民的壓迫，而與阿里史、阿東、東螺、北投、大甲、呑霄等社一起自苗栗內山越山，進入叭哩沙（今三星鄉）原野。阿里史社先遷往今羅東鎮阿里史，再遷居三星鄉阿里史，皆以原社名阿里史爲遷居地的地名。從台中地方遷來者未至成社，亦有阿里史的名稱，其中大甲、呑霄二社大部分復返原址。

打那岸　古寫做哆囉岸，譯自曾佔據此地的噶瑪蘭族的社名，原是鹿仔樹（楮木）之意。《噶瑪蘭廳志》就此社云：「分布於廳北八里，抵美抵美之北，隔踏踏溪相望。」可知後來才遷居羅東。又其一部分與武暖等社一起遷往番子寮、大溪、梗枋、白石脚等地。

歪子歪　或寫做外阿外，譯自曾在此地的噶瑪蘭族的社名。此社大部分遷去叭哩沙（今三星鄉）。

(4)蘇澳鎮

蘇澳　是在宜蘭平原南端的一天然港，被南北西三方的丘岳所圍繞，東方臨海，港灣廣闊，分北方澳及南方澳二小灣，蘇澳鎮的市街則在南方澳與北方澳的中間，可由此經北方隘谷而通羅東鎮。《噶瑪蘭廳志》云：「蘇澳，口大，尙無大商船到港，左爲南風澳，右爲北風澳。」蘇澳的地名，據傳取自移民團統領蘇士尾之姓。

此地是在宜蘭地方中最先聞名者，早在明嘉靖末年，海賊林道乾就以此地爲竄泊所，西班牙人佔據台灣北部時，計劃設置守備於北方一港口，而擇定此地，並名爲 San Lorenzo。但此地屬偏僻，且近高砂族地界，古來對外往來罕少，物貨大都經由頭城鎮的烏石港，後來烏石港因受風、水災而港灣一變，不便巨船出入，因此在道光年間，淸國政府特招商戶，自蘇澳運出土產的米穀，乃使此地漸趨發展。至光緒二年許，大小商賈已達百餘戶，但是年七月市街被洪水流失，不復舊觀。日本領台後，曾指定做特別輸出港，後來又因無甚大的貿易關係而加以封鎖。

南方澳　昔日俗稱「蛤仔難的有猴猴」。此地的平埔族原居今花蓮縣新城鄉，因不堪太魯閣族的迫害，而遷來南方澳的西北約四公里，土名猴猴的高地，再轉往蘇澳鎮猴猴平地。日時大正十年（一九二一年），日政府收購此地做爲漁港用地，平埔族乃遷往東澳，或南方澳背面的海岸山麓，或祖先故址新城。

猴猴　又寫做猴猴田寮或高高，譯自噶瑪蘭族的社名。此族似爲山地高砂族，《噶瑪蘭廳志》云：「猴猴一社，從蘇澳之南方澳移來東勢，其言語風俗獨與衆異，婚娶亦與名社往來，至今蕃女多有至老而不得配者。」

馬賽 譯自高砂族語。此地原是猴猴社人罟漁打獵之地，後來淡水廳下的蓬山族遷來此地拓墾，其中馬賽社特別受到噶瑪蘭廳的保護，因而原來的蛤仔難三十六社，再加上馬賽一社，而稱「噶瑪蘭三十七社」。

(5)礁溪鄉

礁溪 係乾涸的淺灘或無水溪之意。此地附近一帶湧出溫泉。

番割田 係「番割」的田地之意。就番割一詞，《噶瑪蘭廳志》云：「番割，沿山一帶有學習番語、貿易番地者，名曰番割。」

武暖 原是噶瑪蘭族社的所在地，移民將之寫做奇武暖、奇五律、幾穆蠻等。此社族人一部分於道光二十年代(一八四〇年)遷往頭城鎮番子澳、大溪、梗枋等地，以捕魚維生，或遷往白石腳開拓山場，另一部分於咸豐年間退去花蓮港地方。又此社的分社高東社，於咸豐年間由於失業或疫病而四方流散，遂喪失社名。

新子罕 原是噶瑪蘭族社的所在地，移民將之寫做新仔罕、新那罕、辛仔罕、丁仔難、辛也罕、新仔羅罕等。此社一部分與武暖、抵美抵美等社一起遷往番子澳、大溪、白石脚等地。

抵百葉 或寫做抵馬悅、都巴嫣，譯自曾佔居此地的噶瑪蘭族的社名。

奇武蘭(即茅埔) 又寫做奇蘭武蘭、淇武蘭、熡魯蘭等，皆譯自曾佔居此地的噶瑪蘭族的社名。此社與武暖、抵美抵美、打那岸、新子罕、打馬炯等社的一部分，一起遷往大溪、梗板、白石脚等地。

奇立丹　又寫做棋立丹、幾立穆丹，譯自曾佔居此地的噶瑪蘭族的社名。此社後來遷往頭城鎮港澳。

瑪僯　又寫做猫乳，譯自曾佔居此地的噶瑪蘭族的社名。

踏踏　又寫做達普達普，譯自曾佔居此地的噶瑪蘭族的社名。此社後來遷往頭城鎮港澳。

柴圍　古設柴圍（木柵）以防備高砂族，故名。

竹篙厝　即湯圍，房屋狹長如竹篙，故名。

(6)壯圍鄉

壯圍　地名源自民壯圍堡。此堡係於嘉慶年間五圍拓成時，酬謝當初協助頭目吳沙開拓的民壯之地，故名。嘉慶十五年（一八一〇年）許，成立民壯圍鎮平庄，以為第四堡的主地。今壯一、壯二、壯四、壯五、壯六、壯七等地名，皆是當時民壯依次受分配之地的地名。

土圍　係開拓當時築土圍以防高砂族害，而進行佔墾之地。頭圍（即頭城）、二圍、三圍、四圍、五圍（今宜蘭市）等地名，皆在嘉慶年間開拓蛤仔難平埔族地時，依次築土圍以防高砂族害而進行開拓之地，故名。

奇立板（即廍後）　古寫做奇立援或幾立板，譯自曾佔居此地的噶瑪蘭族的社名。

羅罕（即功勞） 或寫做新仔羅罕、新那嚕罕、礁仔壠岸、礁礁人岸，譯自曾佔居此地的噶瑪蘭族的社名。原係渡船或渡濕地之意，故此社後來又名「下渡頭社」。

霧罕 又寫做蕪里目罕、瑪嚕穆罕、猫里霧罕，譯自曾佔居此地的噶瑪蘭族的社名。此社係奇立板的一派，社名取自老頭目之名。

美福 或寫做抵美福、都美鶴，譯自曾佔居此地的噶瑪蘭族的社名。此社除一部分留居原址及壯二外，其餘社人遷往叭哩沙（今三星鄉）。

抵美 古寫做都美都美、抵密密、芝密等，譯自曾佔居此地的噶瑪蘭族的社名。此社一部分與武暖等社一起遷往番子澳、大溪、梗板、白石脚等地。

(7)員山鄉

員山 屬古員山堡，堡內有一員山（圓山），故名。嘉慶九年（一八〇四年）末，漳州移民開拓此地方，首先建立此鄉內的內員山及三圍，其次大湖等部落。

珍珠滿力 或寫做屏仔狎力、賓那瑪拉，譯自曾佔居此地的噶瑪蘭族的社名。

擺厘 又寫做擺離、擺里、擺立等，譯自曾佔居此地的噶瑪蘭族的社名。

吧老鬱 又寫做吧咾吻、巴老鬱、巴撈屋，譯自曾佔居此地的噶瑪蘭族的社名。

(8)冬山鄉

冬山　原稱「冬瓜山」，因此地有一形如冬瓜之山，故名。日時制度改正時簡稱「冬山」。

打那美　又寫做打蚋米、達立靡，譯自曾佔居此地的噶瑪蘭族的社名。此社一部分遷往叭哩沙(今三星鄉)，另一部分與加禮宛、打朗巷等社一起遷往北方澳，或老遠遷去花蓮港地方。

武淵　又寫做馬荖武烟、毛者甫淵、瑪拉胡嫣、猫里府烟等，譯自曾佔居此地的噶瑪蘭族的社名。

武罕　又寫做勿罕勿罕或穆罕穆罕，譯自曾佔居此地的噶瑪蘭族的社名。

珍珠美簡　古寫做珍汝簡或丁噜哩幹，譯自曾佔居此地的噶瑪蘭族的社名。

里腦(即補城地)　或寫做女老、里荖，譯自曾佔居此地的噶瑪蘭族的社名。

奇武荖　又寫做奇毛字老或幾穆撈，譯自曾佔居此地的噶瑪蘭族的社名。

頭堵、二堵、三堵　皆是古設堵(土墻)以防高砂族之地，故名。

廣興　係廣東客家移民興業之地，故名。

(9)五結鄉

五結　此地方的一結、二結、三結、四結、五結、六結、七結、十六結、十九結、三十九結等地名，均依拓殖團體的結首分段數或其次序而命名者。

掃笏社(即頂五結)　或寫做沙豁沙豁，譯自曾佔居此地的噶瑪蘭族的社名。此社據傳與泰雅族有著密切的關係，故甚猛悍。

鏢檄 又寫做打朗巷、達魯安、打那岸、打那軒等，譯自曾在此地的噶瑪蘭族的社名。此社一部分於道光二十年代(一八四〇年)，與加禮宛社一起遷往花蓮港地方，一部分於咸豐年間遷往加禮宛舊址，但大部分遷往叭哩沙(今三星鄉)地方的瓦厝、破布烏。

利澤簡 又寫做奇澤簡、其澤簡、里德幹等，譯自曾佔居此地的噶瑪蘭族的社名。此社於咸豐年間遷往加禮宛。

婆羅辛子宛(即頂清水) 或寫做丁仔難、巴嚕新那完、波羅辛仔遠，譯自曾佔居此地的噶瑪蘭族的社名。

加禮宛(即頂清水) 古寫加禮遠、噶里阿完、佳笠宛、交里宛等，譯自曾佔居此地的噶瑪蘭族的社名。此社與奇武老、掃笏二社合稱「東勢三大社」，道光二十年(一八四〇年)代，與打朗巷及打那美等社的一部分一起遷往南方澳，或老遠地遷去今花蓮市北方的加禮宛原野，再南下至今台東市加走灣附近，故被稱「加禮宛番」。他們原來很富裕，尤其加禮宛社人，但竟因賣光田產失去謀生之計，而不得不遷往他地。據傳當時的移民開設公館，按五升酒換一斗糀的比率售酒，平埔族人愛好飲酒，到了秋收竟因所收成的稻穀不夠償還酒錢，不得不變賣田地，而遷徙花蓮港地方。沈葆楨的〈開山情形疏〉云：「岐來平埔蕃，居鯉浪港北者曰加禮遠、竹子林、武暖、七結仔、談仔秉、瑤歌，凡六社統名加禮遠社，頗耕種。」移民稱「加禮宛港」爲「東港」，此港在濁水溪與冷水溪的支流廊後溪匯合東流入海之處，《噶瑪蘭廳志》云：「港口水，較頭圍烏石港(西港)尙深三尺，並無暗礁。」

流流(即頂清水)　或寫做撈撈，譯自曾佔居此地的噶瑪蘭族的社名。此社是新仔罕社的分社。

⑽三星鄉

三星　原稱叭哩沙喃，譯自平埔族的地名，一六三二年駐淡水的西班牙傳教士所製東部台灣地名表，記做 Purusarum。日本領台後，起初削去「喃」字，稱叭哩沙，至大正九年(一九二〇年)地方制度改正時改稱三星。

此地方係古溪洲堡西邊的原野，在與宜蘭平原形成不等邊三角形的頂點，叭哩沙溪縱橫分流而爲洲磧之處。其主地是叭哩沙莊(今三星鄉)。北方的阿里史是嘉慶十四年(一八〇九年)被移民驅逐，從羅東地方遷來的平埔阿里史等社所建立的部落。道光五年(一八二五年)設置叭哩沙喃隘，《噶瑪蘭廳志》云：「叭哩沙喃隘，距廳西三十里，在番山前，重溪環繞過山，即額刺王字生番，最爲險要，內別一路，從鹽菜甕番玉山脚，可通竹塹九芎林，係粵籍分得地界，與大湖內山一條，皆開蘭事宜中所謂，預籌進山備道以策應緩急者也。」但以後久被放任荒蕪，至光緒十二年(一八八六年)設置撫墾局以後，始開拓就緒。

中溪洲　在叭哩沙溪的流域，凡是溪中顯著氾濫，因水流而生之地，皆稱溪洲，大洲、清洲、浮洲等皆然。嘉慶十六年許，噶瑪蘭通判楊廷理的出山漫興詩註，就巡視此地方的情形云：「至溪洲，前進則蘆葦叢生，堅如竹，溪水氾溢，道路泥淖，每下腳，幾欲沒腰，小徑穩穩，生蕃往來，僕夫縮頸。」

⑾大同鄉（高砂族鄉）

屬泰雅族，佔居宜蘭濁水溪的上游兩岸，淸時稱「溪頭番」。

⑿南澳鄉（高砂族鄉）

屬泰雅族，淸時稱「南澳番」，佔居濁水溪上游及大南澳溪上游。

【附記】

⑴**噶瑪蘭三十六社**：宜蘭地方原是平埔族地，稱蛤仔難（後來改稱噶瑪蘭），康熙三十年（一六九一年）代以後，佔居此地方的平埔噶瑪蘭族社被稱爲噶瑪蘭三十六社。《台灣府志》云：「蛤仔難有二港，合諸山灘流，與海潮匯，蛤仔難三十六社蕃，散處於左右，土人謂之平埔蕃。」而當噶瑪蘭置廳之際，一方面將移民部落區分爲七堡，同時以濁水溪爲界劃分平埔族社爲二大區，以北者爲西勢，即「溪北番社」，以南者爲東勢，即「溪南番社」。

「溪南番社」有奇武荖、里荖、打朗巷、珍珠美簡、武罕、打蚋米、歪仔歪、吧咾吻、掃笏、馬荖武煙、南搭吝、加禮遠、婆羅辛仔宛、奇澤簡、留留、猴猴等十六社。

「溪北蕃社」有哆囉里遠、棋立丹、抵把葉、打馬烟、抵美簡、流流、奇立板、蔴里目罕、抵美福、新仔羅罕、擺離、珍仔滿力、麻支鎮落、新仔罕、奇武暖、抵美抵美、踏踏、哆囉岸、馬麟、奇蘭武蘭等二十社。

此外，《台灣府志》(續修)還記有卓高屘、哆凹尾、賓仔扣難、毛社陳縣、勝援丹、奇班宇難、四勝灣、匏渡灣、東拂東拂、猫姜淵等社名，但一點也不像此地方的平埔族社的社名。

(2)蛤仔難(今宜蘭)**地方的拓殖**，實以吳沙爲其首領，淡水人柯有成、何績、趙隆盛等出資糧助之。嘉慶元年九月十六日，吳沙率衆抵蛤仔難的北部烏石港，築土圍於南方的高砂族界(今頭城)以爲基地(當時移民的籍別爲漳人千餘人，泉人稍少，客家人數十人)。高砂族看見吳沙率衆入界，築城、墾地，則甚不悅，舉族抵抗，交戰連日，彼此死傷慘重，吳沙之弟吳立亦戰死。吳沙乃不得已退去三貂，決爲後圖。嘉慶二年，高砂族社流行痘疫，吳沙乃利用此機會出方、施藥，而得高砂族人的信賴，於是遵其俗，埋石立誓，以示入其地在於防禦海賊，非在於侵割土地之意，而彼此成立和約。吳沙又致力於防止私墾以安撫高砂族。三年吳沙歿，其姪吳化取代理事，吳養、劉貽先、蔡添福等附之而加以幫助，漸闢地、隨闢、築土圍，以備高砂族，而至二圍、三圍，再與高砂族衝突、鬥爭。至四年和約又成，而進至四圍，七年漳泉客家人共計一千八百十六人，進而驅逐高砂族，而及五圍(今宜蘭市)。此期間移民的人數日益增多。嘉慶九年許，濁水溪以北一帶概拓成就緒。同年蛤仔難的遷居者又添一新份子，即佔居台灣西部地方的平埔族之一群岸裏、阿里史、阿東、東螺、北投、大甲、吞霄、馬賽等諸社族千餘人，由岸裏社頭目トアニハン、モナケ(潘賢文)領率，越山進入此地，欲至五圍爭地(《東槎紀略》載姚瑩的〈噶瑪蘭原始〉云：「此平埔族的移動，係犯法懼被捕而逃入者」，但其實是台西的平埔族地被增多的移民所侵佔，抵抗不得，遂退卻者)。嘉慶十一年，台灣西部勃發漳泉分類械鬥，泉人走入蛤仔難，投入此地的泉人乘勢與漳人爭地，阿里史諸平埔族及客家人與此地的平埔族皆附之，合攻漳人，但不勝，泉人所分之地，卻盡歸漳人，僅留存叭哩沙喃溪域的溪洲(屬今三星鄉)。鬥爭幾乎一年始息，阿里史的諸平埔族乃涉濁水溪南進，開拓羅東。移民亦越濁水溪南進，拓成二結一帶。又漳人林標、黃添、李觀興等各率壯丁百人，由吳全、李祐引導，乘夜由叭哩沙喃原野潛出羅東的後逕攻之，阿里史的族衆則潰入其他平埔族社內，羅東遂歸入漳人之手。當時移民入宜蘭地方之數，漳人四萬二千五百人，泉人二百五十人，客家人百四十人，族間的抗爭極甚，殺鬥及數次，官亦視之爲化外之地。嘉慶十六年始入版圖，總兵武隆阿奏請改稱蛤仔難爲噶瑪蘭，而特設噶瑪蘭一廳。同時，按地理將轄內分七堡，稱第一堡(頭圍抵美簡莊)、第二堡(四圍淇武蘭莊)、第三堡(五圍本城)、第四堡(民壯圍鎮平莊)、第五堡(羅東)、第六堡(鹿埔順安莊)、第七堡(馬賽南興莊)，此爲定此地方區劃的嚆矢。至道光元年改分十二堡：五圍三結堡(光緒元年改稱本城堡)、民壯圍堡、員山堡、溪洲堡(光緒元年改稱浮洲堡)、清水溝堡、羅東堡、那美堡(光緒元年改稱紅水溝堡)、淇武蘭堡(光緒元年改稱四圍堡)、頭圍堡、頂二結堡(光緒元年改稱二結堡)、茅仔寮堡、利澤簡堡。另一方面又定移民與平埔族的區劃，而採加留餘埔之制(保留大社周圍二里、小社周圍一里，以爲平埔族自墾耕作之地，不准移民贌耕等)，以防遏移民與平埔族間的紛爭。

(3)噶瑪蘭地方的二關二十餘隘：嘉慶十六年(一八一一年)設置噶瑪蘭廳時，蛤仔難平地的拓殖幾已就緒，但山地仍爲慓悍的高砂泰雅族所佔據，乃於道光年間施行「設隘防守生蕃，以民壯充隘丁」的制度。道光九年出版的《東槎紀略》〈沿邊各隘篇〉云：「噶瑪蘭地方，東面海，西南北三面皆山，所在生蕃出沒，自設官後，沿山次第設隘，以壯丁守之，二十一年間，猶有生蕃逸出殺人，今則防堵益密，林木伐平，沿山皆成隘田，而居民安堵矣，自三貂入噶瑪蘭，首境爲遠望坑(三貂堡)民壯寮在焉，始用以開道，繼以護送行人，過遠望坑而南爲大里簡(頭圍堡)設民壯寮與遠望同，自大里簡以南，乃沿山設隘，各有田園數千口，以爲口糧，曰梗枋、烏石港、金面山、白石（以上頭圍堡）、湯圍、柴圍、三圍、四圍一結、四圍二結、四圍三結（以上四圍堡）、旱溪（又名枕頭山）、大湖（以上員山堡）、叭哩沙喃（浮洲堡）、鹿埔（紅水溝堡）、清水溝、崩山、員山莊（以上紅水溝堡）、馬賽、施八坑（以上利澤簡堡）以上隘地十九所，北自梗枋，南至施八坑，不過棄界外數百甲之地，免其陞科，隘丁貪利，盡力守之，而蘭民無蓄患焉。」光緒十三年，巡撫劉銘傳廢止隘丁民壯的舊制，而佈置隘勇一營，本營設在叭哩沙（今三星鄉）。

至於南、北二關，《噶瑪蘭廳志》云：「北關，在廳北四十里，高山險峻，由山脚至海濱約二百步，大石鱗列，天生門戶，北通三貂嶺，南趨烏石港，爲全蘭咽喉，嘉慶二十四年，通判高大鏞，奉准建關一座，横直各十二丈，高四尺，厚三尺，週圍四扇，横直共四十六丈八尺，圍牆地基長一百零八尺，横八尺，高四尺，厚三尺，城樓垜坎馬道階級俱備，內有兵房九間，派外委，帶兵防守，專司啓閉，盤詰奸宄，北關海潮爲蘭八景之一。」又云：「南關，在廳南四十五里，近通蘇澳，爲東勢盡頭，原議建關一座，以爲東方鎖鑰，嗣因新添營制，蘇澳有汛，議於蘇澳建築砲台土堡，將澳汛兵房，改置於此，以南關與蘇澳只一嶺毗連，易於稽察也。」

桃園縣

由日時新竹州桃園、中壢、大溪三郡構成，轄下分四市（桃園、中壢、平鎮、八德）、二鎮（大溪、楊梅）、七鄉（蘆竹、大園、龜山、八德、龍潭、新屋、觀音、復興）。

(1) 桃園市

桃園 乾隆二年（一七三七年），客家移民薛啓隆開拓此地，中心地名爲「虎茅莊」。此時有人種植桃樹，至乾隆十二年許，桃花盛開，紅雲搖曳，故名「桃園」。三十年，形成一街肆，福客兩族移民陸續遷來增築店屋。嘉慶十一年（一八〇六年）三月，淡水廳下發生漳泉分類械鬥，當時桃園街肆多住漳人，鬥敗，店屋大半被燒毀，嘉慶十四年，圍築土墻以嚴防之，並重建店屋，由草屋變爲瓦店，面目一新。嘉慶十八年於中南街建景福宮，以祀漳州土神開漳聖王，並爲公議會宴場所。道光十四年（一八三四年），淡水廳下再發生福客分類械鬥，盜匪乘隙四處蜂起，富豪姚蓋有乃與街民謀議，改土墻爲石堡，以嚴防盜匪，道光十九年，徐玉衡提倡設四門，並修補壁堡，於是此地成爲桃澗堡的中心市場以及粗製茶的集散地。

此地地名初稱「桃園」，但福佬人通常稱「桃」爲「桃仔」，故亦稱「桃仔園」。桃仔園街之名，見於乾隆二十九年出版的《台灣府志》（續修），但同治九年出版的《淡水廳志》則寫做「桃園」或

「桃仔園」，沒有一定。光緒十四年（一八八八年），土地清丈時調製的魚鱗册（地籍册）記做「桃園」，日本領台後明治三十六年（一九〇三年）土地查定時，正式規定做「桃園」。

崁子脚　原寫「崁仔腳」，因在崁仔（=崖）下，故名。日時制度改正時，改寫「崁子腳」。此地正當桃園、中壢二市的中路。

(2) 中壢市

中壢　原分老街、新街二街。乾隆三十年（一七六五年）許，始由漳州移民郭樽開拓此地帶，而取澗谷之義，總稱此地方爲「澗仔壢莊」。此地因當往來竹塹（今新竹）與淡水（台北）間的中路，行旅衆多，商勢振興，乃漸漸形成一街肆，而取竹塹、淡水中間的壢地之義，名「中壢街」（按溪澗，客家人稱「壢」，福佬人稱「坑」）。嘉慶八年（一八〇三年），桃園、中壢間的崁仔腳地方盜匪出沒，楊梅壢的汛兵乃移駐中壢防備，從此以後肆店益增，街市膨脹，但至道光六年（一八二六年），竹塹地方勃發福客分類械鬥，中壢因客家人衆多，總理彭阿輝乃首倡建造土墻以爲防備，當時其他地方的客家移民便聚集避難而來，屯營於街東，建造茅屋，道光八年，總理謝國賢就此地新設一店，名「新店」，十二年更築土墻於四周，改稱「中壢新街」，而呼舊市街爲「中壢老街」。後來總理傳盛乾以新街店鋪整齊，乃促使老街的商賈遷來，致新街更趨殷賑，但二十七年傳盛乾死後，新街漸趨衰微，老街的商勢復原，遷來者亦增多。從來老街爲此地方粗製茶的集散地，新街則受傳盛乾的獎勵，自道光十二年起開始鍛冶工業，其製品供應全島。

芝芭里 譯自平埔族的地名，原屬凱達加蘭族南崁社。

大路下 係芝芭里的土名，蓋因此地昔日爲通往舊路(即新竹至淡水南岸的大路)的遺址，故名。

(3)平鎮市

平鎮 原稱安平鎮，日時制度改正時簡稱平鎮。按昔時此地設有張路寮(監視過路人的寮仔)以防備土匪，後來地方平靜，乃稱安平鎮，但仍保留張路寮的土名。

宋屋 乾隆九年(一七四四年)廣東嘉應州客家移民宋姓一族，與戴姓移民結伴渡台，由南崁港登陸，開拓南勢一帶的荒埔成功，因是廣東移民興業之地，故名廣興庄，因是以宋姓一族爲主而墾成者，故里人皆稱「宋屋庄」。

(4)八德市

八德 原稱「八塊厝」，乾隆十二年(一七四七年)許，此部落剛成立時只有八戶人家，故名。至日時制度改正時簡稱「八塊」，戰後改稱「八德」，蓋因台灣語音八德與八塊相近似之故。

霄裡 地名譯自原佔居此地的平埔凱達加蘭族霄裡社的社名。此社的原址在今桃園市東南的社角附近，後來保留原址的一部分，其餘分散於番仔寮(今新竹市六家)及銅鑼圈(今苗栗縣三灣鄉)。

(5)大溪鎮

大溪　原稱大嵙崁街，日時制度改正時改稱大溪。大嵙崁的地名譯自原佔居桃澗堡的平埔霄裡社人所命名的地名，起初寫做大姑陷，同治初年(一八六二年)，此地舉人李騰芳改寫做大嵙崁，同治九年出版的《淡水廳志》寫做大姑嵌，光緒五年(一八七九年)出版的《台灣地輿圖說》寫做大姑崁，光緒十二年寫做大嵙崁。

此地在大嵙崁溪南岸，臨水負山，昔日有來自台北的舟運之便。乾隆五十三年(一七八八年)許，始由福佬移民謝秀川開拓此地方，而奠定街肆的基礎。其次，由陳合海建立上街，江番建立下街，同治六年(一八六七年)拓墾高砂族地界，興起種茶事業，而使市街面目一新，光緒十二年(一八八六年)設置撫墾總局，光緒二十年擬定設南雅廳於此地，但未及實現台灣就割讓給日本。按南雅的名稱取自開拓中心地「湳仔」的地名。

內柵　俗稱崁下，昔日設有防備高砂族的木柵，故名。此地有一觀音寺，創建於嘉慶六年(一八〇一年)，《淡水廳志》云：「觀音寺，在大姑嵌蓮座山，對山有石結觀音一，石僧二，俗呼三生拜蓮。」

(6)楊梅鎮

楊梅　原稱楊梅壢，日時制度改正時簡稱楊梅。乾隆末年，墾業團體諸協和開拓此地，當時四面有許多楊梅樹，中央成一大壢谷，故名楊梅壢。

伯公岡 伯公是土地公，昔日新拓此地時，首先建立伯公祠，故名。

(7)蘆竹鄉

蘆竹 原稱蘆竹厝，日時制度改正時簡稱蘆竹。《淡水廳志》云：「蘆竹以黍，生水涯濕處。」此地昔日有用蘆竹建造的房屋，故名。

福興 係乾隆十二年(一七四八年)由福佬移民墾成，興業之地，故名。

南崁 古桃澗堡北部海岸一帶總稱南崁，譯自原佔據此地方的平埔凱達加蘭族南崁社的社名。此社原址在今桃園市北方南崁附近，後來遷往番仔窩、頂莊、羊稠等地。

此地是桃澗堡地區最早開拓者，鄭時就設營盤(今南崁廟口有俗稱營盤坑者，就是其遺址)，庄內五福宮創建於鄭時。至乾隆初年，貫流此地南北的南崁溪，與大坩崁溪的支流及其他附近諸水流匯合，自南崁港口(今竹圍)入海，使此地成爲一天然的良港及主要的船舶碇泊所，而於雍正九年(一七三一年)開爲島內貿易港，但後來隨著溪流的轉變，而變爲小船避風繫留港。

坑子 附近是平埔凱達加蘭族坑仔社的故址。此社後來遷往北方的頂社、外社。

(8)大園鄉

大園 原稱大坵園，日時制度改正時簡稱大園。乾隆二十年(一七五五年)許，郭姓漳州移民由許厝港登陸，自平埔族購得中壢老街及新街兩溪的下游兩岸，開拓其流域諸莊，並建立大坵園街肆，以爲集散市場。

許厝港　在中壢老街溪入海處，昔時對岸廈門、福州的船舶常往來此港，但後來大爲衰頹，人散家滅，已無留存任何往昔繁華的形跡。

尖山（即橫山）　孤峰起突，尖立於此地，故名。

(9)龜山鄉

龜山　名稱源自龜崙，龜崙譯自原以此地爲根據地的平埔凱達加蘭族龜崙社的社名。此社原址在龜崙嶺南麓，後來遷移於原址附近的今龜山鄉楓樹坑（即頂社）、新路坑（即下社）等地。

龜崙嶺　往昔東方一帶山脈的分脈西走，而與台北盆地分界者，稱龜崙嶺。康熙六十一年（一七二二年）巡視台灣御史黃叔璥的《番俗六考》云：「龜崙、霄裏、坑仔諸蕃，體盡矲矮，趨走促數，又多斑癬，狀如生番。」亦即昔日此山路一則險阻，再則有高砂族的危難，康熙、雍正年間行人皆避之，而採取自今中壢市芝芭里的大路下進出今蘆竹鄉南崁海岸，再經龜崙嶺延伸之坪頂山高地的西麓海岸，抵達淡水河口南岸的八里坌。

舊路坑　雍正十一年（一七三三年），隨著台北盆地的新庄（今新莊市）發展，開通一條經中壢、桃園而渡過南崁溪上游的小檜溪，再經龜崙嶺上的舊路坑，進出十八份莊（後來的八里坌堡），而抵新庄（今新莊市）的道路，這是開通龜崙嶺路的嚆矢。乾隆十六年（一七五一年）再在其南方開通一條由桃園經新路坑，進出埤角莊(興直堡)，而抵新庄的新路，於是舊路便自然廢止(而出現舊路坑、新路坑的地名)。龜崙嶺山頂(今龜山鄉山頂)一庄，亦在此時成立。

⑽龍潭鄉

龍潭 原稱靈潭陂，後改稱龍潭陂，源自鄉內一大蓄水池名，日時制度改正時簡稱龍潭。按此地有一大蓄水池，水深十餘尺，水源引自附近溪流及瀦天水。此池初稱靈潭陂，《淡水廳志》〈名蹟攷〉云：「靈潭陂，乾隆十三年霄裡(平埔族社名)通事知母六招佃所置。相傳，昔旱，莊佃禱雨於此，即應，故名。」又《桃園廳志》云：「里俗相傳，池中有泉窟，窟中有白石，白石現則必降雨，蓋白石乾則呼雨也。近莊人民值旱，則來禱雨。」至於為何改稱龍潭陂，《桃園廳志》云：「靈潭陂，一夕風雨晦冥，波濤大起，見黃龍出沒，依改稱龍潭陂。」但這是拘泥龍潭的字義，且誇張龍的靈威之解釋。按台灣語音「龍」與「靈」相同，故應是自然由靈轉訛為龍吧！

⑾新屋鄉

鄉內部落，譬如蚵殼港、石牌嶺、赤牛欄(下田心)、番婆坟、笨子港等，皆可從字義察知其地名的由來，故不再贅述。

⑿ 觀音鄉

觀音　原稱石觀音，日時制度改正時簡稱觀音。就石觀音的名稱由來，《桃園廳志》云：「傳云，清咸豐十年（一八六〇年）四月，竹北二堡石牌嶺（今新屋鄉石牌嶺）農民黃等者，耕鋤往返途上，自小流中發見髣髴佛像的自然石。附近人民相集撫摩，建置於路傍，遂斷定爲觀音，作辻堂安置之。隨經日人人群集祈願，信凡疾病災旱盡無不感應。經半歲，白沙墩庄（今白沙屯）舉人黃雲中等發起，集義金，咸豐十年十一月，建築寺宇奉祀之，稱福龍山寺。初發見石觀音當時，此地方人家僅九戶，逐年歸依者多，參拜者接踵而至，隨及增建店舖。」石觀音的地名因此而起。至日時明治二十八年（一八九五年）七月，祭祀之際，觀音之靈憑黃等者告衆云：「發見石像之所有湧泉，靈驗著。」時有患眼疾者，汲洗之即癒。人嘗之，甘而清洌。依此傳說，故改稱甘泉寺，但一般都以石觀音爲名。

⒀ 復興鄉（高砂族鄉）

大嵙崁族　係散居大嵙崁溪上游兩岸的泰雅族有竹頭角、奎輝、角板山、大豹、合脗、汚萊或烏來、宜亨、蚋哮等社。

合歡族　係散居大嵙崁溪支流的合歡溪兩岸的泰雅族，有蘇老、卓高山、加勞、婆老、排衙散、宜亨等社。

マリコワン族　係散居大嵙崁溪的支流マリコワン溪沿岸的泰雅族，清時稱「馬武督番」，但馬武督只是此族一小社的社名。

【附記】

桃澗堡：北以一橫崗與台北盆地分界，南接竹北二堡的海岸一帶，昔日平埔凱達加蘭族三分此區域，東部屬龜崙社，北部屬南崁及坑仔二社，南部屬霄裡社。早在鄭時已拓成南崁的一部分，但終歸荒廢。至康熙、雍正年間，此地尚是到處茂林叢樹鬱蒼，麋鹿成群（今桃園市東鄉存有一個大樹林的地名）。乾隆二年（一七三七年），客家移民薛啓隆率領墾戶數百人，由南崁港登陸，設隘壓迫平埔族，而從事開墾。平埔族無力抗拒，乃遷徙遠避或歸順，故拓殖事業大振。其區域以桃園爲中心，東自龜崙嶺起，西及崁仔脚，南自霄裡起，北至南崁，乃將此區總稱虎茅庄，更招募墾戶進行開拓，福客兩族移民來應者衆多。乾隆十二年許形成桃仔園街，且由張敦仁開通一條自此地進入海山堡（三角湧）的通路。桃園東方的福興庄（屬今蘆竹鄉）就在此時拓成，南方的八塊厝庄（今八德鄉）當初僅有八戶移民，但至乾隆末年，隨著大嵙崁（今大溪鎮）地方的開拓，乃做爲其中路而漸趨發展。在此之前，乾隆九年，宋屋（屬今平鎮市）亦成立。乾隆十五年，漳州移民郭天光由許厝港登陸，自平埔族購得中壢老街及新街二溪下游兩岸之地，郭天光死後，由郭龍文、郭玉振、郭樽等繼之，拓成流域諸庄，建立大坵園（今大園鄉）的街肆，以爲集散市場。至三十年許，郭樽更沿著老街溪前進，驅逐平埔族，開拓田園，名澗仔壢庄（今中壢市）。如此，此地便成爲往來竹塹（今新竹）、淡水間的中路，行旅衆、商勢振，而漸成一街肆。就在此年代，大嵙崁溪岸的埔頂、員樹林、番仔寮（以上皆屬今大溪鎮）等諸庄拓成，拓殖區域雖顯著擴張，但猶未至形成一堡。至五十年，隨著各方村庄的發展，乃成立一新堡，而取其中心地桃仔園及澗仔壢各一字，稱桃澗堡。道光初年(一八二一年)以後，此地方時常發生福客二族分類械鬥，遂分東西兩部，福佬人在桃園一帶，客家人在中壢一帶，分別集體居住。同治初年以後，堡內丘地到處栽培茶樹，成爲烏龍茶的特產地。

新竹市

分三區（東、北、香山），其中香山區日時屬新竹州新竹郡香山庄。

新竹 原稱竹塹，譯自曾佔居此地方的平埔道卡斯族竹塹社的社名。然而道光九年（一八二九年）台灣知縣鄧傳安的《淡水廳城碑記》卻云：「厥初環植莿竹為衛，故以竹塹名城。」其實此城環植莿竹是在雍正十一年（一七三三年），但竹塹的名稱早見於明末台灣流寓者沈光文的〈平台灣序〉中，及康熙十六年（一六七七年）的郁永河《裨海紀遊》中，而且昔日台灣的城堡皆環植莿竹，沒有理由只淡水廳城使用此名稱。

按康熙五十年（一七一一年）代，泉州移民王世傑為墾首，自平埔族購得土地，開墾竹塹埔一帶，並與平埔族從事交易。康熙五十九年許，泉州移民林烈一族亦來此地種作。雍正元年由諸羅縣分出，新設立淡水廳，而以此地為廳治，稱竹塹土林莊。《台灣府志》云：「淡水廳，在土林莊。」創設淡水廳之初，尚未建城。雍正十一年同知徐治民始環植莿竹以為城，周圍四百四十餘丈，設東西南北四門，並建門樓。《淡水廳志》云：「城在三台山下。」三台山係指城西一帶的連崗，以客雅山為中心，城即在崗上。雍正年間，城的規模尚甚小，以城內的鼓樓街之處為北門，關帝廟之處為南門，媽祖宮之處為西門，暗街仔之處為東門，而當時尚未有竹塹街的名稱。及至乾隆初年，居民戶口漸增而形成竹塹街，但尚有平埔族雜居，且四鄰仍為廣漠的原野，竹林繁茂，僅於暗街仔、鼓樓街、大爺街等的旁邊，民家三三五五成聚落而已。同年在西門內建媽祖宮，名媽祖宮街，二十一年改建廳署於大爺街，四十年以此為中心，自南門大街起連接暗街仔、鼓樓街等，而形成市街。光緒元年（一八七五年）改淡水廳為新竹縣以後，始有新竹城的名稱，蓋以竹塹的「竹」字，加上雅字「新」字，以為新地名。

竹塹　又名竹塹社，係原分佈佔據大甲溪以北、新竹附近的平埔族，自稱 Taokas（道卡斯）。此族群形成大甲社（分東西二部落）、日南社、日北社、雙寮社、房裡社、猫盂社、苑裡社、吞霄社、後壠社、新港社、猫裏社、嘉志閣社、中港社、竹塹社、眩眩社等，其中以竹塹社為最大、最有勢力。此社起初以鹽水溪為界，分佈於香山附近，但明末鄭時永曆三十六年（一六八二年），北部平埔族不堪鄭軍的鞭韃而作亂，此社亦響應之，因而遭受鄭軍勇衛左協陳絳的討伐，除投誠者外，餘皆遁入今新竹縣寶山地方，據傳後來形成分佈於五指山地方，即竹東、北埔、月眉一帶的 Saisiyat（賽夏）族。投誠者則漸漸北遷，至康熙四、五十年許，於竹塹城內形成聚落。據《淡水廳志》，後來的竹塹城內俗稱武營頭附近至鼓樓街、暗街仔邊，是其佔據中心地，而考柵邊街是其狩獵後設社宴、做祭儀的場所。當時佔據北方樹林頭地方的眩眩社，亦分散而來與此社合併。後來在雍正十一年竹塹築城時，被令集體遷徙東門外，但仍三三五五雜居城內。今土名舊社之地是其遺址，而新遷居地被稱為新社，今舊港部落內仍留有此地名。然而此地竹塹溪沿岸，乾隆十四年遭受溪水橫溢的災害，乃為求新遷居地而沿鳳山崎東進，遂遷居其北岸的吧哩嘓荒埔，建立今新埔鎮的基礎。後來，頭目衛阿貴自為墾首，招募客家移民進行開墾老焿寮、大旱坑、下南片、横崗、石崗仔等諸地(以上屬古竹北二堡)，但受到佔據東部山地的高砂泰雅族的阻礙，遂進入咸菜硼街(今關西鎮)，開拓其最後的遷居地。

舊港 古稱竹塹港，在竹塹溪的支流舊港、頭前二溪交會入海的三角洲中(溪洲的地名因此而起)，港口面西北，其北角名魚寮，南角名南寮，港內水深，滿潮時達一丈二尺，退潮時只八尺，港外平淺，船舶不得直入灣內，須待滿潮時始得出入。此港昔日爲新竹的呑吐港，且當北方沿岸村落至新竹的要衝，人馬往來頻繁，因而形成一街區。康熙中葉以後，爲偷渡入台的移民所開，稱竹塹港。雍正初年設置淡水廳於竹塹(今新竹)後，施行海防，但因淤淺而未能充分發揮作用。至乾隆年間，浚渫港內，乾隆二十九年出版的《台灣府志》(續修)就當時的情形云:「無大商船碇泊，惟台屬小商船，往來貿易。」嘉慶十八年(一八一三年)因洪水而港口壅塞，乃新開錨泊所於南寮，稱竹塹新港。嘉慶二十年，新港亦因流沙而河床隆起，妨礙船舶出入，故再開浚舊港址的河底而成港，稱舊港。但浚渫後依然年年埋沒，只因靠近新竹而勉強維持通運而已。道光二十年台灣道姚瑩〈致台灣十七口設防狀〉中云:「竹塹，居民鋪戶頗稠，有文武，於此稽查海口，現量外口水深一丈二尺，內港水深六七尺，內地大商船難入。」又同治九年出版的《淡水廳志》云:「竹塹港小口，離深水外洋十餘里，淺而多汕，口門闊二十餘丈，深八尺，潮漲至口內半里許而止，一、二百石之船，乘潮可入。」日本領台後明治三十二年(一八九九年)八月，指定爲特別輸出入港。日時屬新竹州新竹郡舊港庄，戰後才併入新竹市。

香山港　日時屬新竹州新竹郡香山庄，戰後才併入新竹市。此港在舊港溪嘴端至中港溪嘴端的彎曲部中央，嘉慶、道光年間做爲貨物集散地，與中港同時開始對大陸貿易，船舶的出入往來盛極一時。上述的台灣道姚瑩〈致台灣十七口設防狀〉中云：「香山港，岸去海口甚遠，居民寥寥，港東礁寬六十尺，水深二丈餘，內地商船遭風，每寄泊於此，海灘甚大，不能靠岸。」又《淡水廳志》云：「香山澳，離深水外洋五里，口門闊二十餘丈，深一丈二尺，潮漲至鹽水港而止，退則旱浮，三五百石之船，乘潮可入，爲南北大路。」後來因灣內砂礫沖積，滿潮時水深亦不及二公尺，退潮時可徒涉，而變爲只可碇繫小漁舟的港口。

【附記】

竹塹埔：昔時大甲溪以北起，至台北接境一帶的西海岸平原的一部分總稱竹塹埔。竹塹的名稱譯自佔據此地方平埔道卡斯族的部落名。據荷蘭的記錄，西曆一六〇〇年代荷蘭人佔據台灣時，欲於道卡斯族地傳教，但未及實現。鄭時，一將領駐屯於大甲的鐵砧山經營竹塹埔，今鐵砧山仍留存傳說中當時所開鑿的國姓井及國姓廟，以及南崁附近的營盤坑亦留存據傳建於鄭時的五福宮。鄭軍駐守雞籠時，命平埔族人搬運軍餉，但因督運過於苛酷，致使平埔族相率作亂，而此地道卡斯族的新港、竹塹等社響應之，因而遭受勇衛左協陳絳率兵擒剿，遁入山阪。康熙三十六年（一六九七年）經過此地方的郁永河在其《裨海紀遊》云：「渡溪（指大甲溪）後，過大甲社雙寮社，至宛里社。御車蕃人貌甚陋，胸皆雕青爲豹文，男女悉剪髮、覆額，作頭陀狀。規樹皮爲冠，蕃婦耳作五孔，以海螺文貝崁入爲飾，捷走先男子。經過蕃社皆空室，求一勺水不得，得見一人輒喜。自此以北大概略同。至中港社，門外見一牛甚肥，因木籠中，俯首踡足，體展不得。社人謂，是野牛，初就靮，以此馴之。又云，前路竹塹南崁山中，野牛千百爲群，土蕃能生致之，候其馴用之。今郡中輓車牛，強半皆是也。自竹塹至南崁，八九十里，不見一人一屋，求一樹就蔭亦不得。途中，遇逐行麋鹿之隊甚夥。既至南崁，入深箐中，披荆度莽，冠履俱敗。眞狐貉窟，非人類所至也。」及至康熙五十二年許，始有移民進入此地方企圖開墾荒埔。但後來爲保護歸附的平埔族而禁止移民侵耕，且在未開發的高砂族地界，頻遇危害，故大部分的地方仍委之草萊。康熙六十一年巡視台灣道御史黃叔璥的《番俗六考》云：「蓬山八社所屬地，横亙二百餘里，高阜居多，低下處少，蕃民擇沃土可耕者，種芝蔴黍芋，餘爲鹿場，或任抛荒，不容漢人耕種。竹塹後壠交界隙地中有水道，業戶請墾無幾，餘皆依然草萊。往年由大甲溪而上，非縣令給照，不容出境之故也。」又同《台海使槎錄》云：「自竹塹過鳳山崎，一望平蕪，捷足者窮日力乃至南崁。時有野蕃出沒，沿路無村落，行者亦鮮，孤客必請熟蕃，持弓矢，爲護而後行。野水縱横，或厲、或揭，俗所謂九十九溪也。遇陰雨，天地昏慘，四顧悽絕。然諸山秀拔，形勢大似漳泉。若碁置村落，設備禦，因而開闢，則可得良田數千頃。」但實如同時的台灣總兵幕僚藍鼎元的《東征集》所云：「郡城淡水上下必經之地，舍竹塹無他能之。」

按竹塹埔的開發始於康熙五十年代，福佬移民王世傑以竹塹社之地爲根據地，計劃大規模開拓，至雍正年間，附近一帶漸留移民的足迹。雍正元年割諸羅縣治而置淡水廳，分轄大甲溪以北的一帶，雍正十一年創建竹塹廳城。

新竹縣

由日時新竹州新竹、竹東二郡構成，轄下分一市（竹北）、三鎮（關西、新埔、竹東）、九鄉（湖口、橫山、新豐、芎林、寶山、北埔、峨眉、尖石、五峯）。

(1)竹北市

竹北　原稱紅毛田，日時昭和九年（一九三四年），因此地在新竹北方，故改稱「竹北」。此地日時屬新竹郡紅毛庄（今新豐鄉）。

六家　原稱六張犁，日時制度改正時改稱六家，屬新竹郡六家庄。六家庄戰後改隸竹北市。

隘口　在古時設隘的入口，故名。

三崁店　當初有三間店，故名。

犁頭山下　部落在犁頭山腳，故名。犁頭山，則以山形而名。

(2)關西鎮

關西　在鳳山崎溪的上游馬武督溪東岸，原稱咸菜硼街，日時制度改正時改稱關西，因

日本語的「關西」與「鹹菜」均讀做カンサイ之故。

乾隆五十八年(一七九三年)，泉州移民連蔡盛計劃開墾此地，首先開拓河背，因此地山水幽邃妍雅，故名美里莊，但遭受高砂泰雅族的騷擾，翌年放棄，而由平埔竹塹社頭目衛阿貴接辦，地名改稱新興莊，意云「重新興起的荒埔地田園」。嘉慶十七年(一八一二年)於今老街形成街肆，道光初年(一八二一年)開拓附近高砂族地界，同時從事高砂族產物貿易，並興起製腦業，故移民遷居而來者漸增，道光三年建設今新街，九年稱鹹菜甕街，後來以近音雅字寫做鹹彩鳳，最後寫做咸菜硼。

關於地名鹹菜甕的起因，《桃園廳志》云：「新街建設當時，川澤富魚族，猶同食鹹菜，又因其地形象似甕，湊合稱鹹菜甕。」但這是拘泥於漢字義牽強附會的解釋。據竹塹社故老的傳說，是譯自平埔道卡斯族所取馬武督溪東岸高砂族界的地名。

(3) 新埔鎮

新埔 在鳳山崎溪北岸，原屬平埔道卡斯族的區域，稱「吧哩嘓」的荒埔。乾隆十二年(一七四七年)平埔族竹塹社頭目衛阿貴，由竹北一堡舊社沿鳳山崎溪開拓吧哩嘓荒埔而遷居此地。乾隆四十九年廣東嘉應州鎮平的客家移民十餘戶三十人，遷來此地與平埔族雜居，遂形成一小街肆，因是新開拓之埔地，故名新埔。

褒忠廟 原稱義民亭，在今新埔鎮內枋寮。乾隆五十一年(一七八六年)林爽文之亂時，此地方的客家人出力奉公者甚多，清國高宗皇帝乃特賜「褒忠」之匾。當時陣亡者極多，屍體累遍山野，亂平後仍無安葬之地，此時由同籍林先坤、劉朝珍等首倡鳩貲，收埋遺骸，且建廟宇祀其靈。同治年間福建巡撫徐宗幹賜以「同心報國」之匾，光緒年間台灣巡撫劉銘傳亦賜予「赴義捐軀」之匾。後來客家人乃組織一公業團體，名「義民會」，購置田園以充其香燈祭祀之資，相傳至今。

照門　係照鏡、石門二部落各取一字而名者。

(4)竹東鎮

竹東　原稱樹杞林街，蓋昔日此地一帶爲樹林，尤其多有樹杞，故名樹杞林，而樹杞或稱橡棋，故又名橡棋簪。至日時制度改正時，因此地在新竹東邊，故改稱竹東。

嘉慶五年(一八〇〇年)由客家移民老萊湘江開墾此地，道光末年漸成一庄，但向來此地方的中心市場在九芎林，樹杞林僅是農業要地而已，至同治元年(一八六二年)九芎林因屢受竹塹溪的水災，而市街漸趨衰頹，樹杞林庄卻與當時已極殷賑的北埔街有連繫之便，乃取代之而發展成爲古竹北一堡東部的首要市場。

(5)湖口鄉

湖口　原稱大湖口，日時制度改止時簡稱湖口。

昔日此地方到處爲湖水，此庄在大湖的口邊，故名。而大湖庄之名，見於乾隆二十九年(一七六四年)出版的《台灣府志》(續修)。此外，鄉內還有許多關聯著湖水的地名，譬如頭湖、三湖、四湖、番仔湖、羊喜窩、南窩、糞箕窩等皆是。後來在道光年代以前，大湖口附近的湖水乾涸而成陸地，道光元年(一八二一年)噶瑪蘭通判姚瑩的《台北道里記》云：「大湖口，又名糞箕湖，涸湖也。」

(6)橫山鄉

濫子 原寫做濫仔，與湳仔同義，是浸水之地，日時制度改正時改寫做濫子。

(7)新豐鄉

新豐 古稱紅毛港，日時制度改正時簡稱紅毛，屬新竹郡紅毛庄，戰後改稱新豐。《新竹廳志》就紅毛港云：「紅毛港在紅毛溪口，古昔爲屈指港灣，有荷蘭人郎氏等時，寄泊船舶口碑。然於今，港口，土沙塞，水淺淤，不爲繫泊用。」又云：「西曆一六四六年，有荷蘭人破船登陸紅毛港者，自紅毛港附近大庄、外湖庄、埤仔頭庄、頂樹林庄、新庄仔庄等，至接近鳳山崎溪下樹林庄、崁仔腳庄等地，爲其足跡所及，南東斗崙庄內仍留紅毛田(今竹北市)名稱。且觀之自紅毛田北東石觀音庄遞北一帶海濱留紅毛港堡名稱，可知西部海濱地南北一帶悉歸荷蘭東印度會社統治。」惟當時荷蘭人以經營南部台灣爲主，故究竟已否將此地方收歸統治圈內？可疑。但據一六五一年在台荷蘭傳教士的呈報文，其計劃傳教的區域包括 Takeys，即是佔據竹塹埔一帶的平埔族之自稱 Taokas(道卡斯)。

⑻芎林鄉

芎林　原稱九芎林，日時制度改正時簡稱芎林。九芎即紫薇，昔日此地多紫薇，故名。昔日五指山一帶樹林茂生，皆以其多有的樹種爲地名，除爲此地方中心地的樹杞林庄(今竹東鎭)及九芎林庄而外，還有柯子林、赤柯坪、雞油林、籐寮林、花草林等。

乾隆三、四十年代，客家移民開始開拓此地方，沿竹塹溪溯上。至五十年代，北岸的九芎林拓成，並建庄(起初以爲只是設置拓殖公館之地，故稱公館庄)。

軍大王廟　在芎林鄉崁下，創建於同治六年九月，神位稱軍大王。此地初開拓之際，屢遇兇猛的高砂族抵抗，致死者無數，後人因而坐享平成之福，乃建廟以記死者之功，且慰安其靈。

⑼寶山鄉

寶山　原稱草山，日時制度改正時改稱寶山，乃是取自鄉內另一部落寶斗仁的寶字及草山的山字而名。

寶斗仁　賭具撚寶呈正方形，此地街路亦成方形，故名。此庄又名十圍之地，蓋爲昔日柵圍的遺址。

⑽ 北埔鄉

北埔 道光十年（一八三〇年）客家移民姜秀鑾及福佬移民周邦正二人，受官命並獲補助，由福客兩族各醵集一萬二千六百兩，分二十四大股，組織開疆團體，名金廣福，金是保護補助的官方，廣是廣東籍客家移民，福是福建籍福佬移民之意。這個組織規模雖小，但宛若十六、七世紀歐洲人所經營的東印度會社的組織。道光十三年著手墾業，首先設隘防於圓山仔、金山面、大崎、雙坑、茄苳湖、石碎崙、南隘、鹽水港等一線，以爲竹塹城的藩屏。道光十四年更由樹杞林（今竹東鎮）進入北埔，驅逐土著高砂族而爲根據地，再攻略南埔庄、中興庄而至月眉庄，以後開隘四十所，部署隘丁二百名，而越一崙，涉一溪，隨得隨墾，建寮駐丁，開路設庄，縱橫前進。道光二十年許，北埔則爲其中心市場而顯著發展，北東連繫樹杞林而聲息及於九芎林地方，南毗連三灣而與南庄通氣息。

慈天宮 在北埔鄉內，創建於咸豐三年三月，崇祀觀音菩薩。按道光十五年，金廣福推行設隘開疆，同時信仰觀音菩薩，而常祈請佑護，因此乃有建廟之舉。廟內亦從祀慫恿設隘計畫的淡水同知李嗣業及墾首姜秀鑾、姜榮華三人。

⑾ 娥眉鄉

娥眉　原稱月眉，日時制度改正時改稱娥眉。月眉是新月形，娥眉乃是形容女人月眉的文學美辭，此地形如月眉，故名。

⑿尖石鄉、⒀五峯鄉（係戰後新成立的高砂族鄉）

塞夏族　有十八兒、大隘等社。

加那排或上坪前山族　係佔據鳳山溪上游、南灣溪上游及上坪溪的泰雅族，有十八兒、西熬、馬以哇來等社。

メカラン族　係散居於鳳山溪上游的四灣溪及上坪溪沿岸山地的泰雅族。

キナジノ族　係散居於大料崁溪上游山地的泰雅族。

苗栗縣

由日時新竹州苗栗、竹南、大湖三郡構成，轄下分一市（苗栗）、六鎮（苑裡、通霄、竹南、頭份、後龍、卓蘭）、十一鄉（公館、銅鑼、頭屋、三義、西湖、三灣、南庄、造橋、獅潭、大湖、泰安）。

⑴苗栗市

苗栗　原是平埔道卡斯族猫裏社的所在地。乾隆十二、三年（一七四七、八年）許，由客家移民開拓此地，稱猫里庄，譯自猫裏社的社名。據《台灣府志》，起初分別將平埔族社名寫做猫裏，移民庄名寫做猫里，後來兩者混淆而併用。乾隆末年形成街肆，稱猫里街，街內媽祖宮由林璇璣捐款，創建於嘉慶十六年（一八一一年）。同治、光緒年間，此地方的山地興起製腦業，而以猫里街為中心集配市場。光緒十二年（一八八六年）設置苗栗縣於此地，而用近音雅字將猫里改寫做苗栗，以後便稱苗栗街。市街分二區，稱南苗栗、北苗栗。

嘉盛　附近原是平埔族加志閣社的所在地，漢譯做嘉志閣，後來又訛稱為嘉盛。按乾隆十二、三年許，客家移民自西方白沙墩（今通霄鎮白沙屯）及北方後壠（今後龍鎮）進入苗栗地方拓殖，首先開拓西山庄（今苗栗市西山），侵佔平埔族猫裏及加志閣二社，設立猫里（今苗栗）及嘉志閣（今嘉盛）二庄，而將猫裏、加志閣二社合稱為猫閣（苗閣）社。

(2)苑裡鎮

苑裡　原是平埔道卡斯族苑裡社的所在地，苑裡則譯自其社名。乾隆六年（一七四一年）以後始建街，街內媽祖宮由陳韶盛捐款創建於乾隆三十七年。著名的大甲蓆，乃是大甲及此地方的特產品。

苑裡港　是苑裡溪口，俗稱北勢庄，港內水深，最高潮時八尺，最低潮時五尺，退潮時三尺。通常冬季飛沙埋塞港口，船舶的出入杜絕，但夏季因洪水而全然回復。苑裡街即在苑裡港碇泊所的東南方。

房裡（房裡）　譯自原佔據此地的平埔道卡斯族房裡社的社名，雍正末年移民贌得此地開墾，建立房裏庄。乾隆二十九年出版的《台灣府志》（續修）云：「房裏庄即蓬山庄。」因此昔日房裡溪又稱蓬山溪，而此溪之注海處稱蓬山港。

蓬山　又寫做崩山，乃是同音異字的地名，原為大甲、房裡二溪下游流域海岸一帶的總名稱，此名源自此地同名的貓崗。康熙三十六年經過此地的郁永河的《裨海紀遊》云：「大甲社即崩山社。」按分佈於此地方一帶的平埔道卡斯族計有八社，稱蓬山八社，即大甲東西二社、苑裡社、日南社、日北社、貓盂社、房裏社、雙寮社、吞霄社等。康熙六十一年巡視台灣御史黃叔璥的《番俗六考》云：「蓬山番，皆留半髮。傳說，明時林道乾在澎湖，往來海濱，見土番則削去半髮以為碇繩。番畏之，每先自削，以草縛其餘。」此傳說是否屬實不無疑問，但明嘉靖年間海賊林道乾的足跡已及此地的海岸地方，並對平埔族侵暴，似乎屬實。

房裡(房裏)**溪** 源自中部山地，至罩蘭變大，故又名罩蘭溪(雍正年間寫做搭連溝)。其下游過鯉魚潭則分二支，西北而由房裏庄海岸入海者稱房裡溪，西南而注大安港者稱大安溪。《淡水廳志》云：「受內山之水，直趨至火炎山，山勢屈曲，匯為深潭，曰鯉魚潭，至山角口，水勢復氾濫，其近房裏者，為房裏溪，近大安者，為大安溪，又名頂店溪，或水驟大，四散奔騰，分決難測。」

蓬山港 在房裡溪(又名蓬山溪)注海處，即房裡的海口，雍正九年開為島內貿易港。乾隆二十九年出版的《台灣府志》(續修)云：「蓬山港，無大商船停泊，惟台屬小商船，往來貿易。」當時房裡靠此港而發展，但後來港口全然沖積土沙，而不適於船舶出入。

猫盂 地名譯自平埔道卡斯族猫盂社的社名。雍正十年清政府討伐平埔大甲族平息後，猫盂社被改稱興隆社。雍正末年，移民贌得猫盂社的土地開始開墾，建立猫盂庄。

(3)通霄鎮

通霄 古寫吞霄，在通霄溪北岸，而通霄溪口即是通霄港。此地原是平埔道卡斯族吞霄社的所在地，通霄的名稱則譯自其社名。此地早在康熙中葉就有移民的足跡，但至乾隆初年由客家移民開拓此地的南勢、北勢、梅樹腳等諸庄後，才形成街肆。又通霄港是一小港，水深最高潮時九尺，最低潮時五尺，退潮時僅三尺，十二月至翌年三月北風季時，港口被飛沙埋塞，不適於船舶出入，但六、七月常因洪水洗去堆沙而復原。

福興　乾隆三十八年(一七七三年)許，猫盂社人開拓福興庄，以爲其遷居地區，後來改稱興隆社。

土城　乾隆二十二年許，客家移民詹旺觀前來開拓此地(當時築土城以防備高砂族，地名因此而起)，但因蒙高砂族害甚大，故中途而廢。後來於嘉慶十一年(一八〇六年)房裡及猫盂二平埔族社招徠移民從事開墾，遂告成功。

白沙屯(白沙墩)　此地白沙堆積，故名。後龍至白沙屯海岸一帶，是在雍正九年(一七三一年)許由福佬移民拓成。

五里牌的羊寮　又名悠吾，似乎是高砂族語的地名。

(4) 竹南鎮

竹南　原稱三角店街，因此地在新竹南方，日時制度改正時改稱竹南。

營盤邊　附近古設營盤(屯營)，故名。

鹽館　係拓殖之初設鹽館(鹽的批發所)，故名。

中港　在中港溪口，面西，水不太深，漲退潮時相差甚大，不具港灣的天然條件，惟三面爲丘岡所圍繞，可爲船舶避風所，且原竹塹(今新竹)地方的開發，主要依靠由(新竹)舊港及中港登陸的移民，故雍正九年(一七三一年)開爲島內貿易所。乾隆二十九年出版的《台灣府志》

(續修)云:「無大商船停泊,惟台屬小商船,往來貿易。」又同治九年出版的《淡水廳志》云:「口門闊三十五丈,深一丈二尺,潮漲至進口十里而止,竹泊三五百石船,出入在半里許,大船遇風,多泊口外。」光緒年間,由於中港溪的運沙作用,此港漸漸埋沒。

中港街位於稍離港口東北方,原是平埔道卡斯族中港社的所在地。乾隆三十年(一七六五年)許,漳州移民許山河等十餘戶三十人,由香山地方南進而來開拓以後,此地成為中港的貨物集散地,而在嘉慶末年至道光中葉期間,商業極為殷盛。

古來,佔居此地方一帶的平埔族,利用天然沙濱從事天日製鹽。《淡水廳志》云:「近如中港後壠各地熟蕃,有挑沙瀝鹵自煮鹽,官不徵課,蓋社蕃歸化時,曾奉准聽其煮鹽海自食也。」

中港溪 上游稱大東河,發源於中部山地,與來自南方的南河滙合,於南庄漸為巨流,出龍門口,至內灣庄(在今三灣鄉),合月眉溪,稱中港溪,西流而由中港注海。

(5)頭份鎮

頭份 古寫頭份,日時制度改正時改寫頭分,戰後復原寫做頭份。乾隆四年(一七三九年),泉州移民林耳順糾合福客兩族的移民三十餘人而為墾首,由香山地方前進開拓,首先建立蟠桃庄。乾隆十六年,廣東嘉應州鎮平客家移民林洪、吳永忠、溫殿王、黃日新、羅德達等墾成頭份與中港間的地方,據稱搭蓋田寮者有五十餘戶二百餘人,這是田寮庄建置的基礎,而為開拓此地方的根據地。其次,自頭份起,開拓二份、三份、四份、五份等地。三十年,鎮平客家移民吳有浩，開拓頭份北方的茄苳坑而成立東興庄。三十六年，同族徐德來在頭份北方建立興隆庄。按所云的份，指墾成土地的股份而言。

斗換坪　嘉慶十年（一八〇五年）許，客家移民黃祈英前來此地，開始與高砂族做物品交易，獲得族人信賴，被允許進入高砂族地，遂娶高砂族女爲妻，仿其習俗，改名斗乃。嘉慶二十年首先開墾三灣的荒埔，後來溯中港溪而進入南庄，招徠同伴著手開墾其地。因是斗乃與高砂族從事交換的坪地（斜坡地），故名斗換坪。南庄人黃煉石的〈南庄開闢來歷緣由〉云：「外山未靖，而內山先闢者，寔出於黃祈英，即俗名斗乃一人之力也。前在嘉慶十餘年時，從南庄田尾，至南埔三灣內灣一帶，尙屬生蕃，僅斗換坪之地，開闢已成，蕃人皆至其地而交易，故名曰斗換坪。黃祈英於嘉慶十餘年間，從廣東嘉應州，隻身渡台，即至斗換坪與蕃人交易作活，久而氣誼相投，蕃人遂邀祈英來田尾，祈英即娶蕃女，耕種爲涯，不數年而生二男一女，男一曰允明，一曰允連，祈英時外出交易，會彰化人張大滿、蔡細滿，來移大河底居住，與祈英交好，後三人約爲兄弟，祈英即邀二人，入南庄，亦娶蕃女撫蕃，遂將南庄地方，開田成業。」如此，嘉慶末年至道光初年，向此地域移殖的移民漸增多，其中亦有以此未開的高砂族地做爲逋逃藪叢者。

(6) 後龍鎭

後龍　原寫後壠，日時制度改正時改寫後龍。此地在距後壠港東方一公里許的北岸，原是平埔道卡斯族後壠社的佔居地，後壠的地名譯自其社名。康熙末年許，泉州福佬移民瞨得此地，建立後壠庄。雍正九年許，後壠港開闢航路，船舶得自港口上溯至後壠附近，乃促使此地發展，至乾隆二十年(一七五五年)代形成市街，而後壠街之名，見於乾隆二十九年出版的《台灣府志》(續修)。街內媽祖宮據傳由林進興倡建於乾隆三十三年。

後壠港 位於後壠溪注海處，爲後壠、苗栗二街的呑吐港。港口向西，其西方海上有一暗礁，且港內不甚廣，並非良港。《淡水廳志》云：「後壠港，口門較小，內港闊二十餘丈，深八九尺，大船不能進口。」雍正九年(一七三一年)開爲島內貿易港，至同治初年(一八六一年)許，積重八百石內外的船舶尙可上溯至距港口約十町處，但後來因從上游流下的土沙及近傍丘岡的飛沙沖積，而使河底漸趨埋沒，且沿岸屢受洪水破壞，致河身變動，乃將碇泊所移往港口南岸的公司寮附近。此港日時被指定爲特別輸出入港。

新港 原是平埔道卡斯族新港社的所在地。

溪洲 在公司寮對岸。嘉慶初年，由於附近數里間樹木繁茂，從而無風沙之害，且土地適耕作，故爲百戶以上的一大村庄。後來庄民濫伐天然防風林開墾水田的結果，不數年，土地便乾燥，水田變荒蕪，加之田園家屋爲冬季北風帶來的土沙所埋沒，致人家減少而僅存三十餘戶，其餘皆移轉於公司寮。而公司寮在咸豐年間只有二三漁家而已，但隨著後龍港的碇泊所遷來，人家大增。

(7)卓蘭鎮

卓蘭　原寫罩蘭，日時制度改正時改寫卓蘭。罩蘭，譯自平埔巴則海族的地名，雍正年間的契字記做搭連。

罩蘭地方是罩蘭溪東岸的橫谷，早在乾隆四十八年（一七八三年）許，客家移民便企圖由東勢角（今台中縣東勢鎮）移殖此地，但因高砂族害而中止。繼而成爲平埔巴則海族岐仔社的遷居區。嘉慶年間，居住東勢角的客家移民江復隆率領同族遷入此地，著手開墾，但其東北接界尙屬高砂泰雅族的區域，屢受襲擊而無寧日，業半而廢，將此地讓給廖似寧他去。廖似寧則想取信於高砂族而講和，首先在俗稱上新庄設社寮，開始交易，且致力於綏撫，刻苦經營，才得完成一部分的開拓。以後客家移民移殖者益增，及至道光年間，同族廖天送率領很多民壯到此大事擴張拓殖區域，罩蘭則隨之形成中心市場，但同時亦與泰雅族頻仍發生衝突，在道光至光緒年間，和和戰戰，經過好幾次激烈的戰鬥，譬如光緒十年（一八八四年）八月，泰雅族四百餘人蜂擁而來襲擊卓蘭，自晨戰至午，雙方死傷慘重。及至光緒十二年，中路棟字隘勇營分駐此地，始得漸保小康。

光緒十五年，巡撫劉銘傳輸入呂宋種的煙草，試植於台灣，棟字軍統領林朝棟則獎勵種植於罩蘭地方，因地味適合，罩蘭煙草（後來依運出地而稱後壠煙草）俄然成爲本島產最優異者，但後來因忽略獎勵而歸頹廢。

(8)公館鄉

公館 於嘉慶二十三年拓成，起初設置墾戶公館，地名因之而起。

石圍墻 位於後壠溪東岸，嘉慶二十三年(一八一八年)客家移民吳琳芳爲墾首，分八十股配給佃戶開墾此地，起初築石圍爲墻，以防遏高砂族害，故名。石圍墻庄拓成後，繼而開拓公館庄附近。

(9)銅鑼鄉

銅鑼 原稱銅鑼灣，日時制度改正時簡稱銅鑼。此地正當通往通霄、苑裡等海岸地方的要路，嘉慶初年(一七九六年)許，爲客家移民所開拓。

(10)頭屋鄉

頭屋 原稱崁頭屋，此地房屋建在崁頭(崖上)，故名。日時制度改正時簡稱頭屋。

(11)三義鄉

三義 古稱三叉河，因在溪流成三叉之處，故名。日時制度改正時簡稱三叉，戰後再改稱三義。此地係通往大湖方面的要路，嘉慶初年爲客家移民所開拓，附近丘地的氣候地味最適於茶樹的生育，古來被視為有望之地，及至日時縱貫鐵路開通後，因與製茶中心市場的台北大稻埕有了連繫，故茶業益趨盛大。

鯉魚潭　南東北三面為山崗所圍繞，僅開於西面一邊而為天然的城廓。道光二十五年（一八四五年）平埔巴則海族岐仔社從豐原附近遷來開拓此地，移民則依其地勢，稱此地為番仔城。

⑿西湖鄉

此鄉日時稱四湖庄，屬新竹州苗栗郡，鄉內三湖、四湖、五湖等地名皆以湖的位置次序而起。

⒀三灣鄉

三灣　明末鄭時永曆三十六年，北部平埔族在運送兵餉抵雞籠時，不堪督運的鞭韃而作亂，屬道卡斯的新港社及中港社、後壠社二社的一部分亦響應之，因而受勇衛左協陳絳的討伐，遁入東邊的山陬，以南庄及田尾為中心，割據三灣、大南埔、獅潭各庄一帶（後形成賽夏部族）。

清嘉慶二十年（一八一五年），上述的斗乃開拓三灣後，溯中港溪而進入南庄。此鄉內三灣、內灣的地名俱依其地勢而命名。

⒁南庄鄉

南庄 南庄是中港溪支流大東河流域的丘地，四面以山岳圍繞，唯西北龍門口一邊，由大南埔向三灣開通。

嘉慶二十年，上述的斗乃進入南庄後，招徠同伴進行開墾。嘉慶末年至道光初年間，移民愈來愈多，但其中亦有以此未闢的高砂族地界為逋逃藪叢者。道光六年四月，彰化縣下勃發福客分類械鬥時，亦有客家人逃入南庄的高砂族地，與斗乃結托，煽動平埔族，由斗乃領率，前往中港方面騷擾。時閩浙總督孫爾準來台，派大兵赴高砂族地鎮壓，拏獲斗乃等處以死刑，並拆毀寮舍。於是為預防高砂族滋事，設隘於此地帶，撥派把總一員駐屯，並大事鼓勵福客兩族的移民入墾。以後此一帶的開疆移殖顯著進展，至道光十三、四年許，南庄遂形成一市場。

光緒六年許，南庄內地的平埔族與移民交通既久而趨向歸化，地方士紳陳朝綱及黃南球等乃先使西南境獅潭地方的平埔族歸化。其次，三灣的墾戶陳禎詳企圖使南庄內地的平埔族歸化，以著手拓地，官亦准許之，乃試勸誘平埔族，但當時平埔族表面上順從，最後卻不接受，其實是欲擁戴資力充足的官紳。於是，福建巡撫岑毓英乃給與道銜分部郎林汝梅（新竹人）南庄未墾地的墾照。林乃聯合與福佬籍張姓合夥之金東和，從事墾地防隘，但十年三月平埔族反抗，襲擊林之公館，塞其通路，並包圍隘寮佃戶。時其隘丁佃民八十餘人，進退維谷，新竹縣知縣同志侃乃諭飭客家人黃南球協同籍人黃龍章，糾合丁佃三百餘人，乘夜襲後，遂解圍。而林的事業至此頓挫，南庄的勢力則歸黃龍章。當時南庄內地、虎頭山至大崎（後來稱辛抱坂）一帶爲北獅里興社的頭目絲大尾一族所據，大崎以南至小濇一帶爲南獅里興社的頭目阿拐一族所據，獅頭驛至大東河的一帶爲獅頭驛社的頭目張有淮一族所據，但至此各頭目皆自行招募移民及平埔族人的佃戶，開墾其地。

⒂造橋鄉

造橋　在尖山西邊，以木炭產地著名，附近一帶多爲天然氣噴出池，譬如在其東南一里餘的赤崎子，俗稱錦水的狹谷水田及溪中，到處發散瓦斯，其中也有帶臭油味者。造橋山邊一帶是在雍正九年許由客家移民開拓，以東尙是平埔族的佔據地，故自南方通霄至後壠背後山崗起，經苗栗至東方一帶，築有土牛以防備平埔族。

⒃獅潭鄉

獅潭　係光緒九年許由苗栗的客家移民黃南球開拓，建立俗稱新店之地，地名依潭形而起。鄉內桂竹林及八角林三部落，亦於同年許由客家移民劉宏才開拓。

⒄大湖鄉

大湖 昔日以大湖爲中心，北至獅潭窪地，南至罩蘭溪的北岸河丘、壢西坪的地方，爲高砂泰雅族的根據地，至嘉慶末年全屬未開拓的地區。咸豐初年(一八五一年)，客家移民吳立傳在雞隆山下建立雞隆庄，但屢受東界的高砂族侵害，吳立傳亦曾受傷。咸豐十年，吳立傳率領壯丁試圖越山侵攻高砂族，竟發現此地平衍，開拓有望，及至咸豐十三年，率領佃戶四十人進攻，經過三次激烈的衝突後，遂將佔據草崠山及水尾坪附近的高砂族逐出於東方大小南勢山地，而將此地依其地勢名大湖，並建立街肆。但以後仍屢受高砂族的侵害，故設隘加強防衞外，並大募佃戶擴展區域，且從事製腦事業。而在咸豐十一年至同治十一年之間，被高砂族殺害者多達八百餘人，因此在街西土名公館庄建一廟，名義民廟，以合祀殉難者。後來，由苗栗客家移民黃南球開拓大湖南方的南湖。

⑱泰安鄉(高砂族鄉)

日時竹南郡下有賽夏族的大東河、構屏背等社，及泰雅族的鹿場社。大湖郡下有泰雅族汶水部族的八卦力、沙核暗、打必曆等社，大湖部族的冒巴多安等社，及北勢部族的蘆翁、蘇魯等社。

【附記】 **日時新竹州**(今桃園、新竹、苗栗三縣)**內的高砂族語山名：**

・バボノ、ルペ(挿天山)：バボノ是山嶺，ルペ是草蓆，即草蓆山之意。此山是北部主山，高峻屹立於雲中，故移民稱之爲挿天山。

・バボノ、バラホイ(枕頭山)：バラホイ是蓮草，即蓮草山之意。移民依山形，名枕頭山。

・パツパク、ワノカ(大霸尖山)：パツパク是耳朶，ワノク是破裂，即破耳山之意，蓋此山的山頂有一巨巖隆起奇形，狀如耳朶破裂，故名。高砂族以此爲靈山而加以崇拜，古來有許多傳說。

・ナギハウ(鵜公髻山)：賽夏族語ナギハウ是高山之意，此山是此族佔據區域中的主山，故名。鵜公是蜈蚣的雅名，髻是雞冠，此山狀如鋸齒(蜈蚣齒)，故名。

・ピノヒヨケン(加裡山)：賽夏語ピノヒヨヨン是好眺望之意，蓋此山在此族佔據區域中，山容最秀逸，故名。其中腹地帶稱ウアクウアク，係鹿場之意。又一地稱キナエ，係看守之意，蓋在狩獵露宿時，常置看守於此地以防備敵族襲擊，故名。山麓有一地稱ガポノ，係岩窟之意。

・ララノイ(向天湖山)：ララノイ是蟬之意。此山多蟬，故名。

台中縣

由日時台中州豐原、東勢、大甲、大屯四郡構成，轄下分二市(豐原、大里)、五鎮(東勢、大甲、清水、沙鹿、梧棲)、十四鄉(霧峯、太平、烏日、石岡、新社、潭子、大雅、神岡、后里、外埔、大安、龍井、大肚、和平)。

(1)豐原市

豐原 原稱葫蘆墩街，日時制度改正時改稱豐原，意云豐裕的平原，蓋此地爲著名的葫蘆墩米產地，故名。

此地原屬平埔巴則海族岸裏九社的葫蘆墩社的所在地，葫蘆墩係音譯自平埔族語。乾隆初年由漳州府詔南移民廖舟創始開拓的端緒，乾隆二十九年(一七六四年)出版的《台灣府志》(續修)所云的岸裏新庄是也。府志又云：「猫霧捒堡內，有新莊小市。」可知在此年代以前，此地已形成肆店，而葫蘆墩街的名稱見於嘉慶年間的契字，同街內慈濟宮(祀媽祖)創建於嘉慶十年五月。此地不僅爲中部台灣的米穀大集散地，又因東方靠近東勢角街(今東勢鎮)，故並爲林產物，尤其樟腦的集散地，而早就極爲殷賑。

關於葫蘆墩的地名如上所述，譯自平埔族語，但吳子光的《一肚皮集》云：「葫蘆墩地，鄰東勢，非山、非邨，亦山、亦邨，固揀東上游大聚落也，墩高數十丈許，形頗似倒葫蘆，故名。」這是拘泥於漢字義牽強附會的解釋。

今豐原市轄下各地昔日皆屬平埔巴則海族社的故址，如下：

大湳　原大湳社，咸豐八年（一八五八年）遷往埔里地方。

翁子　原翁仔社。（台灣語翁仔讀做 ana，係娃娃之意，但此社名譯自平埔族語）。

烏牛欄　原烏牛欄社，道光三年（一八二三年）遷往埔里窪地的烏牛欄。烏牛欄譯自平埔族語，此社遷居前後的兩地，俱用此社名。

朴子口　原樸仔離社，後來遷往埔里地方的大湳及蜈蚣崙。樸子同朴子，係日時制度改正時改寫者。

社皮　原蔴裡蘭社。

西勢　原西勢尾社。

(2)大里市

大里　原稱大里杙街，日時制度改正時簡稱大里。此地原爲移民與平埔族雜居的荒埔，乾隆年代初葉始由客家移民著手開拓，至乾隆五十年（一七八五年）代，與今鄉內的內新庄、涼傘樹及今霧峯鄉內的柳樹湳，並稱爲四大庄，同時建立太平庄（今太平鄉）及今鄉內的番子寮、塗城等部落。乾隆五十一年，林爽文則以此地爲其倡亂的基地，《彰化縣志》云：「大里杙，逼近內山，溪磡圍抱，藏奸其中，吏不能問。」翌年十一月，林黨戰敗退守此地，內列高壘土城巨砲，外設木柵兩層，且溪磡重疊，甚難攻陷。時將軍福康安分軍兩路夾攻，遂破之。林爽文則攜眷，越東南火炎山，逃竄高砂族界，乃剷平大里杙的城塹。亂平後，大里杙的街市始漸趨發展，而道光十二年（一八三二年）柳樹湳汎移駐此地。

(3)東勢鎮

東勢 原稱東勢角，日時制度改正時簡稱東勢。按大甲溪上游流域的縱谷一帶，其地勢向東邊開一境，古來稱東勢角，原爲平埔巴則海族樸仔籬五社的分佈區域。此地又靠近高砂泰雅族地，即大甲溪的一支流中科山溪以東全屬其區域，到處爲鬱蒼的森林所蔽。康熙六十一年巡視台灣御史黃叔璥的《番俗六考》云：「樸仔籬，逼近內山生蕃，間出殺人。」乾隆四十年（一七七五年）客家人劉啓東使同族潮州府大埔人曾安榮、何福興、巫良基等率領同族移民，企圖開拓此地方，首先建立石崗庄（今石岡鄉），築土堆於其東方，以防高砂族害，今石岡鄉土牛即是其遺址。又與附近的平埔族簽訂和約，於四十三年設社寮於社寮角庄（屬今石岡鄉），以客家人劉中立、薛華梅爲番割（高砂族通事），從事交易。另一方面，越大甲溪而前進，伐木墾地，建立今東勢鎮外的上辛、下辛二地。當時泰雅族的抗拒益甚，遇害者以百計，乃築銃櫃（防隘）於此地二十所，部署壯丁六十名，以保護移民。至嘉慶初年（一七九六年）移民益增，移殖區域向高砂族地界推進，遂形成一街，名匠寮街。嘉慶十三年潮州府饒平客家移民劉阿滿，招募平埔族二百餘人，著手開墾新伯公庄，二年後墾成。然而在此期間，高砂族害頻頻接踵而至，乃遠在界外築石圍以爲防堡，而進行開墾，二十一年始拓成一庄，名石城庄。翌年客家移民劉振文、張龍登、林時秋、林勱古等合資招徠民壯，私設隘，遂墾成新城庄。後來，石城庄改稱下城庄，新城庄改稱上城庄。道光年間，高砂族地界製腦業發展的結果，交通更加頻繁，乃於道光十四年(一八三二年)創設東勢角義渡，以濟行人。光緒十二年(一八八八年)設置撫墾局於匠寮街，稱東勢角撫墾局。日時因此街爲東勢角地方的主腦地，故名東勢角街，後來制度改正時再簡稱東勢。此地實是台中地方東部一帶林產物，尤其樟腦的集中市場。

石圍　乾隆五十七年客家移民王振榮、陳亮等計劃開拓此地，卻受高砂族害而中止。嘉慶七年客家移民林時獻等四人設隘以爲防備，遂拓成此地。起初築石圍爲防墻，故名石圍墻，至日時制度改正時簡稱石圍。

新伯公　如上述，嘉慶十三至十五年，由客家移民劉阿滿開拓此地。當新開墾土地之際，首先建祠以奉祀伯公(土地公)，故名。

番社(新伯公)　原爲平埔巴則海族大馬僯社的故址。此社於道光三年(一八二三年)遷往埔里地方。

(4) 大甲鎮

大甲　在大安、大甲二溪下游的中間，原爲平埔道卡斯族大甲社的所在地，大甲的地名則譯自其社名。

大甲社爲蓬山八社之一，原分二部落，一在今大甲鎮外大甲東(今外埔鄉)附近，一在今大甲鎮內番子寮附近，移民則分別稱之爲大甲東社及大甲西社。康熙四十五年(一七〇六年)始由福客兩族建立一雜居的小街肆。雍正九年(一七三一年)十二月，以此地爲中心，由大甲西社發動平埔族的騷動，使移民的移殖蒙受甚大的打擊，翌年平息後，大甲西社被改稱德化社，大甲的社名乃專指東社。乾隆二十九年(一七六四年)出版的《台灣府志》(續修)出現「大甲庄」之名，故此時尚未甚發展，乾隆三十五年由林對丹等創建媽祖廟以後，才做爲市街地而漸趨發展，嘉慶二十一年(一八一六年)移置巡檢於此地後，始稱大甲街，道光元年(一八二一年)出版的噶瑪蘭通判姚瑩的《台北道里記》云：「大甲街，民居頗稠。」道光七年，士紳林聰、林甲成等首倡築城堡於四圍，而成爲大安港的物貨集散市場。

荷蘭人所云的Takais，係指分佈於大甲溪以北至新竹地方的海岸平原一帶，自稱Tao-kas(道卡斯)的平埔族。

日南　原爲平埔道卡斯族日南社的所在地。

雙寮　原爲平埔道卡斯族雙寮社的所在地。

銅安厝　即同安厝，係同安縣移民拓成之地？

(5)清水鎮

清水　原稱牛罵頭街，日時制度改正時改稱清水。此地原爲平埔巴瀑拉族牛罵社的所在地。雍正末年移民瞨得此地而建立一庄，名牛罵新庄。牛罵之名譯自平埔族語，而牛罵街的名稱，見於乾隆二十九年出版的《台灣府志》(續修)，可知那時已經形成一市肆，後來因此街在牛罵社的社頭，故名牛罵頭街。雍正十年(一七三二年)，大甲族遭受清國政府討伐，平定後，牛罵社被改稱感恩社。

此地起初由福客兩族合墾而成，至乾隆五十一年發生林爽文之亂時，此地及附近的客家人紛紛避難，遷往今豐原、東勢地方。此鎭介在豐原與東勢二市鎭及梧棲港的中間，古來做爲其中繼市場而發展，道光元年出版的噶瑪蘭通判姚瑩的《台北道里記》云：「牛罵頭，民居稠密，有街市館舍。」

(6)沙鹿鎭

沙鹿　原寫沙轆，日時制度改正時改寫沙鹿。此地附近原屬平埔巴瀑拉族沙轆社的所在地，沙轆則譯自其社名。此社在雍正十年(一七三二年)大甲平埔族暴亂平息後被改稱遷善社，後來遷往埔里地方。

據康熙六十一年巡視台灣御史黃叔璥的《番俗六考》，鄭時半線(今彰化)鎭將劉國軒曾討伐沙轆社，云：「沙轆社原有數百人，爲最盛。後爲劉國軒殺戮殆盡，只餘六人潛匿海口，今生齒又有百餘人。」康熙三十六年郁永河最先旅行此地，由今大肚經沙轆而通過牛罵頭(今清水)。

黃叔璥亦曾北巡至此地沙轆社，《番俗六考》云：「余北巡，至沙轆，（中略）次早將還郡治，士官遠送，婦女咸跪道傍，俯首高唱，如誦佛聲，詢之通事，則云祝願步步好處，一社攀援有戀戀意，抵郡後聞將社名喚作迴馬社，以余與吳侍御（吳達禮）北巡至此迴也。」至康熙末年移民始入此地方，企圖開墾。雍正初年，移民嚴玉漳瞨得南簡庄（屬今梧棲鎮）一帶開拓。乾隆初年（一七三六年），沙轆附近出現移民部落，稱沙轆新庄。而沙轆街的名稱，見於乾隆二十九年出版的《台灣府志》（續修）。

⑺梧棲鎮

梧棲　地名譯自原屬平埔巴瀑拉族語。此地在大甲、大肚二溪口的中央海岸區，昔日源自大肚山的牛罵溪，潮水深浸入而有船舶碇泊之便。乾隆三十五年（一七七〇年）許，始有從對岸福建前來一商船經營貿易。乾隆五十年代，梧棲港（《彰化縣志》寫做五叉港）的街市漸成，而與數年前新開於大肚溪口的塗葛堀港並立，梧棲港爲北方的要港，塗葛堀港爲南方的要港，彼此相對峙而極爲殷賑。然而道光初年以後，隨著此附近一帶荒埔的開拓，水圳四方縱橫開鑿的結果，流沙埋沒港口，以後漸漸淤淺堆積，乃自然地失去港灣的價值。至咸豐年間，船舶出入全然斷絕，而專集中於其南港的塗葛堀，後來塗葛堀港亦斷絕船舶的出入。惟古來此港做爲此地方的貿易港，其名甚膾炙人口，故斷絕船舶出入後，仍不稱塗葛堀而稱梧棲，甚或被誤認爲兩者是同港異名。日時亦自現實的水路上及交通上的關係，視兩者爲同一港，而指定做特別輸出港。現今涂葛堀屬龍井鄉。

(8)霧峯鄉

霧峯　原稱阿罩霧，日時制度改正時改稱霧峯。按乾隆七年(一七四二年)許，溪東柳樹湳的高砂族地界殆乎已全開，漳州府平和縣福佬移民林江乃率領同族渡台，由大里杙庄(今大里市)向高砂族地界南進，贌得貓羅社(在今彰化縣芬園鄉舊社)的土地，建立一庄，名貓羅新莊，後來有一時稱霧峯庄，最後稱阿罩霧，而阿罩霧之名，譯自高砂族語地名アタアヴ。至日時又回復舊名霧峯。

丁台　昔日寫做登台，係與柳樹湳同時由潮州府大埔客家移民開拓的部落。

萬斗六　按土著平埔Arikun族，由於土地逐漸爲移民所侵佔，乃於嘉慶二年(一七九七年)退往南方開拓遷居地，名萬斗六社，至道光末年大部分又遷往埔里地方的枇杷城，移民便聚居於此地。

(9)太平鄉

太平　於乾隆五十年代建庄，原稱太平庄，至日時制度改正時改稱太平。

(10)烏日鄉

烏日 或寫湖日，其位置當台中、彰化二市街的中路，爲中部地方產米的集散地。《彰化縣志》〈人物志〉云：「李安善，祖籍嘉應州人，其祖於康熙間嘗募鄉勇，從征朱一貴之亂，以軍功授職，入彰化開墾草地，遂家北庄。」北庄屬今烏日鄉的一部分。

溪心埧 客家人所云的埧是溪埔之意。此地是溪中心的埔地，故名。

(11) 石岡鄉

石岡 古稱石崗仔庄，日時制度改正時簡稱石岡。乾隆四十年(一七七五年)，客家人劉啓東使同族潮州府大埔人曾安榮、何福榮、何福興、巫良基等率眷渡台前來此地方，計劃開墾，首先建立石崗仔庄，並在其東方築土堆，以防高砂族。今鄉內的土牛部落就是其遺址。土牛係土堆，其狀如臥牛，故名。

社寮角 係平埔巴則海族社寮角社的故址，此社後來遷往埔里地方。乾隆四十三年(一七七八年)，移民先與平埔族講和，設社寮於此地，以客家移民劉中立、薛華梅爲番割(高砂族通事)，進行交易。社寮角的地名，因此而起。

(12) 新社鄉

山頂(馬力埔) 係平埔巴則海族山頂社的故址。山頂之名譯自サントントン。

水底寮 係大甲溪上游流域的谷地，原來屬平埔巴則海族樸仔籬五社一小社水底寮社的佔據地。乾隆三十七年(一七七二年)，漳州福佬移民林潘磊率領民壯百餘人，由今太平鄉頭汴坑進入此地，著手開墾其一部分，稱慶西庄。但土著平埔族不悅，百般抗拒，被害不少。乾隆五十一、二年林爽文之亂時，有林黨逃入此地，移民則或黨之，或避難他去，致林潘磊力盡，棄地他去。嘉慶二十年(一八一五年)許，客家移民劉半立等，與平埔族訂約贌地企圖開拓，但不久亦與平埔族衝突，中途而沮喪。道光六年(一八二六年)，客家移民彭阿才、陳官壽率領民壯三十餘人，由今石岡鄉進入，壓迫平埔族並侵佔其地，啓開開墾的端緒。繼而同族張阿吉、張捷和、張阿苟一族亦來協力，將向南方高砂族界擴展區域時，受到高砂泰雅族的抗拒，蒙害甚大，乃設隘防禦，道光十年十月以通事鍾阿生爲仲介講和，才得稍安無事。在此前後，客家移民蘇賢才、張寧壽、張德正、陳立盛、葉華雲等二十餘戶，越過大甲溪，採伐當時蓊鬱的森林，建立一庄名慶東庄，並墾成二十八甲的田園。其次開拓東南的荒埔，名慶福庄，但道光十五年受到泰雅族的襲擊，三十餘人被殺害，乃棄地而退返慶東庄。以後亦屢受高砂族害，及至光緒十二年(一八八六年)，中路棟字隘勇營分駐於此地各處後，墾地製腦的事業才漸興起。

⒀潭子鄉

潭子　原稱潭仔墘，日時制度改正時簡稱潭子。此地原屬平埔巴則海族阿里史社之地，故俗稱阿里史，阿里史社後來遷往埔里地方的烏牛欄。雍正末年許就有客家移民的足跡及於此地，至日時成爲僅次於葫蘆墩(今豐原市)的產米集散地。

鄉內頭家厝、甘蔗崙、茄荎角等村落，係於雍正元年(一七二三年)由彰化地方的墾首客家人張萬振等，自平埔族購得未墾荒埔而拓成者，校栗埔則於嘉慶十五年(一八一〇年)由客家人林時猷等拓成。

⒁大雅鄉

大雅 原稱垻雅街，日時制度改正時稱大雅。此地於道光年間做爲往葫蘆墩街(今豐原市)及牛罵頭街(今清水鎮)的通路而拓成。

⒂神岡鄉

神岡 原寫神崗，日時制度改正時改寫神岡。

大社 爲岸裡(或寫岸裏)大社的故址，日時明治三十六年(一九〇三年)土地查定時，省略岸裡二字，簡寫大社。(詳看附記：岸裡大社)

⒃后里鄉

后里 建立在原佔據大甲溪北的平埔巴則海族蔴薯社的後面，故名。又后里鄉日時稱內埔庄，隸屬台中州豐原郡。

舊社　係蘼薯社(北社)的故址。

⒄外埔鄉

鐵砧山脚　係於康熙四十年(一七〇一年)代，由客家移民拓成，因在鐵砧山麓，故名。

大甲東　原是平埔道卡斯族大甲東社的所在地。

鐵砧山　在大甲鎮外，海拔二百三十六公尺，《台灣府志》云：「鐵砧山，頂員而平，故名。」《淡水廳志》云：「鐵砧山，一名銀錠山，自大甲視之，不高，然欲泊船大安，既見鐵砧半日，方到，又爲治東南之鎭。」山上有一叢祠，祀鄭成功的神位，乃是鄭時鄭將駐屯之所，祠畔有一古井，其旁有小碣，刻有國姓井三字。《淡水廳志》云：「相傳，僞鄭屯兵大甲，以水多瘴毒，乃拔劍砍地得泉，味清冽。」又同治五年(一八六六年)林豪的《東瀛紀事》就同治元年戴萬生之亂，賊首林日成據鐵砧山時之狀云：「日成登鐵砧山，山上固有國姓井，相傳明末鄭成功，嘗拔劍斫地，井泉湧出，劍尚埋井中，日成信之，乃祭而祝曰，日成若得大事，劍當浮出，若無成，即以一砲相加可也，祭畢進犯社尾庄，兵勇力拒之，日成中砲，折兩齒乃遁。」

⒅大安鄉

大安港　在大安溪口，明代稱海翁窟港(海翁＝鯨魚)，係《台灣府志》所云的螺施港，原爲一安全的碇泊所，故名大安港。此港於雍正九年(一七三一年)開爲島內貿易港，當時水深，方便於大船出入，而與南方大安溪的支流溫寮溪及龜殼溪注海處之腳踏港，並立爲大甲鎮的物貨吞吐港，後來變淺窄，僅可供小船出入。道光二十年（一八四〇年）台灣道姚瑩〈致台灣十七口設防狀〉中云：「大安港，昔年水口寬深，內地大商船可到，今淺窄，惟數百石小船出入。」又同治九年（一八七〇年）出版的《淡水廳志》云：「大安港小口，離深水外洋十餘里，口門闊二十餘丈，深七八尺，港內無山包裹，多石汕，忌溪流衝擊，春夏可泊水舟。」

(19)龍井鄉

龍井　原稱茄投庄，日時制度改正時取庄內龍目井的頭尾字，改稱龍井。龍目井係此鄉內的古蹟，《彰化縣志》云：「龍目井，泉清味甘，湧起尺許，如噴玉花。井旁二石，狀似龍目，故名。里人環井居，竹籬茅舍亦饒幽致。」

塗葛堀　塗葛堀港在大肚溪口，開於西北，塗葛堀（《彰化縣志》寫做塗墼堀）的街市在南負溪口的北岸砂嘴之處，昔日此地掘土角（塗葛）建屋，致成窪地，故名。乾隆四十一、二年（一七七六、七年）許，有一商船由對岸獺窟（福州）渡來此地，經營貿易，才形成一小部落。乾隆五十年代，梧棲港形成街肆以後，塗葛堀及梧棲二港分立，塗葛堀在南方，梧棲在北方，各設立市場從事貿易。至道光初年（一八二一年）以後，梧棲港漸漸堆積土沙而喪失港灣的價值。咸豐年間，遂使船舶的碇泊所固定於塗葛堀，於是塗葛堀港的商運便極爲殷賑，但當時商賈只居住於下塗葛堀。至同治末年，設新街肆於上塗葛堀，而爲中部台灣的生產品及需求品吞吐口，其殷賑比得上鹿港。後來由於土沙堆積，碇泊所年年變更，遂移於距陸地約一里處。而在實際的水路及交通上，將此港與梧棲港二港視同一港較爲方便，故在日時將兩港合併而指定做特別輸出港，但只有塗葛堀港具備其資格。

水裡港(屬塗葛堀)　係在大肚溪口的北岸，距塗葛堀港北方數百公尺處的一支流河口，昔日在塗葛堀及梧棲二港未開之前，便成名，乾隆二十九年出版的《台灣府志》(續修)云：「水裏港，海汊小港。」後來因流沙沉積而失去港灣的價值。此地原爲平埔巴瀑拉族水裡社的所在地，因位於港水域內，移民稱之爲水裏社(或水裡社)，而由地名轉變爲港名。水裡社後來遷往埔里地方，形成水裡社部落。

⒇大肚鄉

大肚　在大肚溪的東岸，原爲平埔巴瀑拉族大肚社的所在地，地名譯自其社名。此社的一部分後來遷往埔里地方，建立大肚社部落。此地方似乎早在鄭時就爲其開拓區，蓋大肚鄉內有一小祠，奉祀鄭成功。康熙三十六年(一六九七年)來到此地的郁永河的《裨海紀遊》就當時的光景云：「過阿東社，至大肚社，一路大小積石，車行其上，終日蹭蹬殊困，加以林莽荒穢，宿草沒肩。」康熙四十年代，漳州移民自鹿港登陸，購得平埔族的土地以爲基地，開拓今大肚鄉附近，於乾隆初年及於王田庄、汴仔頭等地。而大肚街之名見於乾隆二十九年出版的《台灣府志》(續修)。

王田 係荷蘭時代佃耕田地的慣稱，亦是荷蘭人傳教的遺跡。當時安平的 Zeelandia 城，稱王城。

大肚山 其名稱起自附近平埔族大肚社的社名，最先見於康熙六十一年巡視台灣御史黃叔璥的《番俗六考》云：「大肚山，形遠望如百雉高城。」在此之前，即康熙三十六年通過此地的郁永河的《裨海紀遊》就此山的情形云：「不知山後深山當作何狀，將登麓望之，社人謂，野蕃常伏林中射鹿，見人則矢鏃立至，愼毋往。予策杖，披荆拂草而登，既陟巓，荆榛樛結不可置足，林木如蝟毛，陰翳晝瞑，仰視太虛，如井底窺天，時見一規而已。雖前山在目前，而密樹障之，都不得見，惟有野猿跳躑上下，向人作聲，若老人咳。又有老猿如五尺童子，箕踞怒視，風度林杪，作簌簌聲，肌骨欲寒。瀑流潺潺，尋之不得，而脩蛇乃出踝下，心怖遂返。」文中所云的「野蕃」，乃是平埔族的巴則海及巴布薩部族。

⑵1 和平鄉（高砂族鄉）

北勢族 有武榮、老屋峨二社。

南勢族 係佔據大甲溪中游山地的泰雅族，有稍來、白毛、阿冷、久良栖等社。

司加耶武族的司加耶社 係佔居大甲溪上游的泰雅族。

メサラマオ族 係佔據大甲溪上游、玉山南方山地的泰雅族，有三社。

此鄉內有八仙山及次高山（玉山）。

八仙山　係日時日本人所命名者。按明治四十四年(一九一一年)十月五日,「台中廳高砂族地搜索前進隊」橫越久良栖社部落,露營於眉原山中腹,翌日越過檜山,登上白姑大山的支脈一高地,發現此山的標高爲七千九百九十八尺,只差二尺就達八千尺,故以八千尺山之意,名八仙山,蓋日本語「仙」與「千」同音。

次高山　係日本名,支那名玉山、雪翁山、雪山等,高砂族稱マハマヤン,西洋名 Silvia 山。日時大正十二年(一九一三年),日本人以此山爲次於新高山(即玉山)的日本第二高山,故名次高山。

玉山是以「積雪瑩澈光明,晴霽望之,輝如白玉」之意,雪山或雪翁山係以「山峰高聳,冬天早載白雪」之意命名者。《淡水廳志》〈古蹟攷〉就玉山云:「玉山在猫裏(苗栗)溪頭山後萬山中,晴霽乃見,巉巖峭拔,疊白如銀,可望不可就。相傳,僞鄭自率步卒往至山麓。遙隔一溪毒甚,涉者多死,遂止。」如此將台灣內山形容爲蠻煙瘴霧,不無誇張之嫌。前述的幣原博士云:「雪山係雪高翁的簡稱,雪高翁則譯自高砂族語 Sekoan(岩石的裂縫之意)。」

Silvia 山的名稱,係一八六七年英國軍艦 Silvia 號航行台灣東海岸,遙望看見此山時,以艦名命名。

至於高砂族名マハマヤン的意義則不詳。

【附記】

㈠**岸裡大社**：自稱「岸裡」，係大甲溪一帶（以今豐原市附近爲中心，北至大甲溪南岸，東至今東勢鎮附近，南至今潭子鄉一帶，西以大肚山的橫崗爲界）的平埔巴則海族群中，佔居中心位置且居盟主地位者。移民則以其在大甲溪南內，名岸裏社（或岸裡社），並時而以「岸裡番」當做巴則海族的總名稱。此部族原來分四群，由許多大小部落（社）組成，其區分如下：

⑴岸裡社分：

- 岸東社在今神岡鄉大社。
- 岸西社在岸東社的西鄰。
- 岸南社在岸東、岸西二社的南鄰。
- 葫蘆墩社在今豐原市。
- 西勢尾社在今豐原市社皮，俗稱西勢。
- 蔴裡蘭社在西勢尾社的南鄰。
- 翁仔社在今豐原市翁子。
- 岐仔社在今神岡鄉下溪洲。
- 蔴薯社在今后里鄉舊社。

⑵樸子籬社分：

- 社寮角社在今石岡鄉社寮角。
- 大湳社在今豐原市大湳。
- 水底寮社在今新社鄉水底寮。

・山頂社在今新社鄉馬力埔。

・大馬僯社在今東勢鎮新伯公番社。

(3)阿里史社在今潭子鄉，分為南、中、北三部落。

(4)烏牛欄社在今豐原市烏牛欄。

按至康熙中葉許，大肚山的橫崗以東，尚屬化外的高砂族地界。康熙三十八年(一六九九年)二月，平埔道卡斯族呑霄社作亂，時北路參將常泰率領南部地方已歸附的平埔西拉雅族四社討伐之，但未能克服，乃用糖烟銀布收買巴則海族(岸裡社族)，八月與清軍前後挾擊，遂擒獲其首魁。當時通事張達京懇諭平埔族，於是岸裡社頭目阿穆、樸仔離社頭目大眉、阿里史社頭目帶煙、烏牛欄社頭目君乃等，舉其部下社衆而歸順。康熙五十四年閩浙總督覺羅保滿〈致題報生蕃歸化疏〉中云：「今北路生蕃岸裡社等五社士官阿穆等，共四百二十二戶，男婦老幼計共三千三百六十八名，俱各傾心向化，願同熟蕃一體內附。」同時，劃出曠原林野一帶的高砂族地，永歸高砂族所有，不准移民佔得，且將來不抽取租稅(五十五年十一月諸羅知縣周鍾瑄的示諭)。其皇允賜土的範圍，東方至中部山地，西方至沙轆(今沙鹿)地界的大肚山，南方至大姑婆(今大安鄉牛埔)，北方至大甲溪，東南至阿里史(今潭子鄉)，西南至揀加頭(今台中市西屯區水堀頭)。然而其歸順當初，似乎舊態依然，康熙六十一年巡視台灣御史黃叔璥的《番俗六考》云：「岸裏、樸子籬、阿里史、掃揀(即同時歸順的巴布薩族社)、烏牛欄五社，不出外山，惟向猫霧捒(今台中市南屯)交易，樸仔籬逼近內山生蕃，間出殺人。」又雍正二年(一七二四年)出版的《諸羅縣志》云：「岸裏阿里史諸社，磴道峻折，溪澗深阻，蕃貍健嗜殺，雖內附，罕與諸蕃接。」實際上，全然歸化是在乾隆以後，亦即在岸裡社頭目阿穆之子阿藍、其孫墩仔被提拔為岸裏等五社的總通事，而於乾隆二十三年(一七五八年)改姓潘，名大由仁之時。乾隆三十五年北路理番同知張所受特賜予「率類知方」的匾額，而其第八代的後裔潘永安亦爲岸裏九社的總通事，至日時。此家的原姓是ピアラハヲ。另一方面，乾隆末年以後移民的移殖益趨增加，巴則海族的土地或被侵佔，或被贌得而失去足以維生的土地，不得不他遷以謀求活路。自嘉慶、道光至咸豐年間，其變遷情形如下：

(1)岸裡社中，岸東、岸西、岸南、西勢尾、蔴裡蘭、翁仔六小社合而爲一，以岸裡社之名，聚居於岸東之地(今神岡鄉大社)。嘉慶九年(一八〇四年)在頭目潘賢文領率下，岸裡社及阿里史社與其他北部平埔族六社一共千餘人，越山進入宜蘭地方。

(2)岸裡社中，岐仔社初稱ハアハオ社，乾隆末年因大甲溪的水災而徙今豐原市西方的圳寮，稱トウラトル社，後來遷往豐原市東方的岐仔腳，改稱岐仔社。嘉慶年間被移民驅逐，越大甲、大安二溪入今苗栗縣卓蘭鎭的峽谷，道光四年(一八二四年)又被移民侵佔，徙卓蘭溪北岸的河丘壢西坪，但此地泰雅族的出沒頻仍，故居二十年後，再舉全族返舊地岐仔脚的一部分，原欲定居，卻不爲已佔此地的移民所容允，因此只居一年，而派出壯丁六十四人溯大安溪尋求遷居地，遂發現鯉魚潭(今苗栗縣三義鄉內)的窪地，而遷來開拓，稱タヴア社。此地南東北三面爲山崗所圍繞，只開於西方一面，而形成天然的城廓，故移民稱之爲番仔城。

(3)岸裡社中，蔴薯社於康熙末年受到移民侵佔，其一半越大甲溪而入岸東社，其餘亦於乾隆初年被奪去土地，而越大安溪北進，在溪岸形成頂社、中社、下社三部落，至道光五年(一八二五年)遷入埔里社窪地。

(4)岸裡社中的葫蘆墩社及樸仔籬社中的社寮角社，則與同族蔴薯社一起遷入埔里社窪地。

(5)樸仔籬社中，大湳社於咸豐元年(一八五一年)遷入埔里社窪地。

(6)樸仔籬社中，水底寮社亦於咸豐元年遷入埔里社窪地。

(7)樸仔籬社中，山頂社於咸豐八年遷入埔里社窪地。

(8)樸仔籬社中，大馬僯社於道光三年（一八二三年）遷入埔里社窪地。

(9)阿里史社於道光三年遷入埔里社窪地。據《噶瑪蘭廳志》，嘉慶九年（一八〇四年）阿里史社曾遷入宜蘭地方（參照上述(1)）。

(10)烏牛欄社於道光三年遷入埔里社窪地。

亦即巴則海族中，只有岸裡社一社保留故址，故稱岸裡大社（日時簡稱大社）。

(二)蓬山八社：蓬山或寫崩山，俱為同音異字的地名，原為大甲、房裡二溪下游流域的海岸一帶總名稱。此地有一稱崩山的橫崗，故名。而《台灣府志》云：「崩山，土多崩陷，故名。」康熙三十六年（一六九七年）郁永河的《裨海紀遊》云：「大甲社即崩山社。」又乾隆二十九年（一七六四年）出版的《台灣府志》（續修）云：「房裡社即蓬山社。」亦即昔日房裡溪又稱蓬山溪，此溪注海處稱蓬山港，而分佈佔居大甲溪至房裡溪沿岸一帶的平埔道卡斯族八社，稱蓬山八社。此八社是大甲東西社、苑裡社、日南社、日北社、貓盂社、房裡社、雙寮社、呑霄社等。康熙六十一年巡視台灣御史黃叔璥的《番俗六考》云：「蓬山蕃，皆留半髮。傳說，明時林道乾在澎湖，往來海濱，見土蕃則削去半髮，以為碇繩。蕃畏之，每先自削，以草縛其餘。」此傳說是否屬實可疑，但明末嘉靖年間，海賊林道乾的足跡似已及於此地的海岸，並侵害平埔族。

(三)平埔族之亂：雍正九年（一七三一年）十二月，以大甲西社為主動，勃發平埔族作亂事變，實是當時移民到處侵佔平埔族地至極所致。西社頭目林武力，結合同屬巴則海族的樸仔籬等八社，倡亂彰化，鼓衆焚殺。淡水同知張宏章走免，居民多被戕斃，北路洶洶然。台灣總兵呂瑞麟北巡至淡水，聞變而返，至道卡斯族猫盂社時被圍，乃奮身殺出，入彰化縣治駐劄，徵兵府中，累戰未克。十年五月，屬巴瀑拉族的沙轆社、道卡斯族的呑霄社等十餘社，更結合造反，圍攻彰化縣城，百姓奔逃，絡繹於道。六月閩浙總督郝玉麟調呂瑞麟返府鎭壓，發檄新授福建陸路提督王郡討之。七月四日與巡視台灣御史覺羅柏修之師同至鹿港，合兵圍巴布薩的阿束社，火砲齊發，軍兵四面殺入。平埔群族不能當，皆潛逃而去。王郡乃分兵扼各隘口，絕其去路，八月渡大甲溪，由各路追殺。平埔群族逃走，糾黨、據險、自守、亂發鏢箭傷人。清軍乘銳進追，由大甲渡大安溪而登大坪山，直抵高砂族界的悠吾，皆有殺獲，平埔群族大窘，走南日的內山。山峭壁峻絕，巢徑僅通一線。鄉民探知之，魚貫而上，平埔群族覺知而踞高顚，下矢石如雨。清軍奮勇而進，槍砲交攻，聲震山谷，平埔群族負創四散。依而搗其巢，焚其積，平埔群族鼠竄，計窮，於是各社相繼，獻巨魁來降。而擒獲男婦一千餘名，陣斬首級四十一，傷死三十一名，軍前梟首十八名。十一月五日撫脅從、誅首惡，還集難民，遂班師。此間爲四閱月。此事變以大甲爲中心，南及彰化，北至呑霄，到處蒙慘禍。（以上根據《台灣府志》）

台中市

分八區(中、東、南、西、北、西屯、南屯、北屯)，其中西屯、南屯、北屯三區，日時屬台中州大屯郡西屯、南屯、北屯三庄。

台中　原由台灣城及城外大墩街合成，稱台中街。按光緒十一年(一八八五年)台灣成爲一行省時，擇定此地爲省治，稱台灣府(原台灣府改稱台南府，或對之台北、台南二府，稱台中府)。此地原屬藍興堡橋仔頭庄(或寫橋仔圖庄)，當初未有街庄的建置，光緒十三年巡撫劉銘傳察看此地形勢後，擇定爲省城之地，乃於十五年八月興工，首先建八門四樓，大東門，門曰「震威」，樓曰「朝樓」；小東門，門曰「退安」；大西門，門曰「兌悅」，樓曰「聽濤」；小西門，門曰「埔順」；大南門，門曰「離昭」，樓曰「鎭平」；小南門，門曰「選正」；大北門，門曰「坎孚」，樓曰「明遠」；小北門，門曰「乾建」，及築衙署廟宇。其次，十六年棟字軍統領林朝棟親自督兵勇設計城墻，以士紳吳鑾旂等總理之，至十七年十二月，土壁大半告成。時巡撫劉銘傳辭任，由邵友濂取代之。邵友濂以節省經費爲由，中止築城工事。同年，又改以台北爲省城之地。以後，此地雖仍爲台灣府治，但當初半成的建築概屬荒廢，城內僅在新庄仔及下街兩地形成店肆而已。至日本領台後明治二十九年(一八九六年)四月，因此地在全島適中，故名台中街。明治三十四年六月實施市區改正，大大擴張市街規模，使之面目全變。

大墩街 原是雍正年間成立的藍張興庄的主地，雍正十一年(一七三三年)增設猫霧捒汛於犂頭店街(今台中市南屯)時，駐劄分防兵員(千總)，並築造砲墩於此地，大墩的地名由此而起。乾隆二十九年(一七六四年)出版的《台灣府志》(續修)云：「猫霧捒堡內，有大墩小市。」可知當時已形成街肆。乾隆五十一年十一月二十七日，林爽文之亂時，爲林黨將領劉升、王芬等所攻陷，繼而爲清軍所全燒。街內天后宮由彰化知縣陸廣霖倡建於乾隆十三年，將軍廟創建於嘉慶五年(一八〇〇年)二月。起初築城漸就緒時，以此地爲南北往來的幹道，即北由苗栗渡大甲溪，經今豐原市而過府城(今台中市)，至烏日，渡大肚溪，南進而入彰化。

北屯 原稱三十張犂，屬古猫霧捒堡，日時制度改正時改稱北屯，而爲一庄名北屯庄，戰後才併入台中市。

西屯 原稱西大墩街，日時制度改正時改稱西屯，而爲一庄名西屯庄，戰後才併入台中市。

水堀頭 原稱捒加頭，日時改稱水堀頭，隸屬西屯庄。此地與同庄內的馬龍潭，俱於乾隆年間拓成。

牛埔子、石牌 此二部落日時俱屬西屯庄，昔日上、下牛埔子及上、下石牌合稱爲大姑婆。

南屯 原稱犂頭店街，日時制度改正時改稱南屯，而爲一庄名南屯庄，戰後才併入台中市。

此地昔日為平埔巴布薩族猫霧捒社的所在地，是此地方最早開拓者。康熙六十年（一七二一年）代成立一堡，名猫霧捒堡（譯自平埔族語），佔居此地的移民則與平埔族從事交易。康熙六十一年巡視台灣御史黃叔璥的《番俗六考》云：「岸裏、樸仔籬、阿里史、掃捒、烏牛欄五社，不出外山，惟向猫霧捒交易。」由於移民拓殖進展的結果，雍正九年（一七三一年）設巡檢於此。當初有許多打鐵工在此地開店，製造農具犁頭，故名犁頭店街，此名見於乾隆二十九年（一七六四年）出版的《台灣府志》（續修）。乾隆五十一年林爽文之亂時，此地全罹兵燹，五十三年重建。街內文昌祠由士紳曾玉音捐建於嘉慶二年（一七九七年）。

猫霧捒社　屬昔日佔據今台中市南屯附近的平埔巴布薩族社，因是此地最早開拓者，故康熙六十年代就以此社的社名為堡名，稱猫霧捒堡，及至新設彰化縣時，分為猫霧捒東堡及猫霧捒西堡二堡，乾隆年間刪去猫霧二字，分別簡稱捒東上堡及捒東下堡，並分出大肚堡一堡，雍正九年新設巡檢，雍正十一年新設兵汛，皆冠猫霧捒的地名稱之。西曆一六〇〇年代荷蘭人佔據台灣時，其傳教所及的地方中，所云的Favorlan，似乎譯自佔據此地方的平埔族名Poavosa（巴布薩）。當時此族所佔據的地方，以鹿港至彰化為中心，東北至大肚溪，南至西螺溪一帶，後來遷往埔里地方的大肚城、水裡城、生番空等地，但猫霧捒內留有其遺跡。

【附記】

藍興堡：係連於捒東上下堡之南的一區，康熙六十年代屬猫霧捒堡，雍正十二年屬猫霧捒東堡（後來的捒東上堡），光緒元年始分立爲一堡。此地方起初爲雍正年間福佬移民藍天秀、張嗣微等合墾而成，當時依藍張二姓新興地之意，稱藍張興庄，後來取爲堡名，稱藍興堡。雍正十一年添設猫霧捒汛於犂頭店街

（今南屯），駐劄分防的兵員於大墩街（今台中市）。《彰化縣志》云：「猫霧捒汛千總一員駐大墩。」而乾隆四十三年四月所立之同街天后宮內的古碑云：「猫霧捒堡藍興庄之田，奏請充公。」即當時藍姓所墾成的田地，被收歸爲該宮的管業地。又大里杙街（今大里鄉）地方原爲移民與平埔族雜居的荒埔，乾隆初年始由客家移民漸漸著手開墾，至乾隆五十年代，與內新庄、涼傘樹庄及柳樹湳庄並稱爲田大庄。同時亦建立太平庄、番仔寮庄、塗城庄等。塗城係當時爲防禦高砂族的築土堡之地，故名。光緒十五年擇定鄰接於大墩街之橋仔頭（或寫橋仔圖），爲新設台灣省城之地，而築墻、建市肆，以爲今台中市街的基礎。

彰化縣

由日時台中州彰化市及彰化、員林、北斗三郡構成，轄下分一市(彰化)、七鎮(鹿港、和美、員林、溪湖、田中、北斗、二林)、十八鄉(線西、伸港、福興、秀水、花壇、芬園、大村、埔鹽、埔心、永靖、社頭、二水、田尾、埤頭、芳苑、大城、竹塘、溪洲)。

(1)彰化市

彰化　古稱半線街，譯自佔據此地附近的平埔巴布薩族半線社的社名。康熙二十三年(一六八四年)設置北路營，即《諸羅縣志》所云的「望寮山下，有北路中軍之旗鼓，則半線之營壘也」之地。雍正元年(一七二三年)由諸羅(今嘉義)縣分出，設立彰化縣，《台灣府志》就置縣當時的情形云：「半線街，分東西南北四市。」至於彰化的縣名，福建巡撫王紹蘭的《彰化縣城碑記》云：「實獲眾心，保城、保民，彰聖天子不昌海隅之化歟。」亦即寓「顯**彰**皇**化**」之意，用雅字命名者，而半線街已為彰化縣城的所在地，故以彰化為街名。但置縣之初，尚未建設縣城，雍正十二年知縣秦士望始遍植莿竹於街巷外，以為城，並立東西南北四門。乾隆五十一年林爽文之亂時，縣城淪陷，竹種被砍伐殆盡。乾隆六十年陳周全之亂時，縣城再被蹂躪，圯壞至極。嘉慶二年(一七九七年)，知縣胡應魁仍依故址栽植莿竹，又於四門增建城樓，但因土性鬆粗，且屢受震災，故不經十餘年，城樓大半告傾圮。嘉慶十四年，彰化士紳王松、林文濬、詹捷能等三十六人義捐，仍據舊基築土城，並於八卦山頂築磚寨、設砲台，十六年開工，二十年完竣，城的周圍九百二十二丈二尺八寸，高一丈五尺，設門樓四座，砲台十二，水洞六，堆房十六，東曰樂耕門，西曰慶豐門，南曰宣平門，北曰拱辰門。

半線　昔日彰化地方一帶總稱半線。鄭時移民由鹿港登陸，著手開屯，當時以劉國軒爲半線的鎮將，今彰化北門外的柴仔坑有國姓井，相傳係鄭時所鑿。鄭氏滅亡後、清領之初，康熙三十三年置北路營，但文治政化不及於諸羅(今嘉義)。康熙中葉以後，移民的移殖計畫才及此地，即泉州福佬人施長齡、楊志甲、吳溶及客家人張振萬等豪族，或由鹿港登陸，或由台灣(今台南)諸羅北進，招徠佃戶著手大規模的開墾，以線東、線西各堡爲根據地，著實向其他諸堡推進步武。如此官未治民先拓的情形，往往不免爲匪賊禍亂的叢淵。六十年朱一貴之亂後，任其善後籌謀的藍鼎元，以擴開疆域爲第一要義，而主倡分設縣治於台灣北部之地。至雍正元年乃新設彰化縣，縣治擇定於當時已形成的半線街。至於堡的區劃，康熙六十年代立半線堡，乾隆年間分猫羅堡、北投堡及大肚堡，更將半線堡二分爲半線東堡及半線西堡(光緒元年改稱線東堡及線西堡)。

昔日此地方山中野牛棲息，黃叔璥的《番俗六考》就康熙末年的情形云：「山有野牛，民間有購者，衆蓄乘馬，追捕售之，價減熟牛一半。」

八卦山　又名寮望山，或定軍山，逼近彰化縣城東門外，登臨一望，遠可矚全邑形勢，近可瞰一城人煙，實爲縣城的要地。《台灣府志》云：「寮望山，廣漠平沙孤峰秀出。」此山古來爲彰化八景之一，而有「定寨望洋」之稱。雍正九年（一七三一年）二月，平埔道卡斯族大甲社倡亂於北路，恣焚殺，移民多死於難，翌年六月福建陸路提督王郡率兵征討，四閱月平之。分巡台廈道道倪乃建一亭於山上，名鎮蕃亭，山則名定軍山，以記武功。乾隆六十年（一七九五年）三月陳周全之亂時，亭被焚燬，無存遺址。嘉慶十七年（一八一二年）改建彰化縣城，翌年又在山上築磚寨，置砲台四座，水洞二，樓門一。關於八卦山之名，據傳係嘉慶年間彰化知縣胡應魁建太極亭於縣署後時，取《易》之「太極生兩儀，四象生八卦」之義而名者。

觀音亭　在彰化城內，又名開元寺，祀觀音菩薩，創建於雍正二年，咸豐十年遭祝融之災，後重建，而復舊觀。乾隆六十年三月，陳周全作亂，攻陷彰化城後，則以此亭爲本營。

南郭　原稱南門口，日時制度改正時改稱南郭。

大竹　原稱大竹圍，日時制度改正時簡稱大竹。

柴子坑（即大竹阿夷）　譯自原佔居此地的平埔族柴仔坑社的社名。此社後來遷往埔里地方的白葉坑。

番社口　在原平埔巴布薩族阿東社的入口，故名。阿東社的故址在大肚溪口附近，康熙五十七年大肚溪水漲時，幾遭淹沒，乃遷往山岡，後來再遷往埔里地方，建立梅子腳部落。

十八義民塚　據《彰化縣志》，大甲西社作亂時，台灣總兵呂瑞麟率兵討之，累戰不克。平埔族勢益猖獗，恣横焚殺，村落多被蹂躪，縣治戒嚴。淡水同治張宏章適帶鄉勇巡庄，路經阿東社，平埔族突出圍之，鎗箭齊發，矢石如雨。宏章所帶鄉勇大半潰散，幾不能脫。時阿東社附近村落皆爲客家人耕佃所居，方負耒而出，遽聞官長被圍，即呼庄衆，冒矢衝鋒，殺退平埔族，宏章乃得走免。是時血戰陣亡者，有黃仕遠、黃展期、陳世英、陳世亮、湯邦運、湯仕麟、李伯壽、李仕淑、賴得旺、劉志瑞、吳伴雲、謝仕德、江運德、廖時尚、盧俊德、張啓寧、周潮德、林東伯等十八人。鄉人憫其死，爲之負屍葬於縣城西門外，其塚題曰「十八義民之墓」。亂平後，以大憲其事聞。上深嘉而許賜祭，每人予卹銀五十兩，飭有司，購地建祠，春秋以祭亭慰忠魂。後祠已廢，但塚尚存。

汪門雙節　彰化縣民汪家的姑婦，姑劉氏，婦余氏，素爲慈孝。大甲西社之亂時，焚殺居民甚多，姑劉氏急告婦余氏云：「義不可辱，當各爲計。」語畢即自刎，余氏抱姑屍而泣。時平埔族猝至，乃觸垣而死。乾隆三年，旌表於彰化城的東門，勒碑。

彰化文廟　在彰化城東門內，爲原彰化縣儒學學宮，創建於雍正四年。

嶽帝廟　在彰化城東門內，俗稱天公壇，創建於乾隆十八年。

觀音亭　在彰化城內，又稱開化寺，祀觀音菩薩。創建於雍正二年，咸豐十年罹祝融之災而歸烏有，後由邑紳重建，回復舊觀。乾隆六十年三月陳周全作亂，彰化城淪陷時，即以此亭爲據點。

(2) 鹿港鎮

鹿港　起初稱鹿仔港街，乃是鹿港（港名）的主腦地，與開港同時建街。至乾隆年間，適於巨船大舶的碇繫，故做爲台灣的三大港口而發展。

此地早在鄭時就爲移民的靠岸登陸地，而與半線（今彰化）地方有交通。起初市街形成於俗稱北橋頭之邊，名鹿仔港街，但市街的規模不大。雍正九年（一七三一年）開港爲島內貿易所，同時並新設巡檢（嘉慶十四年移於大甲）以稽查地方，兼查出入的船隻，結果市區漸趨擴大，雍正十二年由馬芝遴堡分出，建立鹿仔港堡半堡。《彰化縣志》云：「鹿仔港堡，係馬芝遴堡屬，因設街市駐海防營汛，人衆事雜，別分爲半堡。」後來再合。乾隆初年（一七三六年）許，以米市街爲中心，增建街肆，乾隆二十九年出版的《台灣府志》（續修）云：「鹿仔港街，水陸輻輳，米穀聚處。」四十九年開港與蚶江（泉州）通商，因而遷來的商賈益多，船舶出入益繁，五十年鹿港海防同知（原由北路理番同知兼任，駐在彰化）移駐此地，且水師遊擊左營亦由安平移來此地。鹿仔港街的全盛，就在此時代以後的道光年間，道光十二年（一八三二年）出版的《彰化縣志》云：「街衢縱橫，皆有大街，泉廈郊商居多，舟車輻輳，百貨充盈，殆自郡城（今台南）而外，各處貨市，當以鹿港爲最，港中街名甚多，總以鹿港概之。」又云：「烟火萬家，舟車輻輳，爲北路一大市鎭。西望重洋，風帆爭飛，萬幅在目，波瀾壯濶，接天無際，眞巨觀也。」街名簡稱鹿港，似在此時開始。又在此全盛時代，據云人口總數約爲十萬人。然而以後隨著港灣形質的變遷，漸趨衰頹。

平埔巴布薩族稱此地爲 Rokau-an，鹿港則譯自 Rokau-an。但又有一說，云其地形似鹿，故名。

鹿港(港名) 在鹿港溪(即大武郡溪)及濁水溪的一支流所形成的河口，以塗葛堀港爲頂點，與彰化市略成一等邊三角形，港口開於西西南，以數座門洲壅塞，而甚失港灣的形質。船舶的碇泊位置在距鹿港市街西方約一里的地點，水深滿潮時三十八尺，退潮時六尺，無論如何也不便於大船的出入。但此港正當南北台灣的中路，且靠近本島第一的米產地，在經濟上佔中部台灣的咽喉，且至少至乾隆年間，港底不致淤淺，巨大的支那型船舶出入自如，可算是台灣三大港口之一，而有一府(台灣府的台江，今安平)二鹿(即鹿港)三艋舺(即艋舺)之稱。後來，因鹿港溪的漲溢及濁水溪的氾濫，其流沙的沖積在咸豐年間已甚，然而此港的價值並未立刻消失，仍保持佔居以今彰化一帶集散市場的地位。

此港原稱鹿仔港，西曆一七二六年荷蘭傳教士所著地圖記做 Gierim of Zand Duyne，道光十二年出版的《彰化縣志》將港名寫做鹿仔港，街名寫做鹿港，後來港名街名俱用鹿港的名稱。此港鄭時已爲移民的登陸地，而與半線(今彰化)地方有交通，清領後雍正九年開爲島內貿易港，乾隆四十九年更開爲與蚶江(泉州)的通商港。《台灣府志》就乾隆二十年的情形云：「港口有水柵，可容六七十人，各日摘取烏魚，商船到此，載芝蔴粟豆。」《彰化縣志》就道光十年代的情形云：「港口今設正口，配運官粟，大小商船皆泊於此。」光緒十年(一八八一年)清法戰爭時，法國封鎖台灣本島及澎湖島，當時清國則賴此港維持台灣與大陸的聯繫。日領後明治三十年(一八九七年)，指定此港爲特別輸出港。

楊公橋　在鹿港街外，架於鹿港溪。《彰化縣志》云：「楊公橋，嘉慶十七年邑令(知縣)楊桂森兼署分府篆(理番海防同知)，捐俸倡造兩旁之築堤。由是鹿港永無水患，里人名曰楊公橋。」

天后宮　在鹿港街內。乾隆五十一年林爽文作亂，翌年十月，將軍福康安奉旨統率巴圖魯侍衛及楚蜀粵黔的大兵渡台，由鹿港登陸進兵，閱三月而奏蕩平之功。五十五年，福康安以爲當時海波靜穩，兵勇錙重均保無虞，亦賴海神媽祖之庇護顯著，乃奏陳而建廟宇於登陸地鹿港的海墘。

馬芝堡　係西連「線東堡」的一區，以鹿港街爲主腦地。康熙六十年代成立馬芝遴堡，雍正十二年將鹿港附近一區域分出，以爲半堡，稱鹿仔港堡。乾隆年間省略「遴」字，簡稱馬芝堡，分上下二堡。光緒元年再合爲一堡，並合併鹿仔港堡。此地方原爲平埔巴布薩族馬芝遴社的佔居地，馬芝遴之名則譯自其社名。鹿港早在鄭時已爲移民靠港登陸地，雍正年間，自中部的頂厝起，至北部的海埔厝一帶，爲漳州移民許祐德所墾成，故名許厝埔。乾隆初年，建立北界的草港(後分草港中、草港尾二部落)及東界的馬明山(今秀水鄉馬鳴山)。《彰化縣志》云：「草港、海汊在鹿仔港北。」後來因沖沙而全失港灣的形質。

和美　原稱和美線，日時制度改正時簡稱和美。此地建街於嘉慶初年(一七九六年)許，東與彰化、南與鹿港有交通之便，而爲此方面的物貨集散地。

(4)員林鎮

員林 在古燕霧下堡的南端，雍正八年(一七三〇年)成立一庄，乾隆十六年(一七五一年)許形成市肆，稱員林仔街，後來省略仔字，改稱員林街。員林仔街之名，見於乾隆二十九年出版的《台灣府志》(續修)，而員林街之名，見於道光十二年(一八三二年)出版的《彰化縣志》。又道光元年噶瑪蘭通判姚瑩的《台北道里記》所云的下林仔亦指此地，是員林仔的轉訛。鎮內三山國王廟由客家移民建立於雍正十二年。此地方一帶，富有水利之便，早就開闢水田，以生產「員林米」著名，尤其鎮內三塊厝的產量及品質，俱勝過其他地方。

柴頭井 此部落內有一井名柴頭井，地名由此而起。此井泉清，可用於製造紅粬(酵母)。

(5)溪湖鎮

大突 古屬二林上堡，爲平埔巴布薩族トアトツ社的所在地。雍正年間福佬移民的足跡已及此地，起初自平埔族贌得土地開墾，成立一庄名大突新庄，而大突之名譯自トアトツ。

(6)田中鎮

田中 原稱田中央，日時制度改正時簡稱田中。此地在古武東堡的南端，當往北斗鎮(古東螺西堡)的通路，原爲水田。道光三十年(一八五〇年)，沙仔崙(屬古東螺東堡，今埤頭鄉三塊)的街肆，因濁水溪氾濫而流失大半，乃擇定此地，變水田而移設店肆，田中央的庄名由此而起。(按沙仔崙在東螺溪北岸，雍正初年(一七二三年)由漳州福佬移民林廖亮開拓者，道光三十年的洪水後終歸衰廢，附近的頂埧庄甚至埋沒於溪底。）

(7)北斗鎮

北斗　在東螺溪分合游所圍繞的大河洲中部，其前身是乾隆三年（一七三八年）許創建於東螺溪南岸的舊社樣仔庄（屬今溪州鄉舊眉）附近的東螺街，此街名見於乾隆二十九年出版的《台灣府志》（續修）。而東螺之名則譯自昔日佔居此地方的平埔巴布薩族東螺社的社名。嘉慶十一年（一八〇六年）勃發漳泉分類械鬥時，全街罹兵燹，繼而遭受東螺溪的水災，市街沖壞，乃於道光元年（一八二一年）擇定北方河洲內的寶斗庄設計創建新市街，道光二年完成，取寶斗的近音雅字稱北斗街，又因是東螺街的移建，故又稱東螺北斗街，此名見於《彰化縣志》。街內立有建北斗街記之碑，乃是同年二月彰化知縣吳性誠所撰者，其節略云：「故東螺之有街，由來久矣，先在舊社內，丙寅歲始遭兵燹焚毀，繼被洪水衝崩，士女失棲依之所，商賈無鬻販之區，建街首事陳聯登、楊啓元、陳宣捷、高培洪、吳士功、謝寥等爰相聚而議曰，是不可以不謀徙建，因於距街里許，得一地焉，名曰寶斗，（中略）街成之日，更名北斗，則取酌量元氣，權衡爵祿之義焉。」《彰化縣志》亦記之，云：「故東螺街，被水沖壞，舉人楊啓元、林煥章、武舉陳聯登、監生陳宣捷、總理高培洪等，議移建於此，街分東西南北，中為大街，縱橫整齊。」據同治五年（一八八六年）林豪的《東瀛紀事》仍慣用舊地名，稱寶斗街或寶斗仔街。

(8)二林鎮

二林 原爲平埔巴布薩族係二林社的所在地，在古二林下堡南隅，乾隆末年以後街肆漸趨發展，控制同堡內三林港(屬今芳苑鄉溝子墘)的商勢，道光初年(一八二一年)三林港衰微，西北的番挖港(今芳苑)開港而爲此地方的物資呑吐口以後，二林街仍爲此地方的集散市場，但同治初年(一八六二年)以後屢受匪訌及水災的影響，部分居民遷往彰化、鹿港等，遂使市況顯然衰頹。

(9)線西鄉

線西 原稱下見口庄，日時制度改正時，因此地在半線(今彰化)西方，故改稱線西。

線西堡「德熙新埔十八庄」 線西堡，北及東以大肚溪與大肚下堡分界，南接線東堡馬芝堡，西濱海，原爲半線堡的一部分，乾隆年間分立一堡稱半線西堡，光緒元年(一八七五年)改稱線西堡。康熙中葉，泉州移民施長齡、楊志中、吳溶等以此爲根據地而著手開墾，至乾隆三年(一七三八年)許，建立德熙新埔十八庄。日時台灣土地調查局所編《台灣土地慣行一斑》，根據故老的記述，就各該庄名的起因，云：「新埔，初名德熙新埔。至乾隆三年，生民漸衆，於是分居，別立庄號。福馬圳開一汴門，汴頭建立一庄，故名汴頭庄。下築一埤，埤墘建立一庄，故名埤仔墘庄。其東有竹圍，故名東竹圍庄。其田之湖內建立一庄，故名湖仔內。其有三個厝之處建立一庄，故名三塊厝庄。大肚溪漸移北，其舊處建立一庄，故名溪底庄。其西有草埔之處建立一庄，故名草埔庄。有十八張犁之處建立一庄，故名十八張犁庄。七個墾戶所住之處建立一庄，故名七頭家庄。有丘崙之處建立一庄，故名崙仔頂庄。其後有一湖水之處建立一庄，故名後湖庄。馬福圳水尾建立一庄，故名水尾庄。其地有六個草寮之處建立一庄，故名六塊寮庄。其四有一湖之處建立一庄，故名草湖庄。海尾建立一庄，故名海尾庄。周姓者由泉州遷來建立一庄，故名泉州厝庄。大肚溪口建立一庄，故名溪口庄。新開港，故名新港庄。」

⑽伸港鄉

伸港　日時屬線西庄（今線西鄉），戰後才分立設鄉，鄉內主要部落有伸港、新港、六塊寮、溪底、海尾、草湖、十五張犁、竹子圍等。

⑾福興鄉

福興　係福佬移民興業之地，故名。

鎮平　係嘉應州鎮平客家移民移殖之地，故名。

⑿秀水鄉

秀水 原排水不好故名臭水，後來用同音(日本語「秀」與「臭」同讀做シユウ)雅字改稱秀水。

⒀花壇鄉

花壇 原稱茄苳腳庄，因在茄苳林庄(今大村鄉茄苳林)之下，故名，至日時制度改正時改稱花壇。此地原屬乾隆初年開拓的燕霧內庄(即《彰化縣志》所云的燕霧大庄，今大村鄉)。

虎山巖 在鄉內白沙坑，係乾隆十二年由里民賴光高募款所建之寺。《彰化縣志》云：「巖，左右依山環抱，茂林脩竹，翠嶽丹崖，遊覽之勝也。每當春夏之交，禽聲上下，竹影參差，清風徐來，綠陰滿地，置身其間，彷彿神仙境界。」

⒁芬園鄉

芬園 屬古猫羅堡，原為平埔 Arikun 族猫羅社的所在地，猫羅(或猫螺)的名稱譯自其社名。雍正初年(一七二三年)許，泉州移民由彰化地方進入此地著手開墾，首先建立大好庄(此庄是泉州同安移民所拓成者，故後來改稱同安厝庄，即今同安藶)，而鄉內的社口、舊社的地名皆源自猫羅社。

⒂大村鄉

大村 原稱大庄，日時制度改正時，因日本語庄與村同義，故改稱大村。此地古屬建立於康熙六十年代而於乾隆年間分上下二堡的燕霧下堡，雍正八年(一七三〇年)許，由泉州移民施長齡爲大墾首，招徠福客二族佃人而拓成者，初稱燕霧內庄。

(16) 埔鹽鄉

埔鹽　或許是蒲鹽菁(即鹽肤木)的轉訛？

(17) 埔心鄉

埔心　於康熙末年以客家移民爲主著手開墾，乾隆中葉拓成，初名埔心，後來改稱大埔心，及至日時制度改正時稱坡心，戰後又回復舊名埔心。

(18) 永靖鄉

永靖　原稱關帝廟，日時制度改正時稱永靖。此地古屬武西堡，嘉慶年間由客家移民徐鳴崗等首倡新設街肆，分六大股共同出資，收購水田以建屋，至道光年間形成小市場。以此地爲中心至員林鎮一帶，以員林柑的特產地而著名。據傳員林柑的栽植始於道光年間的吳某，起初由西螺地方移植椪柑，後來西螺地方萎靡不振，反而要自此地移入良種。原來中部台灣生產柑橘，聞名已久，叫末流寓者沈光文的《文開雜記》云：「蕃橘，出半線，與中國橘異，大如金橘，肉酸皮苦。」

湳港舊 古稱湳港，屬武西堡。此堡自康熙末年起，主要由客家移民著手開墾，至乾隆中葉全堡殆乎拓成。而最先建庄者是大埔心（今埔心鄉）及湳港（今湳港舊）。

⒆社頭鄉

社頭 古屬武東堡。原來在康熙六十年代，武東堡及武西堡為一堡，稱大武郡堡，雍正十二年分為二堡，稱大武郡東堡及大武郡西堡，乾隆年間簡稱武東堡及武西堡。此地方原為平埔 Arikun 族大武郡社的佔居地，大武郡之名譯自其社名。堡內一部分早在康熙年間由泉州移民施長齡任大墾首，招徠佃人著手開墾，康熙四十八年（一七〇九年）便告墾成，其餘部分於乾隆初年（一七三六年）由蕭姓泉州移民自任墾首而拓成。當時建立者，有枋橋頭（今社頭鄉內）、紅毛社（今田中鎮大紅毛社）、篤奶潭（今田中鎮卓乃潭）等庄。社頭庄則於嘉慶年間發展而成一市場。社頭庄建立於大武郡社的社頭，故名。又鄉內舊社是大武郡社的故址，故名。

清水巖 位於社頭鄉許厝寮的大武郡山麓，建寺於乾隆初年。《彰化縣志》云：「岩，左右青嶂環繞，樹木陰翳，曲徑通幽，邱壑之勝，恍似畫圖。春和景明，野花發濃，士女到巖遊覽，儼如入香國中。」

⒇二水鄉

二水 原稱二八水（二溪流成八字形之意），日時制度改正時簡稱二水。此地古屬東螺東堡，二水的庄名轉自在堡內南部濁水溪的渡頭名，見於乾隆二十九年出版的《台灣府志（續修）》。道光十二年出版的《彰化縣志》云：「二八水渡，一名香櫞渡，與沙連往來通津。」亦即當時以此地爲起點，上溯濁水溪，通往東方沙連的高砂族界的舟路已經開通。日時開始巒大山的伐木，亦依濁水溪而搬出此地。

(21) 田尾鄉

饒平厝、海豐崙、鎮平…… 係由客家移民建立的所謂「客庄」，皆以其原籍地的地名爲庄名。

(22) 埤頭鄉

番子埔 古爲平埔巴布薩族東螺社的佔居地。此社後來遷往埔里地方，形成林子城部落。按昔日佔居濁水溪流域的平埔巴布薩族，似好飼野馬，雍正二年（一七二四年）出版的《諸羅縣志》云：「東西螺以北之蕃，好飼馬，不鞍馳驟。要狡獸，截輕禽。豐草長林，屈曲如意。擇牝之良者，倍價易之，以圖孳息。」

(23) 芳苑鄉

芳苑 古稱番仔挖，光緒初年（一八七五年）簡稱番挖，而番挖街及番挖港的名稱見於光緒五年出版的《台灣地輿圖說》，至日時制度改正時，依其地勢改稱沙山，而以沙山為庄名，稱沙山庄，戰後才改稱芳苑。

番挖港 開於濁水溪的支流東螺、西螺二溪所形成的大三角洲的底線中央，此附近一帶退潮時為平淺灘，百石上下的支那型船及竹筏亦須待滿潮時始得靠近陸地停泊，巨大的支那型船則遠離海岸碇泊，稱新盤港，其沿岸商船往來的繁榮盛況，不遜於鹿港。雖港底無岩石便於下錨，但前方一帶沙堆擴延，在冬季北風強烈時，風浪的運沙作用致使港灣的形質變遷，碇泊位置逐漸偏移於南方，且平淺的程度益增。此港於道光初年（一八二一年）取代三林港而發展，《彰化縣志》云：「三林港汛，現在番仔挖港，商船輻輳。」番挖的街市在港頭。

三林港（溝子墘的前身） 雍正九年（一七三一年）開為島內貿易港，乾隆二十九年（一七六四年）出版的《台灣府志》（續修）云：「三林港、海汛港口有網藔捕魚，商船到此載芝麻粟豆，港水入至三林止。」又云：「三林港，台屬小船往來貿易。」復云：「三林港街，在三林街。」可知在乾隆二十年代，三林港已取代二林街而發展為集散市場。後來因土沙沖積而全失港灣的形質，至道光初年（一八二一年）許，商勢便移往南方的番挖港。

王功 即古王功港（或為王宮港，王宮即王爺廟，在此港附近，港名因之而得），在三林港北方。道光初年幾乎與番挖港同時做為泊船的港街而發展，但後來因沖沙而失去港灣的形質。

(24) 大城鄉

大城　原稱大城厝，日時制度改正時簡稱大城。此地古屬深耕堡，而深耕堡於雍正十二年（一七三四年）自二林堡分出成立一堡，因此地方的荒埔一帶總稱深坑仔，故名深坑仔堡，後來轉訛稱深耕仔堡。乾隆二十九年出版的《台灣府志》（續修）或寫深耕仔堡，或寫深坑仔堡，而道光十二年（一八三二年）出版的《彰化縣志》才確定寫為深耕堡。

康熙末年始由福佬移民曾機祿及曾瑞文招徠佃戶著手開墾，雍正年間又有福佬移民陳世輸加入投資，遂拓成此一帶的荒埔。道光初年吳姓移民建立大城厝庄的上街，繼而王姓移民建立同庄的下街，幾乎與此同時，番挖港開港，更促進了此堡的發展。

㉕竹塘鄉

竹塘　原稱內蘆竹塘庄，日時制度改正時簡稱竹塘。

㉖溪州鄉

溪州　在西螺、虎尾二溪所形成的大三角洲頂點，新虎尾溪貫流其中央，以此地勢而名溪州。此地方於乾隆年間開墾就緒，起初由黃、張、王三姓福佬移民為墾首。昔日此地繳納墾業主的大租稱蔴租，即以胡麻繳租，後來改用銀兩，但單據上仍併記蔴石數。

舊眉　係平埔巴布薩族眉裏社的故址，故名。此地古屬東螺西堡，康熙五十四年（一七一五年）客家移民黃利英為大墾首，招徠同族佃戶著手開拓，但雍正以後至乾隆年間，有很多漳泉福佬移民遷來，其勢力竟壓倒客家移民，客家移民則或經軋轢而離開，或被福佬人富豪收買，及至嘉慶初年（一七九六年）客家移民遂絕跡。而最先墾成的是此堡北部的東螺溪南一區，舊社㺈仔、新社眉裏新庄（屬舊眉）等。雍正初年（一七二三年）由福佬移民建立一街肆，名東螺街。（東螺街的變遷，請看前述的(7)北斗鎮）

【附記】

八堡圳：係從古沙連下堡濁水庄（今名間鄉濁水）分流濁水溪疏鑿的水圳，灌溉區域包括東螺東堡、東螺西堡、武東堡、武西堡、燕霧上堡、燕霧下堡、馬芝堡、線東堡等八堡，故古來有八堡圳之稱。其區域亙八堡內的一百零三庄，灌溉約一萬九千餘甲田，乃是台灣中部地方最大的水圳。據《彰化縣志》，此圳係當地的墾首施長齡於康熙五十八年所開鑿，故名施厝圳。又因引自濁水溪水，故亦名濁水圳。

南投縣

由日時台中州南投、新高、能高、竹山四郡構成，轄下分一市（南投）、四鎮（草屯、集集、埔里、竹山）、八鄉（名間、中寮、魚池、水里、國姓、鹿谷、信義、仁愛）。

⑴南投市

南投　在古南投堡內西部，爲南投、北投兩堡的中心市場。此地原爲平埔 Arikun 族南投社的故址，地名譯自平埔族語。雍正三年（一七二五年）許，漳州福佬移民由彰化地方進入，購得南投社的土地，開拓萬丹庄（南投新街）地方，擴展拓殖地區，乾隆二十四年（一七五九年）設置南投縣丞。南投社則與北投社一起遷往埔里地方。此地方早開陶窯，製造粗糙的日用土器，供應中部台灣的需求。

碧山巖　在區內施厝坪的丘東，於乾隆十七年建寺。《彰化縣志》云：「巖有樹木，溪流環其前，林泉幽寂頗饒遊觀。清晨四望，崇山峻嶺羅列寺前，𥔲峰九十九尖，狀似玉筍排空，參差無際，洵屬奇觀。」

⑵草屯鎮

草屯　古屬北投堡，稱草鞋墩，日時制度改正時簡稱草屯。古來此地爲進入埔里社窪地的北路外關，草鞋墩則爲其關外站而發展，於光緒初年（一八七五年）隨著埔里社的設廳而形成新街肆。

北投　古屬北投堡，乃是平埔 Arikun 族的佔居地。雍正年間南投堡開拓就緒，同時福佬移民的足跡亦及北投堡，贌得北投社的土地。乾隆十六年（一七五一年）池良生引北方烏溪的溪水，開鑿險圳，以增北投埔方面的灌溉之便，《彰化縣志》云：「險圳，源從烏溪分派，至茄荖山，穿山鑿石數十丈，流出灌溉七十餘庄之田，里人名爲石圳穿流。」又云：「北投街，分爲新舊街。」即道光初年許，北投的街肆已發展。南投、北投二社則遷往埔里、水頭、十一份、枇杷城、文頭橋、茄苳腳、塩土庄等地，建立部落。

土城（今南埔）　古稱內木柵，亦在道光年間開拓就緒，起初設有壘柵以防高砂族，故名。《彰化縣志》云：「與火炎山，中隔烏溪而突起於平地者，曰茭荖山（或寫茄荖山），山後一窩平地，爲內木柵庄，茭荖山關欄於外，若水口之鎖鑰焉。」又云：「內木柵山，在北投之東，地頗平曠，雖草萊新闢，而居民數店。」

(3) 集集鎮

集集　在濁水溪上游北岸，昔日此地至東北方的集集大山一帶，樹林蓊鬱，其東界是水沙連族的部落社仔社（即今社子。此社後來併入水里鄉頭社），集集之名譯自チプチプ。乾隆三十六年(一七七一年)，許、邱、黃、劉四姓移民合股招徠佃戶開拓此地域，在西南邊建立一部落，名林尾庄。乾隆三十九年，吳姓墾首更開拓一處草埔，四十年漸向東境前進，用大樹架橋於溪水北勢坑，以利交通，並在橋頭建立一庄，名柴橋頭庄，於是愈來愈多的移民聚集而來。四十一年在林尾、柴橋頭兩庄間建立店肆，名半路店，繼而於四十五年形成一街市，而取社仔社的社名，並寓「四民集來」之意，稱集集街。街內土地公祠於四十一年與店肆同時建立，媽祖廟創建於五十八年。此地早爲通高砂族界的要區而發展，道光十二年(一八三二年)出版的《彰化縣志》云：「爲民番交易之所，入山之要路。」集集街爲此地出產樟腦集散地，其盛衰蓋爲腦業所左右。

制火潭　集集鎭內媽祖廟後有一池水，名制火潭。關於此名稱的由來，有一迷信相傳至今，云：「昔年集集堡民，有於此潭斷水捕魚，街上忽然失火數所，自此以後，街衆出示永禁，不敢再有斷水捕魚之事，此因水以制火，亦集集一大奇事。」

隘寮　原稱竹腳寮，爲各社的總路隘口。

(4)埔里鎭

埔里　原稱埔里社街，日時制度改正時簡稱埔里。此地在古埔里社堡的中央，原爲平埔族埔里社(又稱埔裏社、埔裡社、埔社)的所在地，咸豐年間由偷越入境的福佬移民形成街肆，而依埔里社的社名稱埔里社街，以後即成此地方的主腦地而發展。光緒元年，改鹿港的北路理番同知爲中路撫民理番同知，建廳署（當時稱埔里社廳，光緒十二年改稱埔裏廳）於埔里社街內，築土垣，環植竹，設東西南北四門，名大埔城。《台灣地輿圖說》云：「今上御極之年，海防戒嚴，開山議起，台灣鎭總兵官吳光亮，適略兵中路，爰有招撫埔裏六社之請，以向駐鹿港之北路理番同知，改爲中路撫民理番同知，就大埔城建造城垣衙署。」高砂泰雅族語原係「星之家」。

埔里社窪地　位於台灣本島中央的平沃地，東南北方山岳連亙，西方低峭屛立，此間二河流橫過東西，眉溪在北，南港溪在南，而在窪地西端滙合。此地原爲埔裏、眉裏二社的佔居地，以眉溪爲界，埔裏社割據溪南的今枇杷城附近，眉裏社割據今牛眠山及史港坑的中間。埔里社的地名早在康熙末年便被移民聞知，雍正二年出版的《諸羅縣志》云：「埔里社水沙連各地，嘖嘖豔羨。」但至嘉慶初年，僅有少數通事社丁爲交易而出入之外，全屬未知的區域。後來，此一帶高砂族地首先由移民染指，繼而由西部平埔族涉足。

嘉慶十九年（一八一四年）移民計劃大侵略，從南界的水沙連高砂族地波及而來。是年，水沙連的隘丁首黃林旺，嘉義、彰化二縣的縣民陳大用、郭百年及台灣府門丁黃里仁等勾結，嘉慶二十年春得到墾照，遂擁衆入山。首先於水沙連界外的社仔開墾高砂族埔地三百甲，由社仔侵入水裏社，再墾四百甲，又侵入沈鹿，築土圍，墾五百餘甲。此三社族勢弱不敢計較，移民乃假冒貴官，率民壯佃丁千餘人至埔裏社，囊土爲城，欲大事開墾，但社人不服，相持月餘。在此期間，移民大肆焚殺、搶奪，遂奪其地，築土圍十三、本城一，而益招佃開墾。二十一年冬總鎭武隆阿巡閱台北，聞悉此事，嚴詰之。彰化縣知縣吳性誠請諭墾戶，驅衆佃出山，移民恃有台灣府示而不遵，鎭道乃飭台灣府撤還。二十二年六月縛諸人至府會訊，予郭百年以枷杖，其餘宥之，署北路理番同知張儀盛、彰化知縣吳性誠、呂志恒赴沈鹿，拆毀土城，盡撤水裏、埔裏二社的耕佃，高砂族始各自歸社，並在集集、烏溪二口各立禁碑，但二十四社從此大衰。此後移民又悄悄而入，社仔族被逐，併入頭社，猫蘭併入水裏社，而哆咯哪、福骨二社混入山地高砂族（以上根據《東槎紀略》）。埔裏社人少，雖與水裏社和睦，但不能救援，而甚自危。

鎖埔的禁令雖暫使異族（即移民）絕跡，但不久移民再越水沙連高砂族地而入，及至道光年間，西部平原的平埔族亦移進。其所以移進，一是嘉慶道光年間移民的移殖益增，而平埔族土地或被收購，或被侵佔，不得不他遷，另謀活路；二是受到移民的詐誘唆使。《埔里社紀略》云：「道光三年，遂有萬斗六社革通事田成發，詭與埔社蓄謀，招外社熟蕃爲衛，給以荒埔墾種，埔社聽之，田成發乃結北投社革屯辨乃猫詩，革通事余猫尉，招附近熟蕃，潛往復墾，而漢人陰持其後，俟熟蕃墾成，溷入爲侵佔之計。」於是自道光三年起，Arikun、巴則海、巴瀑拉、巴布薩、道卡斯五部族由北路口進入，Lloa一部族由南路口進入。先後進入的部族，起初集團雜居於一、二部落，後來隨著同族的增加，乃分居獨立於各地。其結果，從以下的記述可察知其一斑。即道光三年（一八二三年）實察埔里社的北路理番同知鄧傳安的《水沙連紀程》云：「二十里平曠中，惟埔裏社一社，草萊若闢，可得良田千頃，今熟蕃（即平埔族）聚居山下者，二十餘家，猶藉當日民人佔築之土圍，以爲蔽。」道光二十年台灣道熊一本的〈條覆籌辦蕃社議〉云：「埔裡社，道光三四年間，慮被漢人佔奪，招引熟蕃(即平埔族)開墾自衛，熟蕃勢盛，漸逼生蕃(即埔里社族)他徙，二十年來熟蕃已二千人，生蕃僅存二十餘口。」二十七年閩浙總督劉韻珂的〈奏勘蕃地疏〉云：「埔里社，約可墾地四千餘甲，其社南之一千甲，先經熟蕃(即平埔族)私墾，間有生蕃(即埔里社族)自墾之地，均係畸零小塊，不成片段，現住生蕃大小男婦二十七丁口，熟蕃約共二千人，眉裡社可墾地二千餘甲，現住生蕃(眉裡社族)大小男婦一百二十四丁口。」

當時入埔里社窪地的南北兩路已開通，《埔里社紀略》就其情形云：「埔里大社，地勢平闊，周圍可三十餘里，南北有二溪，皆自內山出，南爲濁水溪源，北爲烏溪源也。烏溪爲入社北路，自彰化縣東北投，北行過草鞋墩，至內木柵、阿發埔，渡溪東北行，至火燄山下，五里過大平林，入山十里，逾內龜洋，至外國勝埔，更渡溪而南二十五里，至埔里社，自水沙連入，可兩日程，北路爲近，然常有兇蕃出沒，人不敢行，故多從水沙連入。水沙連，蕃社之久輸貢賦者也。」

牛相觸　二山相迫近對峙，其狀似牛之振角相觸，故名。

牛眠山　若眠牛狀，故名。

烏牛欄　係原在今豐原市烏牛欄的平埔巴則海族烏牛欄社遷移而來之地，遷居後仍用舊名。

房里　原稱紅瓦厝仔，在今苗栗縣苑裡鎮的平埔族房裏社遷來此地後，才改稱房里。

(5)竹山鎮

竹山　在古沙連堡西部，原稱林杞埔街，日時制度改正時改稱竹山。鄭時參軍林杞（《諸羅縣志》寫林瓌）率領部下二百餘人，由牛相觸口入此地方企圖開屯，首先以竹圍仔庄（今竹山鎮竹圍子）爲根據地，驅逐土著平埔族於東北的東埔蚋（或寫東埔蠟）庄附近。平埔族乘夜陰反攻，將林杞及部下百餘人悉數戕害。其餘族追擊掃蕩之，平埔族遠退於山後大水窟，於是乃開拓所佔領的埔地，而依祖名，名林杞埔。林杞埔街內建有崇本堂，奉祀林杞的神主，題曰「開闢水沙連右參軍銜林杞公一位神主」。而街外西北，存有林杞墓。林杞埔，《諸羅縣志》寫林璞埔，《台灣府志》（續修）寫林旣埔，都是同音異字。《諸羅縣志》又云，此地又名二重埔。又林旣埔街之名，見於乾隆二十九年出版的《台灣府志》（續修），可知在乾隆二十九年以前已成街市。

此地正當斗六與集集二市街之間的要路，《彰化縣志》云：「爲斗六門等處入山總路。」《雲林縣採訪冊》則云：「爲沙連堡貿易總市。」光緒十二年（一八八六年）新設雲林縣，縣城擬定於今斗六市（古斗六門）北方四清里的沙連堡林杞埔街的郊外雲林坪，而依縣名稱雲林城。光緒十二年又設置撫墾局。十九年，縣城改設於今斗六街。

江西林　係在林杞埔（今竹山鎮）東北的一丘地。乾隆五十二年（一七八七年）十一月清軍討剿林爽文於小半天山時，清將福康安置大營於此地。《雲林縣採訪冊》云：「江西林山，穿田突起，勢如橫屛，山頂坦平，四面玲瓏秀麗，山背二峰，形如獅象，俯瞰清濁兩溪。」又云：「乾隆中，福中堂平林爽文之亂時，駐大營於山上。故老猶能道其營址。」

勞水坑 台灣語勞水與濁水同音。

笋子林 「笋」同「筍」，笋子林即是竹筍林。

社寮 係濁水溪南岸的一小肆場，《雲林縣採訪冊》云：「社寮街，爲社寮等處交易總市，又爲往來南北及埔里社孔道。」鄭時，杜、賴二姓的鄭將，驅逐土著平埔族而開墾此地方一帶，後來與平埔族議和，設置社商草寮以從事交易，社寮的地名因之而起。庄內頂埔有甘泉井，《雲林縣採訪冊》云：「甘泉井，在社寮頂埔，前福堂福康安駐大營邊，泉淸而甘，大旱不涸，前台灣總鎭吳光亮閱兵過此，飲而甘之，遂鳩工修築，四面皆環以石，因水甘，遂以甘泉名井。」

(6)名間鄉

名間 原稱湳仔庄，日時制度改正時改稱名間。蓋名間，日本語讀做ナマ，與湳仔的台灣語音相近似。

(7)中寮鄉（略）

(8)魚池鄉

五城堡　原屬水沙連堡，光緒元年(一八七五年)分立一堡。道光末年移民遷居此地方者益增，尤其今魚池鄉的銃櫃、水社、猫囒、司馬按、新社五庄爲其集中區，乃在庄外設竹圍以爲防衛，故俗稱五城，而爲堡名。

雞胸嶺　係集集與今魚池鄉五城的中界，早在乾隆五十三年就開通小路。道光四年，王增榮及陳坑計劃開拓五城的高砂族地，首先投資開修嶺路，以便與集集地方交通。嶺頂似馬鞍，且開路後建立土地公小祠，故又稱土地公鞍嶺。

魚池　此地曾有魚池，故名。

銃櫃　即砲壘。此地爲曾設銃櫃的遺址，故名。

茅埔　原稱加老望埔(或茄荖網埔)，譯自高砂布農族語(濁水之意)。加老望埔後來簡稱望埔，再轉訛稱茅埔。此地在湖(日月潭)北，郁永河的《番俗六考》云：「水沙連過湖半日，至加老望埔。」雍正年間，移民主要爲營商的目的，由牛相觸口沿濁水溪上溯而進入高砂族界，其足跡似已及日月潭以北之地，同《番俗六考》云：「通事別築寮加老望埔，撥社丁、置烟布糖塩諸物，以濟土蕃用。售其鹿肉皮筋等項，以資課餉。每年五月弔社，七月進社，共計十箇月，以可交易完課。過之，雨多，草茂，蕃無至者。」

日月潭　近五城堡窪地的中央，因有此湖水的緣故，高砂族稱此地爲水沙連，而稱此湖爲水沙連潭。此地古屬水裏社的所在地，故名水裏湖（水裏社又名水社，故此湖又名水社湖），水裏湖之名見於乾隆二十年（一七五五年）出版的《台灣府志》（續修）。又此湖由日月二潭相連而成，故名日月潭。道光初年（一八二一年）北路理番同知鄧傳安的〈遊水裏社記〉云：「水分丹碧二色，故名日月潭。」道光十二年出版的《彰化縣志》云：「水裏社潭，一名日月潭。」西洋人則稱爲 Dor-agon 湖。

湖中偏西方有一山嶼，《台灣府志》記做水沙嶼，鄧傳安的〈遊水裏社記〉稱珠山，《彰化縣志》云：「珠子山，狀如珠，故名。」又云：「堪輿家以此潭爲蘊龍池。」古來以形勝之區著稱。康熙中葉出版的郁永河《番境補遺》云：「其地四面高山，中爲大湖，湖中復起一山，蕃人聚居山上，非舟莫即蕃社，形勢無出其右。」康熙六十一年巡視台灣御史黃叔璥的《番俗六考》云：「水沙連，四周大山，山外溪流包絡，自山口入潭，廣可七八里，曲屈如環，圍二十餘里，水深多魚，中央一嶼，蕃繞嶼以居，空其頂，頂爲屋則社有火災，岸草蔓延繞岸，架竹木，浮水上，藉草承土，以種稻，謂之浮田，隔岸欲詣社者，必舉火爲號，蕃划蟒甲以渡，嶼圓淨開爽，青嶂白波，雲水浮動，海外別一洞天。」

パツタン社　パツタン係昔日此地區的布農族日常用以漕舟日月潭上的划槳，此社製作パツタン，故名。

水沙連　昔日含埔里社堡，自五城堡起，經沙連堡而至濁水溪流域一帶的高砂族地，總稱沙連，譯自高砂族語地名，而爲佔居日月潭附近高砂族群的中心根據地，故名水沙連。康熙二十三年諸羅知縣季戲光的《台灣雜記》寫水沙漣，康熙三十六年郁永河的《番境補遺》寫水沙廉，都是同音異字。用水沙連之字的最古文件，是康熙六十一年巡視台灣御史黃叔璥的《番俗六考》，以後雍正初年藍鼎元的〈紀水沙連〉(載於《東征集》)及雍正二年出版的《諸羅縣志》，與後來的《台灣縣志》、《彰化縣志》等皆用此字。

早在康熙中葉以前，移民就企圖進入此地方拓殖，高砂族亦輸貢賦。郁永河的《番境補遺》云：「水沙廉，雖在山中，實輸貢賦。」又就康熙中葉此地之情形云：「過斗六門，崎嶇而入，大溪阻三重，水深險，無橋梁，老籐橫跨溪上，往來行籐上。外人至輒股慄而不敢進，蕃人行慣不怖焉。其蕃，善織毯，染五色狗毛，雜樹皮作之。陸離如錯錦，質亦細密，四方人多欲購之，常不得。蕃婦亦白皙妍好，能勤稼穡，人皆饒裕。」

據《番俗六考》，水沙連分南港北港二族群，大體上分佈於埔里社地方者稱北港，分佈於五城堡地方者稱南港，而該書就南北港的族群情形云：「南港蕃，居近漢人，尙知法。而北港蕃，接壤野蕃(即山地高砂族)，最為兇頑。」乾隆二十九年出版的《台灣府志》(續修)記有水沙連二十四社(或二十五社)的社名，但當時歸附者不過以日月潭為中心的附近數社而已，且雖就撫，馴悍相半，一旦眦睚反覆，忽至釀亂。《台灣府志》云：「水沙連蕃，原為輸餉熟蕃，朱逆亂後，遂不供賦，其蕃目骨宗等自恃山溪險阻，屢出殺人。及雍正四年，復潛跡出沒，恣殺不忌。九月總督高其倬，檄台灣道吳昌祚，到省面詢情形，授以方略，委為總統，分路進攻，務獲首惡，以北路參將何勉副之，乃飭淡水同知王汧協征。時巡察御史索琳，亦帶親丁，會巡道斗六門，酌議剿撫。十月勉等，攀巖援木，冒險深入，直抵水沙連。北蛤仔難社諸蕃震慴就撫。數日又入南港水裏湖，擒獲骨宗父子三人，搜出藏貯頭顱八十五顆，既復擒獲兇黨阿密氏麻薯等二十餘蕃，亦搜出頭顱無數，皆押回軍前，解省伏誅。於是南北港二十五社畢服，依舊輸課，水沙連平。」雍正十二年置水沙連堡，包轄沙連、集集、五城諸堡。至乾隆四十六年，歸附者包括：南港(即五城堡窪地)有水裏社、田頭社、猫蘭社、審鹿社、社仔社、福骨社、哆咯啷社，北港(即埔里社窪地)有埔里社、眉裏社，這些稱「埔水化番」。後來再受移民侵佔，《埔裏社紀略》云：「漢人稍稍復入，社仔蕃被逐，併入頭社，猫蘭併入水裏社，而哆咯啷、福骨二社，混入兇蕃。」各化番社的變遷如下：

(一)社仔社，原址在今集集鎮社子，被移民驅逐，併入田頭社。
(二)田頭社(頭社)，原址在今魚池鄉頭社，移民建庄時被縮小其區域。
(三)水裏社(水社)，原址在日月潭內珠仔山及湖西的水社(今魚池鄉水社)，但此地全成為移民部落，乃移湖南，建立石印社，少數移往大茅埔。
(四)猫蘭社，原址在今魚池鄉猫蘭，多數併入水裏社，少數移往小茅埔，與移民雜居。
(五)審鹿社(沈鹿社)，原址在今魚池鄉魚池，多數併入水裏社。
(六)福骨社(剝骨社)，原址在日月潭東岸卜吉附近，被移民驅逐，混入山地高砂族。
(七)哆咯啷社，原址在日月潭東岸鄰接福骨社，被移民驅逐，混入山地高砂族。
(八)埔裏社，以今埔里鎮枇杷城為根據地。

(九)眉裏社，原址在今埔里鎮牛眠山及史港坑的中間。南港四社及北港二社，合稱水沙連六社。

(9)水里鄉

水里　日時屬魚池庄（今魚池鄉），戰後才分立一鄉。

(10)國姓鄉

國姓　原稱內國姓，日時制度改正時簡稱國姓。國姓埔（即今國姓）在猫羅山東麓，古寫國勝埔，其名見於《東槎紀略》所載〈埔里社紀略〉，亦即國姓是國勝的轉訛，與鄭氏的國姓毫無關聯。但有一傳說云，鄭經曾討剿北港溪上游的高砂族，此地是參軍右武衛劉國軒駐軍的遺跡，故名國姓庄。更云，猫羅山頂東西兩路係鄭時屯將所經過的遺迹。但此說無可證實，且當時此山爲兇猛的高砂族所盤踞，鄭軍能否通過，値得懷疑，或許是因此庄的存在而彼此附會傳說。

龜子頭　昔日正當進入埔里社荎地的北路關頭，嘉慶二十二年（一八一七年）發佈偷越埔里社禁令時，樹立一告示石牌於龜仔頭坪（道光二十七年即一八四七年，閩浙總督劉韻珂的〈奏勘蕃地疏〉寫做龜柴頭，《東槎紀略》所載〈埔里社紀略〉寫做內龜洋）。及至咸豐年間，有移民犯禁而進入埔里社，此地乃出現移民聚落。光緒元年（一八七五年），隨著埔裏社廳的新設，此地方亦做爲北方要路而開拓，龜仔頭乃迅即形成一庄。

⑾鹿谷鄉

鹿谷 原稱羗仔寮，日時制度改正時改稱鹿谷。此鄉古屬沙連堡，乾隆二十一、二年(一七五六、七年)許，泉州福佬移民許廷瑄由林杞埔(今竹山鎮)方面東進，企圖開拓大坪頂一帶，首先成立初鄉庄，其次以新寮庄爲基地，逐漸成立坪仔頂、羗仔寮(今鹿谷)、車桄寮、小半天、內樹皮等諸庄，至乾隆五十年代已成一方的要路，五十二年林爽文戰敗潛入小半天時，此地方居民皆出力奉公，搜捕有功，故後來改稱大順嶺。以後福佬移民接踵而至，嘉慶末年，以大坪頂七庄而聞名。光緒元年(一八七五年)中路統領吳光亮督三營兵，開築由林杞埔橫斷中央山脈而抵台東璞石閣(今玉里鎮)的道路時，大坪頂便爲其要路而發展。《雲林縣採訪冊》云：「前台灣總鎮吳光亮從此修築，爲入後山八通關等處之路，山路平坦，即大坪頂七處，民居稠密，煙火萬家，七處山產，甲於全堡。」又云：「新寮街，爲大坪頂七處交易之區，入後山台東州總路。」

小半天 在小半天山麓，與大坪頂七庄並立而爲聚落之區。小半天山係阿里山支脈的鳳凰山分脈西走者，山勢幽深危險。《雲林縣採訪冊》云：「小半天山，高插雲霄，山徑窄狹，屈曲幽深，山上民居不一，煙火將及百家，所產猫兒笋麻竹笋，爲居民利。」乾隆五十二年十一月林爽文戰敗後，由其基地大里杙(今大里市)越東南火炎山，經北港溪方面的高砂族地而入集集，再敗，十二月遁此山中，恃險自固，即在小半天山頂，內作石牆，外列木栅，斷樹塞路，以爲死守之計。

大水堀（大水窟）　鳳凰山的分脈北開崠頂山丘地之所，稱大水窟。此地有一名大水窟的池水，地名由此而起。《雲林縣採訪冊》云：「大水窟，又名蓮花池，池中多產蓮花，在崠頂山之麓，鳳凰山之前，池周廣二三里，四面屏環列翠，泉源甚盛，紅白蓮花浮擎水面，青篙綠蓋，布滿池中，傳聞昔時曾開金墘白蓮，鮮妍異常，香韻尤絕，池中魚族甚繁，採蓮取魚，必駕竹筏，每當春夏良辰，峽峰倒景，輒見鴛鴦浮游。巖際風過，香聞數里，爲縣東名勝。」

⑿ 信義鄉（高砂族鄉）

タケバカ**卡社族**　係分佈於卡社溪沿岸山地部落的布農族，有勿勿、卡社等社。

タケワケン**丹族**　係散居於丹人溪沿岸山地的布農族，有丹大社、簡吻等社。

巒族　係以一戶乃至二、三戶形成一部落，分佈於濁水溪支流及巒大溪沿岸山地的布農族，有人倫、異馬福、巒大社等社。

ブブクン**郡族**　係分佈於郡大溪及陳有蘭溪沿岸山地的布農族，有郡大社、東埔等社。

ロフト**族**　係佔居和社溪左岸山腳的曹族，又稱鹿株大社，有和社、楠仔脚萬二社。

⒀ 仁愛鄉（高砂族鄉）

マレツパ**族** 係佔居北港溪上游沿岸，即合歡山西方的泰雅族。

福骨族 係沿北港溪上游(白姑大山南方)分散居住的泰雅族。

卓犖族 屬泰雅族 Sediq 部族，在韜佗族的東北，分佈於濁水溪上游。

韜佗族 屬泰雅族 Sediq 部族，在霧社族的東北，分佈於濁水溪上游沿岸，形成集團部落。

霧社族 屬泰雅族 Sediq 部族，分佈於濁水溪上游廣僅三、四里之地，形成集團部落。此地整年清晨為雲霧所蔽，故清時移民稱霧社，但他們自稱テブオ，其意義不詳。

萬大族 係佔居濁水溪上游，萬大溪沿岸的泰雅族。

眉肉蚋、眉加臘族 係佔居北港溪上游沿岸(眉原山南方)的泰雅族。

卓社族 係佔居濁水溪上游，千卓萬族南方的布農族。

千卓萬族 係分佈於濁水溪上游沿岸山地的布農族。

【附記】

(一)**玉山**：日本名新高山，西洋名 Morison，高砂曹族語石英山之意。

玉山之名起自其山容，即「積雪瑩澈有光明，晴霽望之，輝如白玉」，又「巍然秀出萬嶽中，冬天早戴白雪」。《一肚皮集》的〈紀諸山形勝〉云：「台之山，至高莫如玉山，四時積雪不消，又名雪山。」

日本領台後明治三十年(一八九七年)，因此山是**新**編入版圖的日本全國第一**高**山，故名新高山。

Morison 山的名稱，係多年跋涉台灣的英國領事 Swinhor 所命名，取自初次航行抵安平港的英國商船 Alexander 號的船長之名，見於一八六三年英國海軍提督 Colinson 的演講筆記中。

(二)八通關(古寫八童關或八同關)：八同關之名最先見於道光十二年(一八三二年)出版的《彰化縣志》，在其總說山勢條下云：「東南二峰並峙，高插雲霄，若隱若現，奇幻不測，在諸羅八同關地界。」而佔居玉山西的阿里山中的高砂曹族稱玉山爲石英山，與八同關近音，以後移民便視之爲玉山山彙一帶(即諸羅內山)的總名稱。光緒十四年(一八八八年)製成的台灣番地圖，以同音雅字，且具「四通八達的中樞關路」之意，改稱八通關，而在玉山東方嶺路上畫個關門狀。這表示此名稱譯自玉山的高砂族語地名。光緒二十年出版的《雲林縣採訪冊》更肯定云：「八通關山又名玉山，前台灣總鎮吳光亮由此修路通後山。」

(三)濁水溪(又名撈水溪)：係橫流西海岸平原中央的台灣第一巨流，發源於埔里社一帶的中部山地，滙合許多大小支流而漸變大。其上游混合黑色粘板岩的粉末，下游流急不能沈澱，而水色帶溷濁，故名濁水溪。同治五年(一八六六年)出版的林豪《東瀛紀筆》云：「嘉彰分界處，有撈水溪，源出內山，流急而濁。」關於濁水溪的溷濁，古來有一迷信傳說，道光十二年(一八三二年)出版的《彰化縣志》云：「水色皆黑，土人云，水清則時事有變。」又光緒二十年(一八九四年)出版的《雲林縣採訪冊》云：「黃河五百年一清，則必有聖人在位，而是溪之水渾濁挾泥，似有類於黃河，然溪水一清，則台地必生反側，如同治元年水清三日，戴萬生亂，幾及三年，光緒十三年水清半刻，則施九段以丈田事激民爲變，共攻彰化，旋經剿撫解散，故老謂，溪清之時日多寡，實與寇盜起滅久速相應，屢試不爽。」

(四)火炎山：在今草屯鎮的東北烏溪沿岸，連亙南北三里，其狀恰如火炎之生起，故名火炎山。《彰化縣志》云：「峰尖莫數，秀揷雲霄，狀如火燄，樹木茂密，上多松柏，其下爲烏溪之流所經。松柏崙的嶺路，則開於其南端。」此山古來稱九十九峰或九十九尖，蓋係從彰化地方遠望此峰尖而名。《彰化縣志》形容其狀云：「玉筍瑤篸，排空無際，有萬笏朝天之象。」所云的「燄峰朝霞」爲彰化八景之一。

雲林縣

由日時台南州斗六、虎尾、北港三郡構成，轄下分一市(斗六)、五鎮(斗南、虎尾、西螺、土庫、北港)、十四鄉(古坑、大埤、莿桐、林內、二崙、崙背、麥寮、東勢、褒忠、台西、元長、四湖、口湖、水林)。

(1)斗六市

斗六　原爲平埔Lloa族柴裡社的所在地。康熙末年此地方漸開拓就緒，乃以平埔族語的近音譯字稱斗六門，以爲諸羅東界的鎖鑰，雍正十一年始添設斗六門汛，乾隆初年(一七三六年)由泉州移民楊仲熹啓建街庄的基礎，乾隆十七年許建成，二十六年置巡檢，二十九年出版的《台灣府志》(續修)出現斗六門街之名(光緒年間的諸文件皆寫斗六街)。然而此地接近東方山界，古來爲盜匪出沒之區，治安的阻障成爲地方發展的妨礙。道光年代台灣道同卜年所著《時事論》就當時的情形云：「斗六門，東通內山，西抵他里霧(今斗南鎮)，北臨虎尾溪，與彰化西螺等莊緊相毗連，該處素多匪類，虎尾溪北西螺等莊，匪徒最多，溷濁其中，地方有事，則彼此勾結，謀爲不軌，無事則溪南溪北，偶因纖毫小忿而互相械鬥，連年不休。至於聚其衆，攔途刦搶，尤視爲故事，竟至道路不通。洵爲一方大害。」道光十五年斗六門巡檢改爲縣丞，乃是其善後政策，而設淸庄聯會守望相助之法，每年九月至翌年四月爲防守期，派撥鄉勇於四處要道從事晝夜警戒，亦即此街主要是爲防衛上的需要而發展起來的。光緒十九年(一八九三年)雲林縣城由北方的林杞埔(今竹山鎭)，俗稱雲林坪移置此地，但仍用舊名稱雲林城，於是雲林的名稱乃爲斗六的代名詞。至日本領台後，起初亦用雲林之名，後來才改用原來的地名斗六。柴裡社則遷往埔里地方的白葉坑。

雲林　歷史上所云的雲林有二市街，一是林杞埔街(今竹山鎭)，另一是斗六街(今斗六市)。光緒十二年新設雲林縣，翌年擇定俗稱雲林坪的林杞埔(此地方東界一帶爲連峯，入夜雲霧深鎖樹林，故名)爲縣治，知縣陳世烈則自地方居民籌募義捐，築土垣、環植竹以爲城，及成，城外建旌義亭，亭內立石標曰「前山第一城」，蓋其在雲林坪，故稱雲林城，而雲林乃成爲林杞埔的代名詞。然而每年夏季橫亙縣城南北的濁水及淸水二溪氾濫，有交通斷絕之虞，故光緒十九年知縣李烇乃將縣城移於更南方四淸里處的今斗六，但仍舊稱雲林城。自此以後，雲林便變爲斗六的代名詞。

柴裡社　起初居今斗六市南方，後北進今斗六市溝仔垻柴裡。黃叔璥的《台海使槎錄》記康熙年間的情形云：「斗六門舊社，在去柴裏十餘里大山之麓，被野蕃侵殺，乃移出今舊社(即柴裏)。竹圍甚茂，因以爲利，逐年士官派撥老蕃數人，更番輪守。」柴裏社之名，蓋因竹圍甚茂而起。據傳康熙二十八年(一六八九年)故址被移民佔略，乃移轉現址，後來與移民講和而雜居。《雲林縣採訪册》記光緒年間的狀況云：「柴裡社蕃在東門內，現與居民(即移民)雜處，舊俗革除殆盡。至於分住城外及尖山坑者，男女多販柴爲活。」又雍正二年（一七二四年）出版的《諸羅縣志》云：「斗六門，舊有蕃長，能占休咎，善射日，率諸蕃，出捕鹿，諸蕃苦焉，共謀殺之，血滴草，草爲之赤，社草皆赤，諸蕃悉以疫死，無噍類，今斗六門之蕃，皆他社來居者。」

(2) 斗南鎮

斗南　原稱他里霧街，譯自佔居此地的平埔 Lloa 族他里霧社的社名，至日時制度改正時，因此地在斗六之南，故改稱斗南。

此地清領之初爲「諸羅十七莊」之一，康熙末年以後，移民足跡漸及此地，似有與土著平埔族講和而雜居者，康熙四十二年（一七〇三年）台防同知孫元衡經過此地時，敍述其情景云：「翠竹陰陰散犬羊，蠻兒結屋小如箱，年來不用愁兵馬，海外靑山盡大唐（即支那大陸），舊有唐人三兩家，家家竹徑自迴斜，小堂蓋瓦窓明紙，門外檳榔新作花。」乾隆元年（一七三六年）移民亦進入平埔族社的北方建立街市，同時建朝天宮（祀媽祖）於街內。道光元年（一八二一年）噶瑪蘭通判姚瑩的《台北道里記》云：「他里霧，大莊也。」

此地方一帶早在鄭時就爲其開屯區，今斗南鎮內的林子、石龜溪、南勢三庄，係鄭將蔡、黃二姓所開拓之地，阿丹則是名阿陳者所開拓之地，庄內存有「阿陳墓」，阿陳後來轉訛稱阿丹。

(3)虎尾鎭

虎尾 原稱五間厝，日時制度改正時用虎尾溪之名改稱虎尾。鎭內惠來厝係潮州府惠來縣客家移民拓成之地，平和厝係漳州府平和縣福佬移民拓成之地，俱以原籍地爲地名。又「埒內」係竹林內、樹林內之意。

(4)西螺鎭

西螺 在西螺溪南，係荷蘭人所云的 Soeran。此地原爲平埔 Lloa 族西螺社的所在地，Soeran 及西螺之名均譯自平埔族語。雍正初年以後由福佬移民著手開拓，以王玉成爲墾首，首先成立西螺店街(西螺街的前身)，至乾隆初年漸形成街肆，西螺店街之名見於乾隆二十九年(一七六四年)出版的《台灣府志》(續修)。街內廣福宮(祀媽祖)創建於乾隆二十五年。

吳厝 乾隆年間吳姓福佬移民爲墾首，計劃開拓，但未成功，而由張姓承繼而拓成。因是吳姓初闢之地，故名吳厝。

(5)土庫鎭

土庫 此地昔日多坵田，於雍正十二年(一七三四年)成立一堡，名大坵田堡。同年間移民的足跡及於此堡，至乾隆二十四年(一七五九年)，郭、林二姓福佬移民爲墾首，招佃開墾，以土庫(或寫做塗庫)附近爲中心，逐漸遍及全堡，遂拓成。而土庫於道光十一年始建立街肆。

(6)北港鎮

北港　係臨北港溪(烏溪)北岸的一市街，昔日稱莽港(笨港)，即荷蘭人所云的Ponkan，明末以來便爲支那船舶的停泊地，而有「小台灣」之稱。清領後，初由陳立勳開拓，稱笨港街，同年間又由漳州移民創建店肆。當時北港溪水深，有船舶湖抵此地之便。雍正九年(一七三一年)笨港開爲島內貿易之所，且新設縣丞以稽查地方，兼查船隻。起初將此街及溪南的舊南港庄(今嘉義縣新港鄉)合稱笨港街，富豪巨商多聚居南部。然而乾隆十五年(一七五〇年)，北港溪流因洪水而改變，中斷市街而生新水路，稱南笨港及北笨港，於是始生北港街的名稱。乾隆二十九年出版的《台灣府志》(續修)云：「笨港街，南屬打猫堡，北屬大槺榔堡，港分南北，中隔一溪，曰南街，曰北街，舟車輻輳，百貨駢闐，俗稱小台灣。」乾隆四十七年勃發漳泉分類械鬥，在北港街的漳州人避難移轉於其東方，建立新港街。嘉慶八年(一八〇三年)復逢洪水，南北兩街俱爲其所浸，富豪多避之，乃建新街於北方，殷賑亦隨之而移來此地(至此南笨港全然衰微，以後僅存舊南港庄的地名而已)。道光三十年(一八五〇年)再發生漳泉分類械鬥，北港街的漳州人遷往新港街，新港街的泉州人遷來北港街，增建店肆，但咸豐七年(一八五七年)的水災使新街崩潰，於是新街的泉州人全部移來此街，遂使市況一新。按北港溪的水淺沙凝逐年增加，從此時起，笨港的碇泊所乃移於北港溪下游北岸的下湖口(今口湖鄉下湖口)，光緒五年(一八七九年）出版的尹龍周《台灣地輿圖說》云：「笨港即下湖口。」而各種輸入貨物於下湖口改以竹筏載運，溯溪流入此街，再分配於各地。光緒二十年出版的《雲林縣採訪冊》云：「下湖港，為外海汊港，南北商船由此出入，交易貨物則歸北港街行棧。」

北港朝天宮 崇祀媽祖，雍正八年創建，乾隆十六年重修，咸豐十一年擴修。此廟古來香火鼎盛，靈威赫耀，每年春季，全島信徒前來參拜者，絡繹不絕。《雲林縣採訪冊》云：「廟貌香火之盛，冠全台。」又云：「神亦屢著靈異，前後蒙領御書匾額，現今鈎摹敬謹懸挂，他如捍災禦患水旱疾疫，求禱立應，官紳匾聯，多不勝書，宮內住持僧人供奉香火，亦皆恪守清規。」

旌義亭 在北港街。乾隆五十二年林爽文之亂騷擾此地，紳民結壘固守，屢挫其鋒。是歲五月十三日，林黨設伏陷壘，遇害者一百八人。事聞，高宗皇帝乃御書旌義二字，賜紳民。因而鈎摹刻石立街內，設亭名旌義亭，以為感恩之紀念。後來建義民祠，祀死事諸人，更從祀同治元年戴萬生之亂時的殉難者。

彌陀寺 在北港街，祀阿彌陀佛。《雲林縣採訪冊》云：「相傳，因前有溺死溪者，其鬼每於白晝現形，曳人落水。街民恐懼，視為畏途。嘉慶三年，王福基者經過此，為鬼所困，幾瀕危，朗誦阿彌陀佛之名號數聲，鬼遂隱，乃告街眾立石。後五年居民，黃昏時見所立之石現火光，遂鳩資建寺，頗著靈應。」

(7)古坑鄉

古坑　原稱庵古坑，日時制度改正時簡稱古坑。此地及鄉內麻園係於康熙二十九年（一六九〇年）許，由吳、陳、劉三姓漳州移民拓成。

(8)大埤鄉

大埤　原稱大埤頭，日時制度改正時簡稱大埤。鄉內埤頭庄為鄭時開屯之區，由鄭將蔡、黃二姓拓成，及至雍正年間，茄苳腳庄由福佬移民蔡媽生拓成，佃仔林庄（今田子林）由福佬移民林仔芳拓成，埔羌崙庄則於乾隆初年由福佬移民沈紹宏拓成。

(9)莿桐鄉

莿桐　原稱莿桐巷，日時制度改正時簡稱莿桐。

(10)林內鄉

林內　日時屬斗六街（今斗六市），戰後才分出成立一鄉。此地當自斗六至林杞埔（今竹山）的中路，為鄭時的開屯區，鄭將鄭萃興所佔據之地，庄內有祀鄭成功的小祠。鄉內九芎林，係於雍正年間楊仲熹由咬狗北進而開拓，以為斗六門的咽喉之地，而佔諸羅東界的鎖鑰位置。

⑾二崙鄉

二崙 原稱二崙仔，日時制度改正時簡稱二崙。

竹圍（新庄子） 雍正四年（一七二六年）泉州福佬移民張方高設公館於此地，招募佃戶開拓荒埔。公館所在地設竹圍，故名竹圍庄。

⑿崙背鄉

布嶼堡 今二崙、崙背二鄉一帶，於康熙六十年（一七二一年）成立一堡，稱布嶼稟堡。原來此地一帶屬平埔Lloa族猫兒干社，即南社的所在地，此族稱此地爲布嶼稟。至乾隆年間，省略稟字簡稱布嶼堡。所云的布嶼大庄即是今崙背鄉舊庄，其名見於乾隆二十九年出版的《台灣府志》（續修）。

猫兒干、南社 乾隆九年巡視台灣御史六十七的《台灣蕃社采鳳圖考》云：「南社、猫兒干二社，其祖興化人，渡海遭颶風，船破漂流到台，娶蕃婦爲妻。今其子孫婚配皆由其父母主婚，與別蕃不同。」《彰化縣志》亦云：「按猫兒干蕃有說興化話者，想興化人入庄所傳。」今麥寮鄉內興化厝係其永居之地。

猫兒干屬平埔Lloa族，故址在布嶼堡內，分南北二部落，並非如上所述的「南社、猫兒干二社」，應該說「猫兒干的南社」。又此地方的平埔族，昔日於海濱採收天然的乾固鹽，康熙六十年（一七二一年）巡視台灣御史黃叔璥的《赤嵌筆談》云：「南社，冬日海岸水浸浮沙凝而為鹽，蕃婦取食之，不須煎曬，所產不多，漬物易壞。」

⒀麥寮鄉

麥寮　在古海豐堡中央、新虎尾溪的北岸。原來此地附近多產大、小麥，故名。日時屬崙背庄（今崙背鄉），戰後才分立二鄉。

麥寮昔日僅為一小村落，乾隆十五年（一七五〇年）新虎尾溪開流，西北的海豐港被沖壞，商勢移來此地，乃漸形成街肆，至道光年間極為殷賑。然而古來為北港街所壓而不振。《雲林縣採訪冊》云：「交易則赴北港，以麥寮無大郊行故也。」

雍正八年（一七三〇年）福佬移民陳、張、吳三姓合資為墾首，著手開拓海豐堡。乾隆三十九年（一七七四年）拓成後，由陳姓分管南部的東勢厝庄（今東勢鄉）附近，張姓分管中部的麥寮庄附近，吳姓分管北部的今麥寮鄉內的施厝寮、雷厝附近。乾隆末年，泉州移民拓成海濱一帶（今麥寮鄉內）的沙崙後、橋頭、許厝寮等庄。

興化厝　在今崙背鄉猫兒干（平埔族舊社址）的西南方，係上述興化人遇風漂流到台而定居之地，故名。

海豐堡　係西連布嶼堡，今麥寮、台西二鄉的海岸一帶。康熙六十年（一七二一年）成立一堡，稱海豐港堡，蓋海豐港為此堡的主腦地，故名。至光緒十四年（一八八八年）省略港字，簡稱海豐堡。

海豐港，《台灣府志》寫做海防港，雍正九年(一七三二年)開爲島內貿易之所，昔日港灣水深，商船每避風碇泊，早形成店肆。至乾隆末年新虎尾溪開河口時，被溪沖壞，街肆荒廢，商勢全移於西北的麥寮。

⒁東勢鄉

東勢 古屬海豐堡，乾隆三十九年由福佬移民陳、張、吳三姓合資拓成後，由陳姓分管，日時屬虎尾郡海口庄，戰後海口庄分成東勢、台西二鄉。

⒂台西鄉

台西 日時屬虎尾郡海口庄，戰後才分立一鄉。

五條港 在古海豐堡的南方海岸，《台灣府志》尚未見其名，道光十二年(一八三二年)出版的《彰化縣志》始見其名。昔日似與對岸有交通，但附近一帶爲砂濱，因冬季北風的飛沙及潮流的運沙作用逐年埋塞港底，港灣的形質變遷，不便於碇泊，自然衰頹。且其位置爲一小河口，自港口至碇泊所約一里，不得上溯彎曲的水路，而港口波浪高，不便於碇泊。

又台南附近的所謂「五條港」，指由安平海口通往南方的運河支流，於台南的西方分成五條者，即新港、佛頭港、北勢港、南河港、松仔脚港等。

蚊港　原在牛稠溪口的蚊港(今嘉義縣東石鄉塭港)，係明代所云的魍港，而爲支那船屢常出入之所，但昔日自蚊港注海的八掌溪流域變遷，蚊港的地名亦隨之移轉於此地。

(16)褒忠鄉

褒忠　古稱埔姜崙庄，屬布嶼堡。乾隆二十九年(一七六四年)林爽文之亂時，堡內各庄被肆擾，庄民庠生張源懃糾集鄉勇，固守數月，屢挫林黨之鋒。翌年更從將軍福康安，率鄉勇致力討剿，及亂平，受賜褒忠二字爲庄名，改稱褒忠庄，後稱褒忠街，建街於咸豐元年(一八五一年)許。此鄉日時屬虎尾郡土庫庄(今土庫鎮)，戰後才分立一鄉。區內龍巖厝、潮洋厝、馬公厝等各庄，係於雍正二年(一七二四年)由福佬移民薄昇燦拓成之地。

(17)元長鄉

元長　此鄉一帶古稱白沙墩堡，成立於雍正十二年(一七三四年)，堡名取自其天然的情形。此堡大部分係於乾隆年間以吳大有爲墾首而墾成。

客子厝　係客家人的聚落之意。

(18)四湖鄉

四湖　此鄉古屬尖山堡，四湖庄在其東部，嘉慶初年由漳州移民拓成。乾隆五十年代，鄉內的內湖、溪底二庄由漳州移民拓成，飛沙、三條崙、溪尾三庄由泉州移民拓成。嘉慶初年，羊稠厝、四湖二庄由漳州移民拓成，林厝寮、萡子寮二庄由泉州移民拓成。

⒆口湖鄉

口湖 此鄉古屬尖山堡，口湖庄在其中部，乾隆五十年代由漳州移民拓成。乾隆三十年代，鄉內楦梧、謝厝寮、蚵寮、牛尿港、下崙等庄由漳州移民拓成。乾隆五十年代，外埔、水井、下湖口等庄由漳州移民拓成。

蚵寮 附近海岸一帶爲沙泥平淺灘，古來養蚵甚盛，地名因之而起。

下湖口 係靠近北港溪口北岸的一村落。咸豐年間，笨港(今北港)的碇泊所移來此地。《雲林縣採訪冊》云：「下湖港，爲外海汊港，南北小商船由此出入，交易貨物則歸北港行棧。」昔日入港口半里處爲外國貿易船的碇泊所，再入內海半里處爲沿海航船的碇泊所。至日本領台後明治三十二年(一八九九年)指定爲特別輸出入港，但因年年港汊甚爲埋沒，乃於明治三十四年將海關(支署)移於北港溪口北岸俗稱鵝尾墩之地。明治四十年七月，撤銷特別輸出入港的指定。以後與此港有密切關係的集散市場，全歸東石港(今嘉義縣東石鄉)的勢力圈。

⒇水林鄉

水林 原稱水燦林，日時制度改正時簡稱水林。此鄉古屬尖山堡，鄉內尖山、大溝、牛挑灣、萬興等庄，於乾隆三十年(一七六五年)代由漳州移民拓成。

尖山堡　係連接大槺榔東頂堡西方的海岸一帶，即今四湖、口湖、水林三鄉，於雍正十二年(一七三四年)成立一堡，因堡內東南部有一丘陵名尖山，故以尖山爲堡名。康熙末年，以陳姓福佬移民爲大墾首，招徠漳泉佃人著手開墾，在乾隆、嘉慶年間拓成大半之地。

嘉義縣

由日時台南州嘉義、東石二郡構成，轄下分二市(太保、朴子)、二鎭(布袋、大林)、十四鄉(民雄、溪口、新港、水上、中埔、竹崎、梅山、番路、大埔、六脚、東石、義竹、鹿草、阿里山)。

(1)太保市

太保 福建水師提督王得祿因剿匪有功而受封爲伯爵太子太保，其後代居住此地，故名。此地方昔日屬嘉義西堡(古諸羅山堡，後來的嘉義堡的一部分，於道光年間分爲東西二堡)，今市內的水虞厝、過溝二庄，於乾隆初年由葉五祥拓成，同年由洪集拓成新埤，翌年由朝瑞拓成太保。

(2)朴子市

朴子 原稱朴仔脚街，後來改寫做樸仔脚街，至日時制度改正時，回復舊名朴仔脚，並刪去脚字，簡稱朴子。朴仔脚街古稱猴樹港街，乾隆二十九年(一七六四年)出版的《台灣府志》(續修)云:「朴仔脚街，舊爲猴樹港街，今更名。」明永曆三十五年(一六八一年)許，泉州府安溪人林馬開拓此地荒埔，當時牛稠溪水深，巨船可溯抵此街附近。雍正四年(一七二六年)泉州府同安人陳金生，沿溪流前來此地定居營商，翌年同籍商賈渡來，設一二店肆，從事貿易。起初店肆旁有一大朴樹，故名朴仔腳，以後成爲此地方的中心市場而甚發展，雍正九年開爲島內貿易所，《台灣府志》云：「猴樹港，台屬小商船往來貿易。」嘉慶末年因牛稠溪口的變遷，西方的東石港成新港地，市況隨之改變，但此街因當嘉義通往東石港的要路，所以東石港的輸出入貨物必經過此街。

此地方古屬大槺榔西堡，今市內大槺榔於康熙四年由漳州府詔安人徐遠拓成（昔日此地一帶爲槺榔林，故名）。下竹圍於康熙二十八年由泉州府同安人李惜、黃英等拓成，小槺榔及雙溪口於康熙四十年由泉州府南安人陳智、侯東興、侯朝等拓成。

荷苞嶼湖　屬下竹圍，直至康熙末年許，爲一廣濶的湖，湖內的洲嶼稱荷苞嶼，早就形成有居民的一個部落。後來漸沖塞，湖面縮小，而爲小湖。洲嶼有二，一曰荷苞嶼，一曰同按寮。康熙六十一年台灣總兵幕僚藍鼎元的〈紀荷包嶼〉云：「辛丑（康熙六十年）秋，余巡台北，從半線遵海而歸，至猴樹港，以南平原廣野，一望無際，忽田間瀦水爲湖，周可二十里，水中洲渚昂然可容小城郭，居民不知幾何家，甚愛之，問何所輿夫，曰荷包嶼大潭也，淋雨時，鹿仔草大槺榔坑埔之水，注大潭中，流出朱曉波，亦與土地公港會，大旱不涸，捕魚者日百餘人，洲中村落，即名荷包嶼庄。」

(3) 布袋鎮

布袋　在八掌溪的支流塩水溪口，原稱布袋嘴，日時制度改正時簡稱布袋。此港在冬季當北風強烈時，港底不免爲波浪所帶來的土沙埋塞，小型支那船可深入港內，但輪船及大型支那船不得不碇泊外海，故遇強烈風浪時，以避難澎湖島的媽宮港(今馬公)爲常。東方的今前東港、後東港，原爲船舶的碇泊所，稱冬港，後來因地形變遷遂形成此港。此地古來以製鹽的發展著名，即昔日的洲南場是也。明治二十八年(一八九五年)前來接收台灣的日本軍混成第四旅團即由布袋港登陸，經曾文溪迫抵台南的前側面。

內田 原稱大坵田，爲清初「諸羅十七莊」之一，因多坵田，故名。此地係於康熙四十年代以泉州府晉江移民蔡、陳、鄭三姓爲墾首，劃地招佃拓成者。

新塭 係泉州府晉江移民蔡構，自上述的同籍陳姓者承購海埔新開魚塭之地，故名。

(4)大林鎮

大林 原稱大莆林，日時制度改正時簡稱大林。大莆林昔日屬打猫北堡的東部。康熙末年許，始由薛大有爲墾首著手開拓。大莆林街的名稱，見於乾隆二十九年出版的《台灣府志》(續修)，道光元年出版的噶瑪蘭通判姚瑩的《台北道里記》云：「大埔林，民居稠密也。」道光末年，鎮內排子路由呂姓移民拓成，甘蔗崙由陳姓移民拓成，大湖由翁寬雲拓成。大林火車站則在潭底。

(5)民雄鄉

民雄　原稱打猫街，日時制度改正時，以日本語近音雅字改稱民雄，日本語讀做タミオ。此地昔日屬打猫南堡的中央地帶，原為平埔 Lloa 族打猫社的所在地，打猫的地名則譯自其社名，而打猫街的名稱見於康熙、雍正年間的契字。噶瑪蘭通判姚瑩的《台北道里記》云：「打猫，大村市也。」

此地方鄭時為其開屯招佃的地區。至清時，自康熙末年至雍正初年間概為官莊，而由福客二族的佃戶拓成，打猫街則古來做為其南方的今嘉義市與西方的今北港鎮的通路而發展。

好收　係豐收之意，但另有一說，是火燒的轉訛。又鄉內北勢子及新庄子二地，昔日合稱北新莊，並為清初「諸羅十七莊」之一。

(6)溪口鄉

溪口　原稱雙溪口，因在雙溪的河口，故名。日時制度改正時簡稱溪口。

(7)新港鄉

新港　古稱蔴園寮庄，係翁姓福佬移民所開拓之地，乾隆四十七年（一七八二年）勃發漳泉分類械鬥時，北港街的漳州移民避難遷居此地，形成一新市街，名新港街（參照上述雲林縣(6)北港鎮）。至日時制度改正時，因他處亦有新港的地名，故改稱新巷（蓋日本語「巷」與「港」同音），戰後再回復舊名新港。此地當民雄及北港兩地的中間，自然成為其中繼市場。

舊南港　在北港溪岸，爲古笨港街的一部分(即南笨港)，早於鄭時著手開拓，而於康熙年間建街，富豪巨商多聚居此地。乾隆十五年(一七五〇年)北港溪流因洪水而改變，嘉慶八年(一八〇三)再受水災，故大多數的富豪避難北方，新建市街，遂使南笨港全然衰微，僅留下舊南港的地名。

(8)水上鄉

水上　原稱水堀頭，日時制度改正時，以同義的日本語改稱水上，讀做ミズカミ。此地昔日屬嘉義西堡的南部，開拓於康熙二十三年(一七八四年)許，淸初「諸羅十七莊」之一的大龜壁就是此地，以佔西方朴仔腳街(今朴子市)及東石港的咽喉而發展。鄉內三界埔附近八掌溪岸，係古下茄苳(今屬後壁鄉)的大溪頭。

(9)中埔鄉

中埔　昔日屬嘉義東堡，並爲其中心地。鄉內頂六、下六一帶於乾隆初年由林日壽拓成。按此地方在康熙、雍正年間，中部的八掌溪北南岸的番仔路庄(今番路鄉)、社口庄(屬今中埔鄉)以東爲高砂曹族(阿里山族)的境界。當時此地置有官設的通事，專事安撫高砂族。《噶瑪蘭廳志》云：「嘉義則有阿里山八社生蕃通事，爲之長，可以與彼頭目商議，安撫各生蕃，俱受約束，不敢私出生事。」曹族剽悍嗜殺，移民屢蒙其害，甚至佔居此地與之接界的平埔族亦常畏避之，《諸羅縣志》云：「阿里山番剽悍，諸羅山（平埔族）、哆咯嘓諸番皆畏之，遇輒引避。」

社口　當高砂族社的出入口，故名。

吳鳳廟　在社口庄社寮，昔日為阿里山族通事的社寮所在地。據傳康熙五十七年（一七一八年），通事吳鳳（字其玉）欲矯正阿里山族（即曹族）嗜殺弊風，卻反遭其害而死，但自此以後，高砂族擾得絕。里人乃德之而立祠廟安置神主（題曰：皇清阿里山通事安撫身功吳諱鳳公神位）及木像（乘白馬揮刀狀），祠內有道光二十四年所揭挂的「靈昭北極」之匾。《雲林縣採訪冊》云：「吳鳳，打貓東堡番仔潭庄人，少讀書，知大義，能通番語。康熙初年，台灣內附，從靖海侯施琅議，設官置戍，招撫生番，募通番語者為通事，掌各社貿易事，然番性嗜殺，通事畏其兇，每貿遊民以應，及鳳充通事，番眾向之索人，鳳思革弊無術，又不忍買命媚番，藉詞緩之，屢爽其約。歲戊戌（康熙五十七年）番索人急，鳳度事決裂，乃豫戒家人，作紙人持刀躍馬手提番首狀，定期與番議，先一日，謂其眷屬曰，兇番之性難馴久矣，我思制之無術，又不忍置人於死，今當責以大義，幸而聽，番必我從，否則必為所殺，我死勿哭，速焚所製紙人，更喝吳鳳入山，我死有靈，當除此患，家人泣諫不聽。次日番至，鳳服朱衣紅巾，以出諭番眾，以殺人抵命王法俱在，爾等既受撫，當從約束，何等妄殺人，番不聽，殺鳳以去，家屬如其戒，社番每見鳳乘馬持刀入其山，見則病，多有死者，相與畏懼，無以為計，會社番有女，嫁山下居民，能通漢語，習聞鳳言，歸告其黨，益懼，乃於石前立誓，永於嘉義縣界不殺人，其厲乃止，居民感其惠，立祠祀之，至今四社番猶守其誓，不敢擾打貓等堡。」

按吳鳳被殺後，於康熙六十年其餘波延至釀成高砂族亂，翌年諸羅知縣孫魯致力於多方悃諭招徠，順者以賞予烟布銀牌示之，逆者以兵威火礮示之。在此前後，高砂族社內流行疫病，族人死者衆多，乃迷信爲吳鳳亡魂作祟，一部分頭目與衆立誓，不無故殺人，於是乃得就撫。

塩館 係清時設塩館之地，故名。

白芒埔 又寫白望埔。

大武巒埔 在頂埔附近，譯自高砂族語地名。

⑽竹崎鄉

竹崎 古屬嘉義東堡的南部，稱竹頭崎庄，係乾隆初年鄭國楳所開拓之地，至日時制度改正時簡稱竹崎。

鹿麻產 原爲高砂曹族ヨウマサナ社的所在地。康熙中葉漳州府詔安的朱姓移民爲墾首，由諸羅(今嘉義)東進前來開墾此地，遂形成一街肆，地名譯自ヨウマサナ而稱蘆蔴產街，此名見於乾隆二十九年出版的《台灣府志》(續修)，後來轉訛稱鹿麻產街。據《台海使槎錄》《番俗六考》的〈北路諸羅番(七)〉，康熙五十六年(一七一七年)發生瘴癘，ヨウマサナ社人死亡甚多，遂遷往阿拔泉社。

又云，昔日此地到處野鹿成群，墾民獵之，以資生計，故稱此地爲鹿滿山，後來轉訛稱鹿麻產，但其實如上所述，鹿麻產的地名譯自高砂族的社名。

大目根堡　介於牛稠、八獎二溪的中間，東接阿里山高砂族界的一區，雍正十二年（一七三四年）立一堡，因堡內有大目根山（後來以近音雅字稱大福興山），故以大目根為堡名。今竹崎鄉的大半，古屬此堡，鄉內鹿麻產為此地物貨集散要路。竹頭崎（今竹崎）及覆鼎金於康熙末年由漳州府詔安的蕭姓移民率佃人開拓，於雍正初年建立一小部落。金獅寮則在雍正至乾隆年間，由蔡姓漳州移民拓成。此堡為著名的龍眼肉產地，存有約二、三百年前的老樹，尤以金獅寮附近最著，而金獅寮庄內的龍眼林，古來被視為庄內玄天上帝廟所有。

又金獅寮口有一萬善同歸墓（修造於道光三年九月），顯示當時開拓移民披荆伐棘、冒瘴衝癘，因而中途而斃者多，且既無家眷亦無近親，死而其遺骸未至收埋，委棄於所在荒叢之慘狀。

糞箕湖　光緒初年（一八七五年）幼葉林人林梓，為採集山產物而進入阿里山族界，偶然發現此地方可開墾，乃與同志遷居，建立一部落。因其地形三面負山、開一方之狀，恰似糞箕，故名糞箕湖。

⑾梅山鄉

梅山　原稱梅仔坑，日時制度改正時以日式名稱改稱小梅，戰後才改稱梅山。此地古屬打猫東頂下堡，原為高砂曹族地，康熙四十七年（一七〇八年）許，漳州移民陳石龍等數人為墾首，與高砂族簽約，開啓墾拓的端緒，當初移民少，僅拓成梅仔坑庄附近的一小墾域，後來由薛大有承讓，新開水圳，招佃續墾，康熙末年由翁寬雲拓成今鄉內的雙溪、大草埔、九芎坑等庄，又由更東進的移民拓成圳頭、大半天寮、大平等庄。

⑿番路鄉

番路 原稱番仔路，係通往阿里山族界的要路，故名。日時制度改正時簡稱番路。

大湖 在大湖山東，乾隆末年許爲蓊鬱的大森林，居住鹿麻產的客家人邱章義入此地從事伐木，遂建枋寮爲永居之所，後來客家人移殖者增多，而形成一部落。

公田 在鬼仔嶺麓，昔日爲往高砂族界的要路，但僅設有高砂族通事的草寮而已，因屢受高砂族的外迫及匪徒的內侵，故無永居的移民。及至道光年間，觸口庄住民郭某與頭崁厝庄人劉玉共謀，率佃人入此地，與高砂族訂約拓地，兼事交易，遂形成一村落。

觸口 係乾隆末年漳州移民所開拓之地，阿里山族稱此地爲「花鹿崖」。據傳此族曾於此地追逐花鹿，花鹿從懸崖墜地，故名。

⒀大埔鄉

大埔 原稱後大埔，日時制度改正時簡稱大埔。此地古屬嘉義東堡的東南隅窪地，原爲阿里山族簡仔霧社的所在地。道光年間客家移民由竹頭崎(今竹崎)方面進入著手開拓，但在此之前西界的大埔庄(今台南縣東山鄉前大埔)已先拓成，乃將此地稱爲後大埔，前者爲前大埔。此地四面爲山崗所圍繞，清時被視爲匪徒蝟集之地。

⒁六脚鄉

六脚　原稱六腳佃，係明永曆八年清康熙三年(一六五四年)由漳州府龍溪移民大楊巷摘及陳士政等六個佃人開拓之地，故名六腳佃，至日時制度改正時簡稱六腳。此鄉佔古大棟榔西堡的大部分，鄉內各庄(部落)開拓成立的情形如下：

竹仔脚　在鄭氏開屯時，泉州同安人陳德卿、陳士政等溯北港溪，在其南岸拓成此庄。這是移民的足跡及此的嚆矢。

林內　康熙五年由泉州府同安人陳元、陳水池等拓成。

潭子墘　康熙七年由漳州府平和人林寬老、李達拓成。

下雙溪　康熙十年由泉州府南安人侯成、劉傳等拓成。

後崩山　康熙十三年由漳州府平和人林虎、陳天楫等拓成。

大塗師　原稱土獅仔庄，係清領「諸羅十七莊」之一，康熙十六年泉州府南安人魏善英、侯堪民等遷居此地，他們都是塗師(泥瓦匠)，故名。

蒜頭　康熙十八年由泉州府南安人黃雄、陳巨郎等拓成。

溪墘厝　康熙二十年由泉州府南安人侯定、侯住等拓成。同年同籍人蘇澤恩、姚承等拓成北港溪岸的蘇厝寮，陳能意、陳意境等拓成灣內。

更寮 康熙二十二年(即清國領台後)由漳州府龍溪人蔡振龍、陳隆等拓成。

港尾寮 康熙二十四年由泉州府南安人黃放、李碧等拓成。同年同籍人蔡爲謝拓成崙子，漳州府龍溪人張濫、黃信等拓成六斗尾。

雙涵 雍正十一年由泉州府南安人陳星吉拓成。

三姓寮 乾隆元年由泉州府南安的黃、陳、吳三姓拓成，故名。

⒂東石鄉

東石港 在牛稠溪(又名樸仔脚溪)的河口，嘉慶末年泉州府晉江縣東石的移民定居此地，於港內養蚵，而取原籍的地名稱東石港。以後漳、泉移民漸增多，而於北岸形成街肆，取代樸仔腳港。其物貨的集散區域雖不甚廣大，但以今嘉義、朴子二市街爲中心，遍及於附近諸地方。日本領台後，明治三十一年(一八九八年)指定爲特別輸出入港，明治三十六年施設護岸工程於港口附近。

塭港 係昔日的蚊港，荷蘭人所云的 Lvan kan，當時在牛稠溪口，其開拓始於康熙四十年(一七〇一年)代，至雍正九年(一七三一年)開爲島內貿易所。

乾隆二十九年出版的《台灣府志》(續修)云：「牛朝溪(即牛稠溪)，西而經猴樹港(即今朴子之**南**，出青峰闕(府志云：「青峰闕在蚊港」)入海。」亦即昔日(乾隆二十九年以前)牛稠溪流經今朴子市之南，於塭港（古時蚊港）附近入海，後來在嘉慶初年以後（蓋東石港於嘉慶末年始形成街肆），溪流改道，經朴子之北（稱朴子溪），而由東石港入海。

《台灣府志》云：「蚊港，西面臨海，旋青峰闕，爲蚊港。」又云：「青峰闕砲台，在蚊港口，荷蘭時築，今圮。」青峰闕的故址今不存在，但確實在今東石鄉塭港海岸，故古蚊港即今塭港，而塭港是蚊港的訛稱。又明萬曆十四年（一五八六年）進士何喬遠的《閩書》中所云的魍港亦指蚊港，而《台灣縣志》云：「雞籠，中國漁舟從魍港至，遂往來通販以爲常。」可知昔日蚊港爲支那船舶往來的要路，因此荷蘭時便築一砲台（即青峰闕）以爲外防。一七二六年荷蘭傳敎士的著書所附地圖中，所云的「T Kannal van Wankan 亦指此地。據傳嘉慶年間海賊蔡牽入侵台灣西部海岸時，福建水師提督王得祿所築砲堡亦在青峰闕的舊址附近。今地形全變，地的一半爲海浪所決潰，其餘爲堆砂所埋沒，不留任何殘礎。

又《台灣府志》（續修）云：「牛朝溪（今牛稠溪）南出青峰闕入海。」又云：「八掌溪由青峰闕入海。」後來此兩溪的河口俱變遷移於南方，今雲林縣台西鄉八掌溪的河口仍留存蚊港的地名，係隨著其流域的變遷而移轉的。

鰲鼓　古屬蔦松堡，康熙末年間泉州府晉江移民黃姓一人、吳姓八人、蔡姓三人，協力計劃開拓此一帶海埔，逐漸招佃，遂將之拓成田園而建庄。

(16) 義竹鄉

義竹　原稱義竹圍，日時制度改正時簡稱義竹。

南勢竹　古屬白鬚公潭堡，爲清領「諸羅十七莊」之一，於乾隆年間拓成。

龍蛟潭堡　連於白鬚公潭堡的南西，雍正十二年立一堡，堡名取自堡內龍蛟潭（湖名）。今義竹鄉內龍蛟潭、後鎭、頭竹圍、新庄等庄，昔日皆屬此堡。後鎭，係鄭時設鎭營之地，頭竹圍及新庄二庄於雍正年間由漳州移民拓成，以後在乾隆嘉慶年間，逐漸墾成其他各庄。

⒄鹿草鄉

鹿草　原稱鹿仔草，日時制度改正時簡稱鹿草。鹿仔草莊爲清領「諸羅十七莊」之一，昔日此地方鹿仔草（《台灣府志》云：「鹿仔草即楮也，以其枝葉爲鹿所嗜，因名之。」）繁茂，故名。康熙二十四年（一六八五年）十月，沈紹宏得官准著手開墾，以季嬰爲管事，負招佃拓地之責，而以鹿仔草爲中心逐步開拓。至康熙四十七年，將其全部的開墾權讓與泉州府同安移民陳允捷、林龔孫、陳國祚、陳立勳，以後此四墾首分劃招墾。雍正十二年（一七三四年）立一堡，名鹿仔草堡，至雍正末年殆乎全堡已拓成。

白鬚公潭　原爲今鹿草鄉內的一湖名，此地方於雍正十二年立一堡，取此湖名爲堡名，稱白鬚公潭堡。堡內龜佛山及南勢竹（屬今義竹鄉）二庄，俱爲清領「諸羅十七莊」之一。以後至乾隆年間，全堡的大半拓殖就緒。白鬚公潭街（即今頂潭、下潭二庄）之名見於乾隆二十九年出版的《台灣府志》（續修）。

⒅阿里山鄉（高砂族鄉）

戰後設鄉，初稱吳鳳鄉，但鄉內高砂族人認爲吳鳳的故事是支那政權傳統的沙文主義(Chauvinism)所捏造的神話，以吳鳳爲鄉名是對他們的侮辱，而極力抗拒，甚至將嘉義火車站前的吳鳳石像毀壞，迫使國民黨當局遂於一九九二年改稱阿里山鄉。

此地的高砂族屬曹族，清領時稱「阿里山番」，有達邦、竹腳、頂笨子、樟樹、殺送、落鳳、砂米箕、知母朥、流朥、全仔、流流柴等社。

【附記】

㈠**諸羅十七莊**：係清初首先建置於當時尙屬高砂族地界內的北路移民部落，其現址如下：

諸羅山莊　嘉義市附近。
北新莊　嘉義縣民雄鄉北勢子及新庄子附近。
大槺榔莊　嘉義縣朴子市大槺榔及小槺榔附近。
井水港莊　台南縣塩水鎭岸內井水港附近。
茅港尾莊　台南縣下營鄉茅港尾附近。
土獅子莊　台南縣佳里鎭佳里附近。
鹿仔草莊　嘉義縣鹿草鄉鹿草附近。

龜佛山莊　嘉義縣鹿草鄉龜佛山附近。
南勢竹莊　嘉義縣義竹鄉南勢竹附近。
大坵田莊　嘉義縣布袋鎮內田附近。
龜仔港莊　嘉義縣朴子市龜子港附近。
大龜壁莊　嘉義縣水上鄉水上附近。
舊嘓莊　嘉義縣水上鄉番子寮附近。
新嘓莊　台南縣東山鄉番社附近。
下茄苳莊　台南縣後壁鄉下茄苳附近。
打猫莊　嘉義縣民雄鄉民雄附近。
他里霧莊　雲林縣斗南鎮斗南附近。

㈡**牛稠溪**(古寫牛朝溪或牛跳溪)：發源於竹崎東方山地，西流而由嘉義地方經今朴子市的**北**部，稱朴子溪，自東石港入海。但昔日如乾隆二十九年出版的《台灣府志》(續修)所云：「牛朝溪西而經猴樹港(今朴子市)之**南**，出青峰闕(在古蚊港今塭港口)入海。」其河口的變遷在嘉慶初年以後。

㈢**八獎溪**：古寫八掌溪，至日時制度改正時改寫八獎溪，蓋「獎」與「掌」日本語同讀做ショウ。此溪發源於嘉義東方山地，於嘉義之南合沄水溪而西南流，過塩水之南，分塩水溪而注布袋港，幹流則由新塭入海。但昔日如《台灣府志》(續修)所云：「八掌溪西而入多港(即今布袋附近)之南，由青峰闕入海。」

㈣**阿里山**：係連接玉山(日本名新高山)的西峰支脈山彙的總名稱，佔居此山地的高砂曹族，清領時稱「阿里山番」。阿里山之名的意義不詳，但一說云：鳳山的平埔族稱該地方山地的高砂族爲 Kari(傀儡)，此人族名稱轉而爲山名 Kari 山(傀儡山)。同樣的，諸羅的平埔族亦用同一語系 Kari 的訛語 Ari(蓋平埔族語的方言變化通則，子韻K字常不發音，即 Kari → Ari)稱此地的高砂族，後來轉爲其所佔居的山名 Ari 山(阿里山)。

嘉義市

嘉義市分東、西二區。

嘉義　古稱諸羅山莊，原爲平埔 Lloa 族諸羅山社的所在地，荷蘭時代以此社名爲地名，稱 Terocen、Tiraocen、Tailaocen 等，見於荷蘭人的諸文件中，後來移民用近音譯字稱諸羅山，里俗刪去諸羅二字簡稱山仔，亦即諸羅山譯自平埔族社名。但古來有人依《台灣府志》敍述其形勝而云「諸羅縣……壘岫參差，連岡撼戛」，牽強附會說諸羅山的名稱起自諸山羅列的形勢。惟以諸羅爲諸山羅列的形容詞，在成句上未必妥當，且譬如《台灣外記》將之寫做猪羅，可知漢字上未具有任何意義，只是譯音而已。實際上，在移民足跡尙未及此地的荷蘭時代，荷蘭人的文件中已稱此地爲 Tirocen，顯然譯自平埔族語。

此地早在鄭時便設置天興縣，後來改縣爲州。至清康熙二十三年(一六八四年)創設諸羅縣時，起初擇定佳里興(今台南縣佳里鎭佳里興)爲縣治，但只駐巡檢，未曾設縣署，知縣則僑居台灣府治(即今台南市)。後來以其地瀕海，不適爲城地之由，於康熙四十年改定諸羅山莊(古諸羅十七莊之一，今嘉義市)爲縣治，四十三年署理知縣宋永淸始就諸羅山莊，環圍木柵以爲城，《台灣府志》云：「諸羅縣，原在佳里興，康熙四十三年移駐今所。」至四十五年，攝理知縣孫元衡乃設公署於城內，駐留之。《台灣府志》就當時城市內外的規模云：「中和街(在縣署前)、十字街

(四城之中)、布街、總爺街、內外城廂街、四城廂外街、新店街(西門外街尾橋頭)。雍正元年(一七二三年)知縣孫魯改建土城，五年知縣劉良璧建城樓，築水涵，東曰襟山，西曰帶海，南曰崇陽，北曰拱辰，各門備砲二門，十二年知縣陸鶴於土城外部遍環植莿竹。乾隆五十一年(一八七六年)林爽文之亂時，北路的彰化、淡水、南路的鳳山相繼淪陷，諸羅縣城亦被重圍閱數月。城中士民誓死協助清兵固守，遂得保全。清高宗皇帝乃以「嘉之效死不去之義」，而下詔改諸羅爲嘉義，自此以後便稱嘉義城。五十三年知縣單瑞龍請國帑築磚石城，嘉慶年間重修城垣。道光十二年(一八三二年)十月，張丙自稱開國大元帥，以「殺穢官」爲名而興兵圍攻嘉義城，典史張繼昌據城扼守。時總兵劉廷斌在北巡之途，聞變，突圍入城內，共議守城之計。十一月陸路提督馬濟勝率兵二千，登陸鹿耳門而來剿討，才漸得解圍。以後相繼遭受地震霪雨的災害，城大爲圮壞，乃依士紳王得祿等的義捐，修理城垣，築月城及砲窩，更立義倉，以供備荒及禦亂之用。同治元年(一八六二年)再遭震災，城壁大半崩潰，乃予以修復。光緒十五年(一八八九年)復重修，並在城外植莿竹。至日時明治三十九年(一九〇六年)，又蒙受震災，市街大半毀損，乃更改市區而重建，面目一新。

嘉義城內外之地，早在鄭時就爲翁、陳、王三姓的鄭將開屯之地，而拓殖就緒。至清領時康熙二十三年建立諸羅山莊(爲諸羅十七莊之一)，同年墾首林日壽開拓北方的台斗坑、埤子頭、後湖，乾隆初年又開拓自東方的蘆厝、山子頂、紅毛埤起至南方的車店之地。同時，蕭利見開拓竹圍子、北社尾、竹子腳。又柴頭港及其東方的港子坪，原爲官府招徠移民於雍正年間拓成之地，而於雍正十二年成立一堡，稱柴頭港堡。

紅毛井 在嘉義城內，《台灣府志》云：「荷蘭時鑿，因而名。方廣六尺，深二丈許，泉較他井甘冽。相傳，居民汲飲則疫癘不犯。今更名蘭井。」乾隆二十七年，諸羅知縣衛克堉將「蘭井泉甘」選爲諸羅八景之一。

北回歸線標 台灣的位置跨溫熱兩帶，北半部屬溫帶，南半部屬熱帶，而貫通其中的北回歸線，年年稍微變移，即每年向正南方轉移十四公尺三九六。日時明治四十一年（一九〇八年）十一月建立此標，以爲台灣縱貫鐵路全線開通的紀念，當時此線的緯度是北緯二十三度二十七分四秒五一。而此標的設置地點，在此線與東經一百二十度二十四分四十六秒五〇的交叉點，即台北抵台南的幹道上，在今水上鄉下寮庄內。

【附記】

林爽文之亂及張丙之亂：乾隆五十一年十一月林爽文作亂，北路彰化、淡水、南路鳳山相繼淪陷，諸羅縣城亦陷於包圍之中，獨台灣府城得保餘喘。而諸羅正當南北的中位，屏蔽府城，故林黨的攻擊主力先集中此城。十二月，福建的進剿軍由安平及鹿港登陸，總兵柴大紀率兵二千，前來回復諸羅縣城，所在的義民奮而應之，合力進攻，五十二年正月才克復。時霖雨連日，水溢充山野，清兵爲之病死者十中佔五六而不能戰，諸羅縣城再陷重圍之中。於是，城中救援不至，糧餉不續，兵民盡迫饑餓，遂以地瓜野菜，甚至油粕充食，而林營中，糧食豐富，積爲山，且放詭計，聲言出降者，濟以米穀。但城中士民皆守義而不降，固守殆亘十個月。十月，將軍福康安率兵約五千抵鹿港，當時林黨勢猖獗，絡不得通諸羅縣城，乃勸柴大紀，一旦棄城，捍衛兵民而出來，再計克復。柴大紀答云：「諸羅縣城爲府城之北障。失諸羅，則匪徒將尾至府城，府城亦危矣。且半載以來，深濠、增壘，守禦甚固，一朝棄而去，則克復甚難。而城廂內外之義民不下四萬，實不忍委之於匪徒，惟有竭力固守，待援而已。」十一月八日福康安進而解諸羅縣城之重圍，全克服之。事聞，高宗皇帝流淚，而嘉其效死勿去之義，詔曰：「大紀，當糧盡勢急之時，惟以國事民生爲重，雖古名將何加茲，其改諸羅爲嘉義縣，大紀封義勇伯，世襲罔替，並令浙江巡撫以萬金賞其家，俟大兵克復，與福康安同來瞻覲。」亂平後，五十三年八月特允建福康安等功臣的生祠於台灣。

道光十二年十月，張丙作亂，稱殺穢官之名，自號開國大元帥，圍嘉義縣城，典史張繼昌，據城扼守。時總兵劉廷斌，北巡之途，聞變，突圍入城中共爲固守之計，但縣城尙在包圍之中，十一月陸路提督馬濟勝率兵二千，由鹿耳門登陸，剿討之，才解圍。

台南縣

由日時台南州新營、曾文、北門、新化、新豐五郡構成，轄下分二市（新營、永康）、七鎮（塩水、白河、麻豆、佳里、學甲、新化、善化）、二十二鄉（柳營、後壁、東山、下營、六甲、官田、大內、將軍、西港、七股、北門、新市、安定、山上、玉井、楠西、南化、左鎮、仁德、歸仁、關廟、龍崎）。

(1)新營市

新營　屬古太子宮堡的東界，當通往塩水港街的要路。鄭時置鎮營於此地，地名因此而起。今市內的後鎮亦然。

秀才　昔日此地姓陳者考中秀才，故名。

太子宮　爲鄭時鄭將何替仔分給漳州移民著手開拓之地，淸時雍正六年（一七二八年）十月，福佬移民許志遠募捐千兩，創建太子宮（祀哪吒太子），太子宮的庄名因之而起。至雍正十二年，以太子宮庄爲中心地建立一堡，稱太子宮堡。

鐵線橋　亦爲鄭時鄭將何替仔分給漳州移民著手開墾之地，至淸時雍正十二年，以鐵線橋庄爲中心成立一堡，稱鐵線橋堡。鐵線橋庄昔日依急水溪而形成一港，溪上架設鐵線橋（鐵線吊橋），故名。乾隆二十九年（一七六四年）出版的《台灣府志》（續修）云：「倒風港分三叉，北爲鐵線橋港。」又云：「鐵線橋，舊時冬春編竹爲橋，上覆以土，夏秋水漲，漂蕩無存，設渡濟人。康熙五十五年，諸羅知縣周鍾瑄建木橋，監生陳仕俊捐銀五十兩助之，然水潦衝決，時壞時修，乾隆二十七年貢生翁雲寬等倡建，廣大堅固。」

(2)永康市

永康　在台南城的東北方，原稱埔姜頭，鄭時屬永康里，至日時制度改正時，依古里名改稱永康。今鄉內的蔦松庄昔日爲北路的要肆，乾隆二十九年出版的《台灣府志》(續修)云：「蔦松街，係北路。」王田，爲荷蘭時的墾田之遺址，故名。大灣，早在荷蘭時便屬移民拓殖的區域，至鄭時拓殖就緒，乃立一里稱長興里。

鯽魚潭　在今永康鄉內，湖中多產鯽魚，故名。康熙二十二年台灣府學教授林謙光的《台灣紀略》云：「離台灣縣(今台南市)八里，曰鯽魚潭，採捕之利，足供軍需。」當時，此潭的看守官置董事，每年自漁業者徵收三百五十元的餉銀，後來潭地的一部分浮起，乃新招佃人開墾，每年亦徵收租銀三百元，充當該知縣所管轄的蓬壺書院的學費。直至道光二十年以後，累次受洪水之害，湖水全爲溪沙所壓塞，加之當時遭逢地方的擾亂，佃人概四散流離，不久此潭一帶變爲荒埔。道光末年，鯽魚潭董事陳組聲獲准招徠衆佃開墾荒埔，並徵收官租，稱鯽魚潭租。至此，雖仍有潭名，但湖水的形質已消失。今永康鄉內的大灣、蜈蜞潭、永康、網寮諸庄，都是開墾潭址的荒埔而成的部落。

(3)塩水鎮

塩水 在八掌溪南岸，原稱塩水港街，至日時制度改正時簡稱塩水。昔日船舶得由八掌溪支流注入的河口冬港(今嘉義縣布袋鎮前東港、後東港)出入此街附近，故《台灣府志》云：「塩水港由冬港東入。」又云：「塩水港，台屬小商船往來貿易。」此街的北鄰有井水港，乃是《台灣府志》所云的「井水港、塩水港分支於北，爲是港。」原來因潮水的進入，港內有塩水，故名塩水港，而至北鄰的井水港，始爲淡水，故名井水港。又繞著舊街而爲港，其地形呈彎曲狀，故曾亦稱月港或月津。

鄭時永曆十六年即康熙元年(一六六二年)，鄭將泉州人何積善及范文章等，以塩水港附近爲根據地，從事招墾，首先建立塩水港街的部落而定居，街內的天后宮創建於康熙五十五年。其次拓成北部的井水港，井水港屬清初「諸羅十七莊」之一。及至雍正初年(一七二三年)，由陳有慶、陳德昌開拓附近未墾之地，雍正九年塩水港開爲島內貿易所，翌年巡檢自佳里興(今佳里鎮佳里興)移駐塩水港，雍正十二年以塩水港爲主腦地建立一堡，稱塩水港堡。乾隆二十九年出版的《台灣府志》(續修)云：「塩水港、井水港俱爲街市。」以後因地勢變遷，此街附近全然失去港形，尹寵周的《台灣地輿圖說》云：「塩水港，大潮水深三四尺，潮退則見底。」此地古來做爲南部台灣的特產砂糖之集散市場而發展。

舊營 在塩水港的南方，爲鄭時置鎮營之地，故名。

(4) 白河鎮

白河　在急水溪支流白水溪的北岸，原稱店仔口街，屬下茄苳堡，至日時制度改正時依其位置改稱白河。嘉慶初年(一七九六年)，店仔口街始發展並取代北方位於同堡內的今鎮內大排竹，成爲此地的小集散市場。大排竹的街名見於乾隆二十九年出版的《台灣府志》(續修)。

關子嶺　在枕頭山(即玉案山)的北麓，急水溪的支流白水溪注入滾水溪的左岸。庄內有硫磺質溫泉，且爲山中閒境，氣候適快，風光佳麗，故日時開拓爲遊浴地，並開闢一條自後壁火車站經白河而抵此地的新路。溫泉所在地附近多有燃質瓦斯發散地，到處表土變赭色，顯示燃燒的痕跡。古來此地與枕頭山南的火山皆以火山地著稱。

火山　在枕頭山(即玉案山)南西麓的六重溪庄內，爲燃質性瓦斯發散地，因而古來稱火山。此地至關子嶺一帶早就以火山地著聞，雍正十年(一七三二年)出版的藍鼎元《東征集》〈紀火山〉中云：「在邑治以南左臂玉案山之後，小山屹然，下有石罅，流水滾滾，亂石間，火出水中，無煙而有焰，焰騰高三四尺，晝夜皆然，試以草木投其中，則煙頓起，焰益烈，頃刻之間，所投皆爲灰燼矣，其石黝然堅不可破，石旁土俱燃焦，其堅亦類石，信宇宙之奇觀也。」乾隆六年(一七四一年)出版的《台灣府志》(初修)云：「玉案山後山之麓有小山，其下水石相錯，石隙泉湧，火出水中，有燄無烟，燄發高三四尺，晝夜不絕，置草木其上，則烟生燄烈，皆化爲燼。」乾隆二十九年出版的《台灣府志》(續修)云：「火山，在諸羅縣治東南二十五里，山多石，石隙泉湧，火出水中。」又云：「康熙五十五年夏，諸羅十八重溪出火數日乃熄，溪內石洞三孔，水泉圍繞，忽火出其上，高二三尺，後至寅歲（六十一年）亦有見者，此處水熱，或謂即溫泉，蓋磺氣鬱然，水石相激而火生焉。」康熙二十三年諸羅知縣季戲光的《台灣雜記》就古來的迷信傳說云：「火山，在北路野蕃中，晝則見煙，夜則見火，有大鳥，自火中往來，蕃人見之多死。」

枕頭山的南面中腹，有一宏大莊嚴之廟，名火山巖碧雲寺，又名大仙巖（原寫大山巖），《台灣府志》云：「大山巖，創建不知何年，巖極峻聳，頂圓平，廣可數畝，僧舍在焉，寒花古木，遍列階前，煙景溪山，俱來目下。」此地因而稱岩前庄。

(5) 麻豆鎮

麻豆　起初寫麻豆，後改寫蔴荳，至日時制度改正時復舊寫麻豆。而麻豆之名譯自平埔西拉雅族麻豆社的社名。麻豆社的根據地在今麻豆鎮，乃是一六〇〇年代荷蘭人為教化平埔族，而建設教會堂及學校之地，當時荷蘭人稱為 Mattau。鄭氏屯拓以後，移民足跡漸及此地，清時雍正十二年，以麻豆庄為主地建立一堡，稱蔴荳堡。麻豆街之名，見於乾隆二十九年出版的《台灣府志》，云：「倒風港分三支，西南為麻豆港。」可知昔日麻豆依急水溪而形成一港，而沿曾文溪流域的古蔴荳堡內，今麻豆鎮內的寮子廍、溝子墘、磚子井、安業、謝厝寮等諸庄一帶原為溪埔，乾隆四十三年始由台灣道八房吏員出資招佃開拓，故清時此地方所繳的官租，稱道八房租。此地古來爲柚類的特產地，以麻豆文旦著名。關於麻豆文旦的起源，據日時明治三十四年(一九〇一年)台南縣的調查，康熙四十一年安定里西堡鄭拐庄人文旦，自大陸輸入柚苗，栽植之，後經數年，蔴荳堡人郭藥分得數株，試植於自己的庭園，其結實有甘酸適當的佳味，甚得世人欣賞，乃漸移植於附近各地，遂以文旦的果名著稱。

(6)佳里鎮

佳里　原稱蕭壠庄，日時制度改正時改稱佳里。蕭壠譯自原佔居此地方的平埔西拉雅族蕭壠社的社名。蕭壠社(又名漚汪社)的根據地，在蕭壠(今佳里)與漚汪(今屬將軍鄉)二庄中間的番子寮(今屬佳里鎮)，後來移民形成部落時，取同一平埔族的社名，分別將一邊名蕭壠庄，另一邊名漚汪庄。蕭壠庄，乃是一六〇〇年代荷蘭人著手教化平埔族而設教會堂之地，當時荷蘭人稱爲Soulang。荷蘭人不僅致力於精神上的教化，同時亦從事物質上的農業介紹，即由東印度會社自巴達維亞購來一百二十一隻牛，給予平埔族社飼養，故古來其稼穡的發展可觀。康熙三十六年(一六九七年)出版的郁永河《裨海紀遊》云：「歐王即蕭壠，近海，雖不當孔道，尤富庶也。」康熙以後，移民的移殖漸及此地，購得平埔族地，至雍正十二年成立一堡，名蕭壠堡。乾隆二十九年出版的《台灣府志》(續修)云：「蕭壠街濱海，民蕃貿易。」

下營　係鄭時設鎮營之地，故名。

佳里興　早在鄭時便爲其開屯之地，屬開化里而爲天興縣治，至淸時康熙六十年代立一堡，名佳里興堡。在此之前，康熙二十三年（一六八四年）擇定此地爲諸羅縣治，同時設巡檢，後來以此地瀕海，非適城地的位置爲由，改定諸羅山莊（今嘉義市）爲縣治，巡檢亦於雍正十年（一七三二年）移駐塩水港。郁永河的《裨海紀遊》云：「由蔴荳至佳里興，問孰爲宿處，則營中也。」可知當時此地爲北路的要道。

(7) 學甲鎮

學甲 《台灣府志》云：「塩水之西，學甲社。」可知學甲的地名，源自此地方的平埔族一小社的社名。起初於康熙三十二年（一六九三年），福佬移民張茂爲墾首計劃開拓此地方，後來讓給李雲龍及林登山，林登山再售給數姓佃戶。當時到處地味磽确，不適耕種，且風土不佳，移民犯瘴癘者多，乃衆議建吳眞人廟（祀福佬人最崇信、治疾多奇效的保生大帝），乾隆年間稱慈濟宮，以爲地方的守護神，於是才漸加強建庄定居的基礎，至道光年間立一堡，稱學甲堡。此地的拓殖與該神廟有密切的關係，故置廟產田園，徵收廟租，以充當香油之資。

(8) 新化鎮

新化 原稱大目降，至日時制度改正時，依鄭時設立的堡名新化里改稱新化。大目降或寫大穆降，又名木岡。

此地原爲平埔西拉雅族大目絳社的所在地，荷蘭時代爲荷蘭人著手教化平埔族之地，當時稱Tavokang，鄭時爲鄭氏開屯之地，設新化里，清初稱大目降莊，大目降則譯自平埔族的社名。以後移民漸多，乃分上下二堡，農民多居上堡，商人多居下堡，大目降屬下堡，其街肆於乾隆末年發展而成爲大目降里的主腦地。街內眞武廟及吳眞人廟創建於鄭時。

拔馬　在今鎮內礁坑子，原爲平埔西拉雅族卓猴社的所在地。礁坑子地方的山地於乾隆年間由福佬移民拓成。

⑼善化鎮

善化　原稱灣裡街（原寫灣裏街），至日時制度改正時，依鄭時善化里的名稱改稱善化。此地原爲平埔西拉雅族大武壠社的所在地，荷蘭時代受到荷蘭人的教化，當時稱Tevoran。至鄭時爲鄭氏開屯區，拓殖就緒而立一里，名善化里。平埔族則受到移民的侵略而移動於東方，以後移民便形成一庄。清領後康熙六十年代改爲堡，而分東西二堡，此地屬西堡，灣裏街之名見於乾隆二十九年出版的《台灣府志》（續修）。此街做爲台南、嘉義間的要道而發展，道光十五年（一八三五年）置巡檢。又此地方爲甘蔗的盛產地，鎮內東勢寮及茄拔二庄爲其中心地。

曾文　據傳係名「曾文」者所開拓之地，故名。

茄拔　原爲曹族四社族茄拔社的所在地，茄拔之名即是譯自其社名。此社爲受到移民壓迫的平埔西拉雅族日加溜灣社所驅逐。關於茄拔的地名由來另有一說，曰婦人的長方形纒腳布俗稱茄拔，此地的地形似茄拔，故名。

小新營 爲鄭時營盤的所在地，故名。

⑽柳營鄉

柳營 古屬鐵線橋堡中部，爲鄭時設鎮營之地，原名查畝營，至日時制度改正時改稱柳營。此堡東北的五軍營，亦鄭時設鎮營之地。

果毅後 爲鄭時設鎮營之地，清雍正十二年立一堡，取果毅後庄之名稱果毅後堡。此堡的開墾於清領初漸就緒，今柳營鄉內，即古堡內西部的新厝，係由漳州府詔安移民段福墾成，北部的大腳腿由漳州移民林百材、藍鳳、李月等人墾成，小腳腿由泉州府同安移民周必得、鄭昌等人墾成，東部的山子腳由泉州移民黃捷高招徠同籍移民墾成。

⑾後壁鄉

後壁 古稱後壁寮，屬下茄苳北堡，至日時制度改正時簡稱後壁。此地當往店仔口街(今白河鎮)的要路，日時台灣鐵路縱貫線設置火車站於此地，因而發展。

下茄苳 古寫下加冬，爲鄭時鄭氏開屯之區而拓成其一部分，爲「諸羅十七莊」之一。康熙六十年以下茄苳爲主地而立一堡，稱下茄苳堡，雍正十二年分南北二堡。今後壁鄉內原屬南堡的本協，爲鄭時設鎮營之地，故名。雍正初年，漳州范姓移民開拓北堡西部的新港東、竹圍後、長短樹等，繼而今、趙等諸姓前後爲墾首，招致漳泉兩籍的佃戶，拓成全堡各地的田園。下加冬的街名見於乾隆二十九年出版的《台灣府志》(續修)。道光元年噶瑪蘭通判姚瑩的《台北道里記》云：「下茄苳大村市。」

⑿東山鄉

番社　東山鄉日時稱番社庄，屬新營郡。此地原爲平埔 Lloa 族多囉嘓社的所在地，康熙年代以後移民漸入此地，贌得平埔族地開拓而建立一庄，名哆囉嘓莊(或寫倒咯嘓)。哆囉嘓譯自平埔族的社名。雍正十二年成立一堡，稱哆囉嘓堡，後來依山地及平原之別，分爲東西二堡，而哆囉嘓街(即今東山鄉番社)的地名見於乾隆二十九年出版的《台灣府志》(續修)。又哆囉嘓莊爲清初「諸羅十七莊」之一。

崎子頭　古稱老古崎。

前大埔　在番社的東南方，屬哆囉嘓東堡，康熙年間客家移民的足跡已及此窪地，諸羅武舉人李貞鎬與平埔族訂約而得地，招致客家移民開墾，形成一部落，稱大埔庄。後來今嘉義縣大埔鄉拓成，乃將此地稱前大埔，嘉義縣大埔鄉稱後大埔以區別之。當時此地僻遠險隘，屢爲匪黨逋逃之藪，尤於康熙六十年朱一貴之亂時爲甚。藍鼎元的《東征集》〈紀十八重溪〉云：「自諸羅邑治，出郭南行二十五里，至楓子林，皆坦道，稍過則爲山蹊，十里至番子嶺，嶺下爲一重溪，仄逕紆廻，連涉十五重溪，則至大埔庄，四面大山環繞，人跡至此止矣。東南有一小路，行二十五里，至南寮，可通大武壠，高嶺陡絕，由大山峭壁而上，壁間鑿小洞，可容足，如登梯然，行者以手攀樹藤，足踏洞窩，其險，北路山寇捕急，每從此遁，大武壠通羅漢門阿猴林，而爲南中二路之患。」於是，下茄苳的守備李郡，乃塞山蹊，掘去足窩，斷藤伐樹，使道阻不能行。但於乾隆初年許移民再進入拓殖，至嘉慶初年，此地殆全拓成。

⒀下營鄉

下營　古屬茅港尾堡，爲鄭時設鎮營之地，故名下營。

茅港尾　昔日依急水溪而形成一港，乾隆二十九年出版的《台灣府志》（續修）云：「倒風港分三支，南爲茅港尾港。」此地鄭時爲鄭氏開屯之區，至清領後，由福佬移民開拓未墾的荒埔，雍正十二年立一堡，稱茅港尾堡，後來分東西二堡。茅港尾街之名見於《台灣府志》。又道光元年噶瑪蘭通判姚瑩的《台北道里記》云：「茅港尾，民居街市頗盛。」

⒁六甲鄉

六甲　地名起自拓殖之初墾成的土地面積，鄉內的七甲、二甲亦然。台灣古來土地面積以甲爲單位，《諸羅縣雜識》云：「自紅夷（荷蘭人）至台，以十畝之地名爲一甲。」

林鳳營　爲古赤山堡內最先開拓之地，又是鄭時鄭將林鳳設鎮營之地，故名。雖爲一小村落，但爲此地方物資集散的一站。縱貫鐵路林鳳營站在庄東的港仔頭。

赤山巖　屬七甲庄，係在赤山麓的古寺，祀觀音菩薩，爲鄭時參軍陳永華所建。繞寺域的北西南，有一池稱巖埤，池中植蓮，古來爲此地方的勝地。巖埤昔日稱龍湖，故此地又稱龍湖巖。《台灣府志》云：「環遂幽邃，前有潭，名龍湖，中植荷花，左右列樹，桃柳青梅蒼檜，遠山浮空，宛入圖畫。」

赤山堡　今六甲、官田二鄉，昔日俱屬此堡。此堡鄭時屬開化里的一部分，康熙六十年代立一堡，因其東方有赤山一峰崛起，故名赤山堡(赤山莊之名見於《台灣府志》)。鄭時已拓殖就緒，明永曆二十年、康熙五年(一六六六年)，鄭將林鳳設鎮營於林鳳營庄以爲基地，開屯於周圍的龜子港、港子頭、中社、菁埔一帶(以上屬今六甲鄉)，並設鎮營於二鎮、中脇二庄(以上屬今官田鄉)，官佃庄(今官田)則爲其官田之所。至清領初，泉州移民黃捷高爲林鳳所開屯的地域之墾首，招佃拓成之。同時，漳州移民蔡五常、蔡玉崑拓成水漆林、二甲、七甲(以上屬今六甲鄉)。雍正乾隆年間，徐任拓成角秀，胡允拓成烏山頭，庄長福拓成三結義(以上屬今官田鄉)，蕭明亮拓成六甲庄。同年末，漸東進而及山邊，由泉州移民胡、陳二姓拓成九重橋(屬今六甲鄉)一帶。此地方昔日總稱爲赤山莊。

⒂官田鄉

官田　原稱官佃，日時制度改正時改稱官田。此地荷蘭時爲其王田，至鄭時改爲官田，據傳由陳氏一族承租開拓。

二鎮　爲鄭時設戎旗之地，中協爲設左先鋒鎮中協之地，角秀則爲營盤地。

隆田　古稱番仔田，日時制度改正時改寫番子田，戰後改稱隆田。此地古屬赤山堡的西部，乾隆末年許，原居今麻豆地方的平埔西拉雅族モアタウ(蔴荳)社遷來此地，開拓荒埔爲田，而形成一部落，故名番仔田。此族早在荷蘭時便受荷蘭人的敎化，學會用羅馬字拼平埔族語，而用於諸文件契字。據傳庄外立有一石牌，刻著嘉慶十七年(一八一二年)九月禁止佔墾平埔族地的官方告示，含有頭目、通事用羅馬字拼音的副署，但今圮。此地當往麻豆的要路，日時就設有火車站。

⒃大內鄉

大內　附近一帶原爲高砂曹族四部族社的所在地。鄭時淸領初，此社爲被移民壓迫的平埔西拉雅族大武壠社所侵佔。古稱大武壠的南仔仙溪墘，就是今大內鄉頭社附近。

⒄將軍鄉

將軍　古屬漚汪堡，康熙二十二年淸將水師提督施琅，以討鄭靖台之功，受賜此埔地爲其世襲的業產，乃使漳泉的移民分墾，拓成之，將軍庄之名因此而起。按昔日所云的附帶施侯租大租的土地，除漚汪堡及學甲、打猫西、牛稠溪三堡之外，觀音中、半屏、大竹、興隆內、興隆外、小竹上、仁壽上、仁壽下、觀音下九里內皆有。原來賜給施琅者，全是未墾而新招佃拓成的埔地，但鄭時已墾成的田園，亦有被濫用權力徵收大租者。起初設置施侯租館十所，由管事掌管收租之事。至道光年間，施琅的後代(均住北京)出售六所，只留四所。日本領台後，因施家子孫皆不具日本國籍，施侯租乃被編入台灣總督府的官租。

漚汪(原寫歐王)　昔日平埔西拉雅族蕭壠社，又名漚汪社的所在地，漚汪的地名則譯自漚汪。道光年間，以漚汪庄爲主地，自蕭壠堡分出，成立一堡，名漚汪堡，今將軍鄉內各部落，昔日皆屬此堡。堡內最先於康熙年間拓成者，乃是將軍庄，其次在雍正乾隆年間，由前後渡台的移民拓成全堡各地，即今將軍鄉內的漚汪、角帶圍、巷口、口寮、苓子寮、山子腳等各部落。

口寮　俗稱青鯤身，昔日爲最近海口的漁寮，故名寮。《台灣府志》云：「青鯤身，西臨大海。」並在所附的諸羅縣圖中畫出一島嶼。

(18)西港鄉

西港　原稱西港仔庄，日時制度改正時簡稱西港。此地鄭時屬永定里，清初稱安定里，康熙六十年代分立一堡，名安定里西堡，後來改稱西港仔堡。昔日此堡的大部分屬海埔，西港仔庄實爲瀕海的汊港，乾隆二十九年出版的《台灣府志》(續修)云：「西港仔街，濱海民蕃貿易。」

今西港鄉內，在西港東北的後營，係鄭時鄭氏設鎮營之地。以此爲中心，東北部早爲移民的拓殖區域，但其餘地區，則在乾隆嘉慶年間此地方一帶浮復以後，才漸拓成。

⒆七股鄉

七股 原稱七股寮，爲七股東搭寮著手開拓之地，故名。日時制度改正時簡稱七股。

國聖港 古屬加老灣港的一部分，又寫國使港（《台灣地輿圖說》）或各西港（《日本水路誌》）。港口有一大沙洲，形成恰如一小島，分爲內灣及外海。每年雨期，曾文溪支流氾濫，港底難免起變遷。

⒇北門鄉

北門 原稱北門嶼，日時制度改正時簡稱北門。此地在古學甲堡的西海岸，原爲一孤島，見於乾隆二十九年出版的《台灣府志》（續修）所附的諸羅縣圖，又爲台灣府北方的島嶼，故名北門嶼。但嘉慶十二年出版的《台灣縣志》（續修）所附的地圖，已畫成陸地的一部分，故其變遷應在乾隆末年至嘉慶初年的期間。北門嶼爲州北場的塩埕所在地，《台灣府志》就乾隆二十年代的情況云：「安平水師千總一員，兼轄外海的北門嶼、馬沙溝（屬今將軍鄉）、青鯤身（今將軍鄉口寮）等汛。」後來北門嶼附近的海岸一帶成爲魚塭及塩田，其間開一小港口，口外有一大沙洲擴延而界外海，爲天然的防浪屏障，形成內灣，其側邊開王爺港水道以便船舶出入，又自內灣深入陸地開渠，以適小型支那船的出入。日時隨著製塩業的發展，靠岸碇泊的船舶亦增多。

(21) 新市鄉

新市　古屬新化西里，原稱新港庄，乃是原佔居喜樹(今台南市安南區灣裡)至台南一帶的平埔西拉雅族赤嵌社遷來改稱新港社之地。此社於一六二六年以後受到荷蘭人的教化，並於一六五〇年荷蘭人築 Provintia 城於台南時遷來此地，而由荷蘭人建教會堂及學校。郁永河的《裨海紀遊》云：「新港、嘉溜灣、歐王、麻豆，於僞鄭時爲四大社。」及至康熙中葉，移民進來拓殖建庄，而以新港社之名稱新港庄。新港社平埔族則多數再爲第二次的移動，逐漸退去東方的隙仔口(今新化鎮附近)、東南方的崗仔林(今左鎮鄉岡子林)，及再其東南方的舊新木柵(今高雄縣內門鄉)、其東方的柑仔林(今高雄縣旗山鎮附近)，今新市鄉內番子寮及社內即是此族社的遺址。此地當善化、新化的中路，隨著製糖業發展，交通極爲頻繁。新市火車站在鄉南的新店。

(22) 安定鄉

安定　古稱直加弄，鄭時屬永定里，清領初稱安定里。康熙六十年代分立一堡，名安定里西堡，至日時制度改正時，依古堡名改稱安定。據乾隆二十九年出版的《台灣府志》(續修)，直加弄庄稱直加弄港，而與西港仔並立，俱形成一港。今安定鄉內的港子尾及港口的地名，起自於此。

此地方原為平埔西拉雅族目加溜灣社的所在地，而為荷蘭人著手敎化平埔族之地，當時稱 Bacloan。康熙年間，此地方的一部分已拓殖就緒，唯港子尾、港口、六塊寮一帶為塭埔而未經開拓。嘉慶十年許，由陳姓著手招墾，但屢遇溪流氾濫，致沖崩沙壓，至道光七年以後才由道永昌公號漸次墾成。

⑵ 山上鄉

山上 原稱山仔頂，日時制度改正時改稱山上，蓋山上與山仔頂同義。此鄉昔日概屬新化里，今鄉內山上、北勢洲、大社為鄭時鄭氏開屯之地。大社，原為平埔西拉雅族芋匏社的所在地，故名。此地甘蔗栽培最旺盛，以大社及新市附近(今新市鄉)為其中心地。

⑵ 玉井鄉

玉井 係在曾文溪上游東岸的山間村市，原稱噍吧哖，至日時制度改正時，以日語近音改稱玉井。

原來鄭時以今新化鎮那拔林地方為根據地的平埔西拉雅族噍吧哖社，遭受移民的侵佔而退去更東北方，驅逐佔居曾文溪岸的口霄里(屬今玉井鄉)地方及玉井地方的曹族四社部族而佔據其地。雍正初年(一七二三年)，移民再瞨得此地建立一庄，並譯自平埔族的社名，稱噍吧哖。荷蘭時荷蘭人的記錄稱為 Dobale 或 Daubale，並云此群平埔族性兇惡，常嗜殺人。隨著附近一帶漸見拓殖，噍吧哖則形成一集散市場，而噍吧哖街之名見於乾隆二十九年出版的《台灣府志》(續修)。

沙子田　俗稱坑內之糖仔恩山的西南坑內溪流沿岸，有數處滲出石油，因地近噍吧哖，早以噍吧哖油田聞名。所滲出的石油古來被稱神油，但移民曾否開掘，則不詳。至日時明治三十九年(一九〇六年)，田邊又五郎才鑿井於各處，著手試掘，其滲出的原油稍爲濃厚而帶褐色，比重〇・八五七。

芒子芒　附近一帶原爲曹族四社部族芒子芒社的所在地，此社族於鄭時被移民驅逐，至清雍正初年(一七二三年)移民又進來墾地建村。

口霄里　噍吧哖地方原爲曹族四社部族霄裡社的所在地，後來被移民壓迫的平埔西拉雅族退來佔據此地方。

(25) 楠西鄉

楠西　古屬楠梓仙溪西里，稱茄拔山後，至日時制度改正時，依原里名簡稱楠西。此地方爲曾文溪上游沿岸的東岸一區，康熙年間概爲荒埔，康熙末年漳泉移民開拓西部的二重溪庄(屬今大內鄉)地方，乃是此地方開拓的嚆矢。雍正初年以後，移民進入此地開拓附近一帶，拓成今楠西鄉內的龜丹、鹿陶洋、茄拔、灣坵、密枝等庄。

⑳南化鄉

南化 古屬內新化南里，稱南庄，至日時制度改正時，取自南庄及內新化南里之名改稱南化。

㉗左鎭鄉

左鎭 古屬外新化南里，爲鄭時設鎭營之地，故名。今鄉內的草山爲鄭氏開屯之地，內庄子則於康熙五十二年由歐節牛拓成。

草山 此庄內有鹹水泉，俗稱塩水坑，自塩水噴出處流出泥土，河床也有噴出塩水及瓦斯之所。

㉘仁德鄉

仁德 原稱塗庫庄，鄭時屬仁德里。至日時制度改正時，取古里名改稱仁德。此里早在鄭時便拓殖就緒。

太子廟 地名取自庄內的太子廟。此庄內又有玉昌子宮，據傳創建於鄭時。

中洲 係依二層行溪而形成的洲埔，故名。

(29) 歸仁鄉

歸仁　地名取自鄭時設立的里名歸仁。此里於雍正初年（一七二三年）開拓就緒。

(30) 關廟鄉

關廟　原稱關帝廟街，日時制度改正時簡稱關廟。

起初在康熙年間，由福佬移民在此街西方一公里處形成一部落，至乾隆二十年代成立一市肆，名舊社街，蓋因此地原爲自台南地方遷來的平埔西拉雅族即新港社的所在地，故名。此社則退去今龍崎鄉番社。嘉慶年間，舊社街勃發漳泉分類械鬥，漳人遂分離，另創建一街，因其地有一關帝廟（據傳創建於鄭時），故稱關帝廟街。以後隨著此街的發展，舊社街則全然衰頽，此街乃成爲此地的中心市場。此街幾佔台南、旗山間的中位。

龜洞　古稱猴洞（猴洞山），屬鄭時設立的崇德里。至康熙末年，不過做爲羅漢門的外鎮，分駐汛兵而已，但自乾隆末年起，由吳姓移民著手開拓。

(31) 龍崎鄉

龍崎　日時制度改正時，取庄內**龍**船及**崎**頂二地名的各頭字稱龍崎庄（即今龍崎鄉）。

【附記】

㈠**曹族四社部族**：即清時所云的「四社熟番」。據其傳說，昔日沿著曾文溪上游流域，於今台南縣內烏山山脈西麓一帶的沃野形成四社。然而鄭時，西部平地一帶爲鄭氏開屯殖民的區域，先住的平埔西拉雅族則因其土地被賤購或被侵佔，必須移動他遷，而海岸地方的平原已無剩餘的曠地，乃企圖侵佔曾文溪岸之地，遂驅逐四社的族人而佔據其地，其情形如下：

(1)タウアカン社，故址在今大內鄉頭社附近一帶，被平埔西拉雅族大武壠社侵佔。

(2)芒子芒社，故址在今玉井鄉芒子芒附近一帶，被移民侵佔。

(3)茄拔社，故址在今善化鎮茄拔附近一帶，被平埔西拉雅族目加溜灣社侵佔。

(4)霄裡社，故址在今玉井鄉口霄里及玉井附近一帶，被平埔西拉雅族噍吧哖社侵佔。

如此，四社族群失去故址，爲求活路而更東南進，移動於楠梓仙溪流域，將先住的同族曹族之族社即美壠、排剪、塔蠟、雁爾，驅逐於荖濃溪上游的山地，而佔據楠梓仙溪沿岸之地。乾隆初年許歸附官府，乾隆二、三十年代，全境的大半初告墾成，各自分散而形成二十九部落，與移民雜居，當時稱楠仔仙庄。其二十九部落是タウアカン社移殖地的溪東、阿里關、羗黃埔、甲仙埔、四社寮五部落，茄拔社移殖地的頂公館、蜈蜞潭、紅毛山、匏子寮、大邱園、八張犁、芎蕉腳七部落，霄裡社移殖地的茄苳湖、泉漈、山杉林、山杉林角、木櫸寮五部落，芒子芒社移殖地的响竹、頂荖濃、下荖濃、大苦苓、紅水坑、枋寮、水冬瓜、獅頭額、六龜里、舊庄、狗寮、二坡子十二部落。

㈡**急水溪**：上游稱白水溪，發源於白河鎮的東方山地，由白河鎮流至新營市附近，與來自東南的龜仔重溪滙合，再過新營市的南方而西流，自北門鄉蚵寮入海。昔日，河身深且大，流域分支，自今新營市鐵線橋及下營鄉茅港尾至麻豆鎮之間形成一港，名倒風港。乾隆二十九年出版的《台灣府志》(續修)云：「倒風港分三支，北為鐵線橋港，南為茅港尾港，西南為麻豆港。麻豆之南曰灣裏溪(即曾文溪)。」後來河水淤淺及土地隆起，使地形顯著變遷，而至全支港形改變。道光元年出版的噶瑪蘭通判姚瑩的《台北道里記》所云的汲水溪，即是急水溪的近音異字。又荷蘭人稱急水溪為 Mattamia River。

㈢**曾文溪**：源自阿里山，南下出後大埔(今大埔鄉)的窪地，稱後大埔溪，滙合大小諸流而過噍吧哖(玉井)的西北方，再滙合自楠梓仙溪西方山中的後堀仔溪，於灣裡(今善化鎮)北方彎曲，稱灣裡(灣裏)溪，西流而於西港鄉的西部分出支流，幹流自媽祖宮(台南市安南區)入海，支流稱三股仔溪，西而自國聖港(七股鄉)入海(今七股鄉內的十分塭、青草崙、土城子諸庄，皆為此間形成的三角洲)。昔日此溪的河口在北方，乾隆二十九年出版的《台灣府志》(續修)云：「灣裏溪，出歐汪溪而入海。」歐汪溪(即漚汪溪)係將軍溪的另一名，至乾隆二十年代，與此溪滙合西流，自沙馬溝(屬今將軍鄉)入海。

台南市

分七區(東、南、西、北、中、安平、安南),其中安南區日時屬台南州新豐郡永寧、安順二庄。

台南 在台灣本島,移民最先拓殖的就是台南地方,早在明天啓以後便創置永居的基礎,在此之前只有零星的靠岸暫住者。明嘉靖四十二年,林道乾寇亂福建邊海,都督兪大猷征之,逐至澎湖島,道乾走入台灣,據台江(昔日台南海岸的內港),大猷偵知水路的危險,不敢進,僅駐屯偏師於澎湖,時而哨於港口的鹿耳門外。道乾以為此地非久居之所,遂脫哨船的監視,由一鯤身、二鯤身兩小島的隙間遁出,退去占城(交趾支那的廣南)。明天啓四年(一六二四年),佔據澎湖島的荷蘭人與明簽約放棄澎湖,轉而由台江(荷蘭人稱為't walvis Been)進入台灣。明崇禎三年(一六三〇年),築 Zeelandia 城(俗稱台灣城)於台江門戶的島嶼一鯤身(今安平),以為外海的防備。明永曆四年(一六〇五年),築 Provintia 城(俗稱赤嵌樓)於台江西岸之地(今台南市內),以為政務之廳,而稱此地為 Saccam,取自原佔居此一帶的平埔西拉雅族新港社的社名,移民則古來譯稱赤嵌。當時,對岸福佬人來移居者增多,《台灣府志》云:「荷蘭紅毛,築台灣城(即 Zeelandia 城)已復築赤嵌樓(即 Provintia 城)與相望,設市於城外,而漳泉之商賈集焉。」此即當時光景,而為今台南市街的基礎。府縣志又記當時台南城內外的其他荷蘭人的工程遺蹟云：「磚仔楨，在西定坊，紅毛時用厚磚和蜃灰砌成，其堅如石……。荷蘭井，在鎮北坊赤嵌樓東北隅，距樓可二十餘丈，紅毛所鑿，磚砌精緻……。馬兵營井，在寧南坊，紅毛時鑿，以灌園者……。大井，在西定坊，傳係紅毛所濬，紅毛築赤嵌城，恐有火患，鑿此井以制之。烏鬼井，在鎮北坊，紅毛所鑿，水源甚盛，大旱不竭，南北商船悉於此取水，以供日用。荷蘭陂，在新豐里，紅毛所築。烏鬼橋，在永康里，紅毛時所築。」

明永曆十五年（一六六一年）四月，鄭成功率舟師，乘荷蘭人不備，由鹿耳門進入台江，切斷 Zeelandia 與 Provintia 二城間的聯繫，交戰八個月之後，於是年十二月，遂驅逐荷蘭人取而代之。於是改稱 Zeelandia 城爲安平鎮，Provintia 城爲承天府，創設施治。以後以侍衛二旅之兵守承天府及安平鎮二所，將其他鎮營之兵分駐各地而創立屯田制。明末流寓者沈光文的〈平台灣序〉云：「鄭成功之攻克台灣也，里有文賢、仁和、永寧、新昌、仁德、依仁、崇德、長治、維新、嘉祥、仁壽、武定、廣儲、保大、新豐、歸仁、長興、永康、永豐、新化、永定、善化、感化、開化諸里，坊有東安、西定、寧南、鎮北四坊。」又清初台灣府學教授林謙光的《台灣紀略》云：「鄭經自廈門來嗣位，於是興市肆、築廟宇，新街橫街皆其首建也。」

明永曆三十七年即清康熙二十二年（一六八三年），清軍東進征台，經之子克塽察事之非而請降，台灣遂歸清國的版圖。翌年設台灣府，隸福建省，而定舊承天府爲台灣府治，這是今台南市（原台灣府城）建置的濫觴。首先襲鄭時之制，設東安、西定、寧安、鎮北四坊，且擴大其規模。康熙三十六年實際查看台灣的郁永河所著《裨海紀遊》，就當時規模云：「街市以一析三，中通車行，傍列市肆，髣髴京師大街，但隘陋耳。」康熙六十年朱一貴之亂時，府縣治輒失守，不旬日全台淪陷。亂平後，乃有築城之議，至雍正元年，台灣縣知縣周鍾瑄建木柵爲城，周圍二千六百六十二丈，四方設七門，倚正東龍山寺曰大東門，自大東門抱山川壇而亙東南曰小南門，度正南拱府學文廟前曰大南門，又自大東門以北亙右營廳而至東北曰小東門，近正北城守營曰大北門，逼西北烏鬼井曰小北門，獨缺其正面，後補設一門曰大西門。雍正十一年，自小北門旋回至南門植莿竹一萬七千九百八十三株，但西方爲海面，不植竹而築造大砲台二座，一在北小門口，一在小西門外。乾隆元年始斷石築七門，建樓其上，護以女墻，又另建窩鋪十五座。二十三年木柵缺壞，乃修理之。二十四年於莿竹以外，植綠珊瑚，環護木柵。四十年補植竹木，修理炮台窩鋪等，又建小西門於土埕之西，以爲八門。五十三年林爽文之亂平後，依舊基修築，並新建大西門台於宮後街內，於是八門皆有樓，而置窩鋪十六座。道光初年南北匪徒大起，故增築外郭，即於大東門增築一東郭門，多植莿竹，又在大東門的左右設仁和、永康二門，於小西門城垣南畔設一鎮南門，於小北門內城垣西畔設一城門，以通往來，扼要隘。同治元年五月發生大地震，城樓及城垣女墻窩鋪等毀損大半，專以磚瓦修理之，至九年竣工。光緒元年，以國帑大興工事修理之。

光緒十三年(一八八七年)以台灣爲一省，新設府州，即設台南、台灣、台北三府及台東直隸州。中路的一府稱台灣府(府治在台中)，原台灣府改稱台南府，省治仍置於台南，從此時起始有「台南」的名稱。光緒十八年，劉銘傳將巡撫衙門移於台北。如此，台南自荷蘭時代起至清末的三百年間，持續爲全台首府，其城市的規模極爲宏壯，家屋的稠密亦冠全台，實爲南部台灣的貨物集散大市場。日本領台後，仍襲舊制稱台南，並且實施市區改正，使街衢的外觀面目一新。按台灣人古來稱支那大陸(人)爲唐山(人)(戰後簡稱阿山)，而稱台南爲府城，稱鄉村爲草地。

赤嵌樓　在古台南城大西門內，俗稱縣口街，即明永曆四年(一六五〇年)荷蘭人築Provintia(荷蘭語「天意」之義)城之地，古來支那人稱赤嵌樓或紅毛樓。紅毛樓係紅毛人(荷蘭人)所建的城樓之意，至於赤嵌樓的名稱，《台灣縣志》云：「赤嵌樓，在鎮北坊，明萬曆末(永曆四年之誤)荷蘭所築，北山面海，與安平鎮赤嵌城對峙，以糖水糯汁，搗蜃灰，疊磚爲垣，堅埒于石，週方四十五丈三尺，無雉堞，南北兩隅瞭亭挺出，僅容一人站立，灰飾精緻，樓高凡三丈六尺有奇，雕欄凌空，軒豁四達，其下磚砌如巖洞，曲折宏邃，右後穴窖，左後浚井，前門外左復浚一井，門額有紅毛字四，精鐵鑄成，無能辨，因先是潮水直達樓下，閩人謂，水涯高處爲墈(仄聲)訛作嵌，而台地所用磚瓦，皆赤色，朝曦夕照，若虹吐，若霞蒸，故與安平城俱稱赤嵌。」又乾隆十年巡台御史范咸的〈赤瓦歌序〉云：「台屋瓦皆赤，下屋牆垣階砌無不紅者，此赤嵌城所由名也。」但這是拘泥於赤嵌的漢字義之牽強附會的解釋，其實赤嵌之名譯自原佔據此地方之平埔族的社名，早見於荷蘭人築城之前的支那文獻，譬如明《會典》，記永樂宣德年間三保太監赴西洋水程條云：「赤嵌汲水。」後來荷蘭人亦襲用此地名，稱Saccam、Zaacam、Scakam。

據荷蘭人的記錄，「Provintia 城在高地，瞰下市街，築四所五稜磚廓，供護城。市街的下部面海之所，尚設二所五稜廓，有其他主宰的邸宅倉庫及各種的建物。此等建物接城壁，或特設牆壁縈環之。而市街在不過距城的外廓半里之所，其結構甚整頓，支那的富商及荷蘭人的商賈，數人棲住之。城的前面有港，諸船可接近，常碇泊支那船。」荷蘭人退出台灣後，鄭氏以此爲火藥軍器的儲存所。清領後，台灣道特派手兵看守，司啓閥。康熙六十一年朱一貴之亂時，門終不閥，朱黨乃取門額的鐵字而製器。以後，頻逢地震，屋宇傾歪，四壁立，唯周垣堅固如舊。乾隆十五年，台灣知縣魯鼎梅嚴加關鎖，歲時爲灑掃，准觀覽其勝概。光緒五年，台灣知縣潘慶辰就舊址建文昌閣及海神廟，又於文昌閣的右方，購民屋，築蓬壺書院。

赤嵌社 即荷蘭人所云的Chaccam、Saccam，昔日佔居台南附近，至屬西南鯤鯓的喜樹港(日時屬永寧庄，今屬台南市安南區的灣裡)一帶。當時荷蘭人與此社訂約購地，於一六五〇年築Provintia城(即赤嵌樓)於今台南市，並在城外建設市街，而在東北數里處的古新化西里新市街附近(今新市鄉社內、番子寮)劃一區域，爲此社的遷居區，區域內設教會堂及學校，以教化此社人。後來移民依「赤嵌」的近音，兼具新遷居之社及在港墘之意，稱此社爲新港社，荷蘭人則譯成Shinkan、Zincan。於是，原出自同一語源的赤嵌及新港二地名完全分離，一被視爲純漢字名，另一爲源自平埔族社社名，遂使赤嵌之名的由來被牽強附會解釋。

大井 在古台南城大西門內大井頭街。《台灣府志》云：「來台之人，在此登岸，名曰大井頭。」又就此井的由來，云：「開鑿莫知年代，相傳明宣德間太監王三保到台，曾於此井取水。又傳係紅毛所濬，紅毛築赤嵌城，恐有火患，鑿此井制之。」按明太監王三保於永樂三年、六年、十年、十四年、十九年、二十二年及宣德五年共七次，爲遍歷西洋諸國而試行遠航，其中宣德年間航海遇風到台灣碇泊一事，見於《台灣府志》，而其碇泊地爲今台南即古赤嵌的內港(台江)，以郁永河的《裨海紀遊》所云：「明會典，太監王三保赴西洋水程，有赤嵌汲水一語。」可爲證。惟當時的台灣，除高砂族(平埔族)之外尚無移民，究竟有無鑿井，實屬可疑。或許依汲水一事附會此井乎？傳說中荷蘭人開鑿此井較可信。

又《台灣縣志》〈地志〉云：「紅毛及僞鄭時古渡，由大井頭登舟，今塡海爲陸，市肆喧闐，渡移于鎭度。」鎭度在古台南城大西門外的鎭路頭。

安平港　昔時爲台灣南部的第一良港，荷蘭時是唯一的碇泊地，船舶的出入平穩安全，故名。後來地盤的隆起及泥沙的堆積，塡埋港道，使港勢變遷，《台灣縣志》就乾隆十年代的情形云：「安平鎭港，紅毛時巨舟悉由此入泊，自鄭成功由鹿耳門入台後，遂淤淺，今惟往來南路貿易之船經此而已，巨舟不得入。」康熙二十三年台灣府學教授林謙光的《台灣紀略》云：「自台灣至安平鎭，相去僅五里許，順風則時刻可到，風逆則半日難登，灣之津頭水淺，用牛車載人下船，鎭之灣頭淺處則易小舟登岸，其餘各港可沿溪而入。」康熙三十六年郁永河的《裨海紀遊》云：「鹿耳門內，浩瀚之勢不異大海，其下實皆淺沙，若深水可行舟處，不過一線，而又左右盤曲，非素熟水道者不敢輕入。」又就登岸時的情景云：「近岸水益淺，小舟復不進，易牛車，從淺水中牽挽達岸。」不過至乾隆二十年代，尚存港形，《台灣府志》云：「鹿耳門港，自厦至台，大商船及台屬小商船，往諸彰化、淡水貿易，俱由此出入，大港、台屬小商港，船往鳳山貿易，由此出入。」及至乾隆末年，港內全然淤塞，甚至島嶼與陸地接續，昔日的形跡僅留存於自安平往台南的狹運渠（俗稱台南運河）。

安平街 在安平港頭，爲荷蘭時築 Zeelandia 城，鄭時設安平鎭，清領初亦襲用安平鎭之名，而駐紮副將之地，故其初闢極古，做爲安平港的主腦地，商業極繁盛。此時原稱市仔街，因是安平鎭的所在地，故稱安平鎭街。乾隆二十九年出版的《台灣府志》（續修）云：「市仔街，在効忠里，即安平鎭街。」

從古台南城大西門外抵安平街的道路，實由浮復之地而成，以前迂曲低濕不穩定，光緒元年台灣道夏獻綸認爲有修路的必要，乃發官貲起工，先鑿魚塭於兩側，再堆積其餘土爲行路。光緒十年台灣道劉璈更開修大路，始爲車道。而此兩地間的通路以沙堆連接，一遇風雨，則頗難行步，故由當地富商捐資，建一亭於半途一側，名半路亭（今圯），以爲避息之所。又所云的台南運河，漲潮時可賴以搬運貨物。

按昔日台南地方一帶的海岸線，彎入東方約一里，市街則面海而成一內港，安平街的所在地爲內港外面的一島嶼，名一鯤身，即荷蘭人所云的 Ta-uan，乃築 Zeelandia 城之地。自一鯤身起，至南方二層行溪的河口之間，如聯珠般散佈著七個小嶼，依次稱二、三、四、五、六、七鯤身，因其狀恰如浮出海面的鯤身般，故名（「鯤」意即鯨、大魚）。安平鎭則在一鯤身與二鯤身的縫隙。《台灣府志》云：「一鯤身，與安平鎭接壤，自七鯤身至此，山勢相聯如貫珠，不疎不密，雖在海中，泉甘勝于他處，多居民。距里許，爲二鯤身，有居民。再里許，爲三鯤身。又里許，爲四鯤身。又里許，爲五鯤身。又里許，爲六鯤身。又里許，爲七鯤身。七峯宛若堆阜，風濤鼓盪，不崩不蝕，多生荆棘，望之鬱然蒼翠，外爲大海，內爲大港，採捕之人多居之。」

台江　即荷蘭人所云的't Walvis Been，爲其對南支那的通商港。當時由一鯤身向北方北門嶼(今北門鄉)的方向，有幾個小島沙洲斷斷續續延伸，與一鯤身隔一水道者爲北線尾(或寫北綫尾)，即荷蘭人所云的Baxembay，鹿耳門的沙洲連接於北方，靠近加老灣(今七股鄉內)，隙仔的沙洲介在鹿耳門與加老灣的中間，海翁線的沙洲橫在其北邊。《台灣府志》云：「鹿耳門，水中浮沙突起，若隱若現，形如鹿耳，鎭鎖水口。」又云：「北線尾，與鹿耳門接壤，其南即安平鎭，中一港名大港，紅毛時，水深夾板可入。」此諸洲嶼所擁抱的內港即是台江，據荷蘭人傳教士所製作的地圖，將此內港記做't Walvis Been，將七鯤身所在之地記做Vissers Eyl。今台南市街在此內港的碼頭，《台灣府志》就其位置云：「台江在縣治西門外。」又《台灣縣志》就其港勢云：「台江，汪洋浩瀚，可泊千艘。」即實爲台灣三大港口之一，而有一府(即台江)二鹿(彰化的鹿港)三艋舺(淡水內港的艋舺)之稱。一六五〇年(明永曆四年)荷蘭人據以築Provintia城(即赤崁樓，在台南城大西門內)，實於此海岸，清雍正十一年環植莿竹而爲城時，西方爲海面，不植竹，乾隆五十三年修築爲土城，而以東南北三方爲弧，西方爲弦，以模擬「半月沈江」之狀。《台灣府志》就乾隆二十年年代大西門內大井頭街的情形云：「來台之人，在此登岸，塡海爲宅，市肆紛錯。」可知至乾隆五十年代許，當留存瀕海之勢。另一方面，台江的航路有南北二口，南口爲一鯤身、北線尾之間，安平鎭港(台江的支港)在此處，北口爲鹿耳門、加老灣之間，水底沙線布列，港道極爲窄狹，不便於巨船出入。《台灣縣志》云：「水底沙線若鐵板，縱橫布列，舟誤犯之，則立碎，港路窄狹，僅容二艘，其淺處若戶限，然潮漲時水可丈四五尺，潮退不能一丈，進港須懸後舵以防抵觸，其紆折處必探視深淺，磐辟而行，最陰者曰南北二礁，插竹立標，南白北黑，名爲盪纓。」其他，加老灣港及隙仔港(俱爲台江的支港)開於此處，《台灣府志》云：「加老灣港，鹿耳門之北，沙線一條，灣曲不堪泊巨舟，其西南爲大洋。」又云：「隙仔港，鹿耳門外之北，北風時可泊巨舟百餘艘，南風不可泊，外爲大洋。」又就海翁線內云：「洋船多泊此候潮。」後來，地盤的隆起及泥沙的堆積影響港勢的變遷，至康熙初年許，安平鎭大港的南口漸趨淤淺，然至乾隆二十年代，尙存港形，而在乾隆末年至嘉慶初年間，以上諸洲嶼與本島的海岸全然接續而爲陸地，並形成現今的海岸線。尹寵周的《台灣地輿圖說》云：「安平，前阻汪洋，非船莫渡，今已積沙成地，建造輿梁，昔之隙仔港即今之洲仔尾，在鹿耳門北，前可泊巨舟百餘艘，今復淤爲陸地，所謂滄海桑田者非歟。」譬如原爲台江一部分的今台南市安南區溪心寮、海尾寮、媽祖宮、和順寮、安順等庄，至嘉慶末年尙爲海水侵浸之地，後來漸見浮現，道光初年始經開墾，今安平至上下鯤身之地，乃是古一鯤身至七鯤身的後身，又今七股鄉的國聖港，古屬加老灣港的一部分。

安順　原稱安順寮，日時制度改正時簡稱安順，當時為一庄（屬新豐郡），名安順庄，戰後改隸台南市安南區。庄內的溪心寮、海尾寮、媽祖宮的全部，和順寮的一部分、安順寮的一部分，昔日為台江北岸的海灣，在乾隆末年至嘉慶末年之間漸見浮現，但仍含有多量的鹽分，不適耕種，至道光初年許，鹽分漸退，道光二十年由黃本源、吳搥、林洪等為墾首，遂拓成。

四草湖　為古鹿耳門港，因四處有草池，故名。

鄭子寮　《台灣縣志》云：「鄭成功墓，在武定里洲仔尾，男經祔焉，後奉旨還葬內地南安縣（泉州府南安縣石井）。」洲仔尾，古屬外武定里鄭仔寮庄，但今其遺址不詳。據傳鄭仔寮為鄭經建別墅之地，故名。康熙二十三年台灣府學教授林謙光的《台灣紀略》云：「辛酉（康熙二十年、明永曆三十五年）鄭經預立其庶子鄭欽為監國，退間於洲仔尾，策游觀之地，峻宇雕牆，茂林嘉卉，極島中之華麗，不理政務，嬉遊為樂。」

鹽埕　俗稱瀨口，為鄭時永曆十九年（一七六五年）鄭氏創設鹽田之地，即後來的瀨北場，此為台灣天日製鹽的起源。清領後，製鹽業益發展，起初製售一任民營，只收鹽埕稅，以充兵餉。雍正四年收歸官辦，由台灣府管理之。當時，只限於洲南、洲北、瀨南、瀨北四所鹽埕，其餘地方禁止製售。雍正十年台廈分巡道尹士俍的《台灣志略》云：「鹽場分設四處，洲南洲北二場，坐落台邑武定里，瀨南一場坐落鳳邑大竹橋庄，瀨北一場坐落台邑新昌里。」乾隆二十一年，更設瀨東瀨西二場，其坐落在仁壽上里的鹽埕庄及鹽田庄（彌陀港附近）。後來因土地的變遷而海陸異其所，有不能保持其原形者，於是洲南場↓布袋嘴（今布袋鎮），洲北場↓北門嶼(今北門鄉)，瀨西場歸荒廢，瀨東場→竹仔港(今七股鄉)→井仔腳，如此移轉。

永寧 鹽埕的南方至二層行溪的北岸海岸一帶，早在鄭時便拓殖就緒，成立一里，名永寧里，清領後亦襲之，至日時制度改正時，依此里名設立永寧庄，戰後改隸台南市安南區。昔日二層行溪的河口稱喜樹港，後來河口移於南方的灣裡。

【附記】

㈠**二層行溪**：古寫二贊行溪，發自旗山西方的鳳山山中，集內門鄉之水，西流台南、高雄的縣界，入台南市南方之海，其北岸形成灣裡的小港，留有草仔寮港的土名。昔日分上下二游平行入海，故名，後來合爲一游。又昔日河口在北方的喜樹，稱喜樹港，乾隆二十九年出版的《台灣府志》(續修)云：「喜樹港，在二贊行溪下流。」荷蘭人所云的 Verse River 是二層行溪，Velden 是喜樹港附近的田野。

㈡ **Sideia 族地**：荷蘭人教化所及的平埔族地之一，稱 Sideia。Sideia 即指平埔西拉雅族，原分九個社，即⑴赤嵌，後來的新港社、⑵大目降社、⑶卓猴社、⑷噍吧哖社、⑸目加溜灣社、⑹芋匏社、⑺大武壠社、⑻蔴荳社、⑼蕭壠社，其原址如下：

- 赤嵌社即後來的新港社，在今台南市附近。
- 大目降社，在今新化鎮附近。
- 卓猴社，在今新化鎮拔馬。
- 噍吧哖社，在今新化鎮菁拔林。
- 目加溜灣社，在今安定鄉。

・芋匏社，在今山上鄉大社。

・大武壠社，在今善化鎮附近。

・蔴荳社，在今麻豆鎮。

・蕭壠社又名歐王社，在今佳里鎮番子寮。

當時台灣居民多數是平埔族，而荷蘭人亦致力以基督教的傳教方式啓導教化，並獎勵生產事業，其成績最顯著者是新港、目加溜灣、蔴荳、蕭壠四社。鄭時最先就撫者亦是此四社，稱四大社。康熙三十六年郁永河的《裨海紀遊》云：「新港社、嘉溜灣社、麻豆社皆雖爲蕃居，然嘉禾陰森，屋宇完潔，不減內地村落。余曰，孰謂蕃人陋，人言寧不足信。」又云：「新港、嘉溜灣、歐王、麻豆於僞鄭時，爲四大社。使其子弟就鄉塾讀書者，欲蠲其徭，以漸化之。四社蕃亦勤稼穡，知務蓄積，比戶殷富。又近郡治，習見城市居處禮讓之故，其俗於諸社爲優。歐王近海，雖不當孔道，尤富庶也。」荷蘭人又教授用羅馬字拼音書寫平埔族語，用於文件契字之類，《台灣府志》云：「習紅毛字者，曰教册，用鵝毛管削尖，注墨汁於筒醮，而横書，自左而右，登記符繳錢穀數目。」

康熙二十二年八月，清軍登陸台南時，附近各社的平埔族接踵而至，乃賞與袍帽銀牌及烟布之類，以啓撫育之緒，康熙三十八年北部平埔族吞霄社謀反時，又康熙六十年朱一貴作亂時，赤嵌、目加溜、蔴荳、蕭壠四社皆應徵而隨軍，服從一定的公役，康熙六十一年巡視台灣御史黃叔璥的《台海使槎錄》云：「郡中造船出水最艱，所司檄四社蕃衆牽挽，歲以爲常，聞金一鳴，鼓力並進，事畢官酬以煙布糖丸。」

然而自荷蘭時及鄭時以後，至清領初，其原住地爲異族（主要是支那移民）所蹼得或侵佔，遂不得不移轉他處。

㈢**烏鬼番遺址**：台灣南部諸地方，有許多關於烏鬼番遺址的傳說，古來被認為與荷蘭時代有關。《台灣縣志》云：「烏鬼蕃為國名，紅毛奴也。其遍體純黑，入水不沈，走海面如平地。」又《鳳山縣採訪冊》云：「烏鬼蕃，頷下生腮，如魚腮然，能伏海中數日。」按支那人所著的地誌，概將非洲黑人或屬黑人系統的種族所居的地方，總稱為烏鬼國。荷蘭人佔據台灣的時代，正當歐美各國的商賈，尤其西班牙人、葡萄牙人、荷蘭人買賣非洲黑人以為奴隸的旺盛期，荷蘭人似乎亦帶非洲黑人奴隸來台，從事各種工作。荷蘭人所著的《台灣島史》(Geschichte der Insel Formosa)就鄭成功攻台時的軍備云：「國姓爺銃卒內有黑奴二人，是以前久為荷蘭所傭，習得用銃者。」又黃叔琳的《赤嵌筆談》就鄭經的諸弟共謀欲殺鄭經的長子監國克𡒉之狀，云：「經的諸弟，又遣烏鬼，往縊之，烏鬼畏而不敢前。」

荷蘭人自台灣撤出後，黑奴則被解放，退居山陬或海島，以苟延殘喘。又據傳其一部分進入傀儡族（屬排灣族）社內，而有如下的遺跡：

烏鬼橋　在今台南市三分子（古屬永康下里），《台灣縣志》云：「紅毛時，烏鬼所築，後圮。」

烏鬼井　在今台南市內（古鎮北坊打銃街），《台灣縣志》云：「水源極盛，雖旱不涸，先是紅毛命烏鬼鑿井，砌以林投，舟入需水，咸取汲焉。」

烏鬼埔山　在今高雄縣仁武鄉蜈蜞潭，《鳳山縣採訪冊》云：「相傳紅毛時，烏鬼聚居於此，今遺址尚存，樵採者常掘地得瑪瑙奇石諸寶，蓋荷蘭時所埋也。」又烏鬼埔山麓有一古井，相傳為烏鬼所鑿。

小琉球嶼天台灣石洞　在今屏東縣琉球鄉內，《鳳山縣採訪冊》云：「相傳，舊時烏鬼蕃聚族而居，後泉州人乘夜放火，盡燔斃之。」日時，據東港人洪占春的實查，自此遺跡得古土器及白螺錢。

㈣**古寺廟**：台南市內外有許多古寺廟，里人習以寺廟名代稱其地址，以下就其主要者概述之。

開元寺　在舊台南城大北門外永康下里，創建於鄭時，初爲鄭成功夫人董氏的別墅，名北園別館。康熙二十九年台廈分巡道王效宗、台灣鎮總王化行等改建爲寺，稱海會寺，後改稱開元寺，又名榴環寺。《台灣府志》云：「佛像莊嚴，寺宇寬敞。」乾隆二十六年巡視台灣御史黃叔璥的《赤嵌筆談》云：「鄭氏北園，去郡治五六里，從海視之則直北矣，故名北園，無邱壑亭台曲折峻峻之致，丙寅（康熙二十五年）台廈道周昌，因其地仍其茂林深竹，結亭築室爲之記，且繪而圖之，季戲光（諸羅知縣）顏曰致徹，有秋夜遊北園記，昌於道署後，築小園，名寓望，蓋取左史畺有寓望之言，麒光亦有記。」

台南文廟　俗稱孔子廟，在台南城大南門內俗稱菜市埔，乃是舊台南府（原台灣府）儒學學宮。康熙二十四年台廈分巡道周昌、知府蔣毓英相計，增建鄭氏學堂舊址，創之。中爲大成殿，分設東西兩廡，南爲戟門及櫺星門，北爲啓聖祠。康熙三十九年巡道王之麟、台灣鎮張玉麒、知府靳治揚、鳳山知縣劉國輔、諸羅知縣毛鳳綸等捐俸，並鳩一府三縣四學的文武生員一百六十人的捐貲，重修大成殿，翌年新設明倫堂於大成殿之東。五十一年捌建名宦祠、鄉賢祠、學廨、各齋舍於明倫堂之左，文昌祠於廟門之左，設土地祠於右，分東西二門，一曰義路，一曰禮門。至年冬，建朱子祠於明倫堂之東，文昌閣於其祠後。五十四年，穿泮池於戟門外。五十七年，移泮池於櫺星門外，翌年改建大成殿。乾隆十年重修大成殿，十四年改築大成殿，中央正廟的左右爲兩廡，前爲大成門，又爲櫺星門泮池，殿後爲崇聖祠，由左右兩廊達廡。祠的左右爲禮樂庫、典籍庫，門的左右爲名宦祠、鄉賢祠，門外之左爲禮門，右爲義路，又修廟左的明倫堂、堂左的朱子祠、祠後的文昌閣，以堂後爲教授署，閣後爲訓導署。五十六年，復重修大成殿。嘉慶二年逢大地震，殿宇破壞，乃將土地祠移於官廳之右，道光十三年重修大成殿及祭器所，至十五年六月竣工。同治元年再逢大地震，堂宇復破壞，官民捐資修理之。當日本領台之際，因兵亂而荒廢，後來修復舊觀，其規模之宏大，冠絕全台。

關帝關　在台南城內關帝廟街，相對於孔子廟之稱文廟，俗稱武廟，祀漢壽亭侯關壯繆(即關公)，創建於鄭時(據傳昔日有寧靖王所書「古今一人」之匾額，今失)。康熙二十九年分巡台廈道王效宗，修後殿為三代祠，祀壽亭侯三代之祖。康熙五十五年重修，五十六年更在原址重建。乾隆五十一年林爽文之亂時，據傳依神祐赫護而得靖平，時台灣知府楊廷理乃首倡重修，並建碑，勒其事。

延平郡王祠　在台南城內油行尾街，創建於鄭時，當時稱開山王廟，祀鄭成功，清領後絕祀，嘉慶十二年《台灣縣志》(續修)云：「開山王廟，今圮。」至同治十三年，船政大臣沈葆楨特奏准，賜謚鄭成功，建祠，列入國家祀典之一。光緒元年於舊址擴大規模建造，改稱明延平郡王祠。祠凡三進，合九楹，有前後兩殿及東西兩廡，並儀仗所、祭器庫、廨舍等。前殿祀鄭成功，鄭將甘輝及張萬禮配之，神位曰「予謚忠節明賜姓延平郡王神位」，後殿的中央為太妃祠，祀鄭成功的生母(日本人田川氏，支那名翁氏)，神位曰「翁太妃之神位」，右方為寧靖郡王祠，祀明寧靖王及從死五妃(袁氏、王氏、秀姑、梅姐、荷姐)，神位曰「明寧靖郡王諱術桂神位」及「明寧靖郡王五妃之神位」，左方為監國祠，祀監國鄭克𡒉及夫人陳氏，神位曰「監國王孫諱克𡒉神位」及「監國夫人陳氏之神位」，又東西兩廡祀明末海疆殉難諸臣各五十七名，共計一百十四名。日本領台後，明治三十年(一八九七年)改稱開山神社，戰後復原名，稱延平郡王祠。

五妃墓　在舊台南城大南門外新昌里魁斗山，係葬明寧靖王從死妃妾袁氏、王氏及秀姑、梅姐、荷姐之墓，故名。墓有碑曰「寧靖王從死五妃墓」。乾隆十一年巡視台灣滿御史六十七及漢御史范咸命海防同知方邦基重修，並立碑於大南門外城壁，稱五妃墓道。

天后宮　即媽祖廟，在舊台南城內天后街。康熙二十二年清軍討鄭氏於台灣時，得順風平波，先入澎湖，被視爲專在媽祖之神祐的靈異，翌年水師提督施琅乃就明流寓者寧靖王的故居，建宮廟崇祀之。康熙六十年，當朱一貴之亂，清軍進入鹿耳門時，水漲數尺，因而舟師得安，七日而攻復，亦被視爲專在神祐之故，雍正二年巡視台灣御史禪濟布乃奏准，雍正四年御賜「神昭海表」的匾額。凡台灣各地的媽祖廟內，皆掛有此四字的匾額，蓋因媽祖被視爲海神之故。

眞武廟　在舊台南城內草花街，又稱元帝廟，祀北極佑聖眞君，創建於鄭時。《台灣縣志》云：「鄭氏踞台多建眞武廟，以爲此邦之鎭廟，有寧靖王書扁，曰威靈赫奕。」康熙二十四年台灣知府蔣毓英重修之。高聳甲他廟，其他在大北門內者俗稱小上帝廟，亦創建於鄭時。《台灣府志》云：「總鎭張玉麟渡台時遭風，夢神披髮跣足白檣降，風恬抵岸。因而重新之，廟後爲知府蔣毓英之祠。」

嶽帝廟　在舊台南城內嶽帝廟街，又名東嶽廟，祀東嶽泰山之神，創建於鄭時。

吳眞人廟　在舊台南城大西門內俗稱新街頭，祀保生大帝，又名吳眞人，創建於鄭時，乾隆五年里人重修之，稱開山宮。《台灣縣志》云：「眞人之廟宇，漳泉之間所在多有，自荷蘭踞台，與漳泉人貿易時，既建廟於廣儲東里。嗣是，鄭氏及諸將士皆漳泉人之故，廟祀眞人甚盛。」又《台灣府志》云：「按眞人名本，泉之同安白礁人，生宋太平興國四年，醫藥如神，景祐二年卒，里人祀之，部使者以廟額爲請，勅爲慈濟，慶元間勅爲忠顯，開禧二年封英惠侯，台多漳泉人，以其神醫，建廟獨盛。」

水仙宮　在舊台南城大西門外，祀夏王禹，《台灣府志》云：「開闢後，商旅同建，壯麗異常。」

三山國王廟　在舊台南城內人銃街。雍正七年，台灣知縣楊允璽及左營遊擊林夢熊率客家人創建，《台南縣志》云：「三山，爲巾山明山獨山之神，在揚陽縣界（廣東潮州府），原廟在巾山麓，賜額明貺，凡潮人來台者皆祀之，其在潮州者尤盛。」在台灣客家人的街庄概建置此廟。

彌陀寺　在舊台南城大東門內，創建於鄭時，清領後傾圮。至康熙五十八年，僧一峰從福建武夷至，募化重興之。

竹溪寺　在舊台南城大南門外仁和里俗稱敖厘頭，台灣知府蔣毓英在其康熙二十三至二十八年的任期內創建之。《台灣府志》云：「徑曲林幽，清溪環拱，竹木花果頗稱勝概，顏其山門曰小西天寺。」

法華寺　在舊台南城小南門外仁和里，原為明末流寓者李茂春，構茅亭，稱夢蝶處之所。康熙二十三年，僧人鴆貲改建法華寺。康熙四十七年鳳山知縣宋永清建前殿一座，祀火神，置鐘鼓二樓，前後曠地遍蒔花果，起茅亭於鼓樓之後，顏曰息機，退食之暇時，憩息於此。乾隆二十九年，台灣知府蔣允焄重建之，以後疊次興修。《台灣府志》云：「殿宇巍峨，林山幽邃，備極勝概。」

按李茂春，字正青，漳州府龍溪縣人。明末登鄉薦，富著述。風神秀整，跣足岸幘，若無旁人。遯跡來台灣，構茅亭永康里以居，名夢蝶處。日誦佛經自娛，人人稱李菩薩。卒而葬新昌里。

㈤台南市移民的變遷：日時台南縣之移民沿革調查報告，略云：原漳州人佔移住者的第一多數，多在城內開店舖，向島內各地配運物貨，所云的台南六條街，即竹仔街、大井頭街、關帝廟街、武館街、帽仔街、下橫街等是也。泉州人多在城外開店舖行郊，由對岸輸入台灣需要的物貨，以供給城內六條街的各店舖，更將台灣的土產輸出海外，即是南郊、北郊、糖郊，稱三郊；相對之，城內六條街的商舖，稱內郊。然而後來形勢一變，泉人佔七分，漳人減為二三分。至於客家人，原非有衆多的移民，即初有若干在東門外，但因缺水利之便，不適農耕，故向南北索適耕地而去。曾在同治末年吳光亮（客家人）為台灣鎮時，有來開店舖者，但隨著吳的辭任而盡撤走台南，至日時住在台南市內者，不及十戶。

高雄縣

由日時高雄州鳳山、岡山、旗山三郡構成，轄下分一市（鳳山）、三鎭（岡山、旗山、美濃）、二十三鄉（林園、大寮、大樹、仁武、大社、鳥松、橋頭、燕巢、阿蓮、路竹、湖內、茄萣、永安、彌陀、梓官、田寮、內門、甲仙、杉林、六龜、茂林、桃源、三民）。

(1)鳳山市

鳳山（地名）　歷史上所云的鳳山有兩個市街，一是興隆內里興隆莊埤仔頭（今高雄市左營區舊城），一是古大竹橋里的下坡頭（今鳳山市）。此地方於鄭時漸創拓殖之緒，即鄭成功時置萬年縣，鄭經時改縣爲州，並置南路安撫司。清領之初康熙二十三年，亦置一縣於南路，名鳳山縣。蓋鳳山之名，起自當時管轄區域的南部海岸，有一名鳳山的丘陵崛起，古來以勝境著名。縣治起初擇定興隆莊埤仔頭，但不築城，且藉詞土地寥曠，未經開闢，爲毒惡之地，知縣僑居台灣府治（今台南市）內。至康熙四十六年，知縣宋永清始設公署而移駐，康熙六十一年朱一貴之亂後，署理知縣劉光泗才築土城，設東南西北四門，左倚龜山，右連蛇山，外環以濠塹。雍正十二年知縣錢侏依上命，周圍植三重的莿竹。乾隆二十五年，知縣王英曾增建砲台四座於四城門上。五十一年林爽文作亂，南路林黨首莊大田再度蹂躪縣城。於是在五十三年亂平後，改定大竹橋里下埤頭又名埤頭(今鳳山市)爲縣治，周圍植莿竹以爲城，而遷移。嘉慶九年知縣吳兆麟首倡建四門，分爲六座，大東曰朝陽，小東曰同儀或東便，西曰景華，南曰安化，北曰平朔，其外門匾曰「郡南第一關」，至此興隆莊之城乃稱舊城。

如上述，鳳山的地名起自鳳山的山名，而關於鳳山(山名)，《鳳山縣志》〈輿地志〉云：「赤山分支，其高起橫列者爲鳳山。旁有二小峰，形如飛鳳展翅，縣治之命名取此。上有鳳鼻山，旁有鳳彈山，皆縣治及學宮之拱案也。」

昔日鳳山城內稱中街，城外稱武洛塘街，當時旣爲殷賑的市場區，而爲府城(今台南市)以南的中心市場，且以西方的打狗港(今高雄港)爲其外港，故市勢大振，而與府城台南並稱爲南台灣的古都。

大竹橋 昔日，鳳山的前港，即前鎭(今屬高雄市)至鳳山的道路上，有一小溪，溪上架一竹橋，故早在鄭時就以竹橋爲地名。此地正是由打狗諸港登陸之移民的集中地點，更因鄭時設鎭營於前鎭，乃由此漸向附近擴展開拓區城，至清領初稱大竹橋庄，道光年間改稱大竹橋里。大竹橋里下坡頭街，即是今鳳山市的前身。

鳳山(山名) 古來被移民傳說爲南路的勝境，清領初南路的縣治名鳳山，實因此。《台灣府志》云：「鳳山，形若飛鳳，旁有二小峰，如翅，故名。」又《鳳山縣採訪册》云：「鳳山，首昂如冠，俗名鳳髻山，最爲圓秀，旁列二小峰，形若飛鳳展翅，縣治命名取此。」《台灣府志》又就此丘崗云：「鳳山，相傳昔年有石，忽自開，內有讖云，鳳山一片石，堪容百萬人，五百年後閩人居之。」又《鳳山縣採訪冊》云：「鳳山，有鳳山洞、向天池、金面盆、清水巖、石翁媼、石鴝鵒、石牛欄、石鐘、石鼓、石船、石棋盤、仙人迹、獅子喉十三勝。獅子喉，丘上開一巨竅，狀如獅子張口，故名。里俗相傳，其喉若吐煙，東港市街必遭回祿。」又以鳳岫春雨爲鳳山縣治八景之一。清水巖的南麓有一觀音堂，稱清水巖寺，係道光十四年簡立所募建。

赤山　《台灣府志》云：「自鳳彈山而聯於東北者，名曰赤山，以土色赤故名。」

鳳鼻山　古稱鳳山，又名太平頂山，乃是鳳山縣城之命名所取者。此爲鳳山市東南的一丘陵，北端爲太平頂，南端爲鳳鼻，其最高點通常稱鳳鼻山。

雙慈亭　前殿祀媽祖，後殿祀觀音。《鳳山縣採訪冊》指此廟云：「俗稱大廟。」道光八年所建的重修雙慈亭碑云：「慈何以名，取慈悲之義而名之也，雙何以名，是廟昔奉觀音佛祖，迄乾隆癸酉年(十八年)始建前進，兼祀天上聖母，故名之曰雙慈亭。」

曹公祠　祀鳳山知縣曹瑾(字懷樸，河南河內人)。古鳳山縣下之地，原多旱田，道光十七年正月，曹瑾任鳳山知縣，初蒞縣治，即巡田野，次察水源，至九曲塘(今大樹鄉九曲堂)的下淡水溪(今高屏溪)邊，喟然嘆曰，是造物者之留以待人力之經營也。於是，集紳者，召巧匠，興工鑿築，經二年而竣工。翌年台灣道熊一本躬臨其地勘查，乃紀念曹瑾之功，名曹公圳。道光二十一年大旱，縣民有憂色。曹瑾復命貢生鄭蘭生、附生鄭宣治，一面諭業主，一任地方協議出資之法，並准賦課徵收，經三年而竣工，乃亦名曹公新圳，前者稱曹公舊圳。在任五年去官之日，爲之祖餞者達數千人。咸豐十年，士民懷其舊德，於鳳山縣城風儀書院頭門內的東偏，建祠三楹，祀之。祠內的曹瑾神位曰「前任鳳山知縣丁卯解元懷樸曹公諱瑾祿位」，《鳳山縣採訪册》記淸時的慣例云：「每遇誕期，輒召梨園，設酒醴，以遙祀之。」

曹公圳 係於九曲堂將下淡水溪(今高屏溪)的支流疏鑿之灌漑水路，舊圳於道光十七年開工，二年後竣工，圳路四十四條，其區域亙小竹上里、小竹下里、大竹里、鳳山上里、鳳山下里五里，灌漑約四千五百五十二甲之田。新圳於道光二十一年開工，三年後竣工，圳路四十六條，其區域亙赤山里、觀音外里、半屏里、興隆外里、興隆內里五里，灌漑約三千一百六十九甲之田。故又名五里舊圳、五里新圳，乃是台灣最大的水圳。

(2) 岡山鎭

岡山 原稱阿公店，日時制度改正時，依其東方的大崗山及小崗山，改稱岡山。此地係於康熙末年由福佬移民開拓，在未開拓之前，一帶爲竿蓁林，故名竿蓁林，此名見於康熙五十八年(一七一九年)出版的《鳳山縣志》，乃是此地起初的名稱。當時有一老翁開一草店，供食給行路人，故名阿公店，阿公店街之名見於乾隆二十九年出版的《台灣府志》(續修)。街內的壽天宮(祀媽祖)係嘉慶三年黃協記、吳隆興所募建。又此街當台南、鳳山間的中路，而爲此地方的集散市場。

超峯寺 在大崗山的腰部，祀觀音菩薩，即《台灣府志》所云的超峯石觀音亭是也。起初由僧紹光建一亭，乾隆二十八年台灣知府蔣允焄修爲寺。《鳳山縣採訪册》云：「寺前活泉兩股，大旱不涸，俗名龍目泉。」

大岡山、小岡山（古寫大崗山、小崗山）　俱為烏山山脈的分支，聳立於嘉祥內外里之中界，大岡山（海拔一千三十二尺）在北，小岡山（海拔八百三十尺）在南，兩山均不高大，但因崛起於海岸平原的東端，故古來為自支那人陸航來台灣島南部的船舶之指南，《台灣府志》所云「內地之船來台時，過澎湖之東，即見大岡山」是也。

山中多岩洞窟的奇勝，且是在明末以來就開拓已久之地，故有許多關於此奇勝的傳說。康熙二十三年（一六八四年）台灣府學教授林謙光的《台灣紀略》云：「大岡山，狀如覆舟，天陰埋影，晴霽則見，上有仙人跡，鐵猫兒碇龍耳甕在焉，相傳國有大事，此山必先鳴。」乾隆六年出版的《台灣府志》（初修）云：「大岡山之頂，蠣房殼甚多，滄海桑田亦不知其何時物也，山上有湖，雨則水滿，山陰有古石洞，莫測其所底，或以瓦擲之，皆然無聲，相傳其下通於海。」乾隆二十九年出版的《台灣府志》（續修）的叢談，引古橘岡詩序云：「鳳邑治有岡山，未入版圖時，邑中人，六月樵于山，忽望古橘挺然岡頂。向橘行里許，則有巨室一座，由石門入，庭花開落，堵草繁榮，野鳥自呼，廟廊寂寂，壁間留題詩語及水墨畫蹟，纔存各半。比登堂，一無所見，惟隻犬從內出，見人搖尾，絕不驚吠。隨犬曲折緣徑，恣觀，環室皆徑圍橘樹也，雖盛暑，猶垂實如碗大，摘啗之，瓣甘而香，取一二置諸懷。俄而斜陽照入樹，樹含紅，山風襲人，有淒涼氣，輒尚樵尋歸路，遍處誌之，至家以語其人，出橘相示，謀與妻子共隱焉，再往遂失其室，並不見有橘。」又康熙四十四年出版的王士楨的《香祖筆記》云：「鳳山縣有薑，名三保薑，相傳明初三保太監所植，可療百病。」據此記述，雍正十年台厦分巡道尹士俍的《台灣志略》，附會於此山，並與上述岡山古橘的傳說相關聯而云：「明太監王三保，植薑岡山上，至今尚有產者，有意覓，終不可得，樵夫偶見，結草爲記，次日尋之弗獲，故道有得者可療百病。」其他，《鳳山縣採訪册》亦云：「大岡山，樹木蔚然，爲縣治八景之一，岡山樹色，是也。」《台灣府志》則云：「小岡山頂有巨石，圓秀如冠，爲紗帽石。」

岡山鎭內前鋒及後協係鄭時置前鋒鎭及前鋒鎭後協營之地，前峯子、五甲尾、挖子則爲鄭氏開屯之地。

(3)旗山鎭

旗山 在古羅漢門外門里的中部，楠梓仙溪的西岸，原稱蕃薯寮，至日時制度改正時，依旗尾山之名，改稱旗山。此地方初爲平埔馬卡道族大傑顚社自內門移來開拓者，其區域自溪州庄至蕃薯寮附近(皆屬今旗山鎭)，稱施里。康熙末年，漳州移民自鳳山地方越南界的嶺口而進入，與平埔族簽約贌地，結草寮著手開拓，其田園未熟時僅栽蕃薯維生，故俗稱蕃薯寮。以後移民的移殖繼續，而形成一村庄，黄叔璥的《台海使槎錄》所云的「外門民居施里莊」是也。而於雍正九年置縣丞，繼而隨著移民的增加，平埔族移退於北部的隘口方面，乾隆十七年出版的《台灣縣志》(重修)云：「大傑巓社，今蕃民移在隘口，近蕃薯寮。」乾隆二十年台灣知縣所發劃定移民與平埔族的境界告示中，見有蕃薯寮庄之名，可知當時以此名爲地名。光緒十四年台灣知縣所發租目改定的諭示，將蕃薯寮之地記做太平庄，然而庄民皆以蕃薯寮爲地名。日領後，初亦襲用此名，至地方制度改正時始改稱旗山。

旗尾山　在今旗山鎭旗尾，其山容恰似淸時的蛟龍旗，故名。其展望的廣闊，勝過鼓山，《台灣府志》則以「旗尾秋蒐」列爲台陽八景之一。

鼓山　爲日時的旗山街公園（今中山公園），山容似大鼓，又髣髴廈門的勝地鼓山，故名。

羅漢門　東以楠梓仙溪劃界，西以烏山山脈爲障屏的一帶，昔日稱羅漢門，淸領初實爲台灣府治（台南）東界的關門，當時駐防台灣府的千總及把總，遞年輪防之。此地方係先由平埔族創開拓之緒，康熙中葉以後才漸由移民拓成。平埔馬卡道族稱爲ロオハン，羅漢則譯自其近音，再加上門字，以表示關門之意。

按原佔居今路竹鄉大社、下社附近的平埔馬卡道族大傑顚社（受過荷蘭人教化的一社），鄭時被驅逐，退於東方大小岡山的山後，後來再受移進此地方的福佬移民侵佔，而遷來羅漢內門里（今內門鄉附近），這是其最初的根據地。康熙中葉，新港庄（今新市鄉）及關帝廟街（今關廟鄉）舊社附近的平埔西拉雅族新港社，受不了移民的侵略，越烏山而西南進入羅漢門，奪取先住的大傑顚社之地，大傑顚社則再退卻移於東南方的羅漢外門里（今旗山鎭附近）。當時，隔大崎一嶺分內門、外門二區域，內門的區域以今內門鄉的內埔、中埔、外埔等爲中心地，外門的區域以施里（今旗山）、北勢（屬今旗山鎭）等爲中心地，其餘尙屬未開拓的荒蕪地，當時移民僅約二百戶而已。然而此地域佔有天然的地利，《台灣縣志》云：「其地四壁皆山，中開平疇，以形家之說較之，則邑之庫藏也。」因此移民的移殖漸增進，至康熙末年以羅漢門莊爲總名稱，康熙六十年朱一貴倡亂時，實以內門的一隅(今內門鄉內埔)爲策源地，而使全台淪陷。然此地亦成爲無賴遊民潛跡逋逃的區域，其橫肆的擾亂及於附近的平埔族。乾隆二十五年五月，台灣知縣劃定移民及平埔族的境界，在內門的區域，以今內門鄉內埔以北，在外門的區域，以今旗山鎭以北，定爲屬平埔族的埔地，而不准移民私贌越墾。然而直至日時，此地仍爲匪徒橫肆之巢。乾隆三十年十月，台灣知縣特爲保護平埔族而發的示禁中，云：「社差不法，招引白役數十人及廳差民壯，日夜居住在寮，覬覦蕃婦，併設賭擾社蕃。」又道光中葉，台灣道同卜年的〈時事論〉云：「羅漢門介居台鳳二區之間，該處有內門外門二處。歷來南北之匪徒勾結滋事，即由此門往來，實居中扼要之區。而二邑交界之處所，又犬牙相錯，鳳山所轄之旗尾、月眉、彌濃等莊，逼近內山，匪徒之衆。」後來立里，稱羅漢內門里及羅漢外門里。

楠梓仙(旗山的內地) 原寫楠仔仙，譯自曹族阿里山族的地名。

(4) 美濃鎭

美濃 原寫彌濃，日時制度改正時以近音雅字改寫美濃。今鎭內竹頭角九芎林，係古羅漢門的九荊林，又吉祥的溪埔寮，在下淡水溪(今高屏溪)墘，古稱澹水溪墘(澹水＝淡水)。以彌濃爲中心的各庄，於乾隆年間漸漸拓殖就緒。

(5)林園鄉

林園　昔日屬小竹里，其一帶概爲森林，故名。又此里的大部分爲所云的施侯（施琅）租地，於康熙年間由施家佃人開拓就緒，分林園鄉內的中芸，即古中港，其名見於乾隆二十九年出版的《台灣府志》（續修）。

(6)大寮鄉

義和　原稱磚子磘，戰後改稱義和。

後庄　在古鳳山上里的北部，屬竹仔腳庄（今屬鳳山市），其附近的村庄，以米及木炭的產地而著名。

(7)大樹鄉

大樹　原稱大樹腳，日時制度改正時簡稱大樹。此地方昔日屬小竹上里，鄉內大樹腳及小坪頂在此里的東北界，據稱爲鄭時鄭將吳燕山驅逐先住的平埔族，而著手開拓之地，其餘大部分爲清時施侯租地，於康熙年間由施家佃人開拓就緒。

又小坪頂之北有一龍目井，《台灣府志》云：「龍目井，並相連狀如龍目，故名，相傳沈疴者，飲其水即愈。」

九曲堂 古稱九曲塘，在古小竹上里的中央，下淡水溪(今高屏溪)的西岸。此地當鳳山、屏東兩市的中路，昔日與東港之間亦有舟運之便，日時以來爲台灣鐵路鳳山線的終點站。

(8)仁武鄉

仁武 爲鄭時設仁武鎮之地，故名。此鄉概爲鄭氏開屯之地，考潭(因潭水常乾涸，故名涸潭，後訛稱考潭)由屯辦張阿春拓成，灣子內及新庄二地由屯辦吳天來拓成，竹子門及後庄子二地由錢姓屯辦拓成，赤山子由林、吳二姓屯辦開屯拓成。大灣亦爲鄭氏的開屯區，與台南附近的大灣(今永康市大灣)俱爲昔日移民聚落之地，而大灣之名譯自平埔族語。

(9)大社鄉

大社 日時屬仁武庄(今仁武鄉)，戰後才分出成立一鄉。此地原爲平埔馬卡道族阿加社的所在地，鄭時被鄭氏屯兵驅逐，南下移於今屏東縣林邊鄉田墘厝放索(古稱新打港)附近。

(10)鳥松鄉

鳥松 原稱鳥松腳，日時制度改正時簡稱鳥松。鳥松即鳥榕，《台灣府志》云：「榕，鳥啄其實，墜地後生，名曰鳥榕。」此鄉古屬赤山里，康熙中葉以後移民的足跡已及鄉內山子腳、灣子內、本館、鳥松、夢裡等地，康熙末年由泉州府安溪移民吳天來拓成十九灣，雍正初年由泉州府同安移民陳元吉開拓崎子腳、大腳腿、田草埔、坔埔等地。

⑾橋頭鄉

橋頭　在岡山、楠梓兩地的中間，日時稱橋子頭，屬鳳山郡楠梓庄，戰後分立一鄉，稱橋頭鄉。此地原稱小店仔街，其名見於康熙五十八年出版的《鳳山縣志》，即當時已形成一街肆。又乾隆二十九年出版的《台灣府志》(續修)云：「小店仔橋，在小店仔街，木梁長二丈許，輿馬可通，俗呼橋仔頭。」亦即橋仔頭的地名源自此俗稱。鄉內鳳橋宮，祀媽祖，創建於乾隆六十年。此地方依製糖業的勃興而漸趨殷賑。

⑿燕巢鄉

燕巢　古屬觀音上里，爲鄭時鄭氏開屯之區，鄉內援巢中、援巢、角宿三地，分別爲鄭時設援巢中鎮、援巢右鎮、角宿鎮之地。

滾水坪　在橋頭火車站的東方，俗稱滾水山，庄內有大小二丘崗的泥火山，東西相對峙，地名因之而起。《鳳山縣採訪冊》云：「大滾水山，不甚高，上有大湯泉，濮湧而出，水帶濁泥，味鹹，或湧出椗索，相傳其下通海，近山之地，草木不生，煙氣逼人。小滾水山，上有小竅，徑二尺許，深不見底，湧出濁泥，晝夜不息，投以火則燃，亦奇景也。」又《台灣府志》云：「温泉，在大滾水山，山不甚高，其上濮湧出泉而溫，故名。」

千秋寮 俗稱滾水湖，爲島內唯一的天然質瓦斯發散地，滾水湖之名由此而起。

龍角寺 在角宿北方，七星山的山麓，祀媽祖，創建於乾隆三十年。關於七星山，《鳳山縣採訪册》云：「七星山，即角宿山，山峰聯結，圓秀如星，故名。」

⒀阿蓮鄉

阿蓮 古寫阿嗹，日時制度改正時改寫阿蓮。

岡山營 在大崗山的西北方，淸時爲兵營的所在地，故名。此地正在台南府城及鳳山縣城的中間，爲軍事上的重要地點，駐有重兵，蓋當時若南路發生叛亂，叛旗飄揚於大崗山，而岡山營淪陷，則常危及台南府城。

⒁路竹鄉

路竹 原稱半路竹，日時制度改正時簡稱路竹。此地位於大湖（今屬湖內鄉）及岡山二地的中路，昔日竹林密生，故名半路竹，此地名見於乾隆二十九年出版的《台灣府志》（續修）。

大社、下社 此地方原爲平埔馬卡道族大傑顚社的所在地。此社爲曾受過荷蘭人敎化的平埔族社之一，荷蘭人所云的 Tapuliang 是也。一六三九年由巴達維亞的東印度會社來台實況視察者的報告云：「Tapuliang 社有敎會堂，駐有敎師。」及至鄭時，鄭氏開屯的結果，此社被驅逐於東方的大小崗山山後。今路竹鄉內的大社、下社二地，即是其遺址。康熙以後，又被福佬移民侵略而退於今內門鄉觀音亭番子寮，至康熙中葉，再被原居台南縣山腳地帶的平埔西拉雅族新港社侵略，而漸移於今旗山鎮北勢。

營後　爲鄭時設鎮營之地，故名。

⒂湖內鄉

大湖　昔日此地至西鄉的湖內一帶爲茫茫的湖水，故名。此地爲鄭時開墾就緒的竹滬莊的一部分，乾隆初年形成街肆，大湖街之名見於乾隆二十九年出版的《台灣府志》(續修)。街內長壽宮祀保生大帝，創建於乾隆四十年。此街當台南、岡山間的中路，台灣鐵路縱貫線的大湖站在此街東南方的營後庄(屬路竹鄉)。

竹滬　爲明永曆十六年(清康熙元年)寧靖王術桂渡台創始開墾的地方，《台灣府志》〈寧靖王傳〉云：「就竹滬，墾田數十甲，以贍朝晡。」西南方的月眉池，俗稱下甲陂仔，《鳳山縣志》云：「明寧靖王術桂所鑿，植蓮其中，景致幽淡，頗堪玩適。」昔日自竹滬庄至東北的大湖、湖內二庄一帶，總稱爲竹滬莊。

寧靖王墓　在今湖內鄉湖內(古屬竹滬莊)。明永曆三十七年(清康熙二十二年)寧靖王自縊，合葬於其元妃羅氏墓(即此墓)。寧靖王廟在今湖內鄉竹滬，安置著王的塑像及神位。《鳳山縣採訪册》云：「寧靖王廟，屋五間，創建莫考，按舊志云，王忠義炳蔚，竹滬是其墾田地，鄉人立廟祀之，光緒十七年莊當募修，廟租四十石。」

⒃茄萣鄉

茄萣、崎漏 日時屬岡山郡湖內庄（今湖內鄉），戰後分出成立一鄉，名茄萣鄉。

⒄永安鄉

此鄉日時屬岡山郡彌陀庄（今彌陀鄉），戰後才分立一鄉。

⒅彌陀鄉

彌陀 原稱彌陀港，日時制度改正時簡稱彌陀。此地方昔日屬仁壽上里，而此里的海岸自西南的漯底邱阜灣入，而成彌陀港。《台灣府志》云：「漯底山，平原曠野中，浮一邱，頂寬平，有小竅出水，若霖雨，泥淖其深無底。」又乾隆二十九年出版的《台灣府志》（續修）云：「彌陀港，水逐大海出入。」乾隆二十一年新設瀨東、瀨西二鹽場於港的左右，連於鹽埕、鹽田二庄。按彌陀港與竹仔港相接連的一帶地方原爲內海，後來漸浮而爲埔坪。在嘉慶末年至道光年間，移民的足跡已及海岸的舊港口及海尾地方，從事漁業之外，並種植米穀、蕃薯等，並建立村落，結果鹽場便不能保持其原形。

⒆梓官鄉

梓官　日時屬彌陀庄（今彌陀鄉），戰後才分立一鄉。

(20)田寮鄉

狗氳氤　即古勻崑，迄至康熙末年，做爲羅漢門的外鎮而僅分駐汎兵三十餘人而已。乾隆末年始由吳姓移民著手開墾，當時招佃八人，地分八份而耕作，故稱八掛（一掛乃三隻牛可耕作的面積，約合三甲）。狗氳氤的地名起自其地形如狗蹲伏。

古亭坑　乾隆末年狗氳氤拓成後，乃有移民移殖此地，建庄之初，西南俗稱南勢之地有二宇古亭，故名。

大滾水　在古亭坑，爲一大鹽水盆池，池中有大小無數的氣泡，大者在池中成六〇公分高的泥火山，每二三分鐘大鳴一次，而噴出。因有此池，此地乃俗稱大滾水。

崇爻山　大滾水附近有一地俗稱番仔鹽，即是康熙六十一年巡視台灣御史黃叔璥《赤嵌筆談》所云的「崇爻山鹹水泉」，同書云：「崇爻山，有鹹水泉，蕃編竹爲鑊，內外塗以泥，取其水煎之成鹽。」此地方原屬ツアリセン族的地界，此族的一部落稱ツウンガウ，移民則以近音譯字，稱此地一帶的山地爲崇爻山，但崇爻山的名稱實係指此族群所佔居山地的概括性名稱，並非固定的山名，故《台灣府志》云：「不知道里遠近。」又一說云，自台南地方退移於旗山附近的馬卡道族大傑顛社，指佔居其交界山地的高山族爲ツオンガウ，崇爻則譯自其音，指該地一帶的內山。

(21)內門鄉

內門 古稱羅漢內門里，日時制度改正時簡稱內門（請參照(3)旗山鎮．羅漢門項）。康熙末年許，羅漢內門里以今內門鄉內的內埔（古稱黃殿莊）、中埔、外埔等爲其中心地，其餘則屬未開拓的荒埔地，本柵則是設隘、建柵以堵禦高砂之地。又溝坪原寫猴坪（台灣語音「猴」與「溝」相同），於乾隆末年拓成。

觀音亭 居羅漢門中路的要衝，雍正十一年由台灣縣羅漢門丞葉文炳倡建一宇祠廟，又在蓊鬱的綠樹蔭處設叢祠，以爲此地的鎭護，兼爲行旅憩息之所，觀音亭的地名因之而起。

(22)甲仙鄉

阿里關（原稱東阿里關） 係通往阿里（內山高砂族社）的關門之意。按平埔族稱山地高砂族爲Kari（傀儡），而平埔族語的Ka音常轉訛爲a的音，亦即Kari（傀儡）被發音做Ari（阿里）。又此鄉的阿里關及大邱園（原稱東大邱園），係相對於今台南縣南化鄉的西阿里關及西大邱園而命名者。

甲仙 昔日稱西安。

四社寮 昔日今旗山內山的曹族四社部族佔居此地方，故名。

⑵杉林鄉

杉林　原稱山杉林，日時制度改正時簡稱杉林。

集來　日時稱十張犁。

⑵六龜鄉

六龜　原稱六龜里，譯自高砂族語地名，日時制度改正時簡稱六龜。

荖濃　譯自曹族四社部族的地名，係古時移民所云的內優(或內幽)。

⑵茂林鄉⑵桃源鄉⑵三民鄉

係戰後新設立的高砂族鄉，其族社如下：

下三社族，佔居荖濃溪的支流濁口溪的流域，沒有自己的部族名，下三社族之名乃是日時的官稱，蓋因其在四社族的下方，故名。其三社爲芒仔社、墩仔社、萬斗籠社。

四社族，屬曹族。四社族係日時日本人所命名者，支那名爲內優，由排剪、塔蠟袷、雁爾、美壠四社構成。

簡仔霧族，屬曹族，似與平埔族大武壠同族。

三石際社，名取自附近山名。

【附記】

㈠**半屏山**：《鳳山縣採訪册》云：「半屏出，平地起突，形如列嶂，如畫屏，故名，又如展旂，故亦名旂山，山腰有竅洞，闊丈許，深不見底，相傳下通海。」此地方鄭時爲鄭氏開屯之區，北部的今高雄市後勁及右冲爲當時設鎭營之地，由郭姓移民啓拓殖之緒，清領初稱半屏山莊，道光年間改爲半屏里。康熙年間，拓成今鳳山市五塊厝及仁武鄉大灣。雍正年間，泉州移民施士安著手開墾此兩地間的荒埔，鑿埤、築屋，並招徠移民。

㈡**傀儡山**：古來平埔馬卡道族稱佔居台灣南部山地的高砂排灣族爲 Kari，傀儡則譯自 Kari，而爲排灣族所佔居的內山一帶的總名稱。《台灣府志》云：「重霄聳出，常帶雲霧，上爲野蕃所居，人跡罕至。」又《一肚皮集》的〈紀諸山形勝〉云：「按台山名傀儡者，土俗稱生蕃爲傀儡。此山即爲生蕃之巢穴，故名。」

㈢**寧靖王**：名術桂，字天球，別號一元子，明太祖九世孫長陽郡王的次支。明福王稱帝於閩中時，被封爲寧靖王，督方國安之軍。隆武元年五月，清軍渡錢塘江，浙東悉降，王涉曹娥江，奔避寧波，求海艇出石浦，至舟山，乘舟更南下，入廈門。時守閩鄭芝龍，既降清而北行，其子成功，悲歌慷慨焚儒服於文廟而入海，收兵閩粵，王亦率所部而至，帝立由榔之肇慶時，乃赴之，次旋閩，取金門，及鄭氏據台灣，永曆十七年(清康熙二年)十月，輙東渡，就鳳山的竹滬(今湖內鄉竹滬)，墾田數十町，以贍朝晡，鄭氏將帥及兵民咸尊敬之。既而聞清軍將調集水師，進討台灣，而見鄭氏諸臣處燕雀堂晏如，仰天嘆曰，主幼臣強，將驕兵悍，又逢此荒亂，是天時地利人事三者咸失矣。台灣有變，我再無他往，當以身殉之。永曆三十七年即康熙二十二年六月，清大軍攻克澎湖，二十六日鄭氏之兵敗回。王乃謂妃妾曰：我死期已至，汝等聽自便。皆曰，王既能全節，妾等寧甘失身，王生俱生，王死俱死，請先賜尺帛，死隨王所。王善之，乃以所有產業悉分所耕佃戶，所居邸第附僧資供佛，各製新衣而待。鄭氏齋降表出鹿耳門之日，王曰，是死日也。沐浴環坐共歡飲，其妃袁氏、王氏、媵妾秀姑、梅姐、荷姐，俱冠笄更衣同縊死中堂。王乃大書曰：「自壬午(崇禎十五年)流賊陷荊州，攜家南下，甲申(崇禎十七年)避難閩海，總爲保全幾莖頭髮於遺體，遠潛外國，今四十餘年，已六十有六歲。時逢大難，全髮冠裳而死。不負高皇，不負父母，生事畢矣，無愧無怍。」次日衣冠束帶，佩印綬，以寧靖的印紐送交鄭克塽，拜辭天地祖宗，告訣耆士老幼，又書絕命詞曰：「艱辛避海外，總爲數莖髮，於今事畢矣，祖宗應容納。」書罷，結帛於梁而自縊，且曰，我去矣，遂絕。衆扶之下，顏色如生。越十日，歸葬鳳山竹滬。遠近聞之悉咨嗟嘆息。先是，元妃羅氏先卒，葬此地，乃合之埋，不封不樹，妃妾之五棺埋之魁斗山，時人稱五烈墓。寧靖王之故居，清領後改爲天后廟。

屏東縣

由日時高雄州屏東市及屏東、潮州、東港、恆春四郡構成，轄下分一市（屏東）、三鎭（潮州、東港、恆春）、二十九鄉（長治、麟洛、九如、里港、鹽埔、高樹、萬巒、內埔、竹田、新埤、枋寮、枋山、萬丹、新園、崁頂、林邊、南州、佳冬、琉球、車城、滿州、三地、霧台、瑪加、泰武、來義、春日、獅子、牡丹）。

(1)屏東市

屏東　原爲平埔馬卡道族阿猴社的所在地。阿猴社原稱打狗或打鼓社，佔居打狗港（今高雄）沿海地方，明末受到海寇林道乾的屠殺暴掠，退避此地方，改稱阿猴社（Takau → Akau）。後來移民以近音譯字，且添林字（蓋此一帶森林繁茂），稱此地方一帶爲阿猴林（或雅緱林）。《台灣府志》引〈陳少厓外記〉云：「海寇林道乾，戰敗，艤舟打鼓山下，恐復來攻，掠山下土蕃殺之，取其血和灰固舟，乃航于海，餘蕃走阿猴林社。」就當時的情形，台灣府學教授林謙光的《台灣紀略》云：「阿猴林，大樹蔽天，材木於是乎出。」又諸羅縣知縣季戲光的《台灣雜記》云：「鴉緱林，在南路萆目社外，與傀儡蕃相接，深林茂竹，行數日不見日色，路徑錯雜，傀儡蕃常伏於此，截人取頭而去。」

康熙四十年代，福佬移民於平埔族阿猴社所據之地，阿猴林的中心地建庄，而以阿猴爲庄名。乾隆初年形成街肆，阿猴街的名稱，見於乾隆二十九年出版的《台灣府志》(續修)。後來又用同音雅字寫做阿緱街或阿侯街。日領後，起初襲用阿緱之名，至大正九年(一九二〇年)地方制度改正時，因此地在半屏山的東方，故改稱屏東。

此地古屬港西中里，清領後移民由鳳山地方越下淡水溪(今高屏溪)進入此地，驅逐先住的平埔族，伐木開墾，康熙四十二年，方、江、李三姓的福佬移民共同爲墾首，盛大招墾，而拓成今屏東市的大湖、公館、阿猴、歸來、崇蘭等庄。

(2)潮州鎭

潮州　古屬港東上里的中部，而爲此里的主地。此里原爲平埔馬卡道族力力社的所在地，今新園鄉力社爲其故址。康熙中葉，廣東潮州府客家移民始來開拓此地，當時依原籍地名稱潮州庄。乾隆年間，台灣府(今台南)的張姓豪賈來此地營商，隨之，福佬移民便聚集而來，乾隆二十五年許形成一街區，稱虎仔街，但通常以潮州街爲名。街內廣澤尊王廟，由張國俊募建於嘉慶元年。

(3)東港鎭

東港　昔日爲對支那大陸貿易的南台一大門戶，其港勢勝過打狗港(今高雄港)。昔日東港的主腦市街，在東港溪口的西岸鹽埔仔庄(今新園鄉的一部分)，當時人家有六、七百戶。康熙年間漳泉移民始移殖此地。而此地夾在下淡水溪(今高屏溪)及東港溪二溪之間，每年雨期溪水氾濫，房屋浸水，耕地流失，受災不淺，尤其同治初年的洪水，流失市街過半(四百餘戶)，街民乃舉街移於溪東的現今位置。此地一帶原屬海埔，爲邱姓者受官給墾之地，至乾隆十八年，邱氏將瀕海部分售給鄭、張二姓，東部售給蔡姓，街民再由以上三姓讓渡，於同治年間移築市街，於是鹽埔仔的舊市街地遂一變而爲埔地。

《鳳山縣採訪册》就光緒二十年的情形云：「東港，兩岸相距三里許，深丈餘，內地商船往來貿易，爲舟艘輻輳之區。」後來東港溪水變淺，河身不適於船舶碇泊。

關於今屬東港鎭各部落的開拓，乾隆初年陳、蘇、洪、李、莊五姓泉州移民由茄籐港(即南屏港)登陸，一面捕魚，同時開墾大潭新、下廍、三西和等庄。乾隆中葉，陳志由七塊厝(今南州鄉七塊厝)進入東港溪東，開拓新街及內關帝，內關帝即昔日所云的關帝港。

南屏(即茄籐港) 昔日靠近東港的南方，有一港名茄藤港，雍正九年開爲島內貿易所，乾隆二十九年出版的《台灣府志》(續修)云：「無大商船停泊，惟台屬小商船，往來貿易。」又云：「茄藤港，向係內海，司通舟楫，乾隆十三年經里民修濬，自府港(台江)直達縣治(鳳山)之彌陀港，民甚便之。嗣爲港邊硓𥑮相美二塭奸民，藉端抽稅，互相爭控，因而禁塞，販運悉由外洋，多有不測。乾隆二十四年知府覺羅四明，檄委台灣知縣夏瑚、鳳山知縣秦其熼，會勘捐俸疏濬，仍通舟楫，並飭二縣，每歲秋季，挑挖一次，以免雍塞。」而《鳳山縣採訪册》云：「茄藤港，即南平港。」後來爲外海沖上的土沙所淤塞，竟形成一直線而失去港灣的形質，變成海埔地。

⑷恆春鎭

恆春　原屬高砂排灣族的佔據地，其西海岸車城附近多產一種蘭科植物，排灣族乃以此爲此一帶的總地名，移民則將之譯成瑯嶠（或寫瑯嬌、郎嶠、瑯璚、郎嬌等），荷據時荷蘭人譯做Longkiauw、Lanckjar、Lonckijuo等。

在日本於明治七年，即淸同治十三年出兵征伐此地牡丹社後，同年十二月，船政大臣沈葆楨、台灣知府周懋琦、總兵曾元福三人聯名上疏請准新設一縣，建縣城於猴洞（今恆春鎭內），光緒元年開工，翌年竣工。此地在台灣的南端，氣候恆如春，故以恆春爲縣名，以恆春城爲地名，恆春街的名稱由此而起。

猴洞乃是恆春城內的一小丘，內有一洞窟，昔日爲猴子的棲息所，故名。昔日佔據此地帶的排灣族龍鑾社，係由台東南進而來者，將砍下的異族頭顱收藏於此地，名ポコノルコノルアン（頭顱收藏地之意）。此族稱恆春城爲ウジヤウジヤ（河魚名），蓋因恆春城東門外的溪流生產此種魚，故名。

恆春城所在之地（即猴洞），爲原居今萬巒鄉赤山的平埔馬卡道族力力社於道光初年許移來開拓之地。相傳當時此社的故土被移民侵佔，同族中的一部分乃南下漸抵此地，與土著高砂排灣族簽約，用若干隻水牛換取土地而定居。當時他們擁有許多水牛，用牠犁耕，但缺乏水利之便，收成不好，少數的同族乃分離，進入四重溪的谷地，又移於射麻裡的丘地。而當恆春建城時，在其地的同族被移於東門外的山腳庄。

虎頭山 當恆春至車城的中路，庄內有一小亭，名飲和亭。此一帶為一望無際的埔地，夏季炎熱時，行人頗感艱辛，故在恆春城建成的同時，由城內商民鄭萬達等捐貲建立此亭，以為憩息之所。又虎頭山之名，取自其山形，《台灣府志》云：「虎頭山，員厚高卓，昂似虎頭，故名。」

猫子坑 原為從台東移來的排灣族猫仔社的根據地，乾隆初年由漳泉移民拓成後，成立虎頭山庄。

沙馬磯（又寫沙馬崎或沙馬機） 昔日以台灣的極南端而聞名，又稱沙馬磯頭。乾隆二十九年出版的《台灣府志》（續修）云：「台灣府，南抵沙馬磯頭四百六十里，是曰南路。」而其所附台灣府圖，則將此地名記在相當於今西南岬即猫鼻頭的位置上。該志又云：「沙馬磯頭山，龍嵸磅薄，直抵海中，呂宋往來船，皆以此山為指南。」所云的沙馬磯頭山就是南灣背後的山崗。又《赤嵌筆談》〈形勢〉云：「南路界盡沙馬磯頭，相傳地脈直接呂宋，凡船走呂宋，必由之，東方大洋有澳，名龜那禿，北風時大船可泊。」總之，古沙馬磯為今恆春的西南岬即猫鼻頭，而龜那禿（即龜仔角，西洋人所云的 Kualut）譯自此地的高砂族社名，乃是南灣。今恆春鎮大樹房內有一地俗稱沙尾堀，乃是此地總名稱沙馬磯轉訛而遺留的地名。

南灣（即西洋人所云的 Kwaliang Bay）位於台灣的南端，以南岬（即鵞鑾鼻）與西南岬（即猫鼻頭）形成直角而灣入，幾乎在其中央爲大板埒港（或寫大板轆港）。大板埒，譯自高砂族語，乃是恆春地方之樞要的呑吐港，除七、八、九三個月間的強烈南風之外，冬季北東的強風時，碇泊亦安全。又在南岬的西北西方有一小港，名馬頭港，小舟得入。

大樹房（古寫大繡房或大绣房）原屬高砂排灣族龜仔兒社，即龜仔角的區域，清領初康熙年間，鄭氏的屯兵仍逗留在此地方，至乾隆初年福佬移民始進入，開拓附近一帶。

鵞鑾鼻（即南岬）爲南灣的東角，此名譯自排灣族地名鵞鑾，加添表示岬角之意的鼻字。而其附近的部落，名鵞鑾鼻，亦由此而起。此地原屬排灣族龜仔兒社的區域，光緒年間始開拓就緒，首先建立的部落是大尖石麓的墾丁。西岸近海中，有一岩礁屹立，其狀如船舶張帆，故名船帆石，而海岸的部落稱船帆庄。

鵞鑾鼻燈塔　在鵞鑾鼻的北方五百五十碼的位置。按台灣南部的外海爲東洋航道必經之地，但多有暗礁，可稱天險，有必要建設燈塔於此地點。同治六年（一八六七年），美船 Rover 號遇風，於七星岩觸礁沉沒，美國乃要求清國政府建設燈塔，但未至實現。同治十三年牡丹社事件後，日美聯合強迫建設燈塔，遂使清國政府於光緒元年開工，附帶條件即由清國政府派兵勇駐守，而各國船舶之來往須先獲准。當明治二十八年（一八九五年）台灣割讓日本之際，清國兵便完全加以破壞，明治三十年六月，再由台灣總督府加以修復並點火。

七星岩　從鵞鑾鼻燈塔望之，朦朧可見一群小島，西洋人稱之爲 Vele Rete Rocks（裂岩島)。《日本海路誌》云:「係在鵞鑾鼻至南西九浬處間之孤立岩的一團,佔地長約一浬,或露出,或隱沒。其中最高的二岩,於北微西與南微東相對峙,其高十五呎乃至二十五呎,此簇岩附近水深十七尋乃至五十尋,但僅其南東面半浬處爲十九尋。此簇岩與台灣南端間之水道雖安全,但時而全面發生強烈的激湍,其狀恰似淺灘上的破浪。」七星岩之名,取自其形似北斗七星之散佈於海上。此等岩島,日時爲日本領土的最南端。

(5)長治鄉(6)麟洛鄉

日時屬屏東郡長興庄,戰後才分立爲二鄉。此二鄉以客家移民佔多數(所謂「客庄」),開拓於康熙年間。

(7)九如鄉

九如 古稱九塊厝,日時制度改正時簡稱九塊而成立一庄,名九塊庄,戰後改稱九如鄉。

下冷坑 昔日介在武洛及番仔寮二溪間的一帶概爲溪埔,稱永寧洲,又名永定洲。道光二十年許,由陳夢元開拓其地而成立一庄,名冷水坑庄。

(8)里港鄉

里港 原稱阿里港,日時制度改正時簡稱里港。康熙五十年代由福佬移民開拓此地,乾隆初年形成阿里港街，此名見於乾隆二十九年出版的《台灣府志》（續修）。乾隆二十六年，縣丞由萬丹街移設於此地，乾隆四十七年由莊鄉生倡建雙慈宮（祀媽祖）於街內，同年立於此廟頭門樓東壁之縣丞的〈禁開賭強乞翦綹〉碑中云：「阿里港街、媽祖宮前、市仔頭、營盤口、仁和街、國王廟前、永安街、北勢街等處栅內各街，正商民往來輻輳貿易交關之所。」可知當時阿里港街已爲此地方的集散市場。

搭樓　原爲平埔馬卡道族搭樓社的據地，搭樓的庄名譯自其音。

武洛　原屬平埔馬卡道族武洛即大澤機社的所在地。此族在康熙年間被客家移民侵佔其故土武洛，乃移居於東方高砂族界附近的今高樹鄉加蚋埔，後來有福佬移民混入雜居，當初屢與高砂番連族衝突，但終以武力征服，拓地而定居。康熙六十一年巡視台灣御史黃叔璥的《番俗六考》云：「武洛社，性鷙悍，逼近傀儡山，先是傀儡生番，欺其社小人微，欲滅之，士官糾集社番，往鬬大敗生番，戮其衆無算，由是傀儡懾服，不敢窺境，其子孫作歌以頌祖功，冬春捕鹿採薪，群歌相和，音極亢烈，生番聞之，知爲武洛社番，無敢出以攖其鋒者。」

(9) 鹽埔鄉

由方、江、李三姓移民開拓於康熙年間。

(10) 高樹鄉

高樹 原稱高樹下，日時制度改正時簡稱高樹。

加蚋埔 係平埔馬卡道族武洛社於康熙年間被客家移民驅逐而移居之地。

⑾萬巒鄉

赤山(地名) 原居今新園鄉力社的平埔馬卡道族力力社，受福佬移民的侵佔，於康熙五十年代退至此地，當時此一帶爲森林，乃構居林中，漸開之而力事農耕。乾隆末年福佬人又進來雜居，遂形成一村庄，名赤山庄，俗稱大林庄。

赤山(山名) 係孤立於下淡水溪(今高屏溪)東岸平原的一丘岡，南北二丘相連，滾水山在北方，鯉魚山在南方，依二丘相連之故，又名兩魚山。光緒二十年出版的《鳳山縣採訪册》云：「兩魚山，在港西里淡水溪邊，平地起突，二山相連，勢如雙鯉，故名。」此丘崗屬一種泥火山，古來以「赤山噴火」傳說於文獻中，因而稱赤山。康熙五十八年出版的《鳳山縣志》云：「港西里赤山之頂，不時山裂，湧泥如火燄，隨之有火無烟，取薪蒭置其上，則烟起，名曰赤山。」乾隆二十九年出版的《台灣府志》(續修)云：「赤山，在鳳山縣治東里，由鳳山過淡水溪，陂陁平衍，時有火出其上。」又云：「湯泉，在下淡水社，源出赤山，水流如湯，亦無定處。」上述的《鳳山縣採訪册》云：「滾水山，不甚高，頂湧溫泉，先是瀵湧出泉，水多泥淤，至乾隆十二年，始湧溫泉，近地不生草。」而就其破裂，《台灣府志》云：「康熙六十一年夏鳳山縣赤山裂，長八丈，闊四丈，湧出黑泥，至次日夜間，出火光，高丈餘。」黃叔璥的《台海使槎錄》則引南路參將陳倫炯的報告云：「康熙壬寅(六十一年)七月十一日，鳳山縣赤山裂，長八丈，闊四丈，湧出黑泥，至次日夜間，出火光高丈餘，熱氣炙人，亦多不敢近，有疑出磺者。參將陳倫炯報稱，赤山上一崙頗平，東南百餘步臨冷水坑，縱橫百三十步，土人稱，自紅毛僞鄭及入版圖後，遞年出火，或連兩晝夜，或竟日夜而止，今自申至丑，較昔年稍低。查烱硫穴，則黃黑不一。佳者質重有光芒，風至則硫氣甚惡，半里草木不生。今近火處草色蔚青，遍山，土蕃稍植，土色亦無光芒。濕氣有如黑沙，及乾色白，輕鬆不異土。雖按法煎煉，全無磺味。」又云：「雍正癸卯(元年)六月二十六日，赤山邊，酉戌二時，紅光燭天地，二孔衝開，黑泥流出，四圍草木皆爲煨燼。」日領後第一次破裂，是在明治三十四年(一九〇一年)十二月二十一日，是時土塊噴騰三丈餘，繼而發湧瓦斯及熱水。

(12) 內埔鄉

內埔　昔日此一帶爲荒埔，建庄於埔內，故名。

隘寮　康熙四十六年許，泉州移民由阿猴林(今屏東)地方東進而入隘寮溪的上游高砂族界，初於西瓜園庄附近著手開墾，但因無水利之便，同年更移於南方的此地，與先住平埔族雜居，一方面與高砂ツアリセン族講和，一方面設隘以防高砂族害而漸漸拓殖就緒，隘寮的地名由此而起。後來道光二十一年，因隘寮溪的洪水，田園多流失，乃建立一新庄而遷居，俗稱新隘寮，舊隘寮則是其遺跡。

番子厝 在隘寮南方的高砂族界下浮圳，原爲被移民驅逐的平埔族遷來與高砂奢連族講和、通婚、交換物品而拓墾之地，故名。雍正八年，福佬移民前來雜居，鑿埤圳以便水利，而開拓田園。

老東勢 介於隘寮溪及東溪的中間而亙下淡水溪（今高屏溪）東岸的一區，原屬平埔馬卡道族下淡水社、上淡水社二社，康熙年間客家移民移進此地，由何、陳、王三姓拓成，做爲客家人六堆部落的中心地而發展（參照附記：六堆部落）。康熙末年，其經營遠及東方的高砂族界，至雍正元年，以客家人殺死高砂奢連族人爲起端，此族數百人暗伏於東勢庄（今老東勢）殺害客家人，因此客家人大宣示兵威，勒緝兇手，此族社乃送呈豬、布、籃等而乞歸附者達七百餘口（此事件見於黃叔璥的《台海使槎錄》）。即在此時，移民的拓殖已遠及山地高砂族界。至雍正九年，新設縣丞於萬丹街（乾隆二十六年移阿里港）。

⒀ 竹田鄉

竹田 原稱頓物，日時制度改正時改稱竹田。

西勢 古屬港西下里，庄內建有忠義亭。按康熙六十一年朱一貴之亂時，下淡水溪（今高屏溪）岸的客家庄民相誓倡義，大事效力疆場。及亂平，清帝聖祖賞其功，旌里曰懷忠，並勅賜匾額。於是閩浙總督覺羅滿保爲之建亭，稱忠義亭，雍正十一年巡視台灣御史覺羅栢修及高山，加以重修而擴大規模。原亭內奉祀清帝的牌位，以後每有事，便爲客家人會議的場所。

(14) 新埤鄉

新埤　原稱新埤頭，日時制度改正時簡稱新埤。鄉內南岸附近屬古東岸社。

(15) 枋寮鄉

枋寮　此地方一帶原爲蓊鬱的森林，康熙年間有福佬移民爲伐木而進入，築枋寮（意即窩棚）而居，枋寮的地名由此而起。當時所伐的木材，於此地海岸積船，輸出對岸，康熙末年許，此地漸加殷賑，至乾隆初年，福佬移民七人合股，自爲墾首，招佃開墾，乾隆二十一、二年許形成一街肆，稱枋寮口街，其名見於乾隆二十九年出版的《台灣府志》（續修）。至道光六年許，已有七百餘人家，而爲台灣南端的物貨集散地。道光十年，由林光輝倡建德興宮（祀媽祖）於街內。道光二十六年，此地方的頂苦溪、下苦溪二溪流（《鳳山縣採訪冊》云：「二溪流最險惡，行人苦之，故曰苦溪。」）氾濫，肆屋大都流失。同治六年興隆內里（今高雄市左營）的巡檢移駐此地。同治九年發生大地震，街肆大半破損，且屢受水災，居民則多遷移於今鄉內水底寮及林邊鄉地方，此地遂告衰頹。

枋寮附近的海岸，殆乎爲一直線，不見有港灣的形勢，而枋寮亦無任何遮蔽物以防外海的波浪，不便於船舶的碇泊。明治二十八年（一八九五年）十月十一日，日本軍第二師團由此海岸登陸，經鳳山而迫近台南。

康熙末年，枋寮地方的開拓已就緒，最先拓成的是海岸一帶，康熙二十三年擬置巡檢於大崑麓（後改寫大軍麓，即今枋寮鄉大庄），但實際上未見設官而止。雍正初年，移民的移進及於內部，客家人先開西界的下埔頭，福佬人由番子崙的海岸而入北旗尾、水底寮等地，雍正四年漳州移民開拓枋寮東南的北勢寮。當時水底寮為平埔族墾耕兼燒炭的區域，移民則混入而伐木開墾。乾隆初年，東界的內寮由漳泉移民與平埔族共同拓成，乾隆二十年代，枋寮形成一街肆，乾隆四十年代建立東界的新東庄（今新開），五十一年許，水底寮做為中心部落而發展。嘉慶十一年，枋寮的殷戶黃茂純僱用平埔族開墾東部高砂族界，至咸豐初年，新開及大响營二庄的大部分則由平埔族拓成。

⒃枋山鄉

枋山　清領後康熙年間，下淡水溪（今高屏溪）地方的福佬移民企圖移殖此地方，一方面由陸路進入莿桐腳溪北的枋山及溪口的莿桐腳，一方面由海路登陸楓港溪口的楓港，創立移殖的端緒。

楓港　原屬排灣族射武力社的區域，康熙年間福佬移民與高砂族約和，開創拓殖此地的端緒，乾隆三、四十年許，泉州移民陳玉代率同族移殖，而拓成一庄。

加祿堂（原寫嘉祿堂或加六堂）　為進入瑯嶠（恆春）的隘門（關門）。道光八年許，泉州移民林枝全前來開拓此地，但高砂族攪擾不絕，不得已中止。道光十七年許，又有人計劃開拓，亦因高砂族害尙不止，致已墾地全歸荒廢。道光二十三年，泉州移民陳三傑，由林枝全居間與高砂族簽訂和約，始得安全開墾。

(17) 萬丹鄉

萬丹　在古港西下里的西部，雍正九年新設縣丞於此地，可知當時已形成一街肆。此街當往鳳山的要路，昔日爲港西上里的集散市場。街內萬泉寺(祀觀音菩薩)係乾隆三十九年由李振利募建而成，又將軍廟係乾隆六十一年由吳善心募建而成。關於將軍廟，《鳳山縣採訪册》云：「祀陳將軍，乾隆五十一年莊大田之亂時，將軍曾引兵禦賊，陣亡於此。」

社皮　係平埔馬卡道族麻嵩社，即下淡水社(下澹水社)的故址。社皮庄內的上社皮，係同平埔族大木蓮社即上淡水社的故址。此社即是荷蘭人所云的 Takareing。社皮建庄於康熙四十二年。

頂林子　原稱舊檳榔林莊。

鯉魚山　在萬丹鄉後庄子，爲一大泥火山，其西麓小溪中有無數小孔，發散出小量的灰白色泥水及微弱的氣泡，每年人爆發一次。而其噴出口，有時持續七、八年不變，但通常自東向西移動。(參照(11)萬巒鄉赤山)

(18) 新園鄉

新園 介於下淡水溪(今高屏溪)及東港溪二溪之間海岸一帶，以新園爲中心地，原爲洲埔。康熙年間，東港的主腦市街建在東港溪西岸，即今新園鄉內鹽埔的一部分(同治年間移於現位置)。乾隆年間漳泉移民進入此地方開拓，新園街之名見於乾隆二十九年出版的《台灣府志》(續修)。

仙公廟 此庄內有仙隆宮，祀仙公，即八仙之一的呂洞賓，故名。此廟由監生高肇輝創建於乾隆四十五年。

⒆崁頂鄉

崁頂 日時屬東港郡新園庄(今新園鄉)，戰後才分立一鄉。崁頂街，昔日屬港東上里的南部，而爲此里中最先發展的街肆，雍正九年設巡檢以稽查地方，兼查東港的船隻，至嘉慶二十二年，巡檢遷移於今高雄市左營區舊城。街內有乾隆二十九年十一月有關保護墓塚的禁碑云:「港東之里，有街曰嵌頂，人烟輻輳，四民雲集，巍然一巨鎮也，東望傀儡，蜿蜒磅礴趨街首，而闢康衢，西北有埔，形城陟起，寬且厚，實爲本街藩屏，各庄門戶焉。」可知當時已爲一中心市場，後來隨著潮州庄的發展，商勢移於彼地。

力社 日時屬新園庄，戰後改隸崁頂鄉。此地原爲平埔馬卡道族力力社的據址，康熙中葉泉州移民施文標始進入此地，贌得平埔族地，自爲墾首而啓拓殖之端。平埔族則於康熙五十年代，移於東界的今萬巒鄉赤山。

(20) 林邊鄉

林邊　原稱林仔邊，日時制度改正時簡稱林邊。此地原爲平埔馬卡道族阿加社，又名放索社的所在地，其一帶樹林繁茂，故名。

按林仔邊溪下游的西岸，早在鄭時便爲被逐出北方平原的平埔馬卡道族放索社之退卻地。當時鄭將泉州人蔣、蔡二姓，由茄籐港（即南屏港）登陸開拓平埔族地，建立一庄名西勢庄（今林邊鄉砸子口的一部分）。清領後康熙年間，漳泉福佬及潮州客家移民多有向此地移殖者，以贌耕或侵佔的方式漸漸進入內部，首先建立今林邊鄉內的田墘厝及林仔邊二庄，繼而竹仔腳庄等。

放索（屬田墘厝）。係上述的放索社的故址。此社的原址在今高雄縣大社鄉大社，鄭時被驅逐，退居此地。

(21) 南州鄉

南州　日時稱溪州，而屬東港郡林邊庄（今林邊鄉），戰後改稱南州，而成立一鄉。溪州庄，係於嘉慶年間由泉州移民余、許二姓開拓建庄。

車路墘　原爲平埔馬卡道族奢連社，又名茄籐社的根據地，又稱番厝庄。乾隆初年泉州蔡姓移民進入此地，與平埔族雜居營生，繼而同籍的陳、孫、林、李、鄭等各姓亦移來，獲得平埔族地。

七塊厝 初稱萬興庄，俗稱番子厝（蓋爲奢連社的部分居住區，故名），起初有七間住屋，故又稱七塊厝庄，後來七塊厝之名成爲普用的地名。乾隆初年客家移民葉吉開拓此庄的一部分，繼而由泉州湯、李、傳、蔡四姓的移民開拓其餘埔地。

巷子內 於乾隆末年，始有泉州移民陳光建遷入，同籍移民紀愛華與同志五、六人亦來往此地，至嘉慶年間，林姓漳州移民及劉姓客家移民相繼而來開墾。

崙子頂 爲溪州庄的一部分，嘉慶年間由泉州移民林文龍、林笞、林荷兄弟拓成。

牛埔、濫頭 乾隆末年由劉、陳、林三姓泉州移民拓成。

㈳佳冬鄉

佳冬 原稱茄苳腳，日時制度改正時，以同音雅字簡稱佳冬。此地方原爲平埔馬卡道族茄藤社（又名奢連社）的故址，茄苳（或茄籐）譯自其音。上述的茄籐港（即南平港，今東港鎮南屏），昔日爲移民的登陸地，起初稱茄苳腳庄。茄苳腳地方，於雍正年間由嘉應州客家移民著手開墾，乾隆五十一年林爽文的同黨莊大田之亂時，受其餘孽的擾亂，庄民逃避於今內埔鄉及萬巒鄉地方，而歸荒蕪。道光咸豐年間，林、張、朱、吳四姓爲墾首，逐漸墾成。

大武丁、武丁潭 即古云的地名武丁。大武山，據傳爲一部分高砂排灣族的發祥地。

(23) 琉球鄉

琉球嶼　俗稱小琉球，又稱剖腹山嶼，西洋人稱 Lambay 島，十七世紀佔據台灣的荷蘭人則稱 t'Goude leeuuis Eyland（金獅島之意）。此島在距東港西南約十一海里處，島形爲不整橢圓，島的中央有一丘陵，稱剖腹山，剖腹山嶼之名由此而起。頂上雖平坦，但四方支出起伏，殆乎無平地，海岸則珊瑚礁排列。此間有四灣可爲碇繫小舟之所，而移民的部落皆在澳岸，在北者稱白沙尾澳，在東者稱大寮澳，在南者稱天台澳，在西者稱杉板路澳。

小琉球之名似乎始於明末鄭時，見於當時流寓者沈光文的〈平台灣序〉。此島原爲平埔西拉雅族的根據地，此族稱此島爲ラマイ，西洋名 Lambay 即是ラマイ的轉訛。據傳在年代不詳的昔日，此族遷居於台灣南部西海岸二層行溪下游的喜樹港（今台南市灣裡），黃叔璥的《番俗六考》據此傳說云：「新港、蕭壠、麻豆各番（皆屬西拉雅族）昔住小琉球，後遷此。」俗稱爲烏鬼番聚居遺址的石洞，在南方的天台澳，《鳳山縣採訪册》云：「後有泉州人，往彼開墾，番不能容，泉人遂乘夜，縱火盡燔斃。」按移民之定居此島，在清領以後，即東港的泉州人乘小舟往來，結草寮於北方的白沙尾灣而定居，僧陳明山乃創建王爺廟於此地。黃叔璥的《台海使槎錄》就康熙末年的情形云：「小琉球社，對東港，地廣約二十餘里，久無蕃社餉，同瑯嶠卑南覓，皆邑令代輸。山多林木，採薪者乘小艇登岸，水深難於維繫，將舟牽拽岸上，結寮而居，近因偵緝餘孽，所司絕其往來。」即康熙六十年朱一貴之亂後，爲慮其餘黨潛竄而禁止移民往來。

乾隆初年許，移民的足跡似暫絕，乾隆二十九年出版的《台灣府志》(續修)云：「小琉球山，大海中，突起一峰，蒼鬱葱翠，周圍三十餘里，中無人居，多產竹木椰子，下多巉巖巨石，船碇泊甚難，為鳳山水口。」但乾隆中葉，再有移民偷渡而來定居，在各澳形成部落。在東方大寮澳的觀音寺，係由居民創建於乾隆五十九年。當時此地殆乎屬化外之地，至嘉慶十七年，始由台灣府安平鎮官陳現瀾巡視實地，調查戶口田園，加以課稅，而置寮長統制之。及至光緒三年，為防宵小的藏匿，乃分駐水師汛於白沙尾澳。

天台澳的石洞屬石灰洞，洞中有若干鐘乳石、石筍。島的西北岸附近，有稱花瓶石的岩礁，《鳳山縣採訪册》云：「花瓶石，峙海上，高二丈許，其上小松數株，類花之插瓶然，故名。」

⑵⑷車城鄉

車城　明末鄭時為鄭軍登陸地，清康熙末年以後為漳泉移民拓殖的根據地，而為此地方最古老的村街，其繁華僅次於恆春。當福佬移民形成部落之初，屢受高砂族襲擊，乃環植木柵於四圍以為防禦，因而稱柴城，後來訛稱車城。至乾隆末年，漸發展而形成一街肆。乾隆五十一年林爽文作亂，南路的林黨首莊大田兵敗勢蹙，翌年十月率餘黨竄入北部的尖山，以保餘喘。五十三年二月，將軍福康安水陸並進，分兵六隊，四面合圍，是月五日於尖山的石洞中擒獲莊大田。而其水師的登陸地點是車城，乃為紀念捷軍，稱車城為福安庄，而於庄內的福德祠，立碑頌其功。至清末恆春築縣城之前，車城為此地方的政治中心，於光緒六年設大營盤，以爲防禦高砂族的本部。

車城灣　又稱瑯嶠灣，乃是開於北方的鼻仔頭（又名車城角）與南方的龜山之間的一灣，昔日稱魚房港，亦即西洋人所云的 Expedition Bay。車城庄在其灣岸的四重溪口，而射寮庄在其保力溪口。乾隆初年，福佬移民開拓射寮庄一帶，而漸及南部地方。

龜山　在後灣仔海岸，爲一丘陵，山頂平坦，遠望之似龜的浮游般，故名。排灣族語是鍋底之意。日本明治七年（一八七四年）發生牡丹社事件時，日本征台軍由此登陸，而設本營。

四重溪（地名）　係恆春北部四重溪上游的谷地，故名。而四重溪的溪名，依其成四個彎曲的流狀而起。此地於咸豐初年由客家移民拓成，庄內四重溪中游的西岸有溫泉（碳酸泉），日時開拓爲遊浴地。

石門　在車城溪的上游，距四重溪溫泉場三公里之處。按恆春的北界，中央山脈的盡頭，西方的虱母山與東方的五重溪山相逼近而屹立，其間四重溪流的隘峽所開之處，恰如關門狀，石門之名因之而起，排灣族語原爲相逢地之意。牡丹社事件時，日軍於此地遭遇排灣族的激烈抵抗而死傷慘重。

統埔　原稱統領埔，屬鄭時鄭軍開屯之地。鄭軍自車城灣（魚房港）登陸，逐漸推進其開屯之區，時林統領建立營盤於東方的槺榔埔，統領埔之名因之而起。庄內有五十四名日本琉球藩民之墓，蓋日本明治四年琉球藩民（今沖繩縣民）漂流抵恆春東海岸的八瑤灣，被排灣族殺死，當時墓在石門內高砂族地，明治七年牡丹社事件後才移修於此地，墓石高五尺，表面刻有「大日本琉球藩民五十四名墓」十二字。

㉕滿州鄉

滿州　原稱蚊蟀，日時制度改正時改稱滿州。此地原屬高砂排灣族蚊蟀山頂社的所在地，蚊蟀則譯自其音。雍正年間，保力庄(屬今車城鄉)的客家移民王那的足跡始及此地，繼而曾、邱、烏諸姓客家移民接踵而入，當時稱蚊蟀埔。蚊蟀山頂社日時被編爲平埔族社。

射麻里(今永靖)　原屬自台東南下而來的高砂排灣族射麻里社的所在地，嘉慶初年許，客家移氏進入此地擴展拓殖，與高砂族雜居而墾成。此社日時被編爲平埔族社。

猪勝束及港口　此二庄係以猪勝束爲中心的一區，原屬高砂族猪勝束社的區域，嘉慶初年客家移民於港口溪口建立一庄，稱港口庄。猪勝束社(後來稱猪勝束庄)其馴化程度頗高，財力亦比得上移民，日本領台後就傾心歸附，早在明治二十九年(一八九六年)即爲高砂族的兒童教育，創設國語(日本語)傳習所。明治三十四年許，頭目潘文杰將同族數十人遷移於牡丹灣附近。明治三十五年，設置熱帶植物殖育場於港口庄附近。明治三十七年，被編爲平埔族社。

龜仔角　高砂族語，係在恆春東南海岸墾丁附近的山上一小部落，日領後明治三十七年(一九〇四年)始編入行政區域內，當時尚留若干高砂排灣族色彩。同治六年三月九日，美國船Rover號遇風觸礁，沉沒於七星岩海上，船長Hunt夫婦及船員若干名乘小艇漂流抵龜仔角社的海岸，遭此社人襲擊，盡被殺戮。對此事件，淸方卻說：「生蕃地不屬淸國版圖，難用兵究辦。」於是美國乃派兵遠征交戰，卻在山路崎嶇地理險阻下，進退維谷。最後由猪勝束社大頭目トケトク出面解決，以送還船員的頭顱及船長夫婦的照片，及約定今後不再逞暴之條件，了結此事件。

九個厝　原屬排灣族四林格社的根據地，同治末年移民的足跡始及此地，與阿眉族雜居而建立九個厝庄。

萬里得　四林格社的阿眉族約在二百年前移居此地，鳳山縣的移民亦於一百餘年前移來。

老佛　高砂族語，係遷居恆春的阿眉族カナヴス社的舊址。

巴龜兒　原爲阿眉族的部落。

八瑤灣　高砂族語，係恆春東海岸港仔鼻與南仁鼻之間的一小灣。明治四年（同治十年）十一月六日，琉球藩宮古島民六十九名漂流抵八瑤灣，三名溺死，六十六名迷路而入山中，被排灣族牡丹社人拉去，五十四人被殺，十二人倖免而得歸國。因此，日本乃出兵征伐牡丹社。

(26)三地鄉、(27)霧台鄉、(28)瑪加鄉、(29)泰武鄉、(30)來義鄉、(31)春日鄉、(32)獅子鄉、(33)牡丹鄉

此八鄉係戰後新成立的高砂族鄉，其族社的分佈，依日時的區分如下：

①原屏東郡下

・ブツル族，屬排灣傀儡族，佔居隘寮南溪的右岸以南，至東港溪的支流內社溪一帶山地，有口社、一粟仔、山猪毛等社。

・ラバル族，屬排灣傀儡族，佔居武洛溪的上游口社溪的流域及隘寮北溪的上游右岸，有紅目仔、大社、三磨溪、擺園等社。

・ルカン族，屬排灣傀儡族，佔居隘寮北溪上游的地域(一部分分居於台東利家附近)。

②原潮州郡下

・ブツル族(同上述的ブツル族)，有頭社、加走山、北葉等社。

・パイワン族，佔居內社溪以南至草山溪的山地，有內社等社。

・スボン族，屬排灣族，佔居スボン溪上游沿岸至莿桐溪的上游，有萃芒、南平、丁的、大茅茅、割內、媽嘮喇等社。

・恆春上族，屬排灣族，佔居草山溪以南至楓港溪的流域山地，有竹坑、中心崙、塔加寮、內獅頭、外獅頭、霧里乙、旁武雁、內文、中文、根也然、阿乳芒、草山、大甘也密等社。

・恆春下族，即清時所云的「瑯嶠番」，屬排灣族，佔居楓港溪流域以南之地，有牡丹路、家新路、射武力、巴士墨、草埔後、快仔等社。

③原恆春郡下

・恆春下族，有頂加芝來、外加芝來、四林格、牡丹(古稱猫丹)、中社、女仍、高士佛或高士滑、八瑤、竹社等社。

・スカロ族，係佔居楓港溪流域以南的恆春族之「瑯嶠十八社」，即草埔後社、巴士墨社、家新路社、牡丹路社、快仔社、加芝來社、牡丹社、中社、竹社、高士佛社、八瑤社、四林格社、蚊蟀山頂社、猪勝束社、射麻裡社、龍鑾社、猫仔社、龜仔角社。其中猪勝束、射麻裡、猫仔、龍鑾四社來自台東知本社，被排灣族稱爲スカロ，領有其他的排灣族部落，阿眉族部落及移民(包括平埔族)部落，而擁有很大的勢力。日領初時的情形如下(但後來完全喪失其權力)：

㈠猪勝束社，頭目爲ガルジグジ家，領有排灣族部落的頂加芝來社、外加芝來社、牡丹社、中社、女仍社、高士佛社、蚊蟀山頂社、龜仔角社、阿眉族的港口社，移民部落的保力、統埔、車城、四重溪、响林、蚊蟀(今滿州)、九棚、港仔、𩵚古公。

㈡射麻裡社，頭目爲マバリユノ家，領有排灣族部落的パスマク社、家新路社、牡丹路社、草埔後社、四林格社的大部分、八瑤社的一部分、竹社、快仔社的一部分、阿眉族部落的ジユプチ大社，內外獅頭二社亦曾爲其領有。移民部落不詳。

㈢猫仔社，頭目爲チヤルギル家，領有排灣族部落的快仔社的一部分、八瑤社的一部分、四林格的一部分。移民部落則不詳。沒有阿眉族部落。

㈣龍鑾社，頭目爲ロバニヤツ家，領有少許附近的移民部落。

【附記】

㈠下淡水溪（今高屏溪）：即荷蘭人所云的 River Von Dollatsek of Cattia，有二大源，一爲楠梓仙溪，一爲荖濃溪，二溪於旗山鎮溪洲滙合而爲下淡水溪，一直南下，再滙合許多溪流，於新園鄉及林園鄉的中間形成一大三角洲，東支流合東港溪的河口而爲東港灣，西支流於林園鄉中芸的東方入海，因在東港溪的西方，故又稱西溪。此溪古來在夏秋雨期，忽然氾濫漲溢，每每淹壞沿岸的土地房屋，《鳳山縣採訪册》云：「夏秋水漲，或寬至四五倍不等，沿溪田園廬舍，常被淹壞，民恆患之。」而同時溪上往來全絕，行旅爲患憂亦不少，且渡頭的舟子往往乘機勒索剝掠，《鳳山縣採訪册》附載的〈廩生盧德嘉之義渡論〉云：「夏秋，霖雨滂沱，積潦驟漲，野水縱橫，處處病涉，溪邊舟子，編竹筏以待行人，載至中流，需渡價，多方勒索，貪得無厭，甚而擠人於水，橫取衣物，大則殞命，小則傷財，狼子野心，實堪切齒，義渡之設，安可少哉。」《鳳山縣採訪册》又就其平時的光景云：「每逢秋夜，月明則如萬道之金蛇，蕩漾中流，故昔人列爲八景之一，淡溪秋月即此。」

下淡水溪的東部，即北界羅漢門，東至高砂族界，南瀕海的一帶谷野，古來總稱下淡水，荷蘭人所云的 Sampsuy 則是淡水的轉訛。鄭時移民的足跡已及此地，至清領後，其大部分的拓殖才就緒。當時此地方被視爲水土苦惡之境，康熙二十三年，爲稽查此地方兼查東港的船隻，擬置淡水巡檢於大崑麓（今枋寮鄉大庄），但未及實現，至雍正九年移置於崁頂街（今崁頂鄉）。康熙五十八年，沿貫流谷野中央的東港溪劃分東西二部，東部稱淡水港東里，西部稱淡水港西里，道光年間删去淡水二字，改稱港東里、港西里，光緒十四年再將港東、港西二里各分爲上中下三里。

㈡毗舍耶（毗舍那）：宋馬端臨《文獻通考》云：「琉球國，在泉州之東，有島曰澎湖，烟火相望，水行五日而至，旁有毗舍耶(一作那)國，語言不通，袒裸盱睢，殆非人類。」又宋趙汝适《諸蕃志》云：「毗舍那，語言不通，商販不及，袒裸盱睢，殆畜類也，泉有海島，曰澎湖，隸晉江縣，與其國密邇，煙火相望，時至寇掠，其來不測，多罹生噉之害，居民苦之。」即澎湖近傍有一地，昔日被支那人稱爲毗舍耶或毗舍那，由先住民族佔居。此地可比擬的是小琉球嶼(今琉球鄉)，蓋現今該島的居民雖皆爲移民，但昔日爲先住民族所佔居，得由黃叔璥的《番俗六考》所云「新港蕭壠麻豆各番，昔住小琉球，後遷於此」證實之。新港、蕭壠、麻豆係以今台南地方爲中心，分佈於其附近的平埔族社名。此族群自稱シライヤ或シラヤ(荷蘭人的古文書寫做 Sideia)，毗舍耶或毗舍那似與シライヤ或シラヤ有著關聯，即是給于小琉球嶼的古地名。再進一步言，シライヤ部族與菲律賓群島中的 Bisaya 種族，在語言習俗上很相近似。可想而知，ビサヤ族人在昔日某時期移來小琉球嶼，起初自稱ビサヤ，後來因語言上的漸漸轉訛，而訛稱シライヤ或シラヤ，而毗舍耶或毗舍那即是未轉訛前的固有語ビサヤ的近音譯字。

(三)客家六堆部落：下淡水溪(今高屏溪)東部平原有客家移民的大部落，稱粵莊或客庄，又稱六堆部落。康熙二十五、六年許，廣東嘉應州之鎮平縣、平遠縣、興寧縣、長樂縣地方的客家人渡台，欲在今台南附近拓殖，但已爲福佬移民所佔據，只得在東門外一帶的地域開菜園維生，後來發現下淡水溪流域的東部爲未經開墾的膏腴平原，乃相率而移於其地，大事墾拓，漸開田園，戶口亦繁殖。原籍地人聞之，移來者漸多，至康熙末年遂形成廣大的一部落。以後二百多年間，土地益開，生齒愈增，北自羅漢門的南界起，南至林仔邊溪口附近，沿下淡水、東港二溪流域，星羅棋佈大小百餘村庄。

康熙六十年朱一貴作亂於南路，勢甚猖獗，不數日全台淪沒。時應之者概爲福佬移民，原來與福佬人不同氣類，生存競爭利害有異之下淡水、東港二溪流域的客家人，相誓謀起義，乃糾合十三大庄、六十四小庄共一萬三千餘人，會於萬丹庄(今萬丹鄉)，樹立淸國旗號，奉戴淸帝牌位，部署隊伍，致力討剿。亂平後，閩浙總督覺羅滿保錄其功上奏，對有功者百餘人賞賜都司、守備、千總、把總、外委等武職銜，及銀九百五十兩，其餘人員亦賜與米粟絲綢，又以御筆的「懷忠」匾額，旌其里。六堆則是在此際依戰時的部署組織，依其地勢，將全部客庄分為六區而成堆(隊)，其區分如下：

①先鋒堆　今萬巒鄉四溝水、新厝、五溝水等大小十三庄。

②前堆

上前堆　古港西中里的火燒、潭頭等大小十一庄。

下前堆　今麟洛鄉等大小六庄。

③中堆

上中堆　今內埔鄉新北勢、老北勢及竹田鄉西勢、南勢等大小十庄。

下中堆　今竹田鄉竹田、二崙及內埔鄉中心崙等大小十三庄。

④後堆　今內埔鄉內埔、老東勢及竹田鄉南勢等大小十三庄。

⑤左堆　今新埤鄉新埤、建功、打鐵、南岸及佳冬鄉大武丁、石光見、下埔頭等大小十三庄。

⑥右堆　今美濃鎮美濃、中坑、龍肚、鹽埔鄉新圍、大路關及里港鄉武洛等大小二十七庄。

而各堆公選總理副理，再推選六堆的大總理大副理，平常時各就其業，有事時編隊從軍，大總理掌一切指揮進退之權，總理協辦軍務，由各堆選拔壯丁，名旗丁，以五十名為一旗，以六旗為一堆。其軍需糧餉由庄民負擔，大租戶二分、小租戶五分、佃戶三分。此為一種自治獨立編制之屯田組織。以後，在雍正十年吳福生之亂、乾隆五十一年林爽文的黨羽莊大田之亂嘉慶十年蔡牽之亂時，皆編制六堆，從軍討剿而建功。清國政府亦依支那政權傳統的「以夷制夷，分而治之」的策略，加以鼓舞獎勵，一有事便利用做爪牙，而賴以爲南方的重鎮。雖說是義民，其實是假公濟私之福佬客家兩族的分類械鬥。

㈣巴士海峽(Bashi Channel)：爲台灣與菲律賓群島的巴丹(Batan)半島之間的海峽，海峽內有許多島嶼岩礁碁佈錯置。日本領台後，明治二十八年(一八九五年)八月始由日本與西班牙(當時菲律賓屬西班牙的領土)兩國政府，採宣言的方式議定，以通過海峽內可航行海面中央的緯度並行線爲台菲兩地的版圖境界線。此海峽屬台灣的疆域內者，距小紅頭嶼(今小蘭嶼)南稍西約六浬半之處有一暗岩，稱Forest Bello Rock，又距小紅頭嶼西南約十五浬，在海峽的航路中，有Gadd Rock，因有此岩礁，其可航部分的幅度大爲減蹙。

台東縣

係日時的台東廳，轄下一市(台東)、二鎮(成功、關山)、十三鄉(卑南、大武、太麻里、綠島、東河、長濱、池上、鹿野、延平、海端、達仁、金峰、蘭嶼)。

(1)台東市

台東 在卑南平原的東方海岸，昔日稱寶桑，後稱卑南街，至日時大正八年(一九一九年)一月十五日，以其在東部台灣，改稱台東街。寶桑之名譯自此地高砂族地名，卑南街之名則因台東平原稱卑南覔而起。道光二十五年，前山的水底寮(屬今屏東縣枋寮鄉)福佬移民鄭尚，橫穿中央山脈而出巴塱衛(今大武鄉大武)，與卑南覔社族訂約，擇居寶桑，並與附近諸族交易，且傳授耕種之法，以後移民移居者接踵而至，遂爲廻航海路而運輸貨物者。至同治末年，此地形成約有五十戶的街市，這是移民定居山後的嚆矢，也是卑南街的前身。光緒元年(一八七五年)成爲新設卑南廳之地，光緒十三年置台東直隸州，漸漸增建新市街，始出現卑南街的名稱。此街由俗稱馬蘭街、新街、卑南街三街而成，馬蘭街建於阿眉族馬蘭社的故址，新街(卑南新街的簡稱)創建於光緒元年置廳以後，卑南街則創建於光緒十三年置州以後。十六世紀葡萄牙人所云的 Alanger，即指卑南，十世紀荷蘭人亦用此名稱。又西班牙人所云的 Kita

Fosofol，即指阿眉族的地名寶桑。

卑南港　即台東港，海岸成直線狀，故波浪常激，碇泊不便，天氣靜穩之日，尚僅得靠近陸岸寄泊，但裝卸貨極爲困難，水深滿潮時六十尺，退潮時五十尺，十月乃至三月多東北風。

鯉魚山　依其形狀而名，俗稱卑南山，其名起自卑南街，馬蘭社族則稱之爲鯉魚山。

石山　原稱猴子山，屬阿眉族的部落，原意是「神的所在地」，至日時昭和十二年（一九三七年）十月，依附近的石頭山之簡稱改稱石山。昔日阿眉族常與卑南社族鬥爭，結果被其征服，而成爲其奴隸，卑南社族乃稱阿眉族爲「奴隸」。

上原　原稱利基利吉，日時昭和十二年，依其地勢改稱上原。

加路蘭　譯自阿眉族語。

馬蘭　係阿眉族的大社。此社原居今台東市內俗稱馬蘭街之地，光緒十年（一八八四年）代，爲避免霍亂的慘害而遷居此地。

(2)成功鎮（日時新港庄）

成功　原稱蔴老漏，日時大正九年（一九二〇年）改稱新港，並將支廳（後改郡）自成廣澳（日時稱小湊）移來此地，稱新港支廳（郡），戰後改稱成功。此地昔日爲東部沿岸船舶停泊所，其沿岸一帶之地成高台，而爲都歷社（今改稱信義）人的園地，但在百餘年前，遭受海嘯的災害，草木盡枯死。故當此社自今花蓮縣叮仔茬社分出而遷來此地建社時，乃以蕪老漏爲社名，原是「枯地」之意。

此地方的高砂族皆爲阿眉族，在成功以北者屬秀姑巒阿眉族，在塩濱以南者屬卑南阿眉族。

小湊 原稱成廣澳。阿眉族語原是「多白石灰之地」，日時昭和十二年改稱小湊（小港），同治年間始有移民，至同治末年建立五、六家的住戶，但因地區狹小，未見有顯著發展。其南方的外角有一岩嶼（高七十八尺）稱三仙台，《日本水路誌》云：「此嶼與成廣澳之間，成沙濱的淺灣，南西信風期中稍遮屏風浪。」成廣澳與卑南的中間，阿眉族都歷社附近的郎仔郎溪口可泊船，黃叔璥的《番俗六考》云：「自卑南覔而北，農仔農（即郎仔郎）赴社水路僅容杉板船，懸崖石壁無可泊處，農仔農社有深溝一道，船至土蕃群立岸上，船稍拋索，土蕃接索挽進，即泊溝內，若無接挽，溝外無可泊處。」

信義 原稱都歷，譯自高砂族的社名，戰後改稱信義。此社原址在知本社的南方，有「都歷」等二人一起遷居此地，其子孫乃以祖先之名爲社名。

小馬武窟 日時昭和十二年十月簡稱小馬，戰後又回復原名。原是高砂族社名，意云「滴答作響之聲」，蓋此社有泉水，周圍雜草繁茂，早晨水滴從草葉滴下泉水面，滴滴答答作響，故名。

叭翁翁 譯自高砂族的社名，也是山名。

塩濱　原稱加只來，譯自高砂族的社名，日時昭和十二年改稱塩濱。蓋此社的南方有加只來溪，其上游有鹹泉，社名起自日語音譯。

跋便　高砂族的社名，起自曾於此地被布農族馘首者之名。清末加只來社人遷居此地時，稱其附近之溪爲跋便溪。

施龜彌映　譯自高砂族的社名。此社的南邊有一溪流，將散在其上游的石頭打碎，放置溪中，則不數日而復原狀，社名由此而起。

芝路古映　譯自高砂族的社名。此社的南端有一小溪，昔日多棲小龜，社名因之而起。此社屬蔴荖漏社的分社。

白守蓮　譯自高砂族的社名。按移民在此附近飼羊，大倶來社人遷居此地建社時，取「羊」之高砂族語而得名。

三仙台　即古釣魚台，在白守蓮的東方海上，突起三個二十餘公尺的岩嶼，故名。

微沙鹿　譯自高砂族的社名。此社來自花蓮縣萬榮鄉的加納納社及烏漏社，而爲附近諸社中最古老之社。但另一說云，來自花蓮縣光復鄉大巴塱社。

石雨傘　係支那名。此部落內有一岩礁，伸長突起於海上，其根部附近，有狀似傘的石頭屹立，故名。

阿那龜眉　譯自高砂族的社名。此社係於清末由花蓮縣萬榮鄉加納納社遷來。

重安　原稱都威，譯自高砂族的社名。此社的北端有瀑布，社名轉自「瀑布」之音。

沙汝灣(沙里灣) 譯自高砂族的社名。日時昭和十二年，依其地勢改稱大濱，戰後又回復舊名。此社在沙汝灣溪上游，係於清末來自花蓮縣豐濱鄉新社。

(3)關山鎮

關山 原稱里壠，譯自高砂族語，日時昭和十二年改稱關山。此地昔日多野生的蕁麻，當時初來此地的移民商人誤聽其音而譯做里壠。

德高 原稱德高班，譯自阿眉族語。昔日移民商人初來此地時，問社名，言語不通，社丁叫他去問頭目，移民商人誤以爲就是社名，後來訛譯做德高班。

日出 屬雷公火(今電光)的一部分，與對岸的月野俱爲日本人做爲對稱而名。

(4)卑南鄉

卑南 原爲排灣族Puyuma大社。Puyuma指卑南社(社名取自始祖之名)，即荷蘭人所云的Pimala,而Puyuma族指卑南社大頭目所直轄的八社族。此八社是卑南、檳榔樹格、呂家、射馬干、知本、班鳩、阿里擺、北絲鬮等。

昔日Puyuma族的頭目勢力大振而成爲排灣族的大頭目，並征服附近的阿眉族，統管台東一帶的大小七十二社。他爲人俊傑且聰明無比，故不僅爲Puyuma族，亦爲附近諸族所敬仰，被公推爲「卑南王」。

Puyuma族的根據地在卑南街(今台東市)附近的卑南社，移民將之譯做卑南覓，後簡稱卑南。卑南覓後來被慣用做台東高砂族地的總名稱，但有時只指其南半部。黃叔璥的《番俗六考》云：「卑南覓係蕃社總名，在傀儡山後。」

檳榔　原稱檳榔樹格，譯自排灣族的社名，日時昭和十二年十月，以其日本語近音改稱日奈敷(讀做ヒナシキ)，戰後回復舊名，簡稱檳榔。

大巴六九　譯自高砂族社名。此社屬排灣族(傀儡部族)。

利家　原稱呂家(古寫力踞社)，譯自高砂族語，日時昭和十二年十月以日本語的同音改稱利家(讀做リカ)。

射馬干　譯自高砂族名。

知本　古寫治本，譯自高砂族名。相傳在知本、太麻里間的道路上靠山之所，為阿眉族卑南社及太麻里社族的發祥地。

初鹿　原稱北絲鬮，譯自高砂族語「竹」，日時昭和十二年十月以日本語的近音改稱初鹿(讀做ハツシカ)。

稻葉　係日本名，音譯自高砂族名。

(5)大武鄉

大武　原稱巴塱衛，譯自高砂族名，日時大正九年(一九二〇年)改稱大武。

加奈美 原稱甘那壁，譯自高砂族名，日時昭和十二年十月以日本語的近音改稱加奈美（讀做カナビ）。

大竹 原稱大竹高，譯自高砂族名，日時昭和十二年十月簡稱大竹。

加津林 原稱鴿子籠，譯自高砂族名，日時昭和十二年十月以日本語的近音改稱加津林（讀做カツリン）。

大鳥 原稱大鳥萬，譯自高砂族名，日時昭和十二年十月簡稱大鳥。

初屯 原稱拔子洞，譯自高砂族名，日時昭和十二年十月以日本語的近音改稱初屯（讀做ハツトン）。此社在獅子獅、大鳥萬二社的中間，故名。

彩泉 原稱獅子獅，譯自高砂族名，日時昭和十二年十月以日本語的近音改稱彩泉（讀做サイセン）。

(6)太麻里鄉

太麻里 古寫朝貓籬，譯自古來高砂族的地名。因此地平坦而狹小，故名。

北太麻里 原稱羅打結，譯自高砂族名，日時昭和十二年十月依此地在太麻里之北，改稱北太麻里。

西太麻里 原稱鴨子蘭，譯自高砂族名，日時昭和十二年十月依其位置改稱西太麻里。

南太麻里 原稱大武窟，譯自高砂族名，日時昭和十二年十月依其位置改稱南太麻里。

森川 原稱文里格，譯自高砂族社的社名，日時昭和十二年十月以日本語的近音改稱森川(讀做モリカワ)。

香蘭 原稱猴子蘭，譯自阿眉族社的社名，日時昭和十二年十月以日本語的近音改稱香蘭(讀做コウラン)。

金崙 原稱虷子崙(古寫加仔難)，譯自高砂族名，日時昭和十二年十月以日本語的近音改稱金崙(讀做カナロン)。

多良 原稱打腊打蘭，譯自高砂族名，日時昭和十二年十月以日本語的近音改稱多多良(讀做タタラ)，戰後簡稱多良。

瀧 原稱察腊密，譯自高砂族名，日時昭和十二年，因此地有瀑布，故改稱瀧(意同瀑布)。

大溪 原稱大得吉，譯自高砂族的社名，日時昭和十二年十月改稱大溪。

(7)綠島鄉

日時稱火燒島庄。

綠島 原稱火燒島，又名鷄心嶼，西洋人稱 Samasana 島，位於距台東的東方約十八海里、紅頭嶼(今蘭嶼)的北微西約三十五海里之處，島形北濶南狹，其西側近北端稍成灣形之處稱南寮灣，北側近西端稍成灣形之處稱中寮灣，可碇泊小型船舶。島上有二丘陵，在北者稱阿眉山，在南者稱火燒山，居民部落在海岸四方，但除南寮、中寮二灣之外，多為懸崖，主要的部落則在此二灣岸。近北東端附近，有一空洞的尖岩，其狀似高大的空形門，名樓門岩。

火燒島之名取自島內的火燒山，火燒山之名則因島民乘小舟出海捕魚，若有遇風雨的危險時，常在其山頂焚火做標識，故名。鷄心嶼之名，取自島形稍似鷄心。鷄心嶼係此島的舊名，見於康熙六十一年巡視台灣御史黃叔璥的《番俗六考》。原佔居台東的阿眉族及 Puyuma 二族，稱此島爲サナサイ，西洋人則訛稱 Samasana，又荷蘭人傳教士所製地圖記做 Meeuwen Eyl。

此島原爲高砂族所佔居，相傳昔日福州人陳品先曾統領部屬進攻，驅逐土著高砂族而佔墾，但因地味不佳，乃放棄而他去。此傳說似乎屬實，蓋島上的阿眉山應與阿眉族有關聯，且阿眉族內亦有傳說云：「我族原居サナサイ，但爲支那人所侵略，乃乘獨木舟離開，登陸台東的猴子山，後漸入內地，形成數部落。」自此以後，除有少數的雅美族人來往之外，幾乎變成無人島。

嘉慶十八年(一八一三年)，小琉球(今屏東縣琉球鄉)居民曾勝開及同志三十人在近海捕魚，遇風漂流至火燒島，在阿眉山麓的海濱搭蓋一棟共居房屋，稱公館(今公館部落是其遺址)，暫居並計劃開墾，其中六人失望而返家，其餘二十四人更自家鄉招徠家眷及同志，大爲耕種兼捕魚，初於中寮灣岸建立中寮部落，後因自小琉球遷來者漸多，故又於南寮灣岸建立南寮部落。在此之前已有雅美族人三家三十餘人居住此島，但不堪新來移民的壓迫，遂逃往紅頭嶼(今蘭嶼)。當時此地尚屬所謂化外之地，清政府的行政權猶未及，至光緒初年始編入恒春縣的管轄，當時出版的《台灣地輿圖說》云：「居民五百餘，間有商民避風而到其地者。」當開設卑南廳之時(同治十三年)，運輸船員中有小琉球人，親自踏查的結果，認爲可遷居，返家後，與同志三人共議一舟，遷來專事耕種，兼營漁業，以後小琉球人乃競相遷居此島。

(8)東河鄉

日時稱都蘭庄。

都蘭　原寫都鑾，譯自高砂族的社名(疊石之意)，日時昭和十二年以同音改稱都蘭。昔日此地多石頭，耕作時須先拾石疊於園邊，故名。

八里　原稱八里芒，譯自阿眉族的社名(意指椰子林)，日時昭和十二年簡稱八里。一六二八年西班牙船 Carbajar 號自呂宋航行台灣北部途中，遇風漂流至八里芒，除一男五女之外，其餘的船員十名悉被高砂族殺戮，生存的二名女子看此慘狀，亦自縊而死，殘存的一男三女被帶入山中，以後全無消息。

佳里　原稱加里猛狎，譯自高砂族的社名(流汗而身體污穢之意)，日時昭和十二年以加里的同音簡稱佳里。

東河　原稱大馬武窟，譯自高砂族的社名(投網之意)，日時昭和十二年簡稱大馬，戰後又改稱東河。此社《番俗六考》寫做猫武骨社，又寫做武突社。

嘎嘮吧灣　譯自高砂族名(迷路之所)，日時昭和十二年依其地勢改稱高原，戰後再回復舊名。

(9)長濱鄉

長濱 原稱加走灣，譯自高砂族名(看守所之意)，日時昭和十二年依其地勢改稱長濱。光緒十四年(一八八八年)清軍討伐奇密社時，高砂族於此地置看守以抵禦清兵，故名。

膽曼 譯自高砂族的社名(暗之意)。此社的南端有溝渠，溝底茅草繁茂，白晝尙暗，故名。此社來自花蓮縣叮仔荖社。

烏石鼻 屬加納納社的分社，稱ラダイ社，蓋此社附近多稱ラダイ的樹木，高砂族的男女有焚ラダイ以染齒的習俗，故以ラダイ爲社名。又此地有黑岩突出於海中，移民乃名烏石鼻。

寧埔 移民初稱石連埔，後以同音改稱石寧埔，至日時昭和十二年簡稱寧埔。

僅那鹿角 譯自高砂族的社名(意謂地上密生青苔)。此社來自花蓮縣的加納納社。

八桑安 譯自高砂族的社名。此社係自烏石鼻社分出。

城山 原稱彭仔存，日時昭和十二年，以彭仔存的城址之意，改稱城山。昔日此部落的海岸常停泊一小帆船，船主姓彭，常有人遠自今花蓮縣玉里鎭附近前來此船購物，問其要到何處，便答稱要往彭仔的船，台灣語的存與船同音，因此彭仔存遂爲此地的地名。

大竹湖 原屬高砂族社，係自花蓮縣叮仔荖社分出。地名由來同小竹湖。

小竹湖　原屬高砂族社，係與大掃別社一起自叮仔老社分出，初建社於此地的稍北方，後因惡疾的流行而遷居此地。此社的四周竹木茂盛，其狀如湖，故移民稱竹湖。

中濱　原稱大掃別，屬高砂族，日時昭和十二年改稱中濱。此社在高台上，與海岸之間鋪滿圓石，附近溪流的溪底亦多小石，故初以小圓石爲社名，後訛稱「大掃別」。昔日此社遭受木瓜族的迫害，乃自花蓮縣逃亡此地。

石坑　多岩石，由岩穴湧出水，故名。

眞柄　原稱馬稼海，譯自高砂族的社名（雨衣之意），日時昭和十二年以日本語的近音改稱眞柄（讀做マガラ）。繞此社南端東流之溪，稱馬稼海溪及石坑溪。一降雨數小時，濁水便滔滔而漲，雨停則回復原來的涸溪，此情形恰似人穿雨衣避雨，故名。

大俱來　譯自高砂族的社名（意即平坦的高台），此社在平坦的高台上，故名。大俱來或許是移民所命名者。

樟原　原稱姑仔律，譯自高砂族的社名，日時昭和十二年以日本語的近音改稱樟原（讀做クスハラ）。光緒四年（一八七八年）許，始由今花蓮縣光復鄉加禮宛社人四戶及拔仔庄（今瑞穗鄉白川）人四戶遷來建立一小社，後清政府譯稱姑仔律。光緒八年冬發生大地震，大俱來社的舊址山崩，社人到處離散，其中有五戶遷居此社。翌年頭目與社人爭權，遂使社運衰微，至日時明治三十九年（一九〇六年）許，始漸復原。

加錄　譯自高砂族的社名。此地四周爲山丘所圍繞，中央稍微平坦，此狀加禮宛語稱「加錄」，故名。光緒十七年許，加禮宛人二戶自姑仔律社遷來此地，後貓公西南地方的パリヨル社人，因不堪木瓜族的襲擊，亦遷入此地。至日時，此社族人已遷居姑仔律。

大峰峰 譯自高砂族的社名，蓋此社的南方有一深溪，長約十公尺，寬約三公尺，望之，暗得看不見，唯聞水聲，此狀高砂族稱「大峰峰」，遂爲社名。此社係自姑仔律及新社遷來。

大尖石(又名蔡扇埔) 此地有尖頭的大石，高砂族乃以尖石爲名。大尖石之名係移民所起。

⑽池上鄉

池上 在大坡池的上方，故名。

大坡 係在台東中央縱谷內，台東平原中的一個大湖，周圍約四公里。此地方的阿眉族部落稱「池」社，移民則依大坡的所在，稱大坡社。

⑾鹿野鄉

鹿野 日本人移殖此地時，多楓樹，故取鹿寮的鹿字，名鹿野村。

擺子擺(邦也邊) 屬阿眉族的部落，譯自其社名。

鹿寮 係古時務祿台，日本人譯稱鹿寮。

雷光火 此地夜夜出怪火(沼氣或煤氣發火者)，昔時驚動里壠(今關山鎮)居民，以爲雷火，「雷」台灣語稱雷公，故名雷公火。

⑿延平鄉⒀海端鄉

係戰後新成立的高砂族鄉，日時屬關山郡。

布農族　有大里渡等社。

⒁達仁鄉⒂金峰鄉

係戰後新成立的高砂族鄉，日時屬台東郡。

排灣族傀儡族　有大南社。

排灣族太麻里族　有斗里斗里、那保那保、阿塱衛等社。

⒃蘭嶼鄉

係戰後新設立的高砂族鄉，日時屬台東郡。

蘭嶼　原稱紅頭嶼，日時屬台東郡高砂族地，其位置在距台東市東南四十九海里，距台灣南部的南岬東微北四十海里處。而距此島南微東約七海里處，有一露岩，名小紅頭嶼，其周圍險礁甚多，尤自其南端向南南東，礁脈擴延。

紅頭嶼的存在，早爲外界所知，一七二六年荷蘭人傳教士所製的地圖上記做't Eyl Groot Tabaco，而小紅頭嶼記做 Little Botel-Tobago。支那人亦早聞知此名，宋代出版的《諸番

志》將此島與毗舍耶並列，稱談馬顏，蓋譯自 Tabaco。古時日本人亦稱タバコ島，島上的先住民雅美族則稱ヤミカミ(意即ヤミ國)，或稱ポンリノタウ(意即咱們的島)。台東的阿眉族及卑南族稱ヴォトル(罣丸之意)，蓋島上北方有紅頭山，南方有大森林聳立，中央部低，遠望之恰如牛的罣丸，故名。西洋人所云的 Botel-Tobago，則音譯自上述二詞的複合。

紅頭嶼的名稱，見於康熙六十一年巡視台灣御史黃叔璥的《番俗六考》。而就其由來，一說此島在鵝鑾鼻的東方，陽光正好照在其頂上，呈現美麗的紅色，故名；但另一說，其山頂近山腹處顯露赭土層，故名。

黃叔璥的《番俗六考》係關於此島的最古支那文獻，云：「紅頭嶼蕃，在南路山後，由沙馬機(西南岬)放洋東行二更至鷄心嶼(即火燒島，今綠島)，又二更至紅頭嶼，小山孤立海中，山內四圍平曠，傍岸皆礁，大船不能泊，每用小艇以度。無草木，蕃以石爲室，卑隘不堪起立。產金，蕃無鐵，以金鏢槍舌，昔年台人利其金，私與貿易，因言語不暗，台人殺蕃奪金，後復邀瑯嶠蕃(Paiwan 族)同往，紅頭嶼蕃盡殺之，今則無人敢至其地矣。」以上的記述與事實頗有出入，蓋島上草木繁茂，先住民雅美族不居石室，又地質學上的調查，證實此島不產金，至於所云「今則無人敢至其地」一節，係支那人傳統的誇大其詞，其實在康熙末年之前，曾有在台移民航行此島，試圖與土著雅美族交易，只因惹起利害衝突，後則中斷交往。

同黃叔璥的《赤嵌筆談》又云：「紅頭嶼，皆生蕃聚處，不入版圖地。」雍正八年出版的陳倫炯的《海國見聞錄》卻以紅頭嶼爲呂宋群島之一。乾隆二十九年出版的《台灣府志》(續修)，僅在瑯嶠蕃條下附記而已。至光緒三年，清國政府爲防護洋務的需要，始命恒春知縣周有基及船政藝生游學詩、汪喬年等，率二十餘人勘查紅頭嶼，其報告的槪要載於《台灣地輿圖說》，云：「紅頭嶼，在恒春縣東八十里，孤懸荒島，蕃族穴居，不諳耕稼，以蒔雜糧捕魚牧養爲生，樹多椰實，有鷄羊豕，無他畜，形狀無異台蕃，性最馴良，牧羊於山，翦耳爲誌，無爭奪詐虞之習，民人貿易，至其地者，携火槍，知其能傷人也，輒望然去之，語言有與太西洋相似者，實莫測其所由，地勢周圍六十餘里，山有高至五六十丈者，社居凡七，散列四偶，男女大小不及千丁。」於是始將紅頭嶼列歸恒春縣的管轄，但單在地圖上記載其名稱、位置而已，實際上仍置於政化之外。至日本領台後始施行有效的管轄。

此島的島內槪爲山地，平地僅見於海岸，兩者的比率幾爲九對一。高砂雅美族的部落有七社，皆分佈於海岸。

【附記】

㈠東部台灣的拓殖：原來東部台灣，係在荷蘭人、鄭氏的佔據時代只知其存在，勢力猶全未及之境，清領後亦久置於化外之域，而僅總稱台灣山後。

康熙二十三年八月，陸路提督萬正色之船漂抵台東北部奇萊附近的海岸，遇異類噉害，尹士俍的《台灣志略》就此事云：「陸路提督萬正色，有海舶之日本，行至鷄籠山後，因無風，爲東流所牽，抵一山下，得暫息，舟中七十五人皆無識何地，有四人登岸探路，見異類數輩疾馳至，攫一人共噉之，三人逃歸，遇一人于莽中，與之語，亦泉人，携之登舟，具道妖物噉人狀，莽中人曰，彼非妖，蓋此地之人，蛇首猙獰能飛行，然所越不過尋丈，往時余舟至，同侶遇噉，惟余獨存，問何以獨存故，則舉項間一物曰，彼畏此，不敢近耳，衆視之，則雄黃也，衆皆喜曰，吾輩皆生，出其麓，有雄黃百餘斤，頃之蛇首人數百飛行而來，將近船，皆伏地不敢仰視，久之逡巡而退，逮後水轉西流，其舟仍回至廈門，乃康熙二十三年甲子八月間事。」又《彰化縣志》的叢談云：「昔人相傳，台灣山後有萬水朝東處，舟至其處，不勝水力而皆不得返，必待水轉西流，始得生還。故至今，台地有三年水流東，三年水流西之謠。」這些源出于觸礁遇害的奇怪傳說，卻使支那人漸識台灣山後的地理關係，而啓交通之端。

康熙三十二年，有陳文、林侃等商船遭風漂至其處(崇爻)，住居經年，鷄籠大通事賴科、潘冬等前往招撫。當時卑南族以今台東市附近爲根據地，征服附近的阿眉族，統管大小七十二社。康熙末年許，越中央山脈來西海岸的枋寮，與移民貿易。

康熙末年以後較確知其地理，移民的足跡便漸及南部卑南平原的卑南覓、北部奇萊平原的崇爻。藍鼎元的《平台紀略》云：「台灣山後崇爻、卑南覓等社，亦有漢人敢至其地，與之貿易，生聚日繁，漸廓漸遠，雖厲禁，不能止。」而出入者主要由海路進沿岸，僅與土著社人從事交易，猶非有定居者。黃叔璥的《番俗六考》就其交易搬出品云：「貨有鹿脯、鹿筋、鹿皮、苧、藤，果有蕉實、鳳梨、檨、柑、柚、檳榔、毛柿。」

康熙六十一年朱一貴作亂，其黨羽王忠邱、金宣之徒等，有逃由傀儡內山潛入台灣山後者，乃命外委千總鄭惟嵩至瑯嶠(恒春)，繞山後，招致高砂族通事章旺，探匪類的踪跡，於是經恒春通卑南的道路開通。《番俗六考》云：「瑯嶠山後，行一日，至貓丹(即牡丹社)，又二日過丹哩溪(牡丹溪口)，至老佛，又一日至大鳥萬社，又三日過加仔難社、朝貓籬(即太麻里)社，至卑南覓社。」當時有事皆利用土著高砂族，而各族社亦致力於殘賊的剿平，探搜無所不至，餘黨悉就縛。然後實施高砂族地劃界之禁，遂使台東地方的往來中斷。黃叔璥的《番俗雜記》就雍正以後的情況云：「山前俱立石爲界，由鷄籠沿山後，山朝社(三貂社)、蛤仔難(宜蘭)、卑南覓，民人耕種樵採所不及，往來者鮮矣。」

道光年間，在台灣西部下淡水溪(今高屏溪)谷及楠梓仙溪流域的平埔族數社，因被移民侵佔其故土，乃越中央山脈，進入中央縱谷，驅逐先住的阿眉族，於此地開一部落(大庄)，以爲擴展拓殖區域於附近一帶的基礎。同年代中葉，在宜蘭平原的平埔族，亦因受移民的侵略，由海路登陸北部的奇萊平原，於其北端開一部落(加禮宛)。又同年代間，枋寮的福佬移民商人鄭尙，橫穿中部山地而出巴塱衛(今大武)，擇居卑南，與平埔族交易，此實爲移民定居此地方的嚆矢，亦爲卑南街(今台東市)的起源。同時，台北地方的福佬移民吳全，由宜蘭出奇萊，創開墾吳全城(今屬花蓮縣壽豐鄉)之緒。咸豐元年，台北地方的福佬移民黃阿鳳開拓十六股庄(今花蓮市豐川)，同治初年陶姓福佬人開創璞石閣庄(今玉里鎮)，同年間成廣澚(今屬成功鎮小湊)亦爲福佬移民所開拓。同治年間，台灣東部地方尙無管轄的官衙，移民的往來交易則於奇萊平原的花蓮港行之。《淡水廳志》云：「(自鷄籠)由海道一日可到，港口頗狹，僅容四五百担小船，入口後，水極陡，每年春三四等月，乘風入口，各熟蕃牽舟競進，每番給予塩一二甌，歡極而去，陸續挾鹿茸獸皮各貨來，換布疋等物，該處寬濶與噶瑪蘭等，亦有中國人。」而同治十二年許，卑南漸形成一街市，約有五十家，但其他只有璞石閣四十餘家，花蓮港四十餘家，成廣澚五、六家的移民部落而已。同治十三年，受到日本征台(討伐牡丹社)的刺激，基於防護洋務的需要，乃立開闢台灣山後之議，翌年十二月更籌畫開通山後的道路並招墾。光緒元年十一月，南中北三路竣工，同時以台灣山後一帶爲卑南廳，移南路海防兼理番同知爲南路撫民理番同知，任袁聞柝爲同知，擇定寶桑（今台東市）之地爲廳治，並在卑南、璞石閣、花蓮港各分駐一營兵，兼當撫墾之事，又置撫墾局於廈門、汕頭，大事獎勵移民，台東一帶的拓殖漸就緒實在此際。光緒五年出版之尹寵周的《台灣地輿圖說》云：「自卑南，以逮蘇灣，拔木通道數百里，窮髮儋耳之民，咸得沐浴王化，則自光緒紀元之開山撫蕃始，而輿圖始可得而志也。」光緒十一年台灣獨立爲一省，劉銘傳任巡撫，擬改卑南廳爲台東直隸州，此議經獲准，乃將全州區劃五鄉，稱南鄉（卑南地方）、廣鄉（成廣澳地方）、新鄉（新開園地方）、奉鄉（璞石閣地方）、蓮鄉（花蓮港地方），使知州歐陽春籌畫，建置一州（州治於水尾）二廳（卑南、花蓮港），及開大港口以便輪船的往來，以通水尾，但同年歐陽春病歿，籌畫中止，只定州治的位置於原卑南廳治所在地而已。至十四年，知州吳文杰清丈既墾的田園，始對移民及一部分的歸順高砂族（平埔族及加禮宛族）課稅。十九年，知州胡傳使撫墾局查定可開墾的土地，但未及實行而病歿。不久台灣便割讓給日本，日時才漸見開成之效。

㈡高砂族界南中北路：清國政府爲所云的「開山撫蕃」，同治十三年擬定計劃，由南中北三路進兵，橫穿中央山脈，開闢自台灣西部通台灣東部的道路。

⑴南路，由海防同知袁聞柝統領，分二路進行，一路自今萬巒鄉至台東市，路程一百七十五清里，由袁親自督工，另一路自今枋寮鄉大响營、社寮至台東市，路程二百十四清里，由總兵張其光督工。光緒五年出版尹寵周的《台灣地輿圖說》記其路程云：「由赤山往卑南路程，下淡水十二里赤山，十五里雙溪口，五里內社，十五里崑崙拗，十里大石巖，四十里諸也葛，二十里干仔崙，十三里大貓裏（太麻里），四十五里卑南。」又「下淡水三十里射寮，八里半紅泥嘴，十六里立里社，八里半南崑崙，三十里古阿崙，三十三里春望巖，十里大鳥萬溪口，四十三里大貓裏（太麻里），四十五里卑南。」

⑵中路，自林杞埔（今竹山鎮）經八通關而抵璞石閣（今玉里鎮），計二百六十清里，由統領吳光亮督工。《台

灣地輿圖說》記其路程云：「璞石閣四十里打淋社，三十一里雷風洞，十三里雅托，十三里大崙溪底，四里粗樹腳，五里雙峰仞，五里加木札，十二里八母坑，十三里八同關，十八里鐵門洞，十里陳坑，五里東埔坑頭，七里霜山橫排，三里東埔社心，十一里合水，八里南仔腳蔓，五里頭社仔坪，五里紅魁頭，八里茅埔，十四里平溪，四里鳳凰山麓，三里頂城，四里大小窟，七里大坪頂，十七里林杞埔。」此路不多久交通便告斷絕，只到處留下登山道的痕跡而已。

(3)北路，自蘇澳至花蓮港，約二百清里，由統領羅大春督工。《台灣地輿圖說》記其路程云：「蘇澳二十里東澳，三十里大南澳，三十五里大濁水，二十五里大清水，三十五里得其黎，十里新城，五十里岐萊花蓮港。」此路不久便斷絕不通，至日時再開通「蘇澳、花蓮港間臨海道路」(今蘇花公路)，可行駛汽車。

花蓮縣

係日時的花蓮港廳，轄下一市(花蓮)、二鎮(鳳林、玉里)、十鄉(新城、吉安、壽豐、光復、豐濱、瑞穗、富里、秀林、萬榮、卓溪)。

(1)花蓮市

花蓮港 係一開灣，形成於奇萊平原台東海岸嶺的北端與米崙山背後的陡岸之間，花蓮溪口則開於港內的南岸，夏季波浪稍靜穩，冬季的東北信風期間，港內波浪高，船舶的碇泊困難。此港昔日稱「回瀾港」，起自其海岸的波浪成回瀾狀，約在康熙末年或雍正乾隆年間，以近音雅字改稱花蓮港。此港的主腦地有二，一是近花蓮溪口的花蓮港街，同治年間移民往來奇萊平原從事交易，促使此地漸漸發展，同治末年形成一有四十餘家的街肆。另一是在米崙山下(昔日又名里浪港)的新港街，創建於光緒四年，日時專於此地發展。日本領台後，起初屬台南縣台東支廳，明治三十年(一八九七年)創設台東廳時，置奇萊辦務署，同年六月改稱台東廳花蓮港出張所。當時花蓮港的市街在花蓮溪口，直臨海岸，故頗有受風浪侵害的危險，且為濕地，常發生瘧疾，乃於明治三十三年六月，移出張所於今花蓮市區，而奠定以後的發展基礎。翌年十一月廢止出張所而改設花蓮港支廳，四十二年十月地方制度改正時，創設花蓮港廳。戰後改廳爲縣，稱花蓮縣。

花蓮港的市街，高砂阿眉族語即是「顯著的市場」之意。

美崙山　山下的鯉浪港古寫里浪港，乃是加禮宛族自宜蘭地方分乘竹筏或刳舟南下時登陸之地點。

佐倉　原係平埔族竹窩社所居之地，社名原是「多茄苳樹的地方」之意。光緒四年（一八七八年），與自宜蘭平原移來的加禮宛族通謀，反抗淸國政府而受討伐，後歸順改稱歸化社。至日時昭和十二年（一九三七年），依舊平埔族社名改稱佐倉（日語讀做サクラ）。

豐川　在奇萊平原的北方，淸時稱十六股，至日時昭和十二年改稱豐川。咸豐元年（一八五一年）台北地方劍潭的富戶黃阿鳳，招募地方貧農二千二百餘人，由宜蘭海路登陸新城，留一部分的人開墾擢其利溪畔之外，親自率領其餘人員南下，以米崙山的西北爲根據地，分地開墾，建立十六股、三仙河、武暖、沙崙、十八鬮五部落。《淡水廳志》云：「有黃阿鳳者，集資率萬餘人，抵奇萊墾闢，黃阿鳳爲總頭人，如官府儀，其餘頭人尙數十人，分地而治。」此記述不無誇大之嫌，但亦可以推想當時拓地的情形。不出數月，黃阿鳳病歿，至咸豐五、六年許，其他墾首亦告資金缺乏，漸不堪持續，且屢與移民部落附近的南勢、竹高滿二平埔族發生衝突，同治二年（一八六二年）移民大半被殺戮，倖存者逃亡璞石閣（今玉里）及新城地方，土地再歸荒廢。光緒元年（一八七五年）後山開撫的結果，移民的足跡亦及此地，光緒二年林蒼安招募宜蘭地方的移民，據黃阿鳳的舊址從事復墾。光緒四年後，接踵而移來者漸多，乃以十六股為主要的聚居區，稱復興庄。

⑵鳳林鎮

平林 其附近一帶的平地樹木密生，故名平地林。至日時簡稱平林。

山崎 清時稱六階鼻，依六座山沿河突出而得名，至日時昭和十二年(一九三七年)改稱山崎。

萬里橋 古來稱馬里勿，但其由來不詳。

⑶玉里鎮

玉里 幾乎位於台東中央縱谷的中部，原稱璞石閣(或寫撲實閣)，譯自高砂族語，原係「風塵巷」之意，蓋貫流於此庄內之秀姑巒溪流域的濁水乾涸而成泥粉，被季節風吹散而呈沙塵滿天的情景，故名。又有一說是阿眉族語「蕨」的轉訛，因此地方一帶昔日多生蕨，故名。

同治初年，陶姓福佬移民由集集地方越中央山脈，南進抵此地與高砂族交易，發現此地域廣濶而肥沃，乃勸誘同鄉移殖，集集地方的移民移殖者便漸多，同治末年形成一有四十餘戶的村落，稱璞石閣庄。日時大正六年(一九一七年)台東鐵路開通之時，改稱玉里庄。

苓子濟 屬奇密分社，音譯自其社名。

大嵙寮 屬奇密分社。據傳昔日在大庄的平埔族，於此地設圈套捕到鹿，被觀音山庄的移民獵犬吃掉，平埔族大怒而殺死獵犬。後來移民建庄於此地時，初稱刣狗寮，後訛稱大料寮。按昔日移民與平埔族常在狩獵上發生糾紛，此傳說似乎附會此事牽強解釋。

馬久答　屬奇密分社。此社的東側溪流常汚濁，馬久答則音譯自形容「汚濁」之意。

末廣　原稱針塱，日時大正六年鐵路開通時改稱末廣。

春日　原稱織羅，譯自奇密分社「織羅」社的社名，至日時昭和十二年（一九三七年）改稱春日。原社名係取自昔日於此地被布農族馘首者的人名。

觀音山　其山形似トカル（人家門前的台階），故在此地的平埔族社稱トカル社，而觀音山的地名係移民依其山形而命名。トカル社，來自コヨ社及タトアツ（太肚壓）社。

落合（今樂合）　原稱下勝灣，日時昭和十二年改稱落合。此地原屬平埔族下勝灣社的佔居地。

紅座　原寫甕綀，屬奇密分社，地名譯自平埔族社名。此社的上游附近有安通溫泉。

(4) 新城鄉

日時稱研海庄，蓋第五代台灣總督佐久馬左馬太，別號稱研海，爲紀念其討平太魯閣高砂族地之功，乃以研海爲庄名，戰後改稱新城鄉。

新城　昔日屬哆囉滿，光緒元年（一八七五年）高砂族界北路開通，此地乃建立一庄稱新城庄。

哆囉滿 在奇萊平原，而奇萊平原原來以台灣的產金地之一而聞名。十六世紀通過台灣海峽的葡萄牙人，取其本國產金地的河川名，將台灣東海岸的北部花蓮溪附近名為 Rio Duero(黃金河)。十七世紀西班牙人佔據北部台灣時的記錄云：「台灣東海岸的 Turmoan 多產金，北部的 Tapari(今金包里)，高砂族常往貿易，售金給支那人。」按支那古文書，譬如明末流寓者沈光文的〈平台灣序〉所云的哆囉滿，黃叔璥《番俗六考》所云的倒咯滿，似乎與 Turmoan 均為同一地，而佔據擢基黎(或得基黎)溪上游山中的泰雅太魯閣族，稱此地方(即新城一帶)為タロワン，故 Turmoan、哆囉滿、倒咯滿皆可看做譯自タロワン。關於其產金，康熙三十六年郁永河的《海上紀略》云：「偽鄭時，上淡水通事李滄愿，取金自效，希受一職，偽監紀陳福偕行，率宣毅鎮兵并附近土番，未至卑南覓社，土番伏莽以待曰，吾儕以此為活，唐人來取，必決死戰，福不敢進，回至半途，遇彼地土番泛舟別販，福率兵攻之，獲金二百餘，并縶其魁引路，刀鋸臨之終不從。按出金乃台灣山後，其地土番皆傀儡種類，未入聲教，人跡稀到，自上淡水乘蟒甲，從西徂東，返而自北而南，溯溪而進，匝月方到其出金之水流。從山後之東海，與此溪無異，其地山枯水冷，巉巗峻峭，洩水下溪，直至返流之處，聚有金沙，土番善泅者，從水底取之，如小豆粒，鉅細藏之竹簏，或秘之瓿甓，間出交易，彼地人雖能到，不服水土，生還者無幾。」又雍正十年分巡台廈道尹士俍的《台灣志略》云：「哆囉滿產金，從港底泥沙中淘之而出，與雲南瓜子金相似，陳少崖外記，康熙壬戌間(二十一年)鄭氏遣偽官陳廷輝，往其地采金，老蕃云，采金必有大故，詰之曰，初日本居台，來采金，紅毛奪之，紅毛來取金，鄭氏奪之，今又來取，豈遂晏然無事，明年癸亥我師果克台灣。」以上記述均顯示由土著高砂族採金的事實，郁永河的《番境補遺》亦云：「哆囉滿產金，淘沙出之，與瓜子金相似，番人鎔成條，藏巨甓中，客至每開甓，自炫然，不知所用，近歲始有攜至雞籠淡水易布者。」

加禮　原稱加禮宛，至日時昭和十二年簡稱加禮。

加禮宛部落　道光中葉，在宜蘭平原的平埔噶瑪蘭族的一部分，因受移民的侵略而失去故土，乃由蘇澳海路登陸米崙山北的海岸，建立一部落稱加禮宛庄，蓋此遷居以噶瑪蘭族中的加禮宛社爲主動（其他的少數族社附隨之），故名。以後隨著人口的增加，分爲武暖、竹林、瑤高、七結四小部落，後又分居於各地，即自今豐濱鄉的加路蘭（磯崎）、新社、姑律（戶敷）、石梯地方至台東縣的姑子律、水母丁、城子埔、加走灣附近，爲其新遷居地，統稱加禮宛部落。

光緒元年高砂族界北路開通，加禮宛社人不悅，唆動阿眉族七脚川社人謀反，但爲北路統領羅大春所制止。光緒四年一月，加禮宛社人不悅移民進入其地開墾而殺死商賈陳文禮。在加禮宛的哨官令其賠償遺族金穀贖罪，加禮宛社人不肯，反而殺害傳令兵，並暗地裏與阿眉族竹篙宛社通謀，企圖於六月造反。花蓮港的北路統領陳得勝率兵討之，不克，於是璞石閣的中路統領吳光亮乃傳令各地營汛出兵，七月二十六日先伐竹篙宛社，翌日伐加禮宛社。二社不支，走而避難於東角山。後來乞降，吳光亮赦之，不問罪，並官買加禮宛之地，以東至加禮宛溪，西至山，南至荳蘭溪，北至加禮宛山爲境界，荳蘭溪以北爲官地，准許移民開墾，以南爲高砂族地，供高砂族人耕種，並定約互不侵犯。又令加禮宛庄改稱佳落庄，竹篙宛社改稱歸化社，以表示歸順，但加禮宛始終不從，竹篙宛社僅兼用之。

(5) 吉安鄉

吉安　日時稱吉野，而以吉野爲庄（鄉）名。

南埔（今南華）　原稱薄薄，日時昭和十二年依其在花蓮港之南改稱南埔。據傳昔日大洪水時，有二兄妹遁上山，沿河抵花蓮溪口，再往其西北方的荳蘭（今田埔）之北暫居，後因人口增多，乃遷居此地。此地的地形似臼，音「薄薄」。

田埔　原稱荳蘭，日時昭和十二年以其近音改稱田埔（日語讀做タウラ）。

舟津　原稱里漏，據傳此社的祖先乘獨木舟漂流至此地，故日時昭和十二年依此傳說改稱舟津（日語碼頭之意）。

七脚川　古寫竹腳川，屬阿眉族，即所謂「崇爻九社」之一的竹腳川社（意：多木柴之地）社，竹腳川則譯自チツカツオアン。此社於日時明治四十一年（一九〇八年）反抗日本政府而受討伐，翌年三月歸順，除主謀者的眷屬、關係者逃入南勢族社之外，其餘悉數二百九十一戶共七百九十一人，被遷往今壽豐鄉的賀田、月眉、十六股（今花蓮市的豐川）或台東縣大埔尾（今鹿野鄉的大原）原野。而遷往台東者，又自大埔尾、新良庄分離，另立一社，名新七脚川社，但後來大多數復返花蓮港。

(6)壽豐鄉

日時稱壽庄。

壽豐　原稱鯉魚尾，是高砂族的古地名，日時稱壽村，戰後改稱壽豐。昔日爲南勢族的狩獵地，其北方四公里餘的高砂族界山中有鯉魚池（今稱鯉魚潭），周圍八公里，潭水漫漫而清冽，多有鯉、鰻等魚。

吳全城　日時稱賀田，戰後又回復原名。此地在奇萊平原的南端，道光八年（一八二八年），台北地方的福佬人吳全由蘇澳海路登陸新城而南進，發現此肥沃的荒埔，乃與同志蔡伯王共同招募宜蘭地方的遊民二千八百名，從事開墾，但應募者多爲流浪之徒，無耐心，一見開墾事業的困難，大多數半途而逃返，且因水土不合，多患疫病，事業遲遲不進，經營三年的結果，僅拓成數甲的耕地。而當時屢受西界的高砂泰雅木瓜族的襲擊，乃築防堡爲之備禦，吳全城的地名由此而起。後吳全病歿，蔡伯王知事之竟不成，放棄已墾地而他去，故此地再全歸荒廢。至日領後明治三十二年（一八九九年），日人賀田金三郎招募日本移民前來開墾而頗獲成果，故以賀田爲地名。後來由鹽水港製糖會社接辦直營，遂形成純日本人的部落。

溪口　其附近爲七腳川族的遷居地。

知伯（今志學）　在賀田火車站附近，此地多紫丁香，故原住民以此爲社名。知伯（志學）係譯自其音。

(7)光復鄉

日時屬鳳林庄(今鳳林鎮)。

大平 清時稱爲馬太鞍，日時稱上大和，戰後改稱大平。此地原屬阿眉族社，附近有某一種樹豆生長繁茂，馬太鞍譯自其音。

富田 原稱大巴塱，據傳是阿眉族自其發祥地下來此地建社，日時昭和十二年改稱富田。

(8)豐濱鄉

日時稱新社庄。

新社 爲上述的加禮宛族歸化社遷來新設立之社，故名。

磯崎 原稱加路蘭，日時昭和十二年改稱磯崎。此地亦爲加禮宛族的遷居地，由名爲Karoro者前來從事製鹽業之地，故取其名稱 Karoro-an(an 表示地名之詞)社，加路蘭則譯自Karoroan。

宮下 原稱軍威，日時昭和十二年，以其在花蓮港神社的下面，故改稱宮下(廟宮的下面之意)。

豐濱 原稱猫公，日時昭和十二年改稱豐濱。據傳此社人太古居住於火燒島(今綠島)，後來渡台東猴子山，北上抵此地建社，當時此地多文殊蘭，猫公社則譯自其音。

戶敷　原稱姑律，日時昭和十二年取在此地殉職的空軍士官長戶敷之姓，改稱戶敷。此地亦爲加禮宛族的遷居地，因此地的石頭多孔，阿眉族語稱「姑律」。

石梯　亦爲加禮宛族的遷居地。淸時移民依其海岸的通路地形而名石梯。

北頭溪　屬奇密分社，係淸時遭討伐而自チポ社遷來的阿眉族社，稱マグタアイ社，蓋因社內的溪水マグタアイ（汚濁），故名。

大港口（今港口）　曾屬奇密分社，後來大部分的族人遷往他處。此地在秀姑巒溪口的左岸，高砂族稱Tipor-an（河口之意），移民原稱秀姑巒，西班牙人稱Tupoan，均譯自Tipor-an。關於秀姑巒的地名，康熙六十一年巡視台灣御史黃叔璥的《番俗六考》稱泗坡闌或芝母瀾，《赤嵌筆談》及乾隆二十九年出版的《台灣府志》（續修）稱薛波瀾，道光十二年出版的《彰化縣志》稱繡孤鸞，咸豐二年出版的《噶瑪蘭廳志》稱秀孤鸞又名秀姑蘭，同治九年出版的《淡水廳志》稱綉孤鸞，光緒五年出版的尹龍周的《台灣地輿圖說》稱秀孤鸞，並云：「稍稍寬廣可停泊者，爲綉孤鸞。」《番俗六考》亦云：「崇爻之薛坡蘭，可進杉板。」可知昔日有船舶出入此地。光緒十三年擬定水尾（今瑞穗）爲台東直隸州的州治時，計劃開大港口以便輪船出入，但未見實現。

靜浦（今靜埔）　原稱納納，日時昭和十二年改稱靜浦。此地屬奇密分社，納納譯自高砂族語（傾斜地之意）。此社係自大港口遷來者，與北頭溪社屬同族。

(9)瑞穗鄉

瑞穗　阿眉族稱ココ，係廣濶的原野之意，移民以其流域位置名水尾，日時依水尾的近音雅字改稱瑞穗，蓋日語的水尾讀做ミズオ，瑞穗讀做ミズホ。此地當控制台東的南北之要衝，故光緒十三年擬定爲台東直隸州的州治，但未見實現。

白川　原稱拔子，日時昭和十二年取高砂族語「眞白的溪流」(今富源溪)之意改稱白川。

コヨ社　屬奇密分社。此社原在虎頭山南麓高藥溪的左岸，當時多山猫，故名。後因洪水而遷居此地，仍用原社名。

鶴岡　屬奇密分社，原稱烏雅立(原意是一種豆子名)，日時昭和十二年改稱鶴岡。

人子山　屬奇密分社，昔日自奇密社分出時，取自西方山麓的溪名爲社名，後因疫病流行而訛稱其疫名，人子山譯自其音。

舞鶴　亦屬奇密分社，係於日時明治三十五、六年(一九〇二、三年)許，自太巴塱社及飽干社分出者，舞鶴則是音譯自原社名的日本名，讀做マイズル。

奇密　高砂族稱キヴイツ社，蓋昔日此地到處有稱キヴイツ的野草密生，故名。移民將之譯成奇密，至日時昭和十二年以日語的近音改稱奇美(讀做キビ)。奇密社係附近阿眉族的本社，古來勢力很大。

(10) 富里鄉

富里　原稱公埔，日時昭和十二年改稱富里。

大里(今東里)　原稱大庄，日時昭和十二年改稱大里。此地係今屏東縣的平埔馬卡道族遷來建立的部落，即道光九年(一八二九年)許，下淡水溪(今高屏溪)谷野的武洛、搭樓、阿猴等社的平埔馬卡道族，受到客家移民的侵略，三十餘家的老幼相扶，男女相攜，離開故土，退卻南方，由枋寮越中央山脈而抵巴塱衛(今大武)，再北上抵寶桑(今台東)，當時寶桑已爲優勢的プユマ族所佔居，乃以帶來的酒肉換取耕地，但仍未被允許永居，且屢受其騷擾，故又相率溯卑南溪北上，發現此地爲適於遷居的荒埔，但此地已先爲阿眉族所佔據，經激烈的鬥爭，逆者殺之，從者和之，遂建立一部落，名大庄。其址初在此地對岸的長良村(今屬玉里鎮)，居長良村三年才移來此地(長良村則稱舊庄)。此後墾地漸成熟，收穫稍豐，生活充裕，而未拓之地多，耕作之人少，乃更招徠故鄉同族及下淡水溪流域的西拉雅族大傑顚社及大武壠社十二家，而形成四十餘戶的部落，之後自故鄉陸續遷來很多人而分居於各地。

竹田　原稱頭人埔，日時昭和十二年改稱竹田。

堺　原稱堵港埔，因此地靠近花蓮、台東二廳界，故日時昭和十二年改稱堺(日語境界之意)。

⑾秀林鄉

係戰後新成立的高砂族鄉，日時屬花蓮郡。

・タロコ族，屬佔居能高山以東、木瓜溪兩岸山腹的泰雅族，而由太魯閣族分出者。

・太魯閣族，屬佔居花蓮縣中央山脈以東，南至木瓜溪右岸，北至大濁水溪右岸山地之泰雅族的賽夏部族，有古魯等社。

・韜賽族，係於タウサイ溪的上游、南湖大山的山麓形成集團部落的泰雅族，有四社。

⑿萬榮鄉

係戰後新成立的高砂族鄉，日時屬鳳林郡。

・阿眉族奇密分社，有巫老僧、週武洞、烏漏、太吐壓、謝得武、馬打林、猛仔蘭、掃叭、加納納等社。

⒀卓溪鄉

係戰後新成立的高砂族鄉，日時屬玉里郡。

・布農族有異馬福、轆轆、那母岸、大社、打訓、大崙坑等社。

【附記】

㈠**崇爻**：佔居花蓮港奇萊平原的阿眉族稱東部山地的泰雅族爲ツオンガウ，崇爻係音譯，此人族稱呼轉爲其東界的山名，後再轉爲奇萊地方的慣用地名，而稱居住此平原的平埔族（包括阿眉族）爲「崇爻番」。康熙六十一年巡視台灣御史黃叔璥的《番俗六考》云：「崇爻山後有九社，崇爻社、竹腳宣社（一作即加宣）、猫丹社、薄薄社、芝舞蘭社、多難（一作倒咯滿）、芝密社、水輦社、筠椰椰社，可至蛤仔難，但峻嶺深林，生番錯處，漢人鮮至。」又《台灣府志》蕃社諸羅縣之部云：「納納社、芝舞蘭社、芝密社、薄薄社、竹仔宣社、多難社、水輦社、筠椰椰社，以上爲崇爻八社。」藍鼎元的《東征集》亦稱八社，但云原爲九社，一社在數年前遭疫而沒盡，今虛無人，是以只有八社。同《東征集》云：「康熙三十二年，有陳文、林侃等商船，遭風飄至其處，住居經年，略知蕃語，始能悉其港道，於是雞籠大通事賴科、潘冬等，前往招撫，遂皆嚮化，附阿里山輸餉，每歲賺社之人，用小舟，裝載布烟鹽糖鍋釜農具往，與貿易，蕃以鹿脯筋皮市之，皆以物交物，不用銀錢，一年止一往返。」又云：「崇爻八社，康熙三十四年賴科等招撫歸附。東跨汪洋大海，在崇爻峻嶺中，其間密箐深林，岩溪窮谷，高峰萬壑，道路不通。」

(二)奇萊（古寫奇來或岐萊），即十七世紀西班牙人傳教上在東部台灣地名表中所記的Saquiraya，奇萊及Saquiraya均譯自土著阿眉族的地名。奇萊、卑南二平原一帶爲東部台灣的主幹部分，昔日平埔族社與移民村落相錯雜。

(三)秀姑巒溪三大支源：南源係發自躼躼埔地方的中部山地之網綢溪，中源係發自秀姑巒山的轆轆溪與由其西南注入的清水溪於客人城南方匯合的一大源，北源係發自拔仔庄（今瑞穗鄉白川）地方山中的媽蘭鈎溪，而前二支流北向，後一流南向，於水尾（今瑞穗）的東方相會，匯合其他的大小溪流，橫流開於海岸連嶺間的峽谷而入海。其河口即大港口（今豐濱鄉港口），橫於河口內的岩礁稱獅球嶼。秀姑巒之名譯自阿眉族語，古來有種種的寫法（參照(8)豐濱鄉大港口）。

澎湖縣

係日時的澎湖廳，轄下分一市（馬公）、五鄉（湖西、白沙、西嶼、望安、七美）。

(1)馬公市

馬公 原稱媽宮，至日時制度改正時改稱馬公。媽宮城（即媽宮的市街）在媽宮港的北岸，港頭有一祀媽祖的宮廟，故名。明萬曆三十一年，荷蘭人初據澎湖島時，媽宮港爲支那人聚居及與荷蘭人進行貿易之地。澎湖在元末設巡檢司，明代亦置巡檢司，鄭氏據台時置安撫司，康熙二十二年清國領台後始隸屬台灣縣，翌年設巡檢，而其設置地點皆在澎湖本島東西澳的文澳。在此之前，明天啓二年荷蘭人退去後，雖在此地開築城壘而置戍守，但圮壞後，未復再成城垣。後來在近媽宮港海岸築一城垣，名澎湖新城。此小城只爲當時海防的需要而設，備有砲門防守海口，並非眞正的城垣，其位置在原荷蘭砲台所在之地金龜頭附近，而新城係將舊荷蘭砲台重加修理。（關於荷蘭砲台，《澎湖廳志》云：「城垣，用糖水，調灰疊磚，與台灣安平城一樣堅緻。」）嘉慶九年，副將王得祿更築成雉堞，光緒元年副將吳奇勳改建砲台。

雍正五年，改巡檢、置通判、設澎湖廳時，就文澳的舊巡檢署略加式廓，而設置廳署，於是實如《澎湖廳志》所云：「澎湖，遂成海外樂郊，與台灣並稱東南保障矣。」然而猶未有廳城。光緒十年清法戰爭，法軍欲佔領澎湖以為基地。翌年二月十五日攻佔媽宮港，六月清法講和，法國撤退，至此始有築城之議，而擬定媽宮港為其位置。於是光緒十三年十二月，總兵吳宏洛親自督工，著手建城，發動兵勇為其築造之助，以補工費之缺，十五年十月竣工。城的周圍七百八十九丈二尺五寸，墻垛五百七十箇，墻身連垛高一丈八尺，入根腳地三尺五寸，厚二丈四尺，設東、西、南、北、小西、小南六門，東南臨海，西接金龜頭，北面有護城河一道，其總經費約為二萬三千五百三十七餘兩，係台灣善後局的支出。於是，光緒十五年文澳的廳署乃移來媽宮城內。自此以後，媽宮城(即今馬公市)一直為澎湖的首府，日時為澎湖廳治，戰後為澎湖縣府的所在地。

媽宮港(今馬公港)　為澎湖港的支港，在澎湖本島的西南部最大灣入的地點。媽宮半島的岬角金龜頭與風櫃尾半島的岬角蛇頭南北相對峙而扼灣口，其間僅八百八尺餘，灣則自此凹入東方一里半，周圍有三里餘的海岸線。灣內依自本島中央丘陵延亙西方的大案山突出角及小案嶼，分為南北二部分，北部為媽宮港，南部有戎克港之名。媽宮港內水深七尋乃至八尋，足於繫泊吃水大的船舶，且港外有雞籠四角二嶼，為天然的門扉，能挫外浪，緩和急潮，實為澎湖唯一的安全港，而為八、九月颱風季通過台灣海峽南部的避難港。《澎湖廳志》云：「港口有龜蛇二山，南北拱持，護衛周密，為全澎正口，所謂險口不得方舟，內港可容千艘。」日時此港為支那型船貿易而開闢的特別輸出港，故無外國貿易輪船出入，但有與日本國內各港間的定期輪船及台灣沿岸船的靠港。

澎湖港 澎湖本島及其西方的漁翁嶼、北方的白沙嶼三島相抱而形成澎湖港。而漁翁嶼東南的小頭角及本島西南風櫃尾半島的岬角蛇頭，爲其南口的兩角，可航水道，寬約一海里。白沙嶼西方的牛角及漁翁嶼北端的漁角之間，爲其北口，淺灘自兩側擴延，僅通一小水道。港內寬東西一里，南北亙二里半，水深八九尋，足以容納多數的船舶，周邊島嶼遮屏風浪而靜穩，足以避暴風怒濤。在澎湖港東南，澎湖本島西南的最大灣入處，爲澎湖港的支港，也是唯一的安全港，即媽宮港。總之，澎湖港的位置扼住台灣海峽的中央，實爲台灣防備上樞要之地。

澎湖本島 爲澎湖群島中最大的島嶼，周圍二十九里餘，面積四平方里餘。《澎湖廳志》云：「形如蓮花，其餘諸嶼如荷葉散點。」澎湖群島地盤低而平坦，只有本島中央有大城山的丘台，自此邱阜漸延亙四方，如走東北而隆起的大武山，海拔約一百六十尺，故又有大山嶼之稱。而開於其西南的最大灣入爲媽宮港，故《方輿紀要》稱之爲孃宮嶼。

東西澳 係包含媽宮半島大部分的區域，媽宮港開於其西部，古來爲澎湖群島的中心市場。

萬軍井 在媽宮城內，又稱師泉井或媽宮大井。《澎湖廳志》云：「施將軍討鄭氏時，先克澎湖，駐兵萬餘。時水泉少兵大苦，將軍祈之神(媽祖)，甘泉立湧，汲之不竭，因而名萬軍井。」陳昂之詩云：「仰伏威靈涉險來，地轉海鹹生淡水。」

萬歲井 在媽宮城內舊演武場邊，水質佳良，滾滾不涸。明治二十八年三月日本軍佔領澎湖島時，士兵苦於炎熱，飲此井水，士氣大振，乃名萬歲井。

施將軍廟　在媽宮城內，祀清國水師提督施琅，創建的年代不詳，據傳在清國領台初年。廟內安置施琅塑像，廟側立施琅所建之靖台碑記。《澎湖廳志》云：「前靖海將軍提督施琅，平台有功，封靖海侯，官民建祠祀之，通判蔣鏞（道光年間）查，在澎奉差，因公遭風歿於王事者，皆無專祠，因籌捐銅錢三十二千文，發交塩館生息，又籌捐銅錢四十千文，移營生息，附祭各木主於此，以報之。」即初為施琅的專祠，後合祠在澎奉差殉公者之靈。

媽祖宮　在媽宮城內，創建年代不詳，但明萬曆三十一年荷蘭人初據澎湖島時，此地已漸成為移民聚居之區，故似在其移居之時創建此廟。康熙二十二年清軍討鄭氏於台灣時，其能順風平波入澎湖，被認為專在神祐的靈異，故在靖台後，水師提督施琅乃奏請加封天妃（即媽祖）為天后，其疏略云：「康熙二十二年六月十六、二十二等日，臣在澎湖破敵，將士咸謂恍見天妃如在其上，如在其左右，而平海之人，俱見天妃神像是日衣袍透濕，與左右二神將兩手起袍，觀者如市，知為天妃之助戰致然也。又先於六月十八日夜，臣標署左營千總劉春，夢天妃告之曰，二十一日必得澎湖克捷，七月初旬內，台灣遂傾島投誠，其應如響。」事聞，清廷乃特遣禮部郎中雅虎抵澎湖，於此廟致祭，二十三年加封天后。雅虎的祭文今尚鑄額揭於堂內。

文澳　原稱暗澳，即《方輿紀要》所云的穩澳，在媽宮港的東岸。明嘉靖十二年（一五三三年）海賊林道乾據此地附近，肆暴掠於文那沿海，都督俞大猷征之，始築城，留偏師駐防於此地。

天啓二年（一六二二年）荷蘭人退出澎湖後，乃又開築城壘，置戍守。《方輿紀要》云：「議於穩粤山，開築城基，大石壘砌，高丈有七，厚丈有八，東西南留三門，北設銃台一座，內蓋衙宇營房，鑿井一口，戍守於此，以控制媽宮（今馬公）。」後來圮壞。清領後置巡檢時，公署置於此地。雍正五年改巡檢爲通判，設澎湖廳時，再加式廓於舊署址，以爲廳署。據云，明末清初，即永曆十六年（康熙元年），已有移民移居此地，並形成部落。

文澳鄉內的城隍廟建於乾隆四十四年。《澎湖廳志》云：「光緒十年二月，法夷犯澎，十三日媽宮之百姓，扶老携幼，北走頂山，皆口呼城隍神之保祐。時夷砲沿途雨下，顆顆墜地，即止一炸裂之無傷人，亦足異矣。及事平，廳主程公（通判程方基）詳請大憲，奏明加封，號爲靈應侯，御賜『功存捍衛』之匾額。」此匾今尙揭於廟內。

鄉內又有祖師廟，《澎湖廳志》云：「康熙年間，有和尚自泉州之淸水巖到此，爲人治病有神效，不取藥資，送錢米亦不受而去，後因而立廟祀之。」

觀音亭　在媽宮城北門外，爲康熙三十五年遊擊薛奎所建，乾隆二十九年重修。有《澎湖廳志》所云的「四方煙波，浩杳景頗幽曠」之趣。據云原有古代的十八羅漢及鐘鼓等，清法戰爭時被法兵掠取。廟前的井泉，古來傳說甘美爲澎湖第一（見於《台灣府志》）。

紅木埕　明天啓二年（一六二二年）荷蘭人再企圖佔領澎湖時，其舟艦十七艘登陸媽宮港，掠當時在其地的移民漁舟六百餘艘，且驅使移民於工事，搬運土石，築城塞。《澎湖廳志》就此城塞云：「天啓二年，外寇據澎湖築城。明年毀其城，未幾復築。」此城塞在媽宮城的北方海岸，今僅存廢址，但昔日稱紅毛城，後來依近音轉訛而稱紅木埕。遺址內建有武廟，此廟原在媽宮城西，創建於乾隆三十一年，光緒元年移置此地。光緒十年清法戰爭時爲法兵所毀壞，十七年重修。

嘉蔭亭　在紅木埕，俗稱五里亭，蓋位於昔時澎湖廳署所在地的文澳至媽宮港的大路中，距文澳約五清里之處，故名。此亭係乾隆四年澎湖通判胡格所建，《澎湖廳志》云：「因澎湖道傍不長樹木，行人無所休息，故建此以備往來偶憩之所，如樾之有蔭，因以名其亭焉。中祀文武二亭，左三官神，右龍王神，亭久漸圮，乾隆二十九年里人重修，前倅胡建偉額曰古嘉蔭亭。」

嶺裡澳　佔風櫃尾半島的大部分，以嵵裡爲中心地。風櫃尾半島爲綜繞蜿蜒的低地，成一地峽，其盡頭，蛇頭的小丘崛起，丘勢宛若長蛇之頭。《澎湖廳志》云：「風櫃尾社南，有石岡，臨海，中空一洞，可容數十人，四傍石壁，魚鱗重疊，有竅如斗大，穿石透山背，竅傍常作小旋風，沙土滾滾漏下，聲如鳴鉦，洞口闢一溝，內窄外寬，潮水入焉，風起潮來，巨浪鼇盪，竅中沙土噴出十餘丈，飛射半空，如鰍魚噴沫，風再滾下，浪隨噴出土石，謂之風櫃。」風櫃尾的地名出茲。

蛇頭及嵵裡的一丘圓頂山（其南麓的灣入處稱圓頂灣）之上，有荷蘭人所築砲台，清法戰爭時改修爲清國砲台。前者即《方輿紀要》所云的「風櫃尾山，高七八尺，紅毛凹其中，上壘土，若雉堞，今毀其城。」後者即《澎湖廳志》所云的「明末外寇，築砲樓於嵵裡澳海邊，堅緻如鐵，巡撫南居益遣兵攻之，賊首高文律（荷蘭渠帥，天啓四年正月爲明總兵俞咨皐所擒）拒守不下，官軍以火藥轟之，樓傾入海。」

又井子按的西南海岸原有疊石之古壘址，乃是明代所築砲城之遺址，至清嘉慶十九年，由副將王得祿築成雉堞，後廢而不修。

雞籠嶼 又名員頂嶼，原爲一無人島，其形如雞籠，故名。西洋人則稱 Dome。

虎井嶼 又名船蓬嶼或檯嶼，西洋人稱 Table 島。此島東西長，周圍二里許，西端與東部以沙頸地連繫，村落則在此，村落西隅的崖下湧出淡水，稱虎井，島名因之而起。《澎湖廳志》云：「虎井嶼東南港中沈一小城，周圍可數十丈，磚石紅色，每當秋水澄鮮，漁人俯視波地，堅垣壁立，雉堞隱隱可數，有善水者，沈入海底移時，或立城堞上，或近城趁魚蝦之屬。」此則所云的「虎井嶼沉城」，或許是明末海寇的據址遺跡。虎井嶼與八罩嶼之間稱八罩水道，即 Rover Channel。

(2)湖西鄉

林投澳 佔澎湖本島（即大山嶼）東南的大部分，以林投爲中心地，其鄰接的尖山，乃是明萬曆九年（一五八一年）洪姓一族二十人由福建泉州府金門嶼遷來，從事漁農，形成在澎湖第一個移民部落之地。其東南端的一角稱裏正角，自此角西彎則爲龍門港，乃是尖山移民的登陸地點。《讀史方輿紀要》云：「龍門，有原泉，舊爲居民聚落。」龍門，日時以同音改稱良文，戰後又回復舊名龍門。日本明治二十八年(一八九五年),日本軍由此港登陸,佔領澎湖。

大城山　係在澎湖本島中央的丘台,丘阜自此漸延亙四方。《澎湖廳志》云:「大城山,當大山嶼之中,爲廳治少祖山,乃彭山最高者,延袤七八里,崗巒平衍,遠盼如列屏,凡台廈舟艘往來,皆指此山爲圭臬。山頂高處,前人築城其上,周僅二三里,遺址猶存(山以此得名),陟其頂四望,則五十五嶼環繞目前,浮螺點黛,悉可指數,天氣晴霽,曉顧台灣諸山,顯現如在咫尺,須臾紅輪湧起,海東萬道金光,與波瀾相激射,髣髴不見台山,而商船漁艇,或遠或近,梭織島嶼間,眞海外奇觀也。至春夏之交,芳草如繡,下視平疇,苗黍芃芃,四山蒼翠,洞豁心目。秋冬以後,風沙瘴霧,海氣蒼茫,蜃樓煙市變幻,又難以名狀矣。」城址在丘頂稍北方斜面,今已開墾,殘礎稍可辨,據島民的記憶,周圍約十五町(一町合一〇九公尺),高五尺許,疊積玄武岩塊而構成,蓋爲明末海賊的據址。

太武山　係澎湖本島的中央丘台,走東北而降起,不僅爲本島內的最高點,亦爲群島首一的隆起點,殆乎在林投澳的中央。丘分三部分,俗稱大太武、二太武、三太武。凡來自東北方的船舶,先見陰陽二嶼,次望此丘頂,則知已近媽宮港。丘的山麓稱太武鄉,以明末流寓者盧若騰遯跡之所而聞名。盧若騰,字閑之,泉州府同安人,以進士出身而被授兵部尚書,屢疏劾時之高官,而爲忌直者所斥。後明滅,清康熙三年遯跡而來澎湖,居於太武鄉,病不二日而歿,葬於太武山南,墓題曰自許先生,但其墓址今不詳。

南寮澳　包含澎湖本島東北的大部分,其東北端的南寮、北寮爲移民最先創建的二部落。

鼎灣澳 包含澎湖本島北方的大部分，以鼎灣為其中心地。澳內沙港的海中出產海松(俗稱海籐)，多用做手釧的原料。

(3)白沙鄉

中墩嶼 在澎湖本島與白沙嶼的中間，各島間的距離甚近，且海底全以岩盤相連，退潮時露出水面，得涉渡。康熙年間，洪姓一族始遷來建立部落，稱中墩鄉(今中屯)。

中墩澤石橋 澎湖本島與白沙嶼間距離甚短，且海底以岩盤相連，乃以中墩嶼為中繼地，在岩盤上築石堤，以開前後各島間交通之便。自澎湖本島北部的鼎灣澳西寮鄉抵中墩嶼南者，稱下澤石橋，又名繼安橋(即今中正橋)，中墩嶼的橋頭小廟內立有光緒十三年所建的創造繼安橋記之碑。自中墩嶼北抵白沙嶼東南部的瓦硐澳城前鄉者，稱上澤石橋，又名永安橋，城前的橋頭小廟內立有乾隆三十八年所建的重修永安橋記之碑。《澎湖廳志》云：「上澤，舊有橋，名永安橋，有碑，年久字跡難辨，光緒乙酉(十一年)間，增生陳維新、里人陳尚賢集貲，添築數尺。下澤，舊無橋，同治間，方外柯光明招同紳士鄭步蟾、黃步梯，捐貲填築上半段石梁，留下半未築，以便舟楫，每潮時，行人猶有病涉者。丙戌(十二年)春，尚賢同廩生許棼，暨棼叔父子嚴，媽宮諸生林維藩等，鳩數十金，為倡，尚賢復偕其族人蓮洲長澤，於台南募得百金，再築下半段石梁，司其勞者，鼎灣社耆老洪誠一及倡議之尚賢也，既成，名繼安橋，橋低而平，潮退便於行人，潮漲並無碍於舟楫，亦善舉也，棼為文刻石，紀其事。」

白沙嶼　全島的骨骼，自西向東，再在南折彎而成鈎形，而爲澎湖港的北屏，故又名北山嶼或北海嶼，即西洋人所云的 Pehu。海岸概非爲平岩盤的發育，便爲白沙的遠連而淺者，故不愧爲白沙嶼之名。島的北方有姑婆及屈爪二島，以產海苔聞名，故古來島民定一公約以限制採取，舉其一例，即云：「姑婆屈爪二嶼所出紫菜，每年十月起，派人看守，無論本鄉外鄉，人民不准到嶼捕魚等，如有偶到者，應罰金十二兩，違者鳴官究治，限至四月間，紫菜期過，方許本鄉及外鄉人民，到嶼捕魚採菜等，此係公禁。」

瓦硐澳　包含白沙嶼的南方大部分及中墩嶼，而以瓦硐港(今瓦硐)爲其中心地，明初分駐金門的哨汛兵並築城砦於此，其位置似乎在今港尾西南的丘山，荷蘭人亦依其遺址設砲台。《澎湖廳志》云：「今瓦硐澳之港尾社西南里許，有紅磚一片基址，叢殘不可辨，其南一社名城前，亦一明據也。」乾隆年間移民已於瓦硐建立部落。

又後寮的北方海岸有一丘，高約百二十尺，五阜排連有如五指。《澎湖廳志》就此丘云：「北來商船，先望此山，故名瞭望山。」丘山原有荷蘭人所築砲台，後清領初設墩台，今猶存廢址。又鄉內威靈宮之西，有古井名紅毛井，相傳爲荷蘭人所鑿，以水質清冽著稱，至今里民猶存一年一祭井神之儀。

鎭海澳　包含白沙嶼的東方大部分，澳南有鎭海港，係明天啓二年荷蘭人佔據澎湖，翌年福建巡撫南居益率舟師爲防備之所(鎭海的地名由此而起)，後設城壘於此地。明永曆十六年(清康熙元年)許，成立岐頭、港子、鎭海三部落。

落。

赤崁澳 包含白沙嶼的東北一部分及鳥嶼，大赤崁已於永曆十六年(康熙元年)許形成部落。

通梁澳 包含白沙嶼的西方一部分及大倉嶼，而通梁已於乾隆年間形成部落。部落內保生宮前有巨大的榕樹，蓋屬四百餘年前的老樹，可爲昔日澎湖樹木繁生之證。《澎湖廳志》云：「通梁社神廟前，有古榕一株，其始祗一本在東偏，已而榕根下垂至地，遂成兩株，相連高三丈，廣四丈許，枝葉茂盛，鄉人取木數十條支之，以次遞接，長幾八丈餘，直至海濱，亦罕見也。」通梁與漁翁嶼的東北漁翁角之間，大小岩礁碁佈，潮流甚急。此水道內稱牛角灣。

大倉嶼 在中墩嶼的西方，位於澎湖港的略中稍偏北，此島與白沙嶼的西南角之間有岩盤相連，於澎湖港的北隅扼大倉灣。相傳嘉慶年間，鄭、陳二族自白沙嶼的通梁遷來，始形成部落。

員貝嶼 在白沙嶼的東方，嘉慶年間，陳及三、二姓之族始遷來，形成部落。

吉貝嶼 又名大烈嶼，西洋人稱 Bird 島，此島在白沙嶼的北方，嶼岸概爲沙濱，吉貝鄉在其南濱。在西角外端的丘陵爲島中的最高部，稱西崁。此爲一島一澳，稱吉貝澳。島的近海暗礁極多。《澎湖廳志》云：「半沉半浮，隱躍水面，沙線屈曲，形如吉字。」

此島移民移居的年代不詳，似乎早爲一群海賊的根據地，後遂形成部落。吉貝鄉內立有乾隆三十一年四月由澎湖海防糧捕分府發佈之禁止侵佔他魚滬的示諭碑，可知其建鄉在此年之前。

鳥嶼《澎湖廳志》云：「鳥嶼，海鳥育卵於此，南風刮時，土人駕小舟往拾，日得數斗。」西洋人則稱爲 Conch 島。

目斗嶼 又名北島，在澎湖群島的北端。島的附近多有如王公礁、北烈岩等危險的暗礁，古來有航海上東洋第一難所之稱。目斗嶼有石洞，約十丈，內頗幽邃。《澎湖廳志》云：「有石榻石几，或入探之，覺陰森之氣，悚人毛髮。」

(4)西嶼鄉

漁翁嶼 居民大多爲漁民，故名，西洋人則稱爲 Fisher 島。此島橫於澎湖本島的西方，與之相對峙，故又名西嶼。島的東北端稱漁翁角，南扼竹篙灣，灣入雖不深，但足以避北風。東南端爲小頭角，西南端爲吃仔尾，其中間崛起一丘，以分東西二灣，在東者稱內垵，在西者稱外垵，昔日往來台廈間的支那型舟遭風浪時，多避難於此。島內較其他島嶼富有水，《方輿紀要》云：「西嶼頭有果葉澳，泉甚冽，可飲。」在其近中部的西岸有一池，雖近海濱，但爲淡水而不帶鹹味，而且水草叢生，大池角及小池角二部落之名由此而起。此爲一島一澳，稱西嶼澳。外垵及小池角二部落，出產文石(屬碳酸石灰的一種)，《澎湖廳志》云：「文石，產於外塹(即外垵)、小池角二所，石外有璞，剖璞始出石，有五色錯而成文，以黃者爲上，土人以有眼者爲貴，琢爲念珠，以供玩賞，然石質鬆脆，遇北風則折裂，近日挖掘殆盡，購求甚難，不過零星細小只可作扇墜而已，殆不及壽山石壽矣。」

此島古來爲往來台廈間船舶的指南，但在風濤震盪時甚難認知，故乾隆三十四年，於吃仔尾的丘上建一下座約五丈、高約七尺的浮圖七級，道光八年改爲燈塔，稱西嶼燈塔，光緒元年改爲西洋式燈塔，日領後更改修之。

(5)望安鄉

八罩嶼（今望安島） 又名挽門嶼（西洋名 Rober 島），荷蘭人則稱爲 tˋ Rovers Eyl（海賊島）。此島南北長，周圍五里，在近中央西側，虎頭山的丘阜崛起，以三分地勢，其北走的天台山丘台爲島內最高的隆起，海拔約一百八十尺。島的東方爲一小灣，稱潭門港，適於泊舟。南方的村落稱望安，爲島中的主村。西方爲花宅，北方爲水垵。潭門港西，虎頭山的丘阜延亙之所稱北坪，相傳原存有荷蘭人所築砲台的遺跡，但今已開墾而不見。又天台山上有稱仙人足跡者，里俗每年正月十五日於此賽神。

此島與北方虎井嶼之間稱八罩水道（即 Rover Channel），其寬約五浬，無碍而水深，與南方頭巾嶼間稱頭巾水道(Steeple Channel)，其北部有許多岩礁及點灘而危險，但南部水深十二尋乃至十七尋，較爲安全。又與東方將軍澳嶼之間稱將軍水道，狹而且水道兩側險惡地擴延，又潮流急激，不適於船舶的航行。

將軍澳嶼 在八罩嶼之東，將軍澳的部落在島的西岸，部落內有將軍廟。《澎湖廳志》云：「神無考其名，將軍嶼者，亦因有此廟，故得其名焉。」乾隆十七年出版的《台灣縣志》云：「邑又有稱王公廟、大人廟、三老爺廟者，不知何神，或云皆即澎湖將軍澳之神也。隋開皇中虎賁陳稜，略地至此，因祀之歟。」而此將軍澳廟之名，見於乾隆二十九年出版的《台灣府志》（續修），可知其創建之由來久矣。

⑹七美鄉

大嶼（今七美嶼）　日時屬望安庄（今望安鄉），戰後才分立為一鄉，七美的鄉名依鄉內七美人塚而起。

此嶼在澎湖群島的南端，周圍三里餘，島的東部有稱東崁山的丘阜，村落沿之而開，南端有七美人塚。《澎湖廳志》云：「海岸僻處，有花數株，莫知其名，開時頗絢爛，有折之者則病作，或云前朝人，避亂居此，遭海寇，有女子七人，投井死，此花殆魂魄所化也，近時農人鋤地者，嘗得磁器之屬。」奇花的傳說固屬後人的虛構，但由明末避難的支那人開創移殖澎湖之端，乃是事實。

【附記】

㈠**澎湖群島**：即西洋人所云的 Pescadore 群島，位於分隔台灣本島與支那大陸之台灣海峽的中央，可稱遠海上的孤島。而總數有六十四，其中有居民的島嶼約二十，其餘多屬僅露出海面的岩礁。

澎湖島的存在，似乎在隋時就為支那人所知，《福建海防考》云：「隋開皇中，遣虎賁陳稜，略澎湖地，環島三十有六，如排衙。」即起初稱三十六島。清乾隆二十九年《台灣府志》(續修)云：「澎湖，憑山環海，有五十嶼，巨細相間，坡隴相望。」即稱五十島。乾隆三十二年胡三水的《澎湖紀略》，稱五十五島。光緒五年尹寵周的《台灣地輿圖說》及光緒十九年的《澎湖廳志》，亦俱稱五十五島。日本領台後，經實查的結果，增加為六十四島。(各島的名稱，附後)

就澎湖的島名由來，《讀史方輿紀要》云：「波平浪息，無泂犇激射狀，其狀如湖，因名澎湖，可泊舟。」《澎湖廳志》〈封域〉云：「澎湖一名澎瀛，猶言澎海也。或謂之西瀛，以台灣別號東瀛，澎在台西，故稱西瀛也。大抵因港外犇濤澎湃，港內澄淨如湖，故得此名。」《台灣府志》引樵書二編云：「澎湖一名彭蠡湖」，亦出自同義。蓋依其由大山嶼(即澎湖本島)及西方的西嶼(即漁翁島)、北方的北山嶼(即白沙島)三島相抱而形成之澎湖唯一的安全港，即澎湖港(媽宮即馬公，屬其支港)的位置而命名者。荷蘭人譯自澎湖而稱大山嶼的媽宮澳為 Phehuo，總稱澎湖為 Eyland Piscadores(漁人島之意)。西洋人又基此，稱澎湖為 Pescadores，稱大山嶼為 Ponghau。

至於澎湖的經略，大致如下：

隋代：支那人就知澎湖的存在，但當時似尚無支那人的移殖。

唐代：往來此地者漸多。

宋代《文獻通考》云：「琉球國在泉之東，有島曰澎湖，烟火相望，水行五日而至。」《諸蕃志》則云：「澎湖隸閩之泉州府晉江縣。」

元代：據《元史》，世祖至元二十九年，海舡副萬戶楊祥率六千之軍遠征琉球歸途，四月至澎湖，當時澎湖已有定居的支那人。元代末葉置巡檢司。

明代：以澎湖屬泉州府同安縣轄，分駐金門的哨汛兵築城砦於白沙嶼的東南，瓦硐港的丘上。且置巡檢司，而自島民徵征漁課若干。洪武二十一年，以澎湖島民叛服難信爲由，悉徙島民置於漳泉二府之間，廢巡檢司而墟其地，反而爲不逞之徒潛聚之區。嘉靖十二年，海賊林道乾據澎湖本島的暗澳(今文澳)附近，肆暴掠支那的沿海，都督俞大猷征之，林道乾遁入台灣，剽掠西海岸。俞大猷不敢追，築城於暗澳，留偏師駐防澎湖，後罷駐師，設巡檢司，守之，但不久又裁撤巡檢司。萬曆八年，客家人曾一本亦據此，出沒南海，侵掠商船，澎湖島的各處有當時海賊據址的遺跡。萬曆九年，洪姓的同族二十人自泉州府金門移來，佔居澎湖本島林投澳尖山，從事漁農，乃是移民於澎湖形成部落的嚆矢。萬曆二十年以後，設澎湖遊兵，三十五年增設衝鋒遊兵，但不久俱廢。荷蘭人於萬曆三十二年(一六〇四年)經八罩島而入澎湖本島，於是總兵施德致令都司沈有容率兵至澎湖，嚴求撤退，時荷蘭人覺得兵力不足，遂於十月撤退。天啓二年(一六二二年)荷蘭提督 Cornelis Reijersen 又以艦船十七艘，率兵前來澎湖，登陸媽宮港，驅使當時定居的移民，築城塞、設砲台於各要害之所。翌年福建巡撫南居益發舟師，登陸白沙嶼東方的鎮海港。於是明荷兩軍開啓戰端，交戰八個月後，明國遂讓步，以荷蘭人若撤退澎湖則可佔領台灣之條件講和。天啓四年八月，荷蘭人撤退澎湖而佔據台灣。明末清初避難而遷居澎湖者衆多，至永曆十六年(康熙元年)許，漳泉二府的移民於澎湖本島及白沙、漁翁三島建立數十個部落。其前鄭成功欲據台灣，而於永曆十四年四月由廈門啓程，先入澎湖本島的媽宮港。鄭成功死後，其子鄭經於永曆十八年在台灣南路北路同時設安撫司，並置營壘於媽宮港。

清代：康熙二十二年六月，清國決定征台，而先取澎湖，鄭軍戰敗乞降，清國遂兵不血刃而佔領台灣。清國領台後，將澎湖隸屬台灣縣，翌年設巡檢。康熙六十一年朱一貴之亂時，全台淪陷，文武官員皆避難澎湖，征剿的清軍則以此地為基地進兵，不旬日而克復。雍正五年改巡檢為通判，並新設澎湖廳。《澎湖廳志》云：「澎湖遂成海外樂郊，與台灣並稱東南保障矣。」按康熙二十三年以後，移民漸增多。康熙三十二年始有澳社之稱，其數達九澳。雍正五年再增四澳，並實施土地申報制，賦課地租。光緒十年清法戰爭時，清國於媽宮港口的北角設穹窖砲台、露天砲台各一座，並於其對角測天嶼及虎井嶼等築砲台數座，且以鎖鏈防障港口，但翌年二月，法國艦隊司令 Courbet 提督率艦船七艘攻陷澎湖本島，由南方的圓頂灣登陸，佔領媽宮港。日本明治二十八年(一八九五年)日清戰爭時，日本在征略台灣之前，編制混成部隊，二月二十日抵八罩島的南岸，二十三日抵林投澳的裏正角，由良文港(今龍門)登陸，翌日進攻拱北台的砲壘，佔領媽宮城(今馬公)。

總之，澎湖以其天然的位置及形勢，古來實兼有發揚地政學上所云的島嶼效用，即為①古來通過台灣海峽之內外船舶的停泊地、中繼所。②叛亂者或海賊的根據地，避難者的隱棲所。③征略台灣的前進基地。因此，澎湖雖在生產上未有太大的希望，卻發展久遠，乃非偶然。《澎湖廳志》云：「澎湖不過海上一漚耳，然島嶼迴環，港汊錯雜，為中外之關鍵，作台廈之逆旅，前者施侯爭之以進取，鄭氏失之而議降，既入版圖，凡台灣有事，內地舟師東征，皆恃澎湖為進戰退守之地，所關於沿海大局者，正匪淺矣。」

日時行政上初襲清時舊制，設置澎湖廳，大正九年(一九二〇年)九月廢廳改郡，隸屬高雄州，大正十五年七月回復稱廳，戰後改廳為縣。

各島嶼的名稱如下(括孤內為別名或西洋名)：

澎湖本島(大山嶼、Ponghau)

雞籠嶼(圓頂嶼、Dome)

牛母件嶼(牛角嶼、空殼嶼)
大宍嶼
海墘岩
測天嶼(小案嶼)
虎井嶼(船篷嶼、槿嶼、Table)
桶盤嶼(Tablet)
鷄善嶼(亂形嶼、Ragget)
白沙嶼(北海嶼、北山嶼、Pehu)
金嶼(金山嶼)
鐵砧嶼(北鐵砧嶼)
姑婆嶼(Sand)
屈爪嶼
毛司嶼(籃笨嶼)
北礁
北白沙嶼(Sable)
毛常嶼
南面瓜嶼(鎮海嶼)
鳥嶼(二殼嶼、Conch)

四角嶼(平嶼、Flat)
杳坡嶼(陽嶼、Round)
查某嶼(陰嶼、Three)
香爐嶼(鼎灣嶼)
雁睛嶼(雁淨嶼)
錠鈎嶼(錠齒嶼、Organ)
中墩嶼
小嶼
尖嶼(涼繖礁嶼)
坪岐嶼
草嶼
土地公嶼
南白沙嶼
鷄籠嶼
大倉嶼
白沙礁
員貝嶼(灣貝嶼)
草嶼

吉貝嶼(大烈嶼、Bird)	後帝仔嶼
陰礁嶼(黑貂嶼)	大嶼(南嶼、Junk)
過嶼(小烈嶼)	頭巾嶼(頭軍嶼、Steeple)
目斗嶼(北嶼、North)	西嶼坪
漁翁嶼(西嶼、Fisher)	利間嶼(利塭仔嶼)
小門嶼(丁字嶼、三角嶼)	東嶼坪
八罩嶼(挽門嶼、Rober)	鐘仔嶼(方錐嶼)
馬鞍山嶼(鷄腎嶼)	西吉嶼(筆錠嶼、Pe-Ting)
金瓜仔嶼	東吉嶼(East)
狗沙嶼	鋤頭嶼
將軍澳嶼(倉嶼)	花嶼(半坪嶼、Yih-Pan)
船帆嶼(石崖嶼、布袋嶼)	大猫嶼(高嶼、High)
小猫嶼(低嶼)	草嶼

㈡**台灣海峽**：即西洋人所云的Formosa Channel，夾在台灣本島與支那大陸之間，其寬度二百四十五浬乃至六十二浬，南闊，愈北愈狹。澎湖群島位於此海峽的中央，而與台灣本島之間特稱澎湖水道(Pescadores Channel)，其長約四十浬，最狹處寬十五浬。台灣海峽水深四十尋乃至百尋，南部較北部爲深。

台灣海峽古來有「海洋的險惡所」之稱，蓋自支那大陸通過此海峽而來台，必須逆著海峽內的寒流(支那人稱黑水溝)走，而穿過溫流的分派(支那人稱紅水溝)。就此海路的險惡，支那最古的記錄《續文獻通考》云：「水至澎湖漸低，近琉球，謂之落漈，落漈者水趨下而不同也，凡西岸漁舟到澎湖以下，遇颱風發，漂流落漈，回者百無一。」雍正年間出版的《藍鼎元文集》云：「台澎洋面，橫截兩重，潮流迅急，島澳叢雜，暗礁淺沙，處處險惡，與內地迥然不同，非十分熟悉諳練，夫甯易以駕駛哉，不幸而中流風烈，操縱失宜，頃刻間，不在浙之東廣之南，則扶桑天外，一往不可復返，即使收入台江，礁線相近，不知趨避，衝磕一聲，奮飛無翼，與其悔之於後，何如慎之於初。」至於《澎湖廳志》，更詳述海洋的情形，云：「凡由廈門來澎湖，水程七更，必經三重游，紅水溝較濶而流不甚迅，黑水溝流急而溝深，勢如稍窪，過者必焚香楮，乘風疾行亂流而渡，遲則波濤衝擊，易致針路差失，又過小溝，始望見西嶼外塹之塔火，以爲標準，倘在溝中遭風，無澳可收，則飄蕩莫知所之矣。」《台灣縣志》云：「台海潮流，止分南北，台廈往來，橫流而渡，曰橫洋，自台抵澎，爲小洋，自澎抵廈，爲大洋，故稱重洋。」又云：「黑水溝有二，其在澎湖之西者，廣可八十餘里，爲澎廈分界處，水黑如墨，名曰大洋，其在澎湖之東者，廣亦八十餘里，則爲台澎分界處，名曰小洋，小洋水比大洋更黑，其深無底。大洋風靜時，尚可寄碇，小洋則不可寄碇，其險過於大洋，此前輩諸書記載所未及辨也。」康熙三十六年始踏查台灣內地的郁永河《裨海紀遊》云：「台灣海道，惟黑水溝最險，自北流南，不知源自何所，海水正碧，溝水獨黑，如墨勢，又稍窪，故謂之溝，廣約百里，湍流迅駛，時覺腥穢襲人，舟師時時以楮鏹投之，屏息惴惴，懼或順流而南不知所之耳。」康熙四十二年分巡台廈道孫元衡的《赤嵌集》云：「大海洪波，止分順逆，凡往異域，順勢而行，惟台與廈，藏岸七百里，號曰橫洋，中有黑水溝，色如墨曰墨洋，驚濤鼎沸，險諸海，或言順流而東，則爲弱水，昔有閩船，飄至弱水之東，閱十二年，始得還中土。」又康熙六十一年巡視台灣御史黃叔璥的《赤嵌筆談》云：「由大嶝出洋，海水深碧，或翠色如靛，紅水溝色稍赤，黑水溝如墨，更進爲淺藍色，入鹿耳門，色黃白如河水。」原來台灣海峽內的潮流，主要爲貿易風所支配，常惹起大渦潮，凡其流過之處，海面恰如置斑紋，水色全異。而一旦船舶入此渦潮疊浪中，則把舵全失效，漂流蕩漾不知去處。加之台灣附近的海洋爲可怕的颱風發生地，此暴潮颱風相結而縱橫於狹窄的海峽之間，而且有許多島嶼暗礁叢雜其中，故一旦船舶遭遇天時的危難，則難免觸礁而沉沒。古來航行此海峽的大小船舶，遇風漂流觸礁而沉沒者極多。全台到處建置媽祖廟，奉祀海神媽祖，可謂因應此天然環境與氣候而生的習俗。

■【前衛特訊】

一個來自加拿大，短小精悍，活力充沛；一個來自蘇格蘭，高頭大馬，豪氣千雲。兩個異鄉人，卻是台灣的恩情人，大大地改變了台灣的歷史。本社「台灣經典寶庫」繼推出北台灣宣教巨擘馬偕回憶錄後，接下來就是鼎足南台灣的甘爲霖台灣筆記了！

甘爲霖原著｜林弘宣 許雅琦 陳佩馨 譯｜阮宗興 校註

一個卸下尊貴蘇格蘭人和「**白領教士**」身分的「**紅毛番**」
近身接觸的台灣漢人社會和內山原民地界的眞實紀事。

《素描福爾摩沙：甘爲霖台灣筆記》
Sketches From Formosa

書號FC03

擺在讀者眼前的這本著作，就是親炙這位傳奇宣教師的宣教、奉獻、探訪、學術等面向的最佳途徑。甘牧師以五十則或長或短的筆記，記錄了他在台灣宣教46年的所思所見、所悲所喜。當中，有吃老鼠肉、喝猴子湯、馬鈴薯配蟲、倒栽蔥跌落深溝等趣事，有白水溪大夜襲、麟洛平原遭追捕、彰化城遇險、埔里社被霧番追擊等險事，也有漢學老師偷蠟燭、嘉義城擲石大戰、取國姓爺「聖水」反日、溪邊撿到人腦糕等怪事。

甘牧師不僅僅記錄他在各地傳教的實況，筆墨更觸及廣泛的社會現象、輿論、謠言，同時也帶有深厚的歷史感。以〈開拓澎湖群島〉這則筆記爲例，甘牧師不只是紀錄他在當地的傳教經過，更交待當時澎湖群島的地理、景觀、人口、經濟、教育與傳聞，然後將時光回溯到17世紀的荷蘭佔領時期，澎湖當地的局勢，接著是描寫19世紀末的法軍入侵始末，以及甘牧師親耳聽見澎湖居民對孤拔將軍的讚美「伊真好膽！」等，用簡潔準確的文字，帶領讀者一覽台灣歷史的變異風貌。

不管你是不是基督徒，只要你對古早味的福爾摩沙感興趣，就能循著甘牧師爲教會、艱苦人、青瞑人、平埔族奔波近半世紀的足跡，一道神遊清領末、日治初最眞實的台灣庶民社會。來吧！來感應一下地老天荒之下，你於歷史塵煙之中可能的迴身位置吧！

國家圖書館出版品預行編目資料

台灣政治、種族、地名沿革 / 張德水著.
-- 初版. -- 台北市：前衛, 1996[民85]
512面；15×21公分.

ISBN 978-957-801-085-7(平裝)

1. 地名 - 台灣　2. 台灣 - 歷史

673.22　　85002158

J039

台灣政治、種族、地名沿革

著　　者　張德水
出 版 者　前衛出版社
10468 台北市中山區農安街153號4F之3
Tel：02-25865708　Fax：02-25863758
郵撥帳號：05625551
e-mail：a4791@ms15.hinet.net
http://www.avanguard.com.tw
出版總監　林文欽
法律顧問　南國春秋法律事務所林峰正律師
總 經 銷　紅螞蟻圖書有限公司
台北市內湖舊宗路二段121巷28、32號4樓
Tel：02-27953656　Fax：02-27954100
出版日期　1996年04月初版第一刷
2011年01月初版第四刷
定　　價　新台幣450元

Printed in Taiwan　ISBN 978-957-801-085-7